Alles über Kakteen und andere Sukkulenten

Dieter Herbel

ALLES ÜBER KAKTEEN

und andere Sukkulenten

900 Arten · Herkunft,
Pflege und Vermehrung

SÜDWEST VERLAG MÜNCHEN

Kakteen- und Sukkulentengesellschaften im deutschsprachigen Raum:

Deutsche
Kakteen-Gesellschaft e.V.
Sitz: Moorkamp 22,
D-3008 Garbsen 5

Gesellschaft
Österreichischer
Kakteenfreunde
Sitz: Heidstraße 35
A-2000 Stockerau

Schweizerische
Kakteen-Gesellschaft
Sitz: Schluchen
CH-6020 Emmenbrücke

3. durchgesehene Auflage 1981

Redaktion: Georg E. Siebeneicher

Soweit in den Bildunterschriften nichts anderes vermerkt, stammen die Fotos vom Verfasser. Die ergänzenden Aufnahmen stammen von Franz Polz, München.

Umschlaggestaltung: Manfred Metzger (Foto: Dieter Herbel, München)

Layout: Manfred Sinicki

Gesamtherstellung: Universitätsdruckerei Dr. C. Wolf & Sohn, München

ISBN 3 517 00621 1

Inhalt

Vorwort

Es gibt kaum andere Pflanzen, die sich in unseren Wohnräumen mit sehr trockener Luft so wohl fühlen, meist nur recht wenig Platz beanspruchen und dabei noch alljährlich unzählige Blüten von ungeahnter Schönheit hervorbringen, wie die stacheligen Kakteen und die anderen, bizarr geformten Sukkulenten. Wer sich je mit diesen eigenartigen Gewächsen beschäftigt hat, den läßt ihre wundersame Vielfalt nicht mehr los. Er ist gefangen von diesen ungewöhnlichen Erscheinungen wasserspeichernder Pflanzen ferner Kontinente mit herrlich buntem Stachelkleid oder prächtig bereiftem Blattwerk.

Daher ist es nicht verwunderlich, daß sich ständig immer mehr interessierte Pflanzenfreunde an Kakteen und anderen Sukkulenten begeistern und als beglückendes Hobby mit der Pflege und dem Sammeln dieser wundersamen Gewächse beginnen. Die zunehmende Freizeit und die überwiegend anstrengende berufliche Tätigkeit andererseits bedürfen einer Beschäftigung, die einen wirklich erholsamen Ausgleich vermittelt. Hier bietet sich ein ideales Betätigungsfeld durch die Pflege und das ständige Beobachten der wachsenden und blühenden Kakteen und anderer Sukkulenten. Sei es an einem Fensterbrett, auf einem Balkon, im Garten oder gar in einem eigenen Gewächshaus, überall wird der streßgeplagte Mensch mit diesen Pflanzen willkommene Entspannung finden.

Möge daher das vorliegende Werk mit dazu beitragen, die Schönheit der sukkulenten Pflanzenwelt aufzuzeigen. Das Buch wendet sich dabei sowohl an den Anfänger, wie auch an den fortgeschrittenen Sammler und sollte zugleich ein praktischer Leitfaden für die erfolgreiche Pflege dieser hochinteressanten Sukkulenten sein.

Im Rahmen dieser Veröffentlichung konnte freilich nur eine Auswahl von den vielen tausend Arten getroffen werden. Dabei galt es, vorzugsweise solche Pflanzen vorzustellen, die in den Kakteen-Spezialgärtnereien kultiviert werden oder zumindest als Saatgut angeboten werden. Berücksichtigt wurden vor allem auch viele, erst in den letzten Jahren neu beschriebene Arten, für die immer sehr großes Interesse besteht.

Während der allgemeine Teil alle praktischen Pflegemaßnahmen ausführlich behandelt und dabei viele wertvolle Anregungen und Tips für ein erfolgreiches Kakteenhobby vermittelt, wurde im speziellen Teil bei den einzelnen Pflanzenbeschreibungen vor allem darauf Wert gelegt, die typischen Merkmale der einzelnen Arten kurz anzuführen, um auch dem Anfänger ein Nachbestimmen seiner gekauften Pflanzen zu ermöglichen. Die vielen farbigen Abbildungen, der teils am Naturstandort aufgenommenen Pflanzen, tragen ganz erheblich dazu bei, die außergewöhnliche Vielfalt dieser Pflanzen näher kennenzulernen.

Herzlichen Dank gebührt hier Herrn Franz Polz, München, der mir sowohl von seinen ausgedehnten botanischen Studienreisen durch Peru zahlreiche Standortaufnahmen, wie auch ausgezeichnete Bilder seltener Arten aus seiner sehr umfangreichen Sukkulentensammlung überlassen hat. Herzlich gedankt sei auch den Herren Rudolf Bölderl, München, Edmund Kirschnek, Feldkirchen bei München und Günther Kout, Gröbenzell bei München, die mir freundlicherweise gestatteten, in ihren prächtigen Sammlungen zahlreiche Aufnahmen von meist seltenen Pflanzen anzufertigen.

Danken möchte ich aber auch dem Südwest Verlag München für die vorzügliche Ausstattung des Buches und die sicher nicht leichte Aufgabe bei einer so äußerst günstigen Preisgestaltung neben den vielen Schwarz-Weiß-Abbildungen auch noch über 450 farbige Abbildungen der Pflanzen unterzubringen. Vielen Dank hier den Herren Roger Seitz, Manfred Metzger und Manfred Sinicki, nicht zuletzt aber auch Herrn Georg E. Siebeneicher, der bei der Gestaltung des Werkes beratend zur Seite stand und die Korrekturen übernommen hat.

München, Sommer 1978 Dieter Herbel

Allgemeines

Was versteht man eigentlich unter Sukkulenten?

Bei dem botanischen Begriff »Sukkulenten« handelt es sich um eine Sammelbezeichnung für Pflanzen, die befähigt sind, in den Zellpartien des Stammes oder der Blätter Wasser zu speichern, um lang anhaltende Trockenperioden in ihren heimatlichen Steppen- oder Savannengebieten ohne Schaden zu überdauern.

Zu den Sukkulenten zählen vor allem die Kakteengewächse – *Cactaceae,* die Dickblattgewächse – *Crassulaceae,* die Mittagsblumengewächse – *Mesembryanthemaceae* sowie noch viele Gattungen und auch Arten aus anderen Pflanzenfamilien. So sei nur an Aloen und Gasterien erinnert – sie gehören zu den Liliengewächsen – und an die kakteenähnlichen sukkulenten Wolfsmilcharten, die Euphorbien des afrikanischen Kontinentes.

In einer weiteren Unterteilung werden sämtliche Kakteenarten, die meisten wasserspeichernden Wolfsmilchvertreter u. a. Vertreter verschiedener Familien und Gattungen zu den Stammsukkulenten gerechnet. Entwicklungsgeschichtlich stellen sie eine der höchsten Anpassungsformen dar. Die wasserspeichernde Funktion wird bei ihnen vom Stamm wahrgenommen, der teilweise kugelförmig ausgebildet ist, während die Laubblätter zur Verminderung der Verdunstung meist fehlen oder in Stacheln umgewandelt wurden. Die Aufgabe der Assimilation mit Hilfe des Blattgrüns – Chlorophyll genannt – wird dabei von den chlorophyllhaltigen Stammteilen übernommen.

Im Gegensatz dazu spricht man von ausgesprochenen Blattsukkulenten, wenn die wasserspeichernde Fähigkeit von den Blättern ausgeübt wird, die zu diesem Zweck fleischig entwickelt sind.

Zusätzlich verfügen diese Sukkulenten zur Anpassung an ihre extremen Standorte noch über weitere Schutzeinrichtungen. So dient das dichte Stachelkleid der Kakteen nicht allein zur Abwehr von Tierfraß, sondern gleichzeitig auch als hervorragender Sonnenschutz. Hierzu sind die Stacheln meist fein ausgebildet und nicht selten in ein dichtes, weißes Haarkleid umgewandelt. Eine derartige Behaarung schützt die Pflanzen besonders gut vor zu starker Erwärmung und Austrocknung.

Bei vielen Blattsukkulenten tritt anstelle der Bestachelung ein dichter Haarfilz oder ein weißer Reifbelag auf Stamm und Blättern als Schutz vor zu starker Verdunstung, wodurch auch diese Pflanzen vorzüglich an ihren Standort angepaßt sind.

Aus der Heimat der Kakteen

Die Heimat der Kakteen ist, von Ausnahmen einzelner epiphytischer Binsenkakteen abgesehen, ausschließlich der amerikanische Kontinent. Die äußersten Grenzen liegen im Norden in Kanada bei 53° nördlicher Breite und im Süden in Patagonien bei 50° südlicher Breite.

Die nördlichsten Vorkommen beschränken sich auf einige Arten von Feigenkakteen – *Opuntia.* Erst im Süden der USA nimmt die Anzahl der Kakteen schneller zu. Das Gesamtvorkommen der Kakteen reicht von Arizona westlich über Niederkalifornien, östlich über Florida nach Mexiko, über Mittelamerika und Westindien bis hinunter nach Südamerika. Dabei gilt Mexiko als das klassische Land der Kakteen und Agaven. Es wird entwicklungsgeschichtlich als der Ausgangspunkt der gesamten Kakteenflora angesehen.

Hier treffen wir die Kakteen vor allem in den wintertrockenen Savannengebieten bis baumlosen Hochebenen Mexikos von 1700 bis 3 000 Meter über dem Meeresspiegel an. Diese Klimazonen finden wir wieder am Titicacasee in den Kordilleren Südamerikas, in Südostbrasilien oberhalb 1 300 Meter, in Bolivien und Peru in Höhen von 2 100 bis 3 900 Meter über dem Meeresspiegel, wo überall eine vielfältige Kakteenvegetation, begleitet von anderen Sukkulenten und auch Tillandsien, beheimatet ist.

Viele Arten steigen hinab bis in Küstennähe und bilden in manchen Gegenden nahezu das alleinige Pflanzenleben. Aber auch im tropischen Regenwald Mittel- und Südamerikas sind zahlreiche baumbewohnende Kakteen verbreitet. Man bezeichnet sie als Epiphyten, wie Bromelien und viele Orchideen, die in ihrer Gemeinschaft gedeihen. In der Hauptsache handelt es sich hier um Blattkakteen, vielfach noch als *Phyllocactus* bezeichnet, obwohl sie eigentlich jetzt als *Epiphyllum* geführt werden. Hier finden wir noch Binsenkakteen – *Rhipsalis,* Wildformen unseres bekannten Weihnachtskaktus und einige Rankcereen, so auch die berühmte »Königin der Nacht«.

In diesen allgemeinen Kakteengebieten sind darüber hinaus noch viele andere Sukkulenten, wie etwa Agaven, Echeverien und Sedumarten verbreitet.

Klimaverhältnisse an den natürlichen Standorten

Wie aus den dargestellten Verbreitungsgebieten der Kakteen und anderer Sukkulenten hervorgeht, kommen hier vor allem zwei wichtige, klimatisch geprägte Zonen in Frage. Es sind dies einmal Trockengebiete mit meist geringen Niederschlagsmengen, sogenannte Steppengebiete, die nach Köppen wie folgt eingeteilt werden:

Trockenklimate im allgemeinen

Sie zeichnen sich durch das Fehlen einer ausreichenden Regenzeit aus, wobei sich die Vegetation über eine längere Zeit des Jahres hinweg in einer Trockenruhe befindet. Es ist dies das Hauptverbreitungsgebiet der Xerophyten und der erdbewohnenden Kakteen, ausgesprochene Wälder fehlen völlig, vorherrschend sind hier Steppen, Wüsten und Dornbüsche.

In extremen Trockengebieten, wo die Niederschläge häufig mehrere Jahre ausbleiben, vermögen die Pflanzen meist nur im Samenzustand zu überleben. So läßt sich auch die vielfach langjährige Keimfähigkeit der Kakteensamen bei einer absolut trockenen Lagerung erklären. Starke Temperaturschwankungen zwischen Tag und Nacht führen in diesen Gebieten vielfach zu einer hohen Luftfeuchtigkeit, wobei die Kakteen zu einer Wasseraufnahme durch die Spitzenkondensation an den Stacheln befähigt sind.

Espinal- oder Mesquite-Klima

Hier handelt es sich um ein Steppenklima mit seltenen, jedoch meist heftigen Sommerregen und einer ausgeprägten Trockenzeit im Winter. Die sommerlichen Temperaturen belaufen sich zwischen 22° und 35°C, im kältesten Monat zwischen 2° und 22°C.

Nebelklima (Garua-Klima)

Vorherrschend in den Küstenwüsten von Peru und Chile mit verbreitet feuchter Luft und häufigen Nebeln, besonders im Winterhalbjahr, dazu eine extreme Trockenheit im Hinterland.
Die Temperaturen sind im Verhältnis zur geographischen Breite recht niedrig, sie betragen trotz der Nähe zum Äquator im Jahresmittel noch unter 20°C.
Ähnlich sind die klimatischen Verhältnisse in der Küstensteppe von Südkalifornien. Doch führt dort die hohe Luftfeuchtigkeit seltener zu dichtem Nebel. Es kommt meist nur zu einer Trübung der Luft, so besonders im Sommer. Daher spricht man hier auch wegen dem bekannt ausgeglichenen Klima vom »ewigen Frühling« Kaliforniens, das keine große Sommerhitze kennt. Die Kakteen aus diesen Gebieten müssen daher vor zu hoher Hitze geschützt werden.

Gemäßigte, warme Regenklimate

Hochsavannenklimate (wintertrocken)

In diese Gruppe gehört auch eine Übergangsform zu den tropischen Steppenklimaten, die als Bergklimate niederer Breiten ausgebildet sind. Es herrschen dort ausgesprochene Trockenzeiten im Winter und Frühling, aber heftige Regengüsse und Gewitter im Sommer. Die Temperatur ist ständig gemäßigt mit sommerlichen Mitteltemperaturen von 10 bis 22°C und 6 bis 18°C im kältesten Wintermonat.
Es sind dies baumlose bis baumarme Hochebenen innerhalb des Wendekreises in Mexiko in Höhen von 1700 bis 3 900 Meter, die Höhenlagen in Peru und Bolivien in 2100 bis 3 900 Meter und in Südostbrasilien oberhalb 1 300 Meter. Die Blütezeit der Kakteen fällt dort in den Spätsommer. Es stellt dies das wichtigste Klima für die Kakteen dar, die hier ein sehr weites Verbreitungsgebiet einnehmen.

Tropische Regenklimate

Savannenklima

Die Trockenzeit fällt meist in den Winter, seltener in den Sommer. Die jährliche Niederschlagsmenge beträgt weniger als 1 000 bis 2 500 mm. Der Temperaturunterschied zwischen kältestem und wärmstem Monat beträgt bis 12°C. Wird in der Nähe von Flüssen die Bodenaustrocknung durch das von den Wasserläufen eindringende Grundwasser verhindert, treten noch Urwälder hinzu.
Die Kakteen dieser Gebiete sind sehr wärmebedürftig und vertragen in der Hauptvegetationszeit viel Wasser, aber keine stehende Nässe. Besonders die Trockenruhe ist bei diesen Vertretern sehr wichtig. Diese Klimate finden wir in Mexiko in den Staaten Campeche, Yucatan, Vera Cruz, Jalisco, Guerrero und El Salvador vor, sowie in Venezuela, Brasilien und Argentinien.

Tropisches Regenwaldklima

Es weist keine ausgeprägte Trockenzeit auf und auch der Temperaturunterschied zwischen dem kältesten und wärmsten Monat eines Jahres beträgt nur 1 bis 6°C. Durchwegs handelt es sich hier um Gebiete mit immergrünen Urwäldern. An Kakteen kommen hier nur Epiphyten, wie etwa *Epiphyllum, Rhipsalis, Schlumbergera* und *Zygocactus* sowie verschiedene Rankcereen vor mit der hauptsächlichsten Verbreitung im tropischen Regenwald Brasiliens.

Monsunwaldklima

Dies ist der Übergang vom tropischen Regenwald zum Savannenklima, in dem die Niederschläge nicht gleichmäßig über das Jahr verteilt sind. Die großen Regenmengen von mindestens 1 000 bis 2 500 mm wechseln jahreszeitlich mit trockenen Perioden, die jedoch nicht genügen, um den Boden auszutrocknen und den Baumwuchs zu hemmen. Der Temperaturunterschied im Jahresmittel vermag bis zu 8°C zu schwanken. Es finden sich hier wiederum nur epiphytische Kakteen. Das Gebiet des Monsunwaldklimas erstreckt sich auf dem amerikanischen Kontinent vor allem in Nord- und Nordostbrasilien.

Heimatgebiete der anderen Sukkulenten und deren Klimate

Auf dem afrikanischen Kontinent sind die meisten Sukkulenten in den ausgedehnten Wüstengebieten im Süden, der Großen und Kleinen Karoo, der südlichen Kalahari, im Namalande, in der Namib und im eigentlichen Kapland beheimatet. Wie schon erwähnt, fehlen jedoch Kakteen in diesen afrikanischen Trockengebieten vollkommen. Lediglich im tropischen Afrika und auf Madagaskar stoßen wir auf einige Binsenkakteen – *Rhipsalis* –, die vermutlich durch Vögel vom amerikanischen Kontinent herüber eingeschleppt wurden.
Die Wüstengebiete Südafrikas zeichnen sich besonders durch große Wärme und beträchtliche Regenarmut aus. Mächtige Gebirgsketten halten die Regenwinde ab und tragen dazu bei, daß große Landstriche oft jahrelang ohne Niederschläge bleiben. Es sind also Klimazonen, wie sie auch in den Kakteengebieten Amerikas vorherrschen.
Als afrikanische Vertreter der Sukkulenten seien nur die zahlreichen Gattungen aus der vielgestaltigen Pflanzenfamilie der Dickblattgewächse – *Crassulaceae* –, die wasserspeichernden Arten der Wolfsmilchgewächse – *Euphorbiaceae* –, die Mittagsblumen, Aloen und Gasterien sowie die eigenartigen Ordensterne mit den nahe verwandten Gattungen erwähnt.
Die Wüstenzonen Afrikas längs der Westküste weisen mit 17 bis 25 mm Jahresdurchschnitt, wie z. B. die Lüderitzbucht, die geringsten Niederschlagsmengen auf, während das eigentliche Südwestafrika durchschnittlich 100 bis 300 mm Regen im Jahr zu verzeichnen hat. Das Kapland erhält im Winter durchschnittliche Niederschlagsmengen von 500 bis 1 000 mm, während im östlichen Teil der Kapprovinz vorwiegend Sommerregen von nur 200 bis 300 mm fällt.
Die durchschnittlichen Niederschlagsmengen in München betragen im Vergleich dazu rund 900 mm jährlich, in Hamburg 740 mm und in Frankfurt rund 600 mm.
In der Sahara wurden bisher noch keine Sukkulenten gefunden, wohl aber in Nordafrika, Marokko, Abessinien und in Arabien zahlreiche wasserspeichernde Pflanzen. Die oben erwähnte Insel Madagaskar beherbergt außer seltenen und besonders eigenartigen Gattungen aus der Gruppe der Sukkulenten vor allem zahlreiche Euphorbien, darunter den bekannten Christusdorn – *Euphorbia milii.*
Auf den Kanarischen Inseln sind viele Arten von *Aeonium,* nahe verwandt mit unserem Hauswurz – *Sempervivum* –, aber auch die *Euphorbia canariensis* beheimatet. Das Aussehen dieser Wolfsmilch ähnelt den großen,

△ *Yucca australis* in ca. 2 500 Meter bei Pachuca im Staate Hidalgo/Mexiko

Mächtiger Bestand von *Stenocereus dumortieri* (Schweidw.) ▽ F. Buxb. östlich Pachuca im Staate Hidalgo/Mexiko

Einzelpflanze von *Stenocereus dumortieri* (Scheidw.) F. Buxbaum am gleichen Standort ▽

△ *Cephalocereus senilis* (Haw.) Pfeiff. im Barranco de los Venados bei Pachuca/Zentralmexiko

Rund 6 m hohe Säulen von *Cephalocereus senilis* (Haw.) Pfeiff. ▽ im Barranco de los Venados bei Pachuca/Zentralmexiko

Lophophora diffusa (Croiz.) H. Bravo im Staate ▽ Queretaro/Mexiko

△ *Echinocereus pentalophus* (DC.) Rümpl. bei San Luis Potosi/Mexiko

△ *Stenocereus weberi* (Coult.) F. Buxb. südlich Tehuacan im Staate Puebla/Mexiko. Siehe auch rechte Seite

Meterhohes Polster von *Ferocactus robustus* (Lk. & O.) ▽ Br. & R. westlich Tehuacan im Staate Puebla/Mexiko

Cephalocereus hoppenstedtii (Web.) K. Sch. mit *Nolina recurvata* ▽ Lem. bei Acatlan im Staate Puebla/Mexiko

Beginnender Frühling in der Kakteensteppe bei Huajuapan de ▽ Leon im Staate Puebla/Mexiko

Ferocactus flavovirens (Scheidw.) Br. & R. südlich Tehuacan im ▽ Staate Puebla/Mexiko

△ *Espostoa lanata* (HBK.) Br. & R. am oberen Rio Huancabamba in Nordperu (phot. F. Polz)

△ *Oroya borchersii* (Böd.) Backbg. in der Cordillera Blanca auf 4 000 Meter Höhe in Zentralperu (phot. F. Polz)

Espostoa mirabilis Ritt. am Rio Maranon/Nordperu (phot. F. Polz) ▽

Espostoa lanata (HBK.) Br. & R. am Rio Huancabamba in Nordperu (phot. F. Polz) ▽

△ *Neoraimondia gigantea* in Nordperu (phot. F. Polz)

△ *Matucana myriacantha* (Vpl.) F. Buxb. zwischen Balsas und Leimebamba/Peru (phot. F. Polz)

Gymnanthocereus pileiferus (Browningia) Ritt. am Rio Marañon/Peru (phot. F. Polz) ▽

▽ *Haageocereus spec.* im Santa Cruz-Tal/Peru (phot. F. Polz)

Haageocereus repens Rauh & Backbg. in der Küstenwüste südlich Trujillo/Nordperu (phot. F. Polz) ▽

Matucana ritteri (Buin.) F. Buxb. auf 3 100 Meter Höhe bei Otuzco/Nordperu (phot. F. Polz) ▽

△ *Espostoa melanostele* (Vpl.) Borg im Casma-Tal nördlich Lima/Peru (phot. F. Polz)

Melocactus bellavistensis Rauh & Backbg. am Rio Chamaya in ▽ Nordperu (phot. F. Polz)

△ Gewächshausanbau am Wohnhaus mit Grundbeeten und Sammlung epiphytischer Kakteen des Verfassers

Geschlossener Kakteenkasten zur Aufstellung auf dem Balkon ▽ oder im Garten

Blumenfenster mit Kakteen und anderen Sukkulenten ▽ bepflanzt.

△ Grundbeet mit südamerikanischen Säulenkakteen im Gewächshaus des Verfassers

△ Sammlung mexikanischer Kakteen und anderer Sukkulenten im gleichen Gewächshaus wie nebenstehende Abbildung

Kakteensammlung des Verfassers mit frei aufgestellten Einzeltöpfen. Das Bewässern erfolgt im Anstauverfahren ▽

Die Hängebretter dienen zur Überwinterung von Jungpflanzen. Darunter lassen sich epiphytische Kakteen unterbringen ▽

Kleingewächshaus in verzinkter Fertigbauweise, ideal für die Pflege von Kakteen und anderen Sukkulenten ▽

Sammlung mit Freilandopuntien, dazwischen *Dorotheanthus*, *Sempervivum* und winterharte *Sedum*arten ▽

schlanken Säulenkakteen. Im Geröll der Felsen sind sogar einige besonders interessante *Ceropegia*arten verbreitet.
Darüber hinaus sind in den Alpen, im Kaukasus und im asiatischen Raum noch viele Sukkulenten verbreitet, am bekanntesten davon wohl die beliebten Hauswurzarten – *Sempervivum* – sowie zahlreiche Vertreter aus der Gattung *Sedum,* auf die aber hier nicht näher eingegangen werden soll, zumal es sich um winterharte Freilandstauden handelt.
An dieser Stelle sei auch die üppige Sukkulentenflora an der Riviera, wie überhaupt an den Küsten Italiens, Südfrankreichs, Spaniens und der Balkanhalbinsel erwähnt, wo in mächtigen Exemplaren insbesondere Feigenkakteen – *Opuntia,* blühende Agaven, Aloen und Euphorbien das ganze Jahr hindurch in diesen subtropischen Klimagebieten im Freien wachsen. Sie alle waren aber hier ursprünglich nicht heimisch, sondern schon vor Jahrhunderten brachten Botaniker und Seeleute diese Sukkulenten aus Amerika und Afrika an die Küsten des Mittelmeeres, wo sich diese Pflanzen aufgrund der günstigen klimatischen Verhältnisse jedoch prächtig entwickelten und dabei sogar häufig verwilderten. Selbst die kriechenden Opuntienpolster an den sonnig heißen Hängen um Bozen in Südtirol sind nur verwildert und stammen aus Nordamerika.

Aufbau einer Kakteen- und Sukkulentensammlung

Das Sammeln von Kakteen und anderen Sukkulenten beginnt wohl am häufigsten mit ein paar geschenkten Sprossen von einigen Kugelkakteen. Aber auch der Besuch in einem botanischen Garten oder das zufällige Betrachten einer privaten Kakteensammlung hat schon vielfach dahin geführt, daß man Gefallen und Spaß an diesen sukkulenten Pflanzen findet und bald der Wunsch hinzukommt, doch selbst solche stachelige Gewächse zu besitzen und zu pflegen. Besonders große Freude herrscht jedoch, wenn gar die ersten Blüten an den selbst gezogenen Pflanzen erscheinen, was dann als ein Zeichen für die richtige und sachgemäße Pflege dieser Sukkulenten gewertet werden kann.
Grundsätzlich sollte man daher anfangs alles sammeln, woran man Gefallen findet. Das Reich der Kakteen und der anderen Sukkulenten ist so groß und vielgestaltig, daß eigentlich nur eine bunte Sammlung von all den verschiedenen Vertretern der einzelnen Pflanzenfamilien und Gattungen auch nur annähernd diese Vielfalt aufzuzeigen vermag.
Beginnt dann mit der Zeit die Sammlung größer zu werden, so gilt es sich je nach den Platzverhältnissen einzuschränken, und man geht dazu über, sich zu spezialisieren. Meist schon nach ein bis zwei Jahren entdeckt man die Vorliebe für besondere Pflanzengattungen, die unter den gegebenen Pflegebedingungen besonders prächtig gedeihen und damit reich blühen. Häufig sind es aber auch besonders seltene Arten, die spezielle Ansprüche an den Pfleger stellen und die dazu anspornen, selbst schwierige Probleme der erforderlichen Kulturmaßnahmen zu lösen. Ähnlich wie beim Sammeln von Briefmarken wird man versuchen, möglichst viele oder gar alle Arten dieser bevorzugten Gattungen zu bekommen, um nahezu komplette Sammlungen aufweisen zu können.
Man beginnt die Kakteen oder andere Sukkulenten in großem Umfang auszusäen, zumal heute Saatgut von nahezu allen Arten reichlich angeboten wird. Schon in wenigen Jahren lassen sich so hervorragende Sammlungen aufbauen. Aber auch durch Tausch mit anderen Liebhabern kann man häufig seltene Pflanzen erstehen, zumal hierfür von den Kakteengesellschaften regelrechte Tauschaktionen mit Such- und Angebotslisten organisiert werden.

Die Mitgliedschaft in einer solchen Kakteengesellschaft ist gerade dem Anfänger besonders zu empfehlen, da in allen größeren Orten und Städten Landes- und Ortsgruppen bestehen, die allmonatlich Vortragsveranstaltungen durchführen. Gerade der Kontakt mit anderen Sammlern von Kakteen und Sukkulenten führt zu einem wertvollen Erfahrungsaustausch und vermittelt viele Anregungen und Hinweise für eine erfolgreiche Pflege dieser Pflanzen. Der Besuch anderer Sammlungen zeigt die Vielfalt dieser Sukkulenten und eventuell sogar anderer Kulturmethoden.

Im deutschsprachigen Raum wird von den drei Pflanzengesellschaften Deutsche Kakteen-Gesellschaft e. V., Gesellschaft Österreichischer Kakteenfreunde und Schweizerische Kakteen-Gesellschaft gemeinsam eine bunt- und reichbebilderte Monatsschrift mit dem Titel »Kakteen und andere Sukkulenten« herausgegeben, deren Bezugspreis im Mitgliederbeitrag enthalten ist. Hier findet der interessierte Pflanzenliebhaber jeden Monat wissenswerte Beiträge über Neubeschreibungen von Kakteen und anderen Sukkulenten, Kultur- und Pflegehinweise und viele wertvolle Anregungen sowie Bezugsquellen für Pflanzen, Samen und sonstiges Zubehör der Kakteenpflege. So ist es nicht verwunderlich, daß von Jahr zu Jahr immer mehr neue Liebhaber und Sammler von Kakteen und Sukkulenten sich als Mitglieder dieser Pflanzengesellschaften bewerben. Die Anschriften sind auf Seite 4 enthalten. Doch wieder zurück zum Aufbau einer Sukkulentensammlung. Ausschlaggebend sind wohl grundsätzlich die jeweiligen Platzverhältnisse für die Pflege und Unterbringung der Pflanzen. Wer seine Sammlung nur am Fensterbrett oder den Sommer über auf dem Balkon pflegen kann, der bevorzuge kleinbleibende Arten, die dennoch herrlich zu blühen vermögen. Erwähnt seien hier von Kakteen u. a. die Vertreter aus den Gattungen *Blossfeldia, Frailea, Lobivia, Parodia, Rebutia, Sulcorebutia* und *Toumeya*. Von den anderen Sukkulenten seien vor allem nur die zierlichen Arten von *Aloe, Conophytum, Crassula, Lithops* u. a. genannt. Auf wenigen Quadratmetern Fläche lassen sich ohne weiteres gut einige Hundert dieser zwergigen Pflanzen unterbringen.

Für die Pflege im Frühbeet eignen sich mit Ausnahme der sehr wärmeliebenden Vertreter fast alle Gattungen der Kakteen und anderer Sukkulenten. Besonders seien hier aber vor allem die äußerst blühwilligen Echinocereen empfohlen, mit herrlich großen Blüten, die einige Tage halten. Die Pflanzen sind recht robust und fühlen sich bei viel Luft in einem Frühbeet außerordentlich wohl. Sie können im Herbst unter Glasschutz sehr lange im Freien verbleiben, da den meisten Arten selbst beträchtliche Kältegrade nichts anhaben können. So standen die vom Verfasser gepflegten Echinocereen im rauhen Klima Münchens mehrmals bis 20. Dezember in einem kalten Frühbeet bei hochgelüfteten Fenstern, wo sie völlig trokken in rein mineralischen Substraten Frostnächten bis –17° C ausgesetzt waren.

Wo den Pflanzen nur wenig Sonne geboten werden kann, da braucht man noch lange nicht auf eine Kakteensammlung zu verzichten. Hier bietet sich die ideale Möglichkeit, ein interessantes Sortiment von epiphytischen Kakteen, wie etwa aus den Gattungen *Disocactus, Epiphyllum, Hatiora, Lepismium, Rhipsalis* und *Zygocactus* zusammenzutragen. Fast alle diese Pflanzen können sogar den Sommer über draußen im Freien auf einem schattigen Balkon oder in einer lichten Baumkrone gepflegt werden.

Sehr hübsch ist auch eine Sammlung von winterharten Kakteen und anderen Sukkulenten, also Pflanzen, die das ganze Jahr

Sommerlicher Aufenthalt von Kakteen und anderen Sukkulenten, ansprechend zusammengestellt, im Stadtpark von Überlingen am Bodensee.

über im Freien verbleiben können. Hier sind es vor allem zahlreiche Arten der Gattungen *Opuntia* sowie *Sedum* und *Sempervivum*, die ohne jeglichen Schutz in Pflanztrögen auf Balkonen oder in einem sonnigen Trokkenbeet im Garten zu überwintern vermögen. Bei entsprechendem Schutz vor Nässe könnten neben den oben erwähnten Echinocereen durchaus noch manche andere Kakteenarten im Freien gehalten werden.
Wer aber über ein eigenes Gewächshaus verfügt, dem sind freilich in der Auswahl der Pflanzen kaum mehr Schranken gesetzt. Hier lassen sich empfindliche und seltene Arten, vor allem auch zahlreiche Säulenkakteen, mit der berechtigten Aussicht auf Blüten pflegen. Je größer und älter die einzelnen Pflanzen hier werden, desto wuchtiger und imposanter wirken sie.
Neben Pflanztischen zum Aufstellen der einzelnen Töpfe können natürlich gestaltete Grundbeete angelegt werden, wo große Kugelkakteen, Säulencereen, Opuntien, aber auch Agaven, Aloen und andere stark wachsende Sukkulenten ideale Wachstumsbedingungen vorfinden. Doch auch hier sollte man bedenken, daß selbst das noch so großzügig konzipierte Gewächshaus bald nicht mehr alle Pflanzen aufzunehmen vermag und es daher auch gilt, den zur Verfügung stehenden Raum gut einzuteilen und schon bald eine entsprechende Wahl zu treffen, welche Gattungen und Arten bevorzugt untergebracht werden sollen.

Nomenklatur bei Kakteen und anderen Sukkulenten

Die botanische Nomenklatur ist zweifellos eines der schwierigsten Gebiete der Botanik. Um eine enorme Vielfalt der gesamten Pflanzenwelt ordnen und damit überhaupt erst überschaubar zu machen, war es erforderlich, Pflanzen mit jeweils ähnlichen Eigenschaften in größere oder kleinere Gruppen zusammenzufassen. Man spricht von einem System, und die Einordnung der Pflanzen in dieses System wird als Systematik bezeichnet.
Bereits im Jahre 1735 veröffentlichte der berühmte schwedische Botaniker CARL VON LINNÉ das nach ihm benannte »Linnésche System«. LINNÉ teilte die Pflanzen nicht nach entwicklungsgeschichtlichen Gesichtspunkten ein, sondern ordnete sie jeweils nach dem äußerlichen Erscheinungsbild. Von LINNÉ wurden die Pflanzen in ein »künstliches System« von 24 Klassen eingeteilt, davon 23 Klassen für Blütenpflanzen (Phanerogamen) und eine Klasse für Sporenpflanzen (Kryptogamen). Seine Arbeiten sind in der heutigen Systematik noch von Bedeutung und wir finden dort eine Vielzahl von Pflanzen, die bereits von ihm beschrieben wurden.
Die heute gültige Systematik basiert dagegen auf den Grundlagen des Botanikers ADOLF ENGLER (1844 bis 1930), der ein natürliches Pflanzensystem schuf. So werden heute vorrangig die modernen Erkenntnisse der Forschung auf dem Gebiete der stammesgeschichtlichen Entwicklung der Phylogenie und die sich hieraus ergebenden natürlichen Verwandtschaftsverhältnisse zugrundegelegt.
Das natürliche System gliedert sich in Abteilung – Unterabteilung – Klasse – Unterklasse – Ordnung oder Reihe – Familie – Gattung – Art – Varietät und Form.
Wählen wir nun als Beispiel einen uns allbekannten Vertreter aus dem Reich der Kakteen, den Felsenkaktus – *Cereus peruvianus*

Kakteen und andere Sukkulenten im Stadtpark von Überlingen am Bodensee.

var. *monstruosus,* so sieht die Eingliederung im System folgendermaßen aus:

5. Abteilung – Spermatophyta (Samenpflanzen)

2. Unterabteilung – Angiospermae (Bedecktsamige)

1. Klasse – Dicotyledoneae (Zweikeimblättrige Pflanzen)

24. Ordnung – Centrospermae (Zentralsamige)

Familie – *Cactaceae* (Kakteengewächse)

Gattung – *Cereus*

Art – *peruvianus*

Varietät – *monstruosus*

Form –

Wenn die hier gewählte Art in der normalen Wuchsform botanisch richtig ausgedrückt werden soll, so muß die Bezeichnung lauten:

Cereus peruvianus (L.) Mill.

Was haben diese Zusätze zu bedeuten? Nach dem Internationalen Code der Botanischen Nomenklatur folgt nach dem botanischen Namen der Autor, der die Pflanze mit diesem Namen versehen hat. Wurde sie später aufgrund neuer botanischer Erkenntnisse umbenannt oder gar zu einer anderen Gattung gestellt, so erscheint der Autor der Erstbeschreibung in Klammern, danach der zweite Autor. Die Namen der jeweiligen Autoren werden dabei meist in abgekürzter Form verwendet.

Oben:

Mit einer kleinen Schale beginnt häufig die Leidenschaft, Kakteen und andere Sukkulenten zu sammeln.

Links:

Die einzelnen Pflanzen können auch mit den Töpfen in flache Schalen und feuchten Torfmull eingefüttert werden.

Doch damit wieder zurück zu unserem *Cereus peruvianus* (L.) Mill. Die Pflanze wurde zuerst von CARL VON LINNÉ als *Cactus peruvianus* L. beschrieben. Später, als für die säulenförmigen Arten die Gattung *Cereus* aufgestellt wurde, hat MILLER, ein botanischer Schriftsteller zur Zeit LINNÉS in London, diese Pflanze als *Cereus peruvianus* (L.) Mill. bezeichnet. Nur auf solche Weise ist es möglich, Irrtümer und Verwechslungen zu vermeiden. Noch nach Jahrhunderten ist somit feststellbar, welcher Botaniker die Originalbeschreibung der Pflanze, die grundsätzlich in lateinischer Sprache erfolgen muß, erstellt hat. Doppelbeschreibungen ein und derselben Pflanze werden damit vermieden oder können, falls tatsächlich geschehen, nachträglich aufgeklärt werden. In solchen Fällen ist die zeitlich früher erfolgte und veröffentlichte Beschreibung gültig, und nur sie wird aufgrund des Internationalen Codes der Botanischen Nomenklatur wissenschaftlich anerkannt.

Die in diesem Buch bei den einzelnen Pflanzenbeschreibungen der Kakteen verwendeten Gattungsnamen basieren, soweit nichts anderes vermerkt, auf den neuen Forschungsergebnissen, so vor allem denjenigen von Professor Dr. BUXBAUM und KRAINZ, wie sie in der Loseblattsammlung »Die Kakteen«, Franckh'sche Verlagshandlung, veröffentlicht wurden. Die Gattung *Thelocactus* wurde aufgrund der neueren Überarbeitung von Dr. L. KLADIWA und H. W. FITTKAU umgestellt, wobei einige Arten der Gattung *Gymnocactus*, bzw. *Echinomastus* zu *Thelocactus* übergeführt wurden.

Soweit einzelne, altbekannte Gattungen nach den neuen Erkenntnissen zu Großgattungen einbezogen wurden, die zugehörigen Arten aber in den Pflanzenlisten der Kakteengärtnereien und Samenkatalogen wegen der alt eingeprägten Gattungsnamen noch

Bei der Pflege am Fensterbrett empfiehlt es sich, die Pflanzen nicht einzeln aufzustellen, sondern in flache Schalen zu setzen. Von links nach rechts: *Echeveria setosa*, *Cereus peruvianus* var. *monstrosus*, *Senecio articulatus*, *Mammillaria parkinsonii*, *Opuntia microdasys* var. *albispina* und *Crassula lycopodioides* var. *purpusii*.

unter diesen Bezeichnungen laufen, werden sie auch im vorliegenden Werk mit einem entsprechenden Hinweis unter diesen Gattungen geführt. Da sich dieses Buch speziell an den Kakteenliebhaber und den Sammler dieser sukkulenten Pflanzen wendet, erscheint dies sinnvoll. Es käme sonst unweigerlich zu erheblichen Verwirrungen beim Leser, und die Verständlichkeit dieses Werkes würde beträchtlich leiden.

Das Etikettieren der Pflanzen

Jeder ernsthafte Sammler sollte bemüht sein, die Pflanzen mit den jeweiligen botanischen Namen zu versehen, sie also mit Etiketten auszustatten. Neben dem Gattungs- und Artnamen können noch Angaben über Herkunft und eigene Sammlungsnummern auf dem Etikett vermerkt werden. Ergänzend läßt sich dann noch für jede Pflanze eine eigene Karteikarte anlegen, wo neben den Daten der Herkunft eventuell auch Fundort, Name des Sammlers etc., später auch noch Blütezeit und Blütenfarbe eingetragen werden können. Nur eine derart geführte Kakteen- und Sukkulentensammlung besitzt auch einen wissenschaftlichen Wert.
Am gebräuchlichsten sind die heute nahezu unverwüstlichen Kunststoffetiketten, wie sie im Fachhandel in verschiedenen Größen als sogenannte Stecketiketten angeboten werden. Sie lassen sich vorzüglich mit Spezialetiketten-Stiften, noch besser mit hierfür geeigneten Kunststoff-Tinten, dauerhaft beschriften. Besonders praktisch sind perforierte Etiketten, ebenfalls in Steckform, zum Beschriften mit der Schreibmaschine. Man erzielt damit ein einheitliches und sauberes Schriftbild. Erforderlich ist hierzu ein eigenes Spezial-Schreibmaschinen-Farbband. Vom Verfasser auf diese Weise angefertigte Etiketten stehen schon seit über fünf Jahren unter extremen Bedingungen in der Sammlung, ohne zu verwittern oder gar an Leserlichkeit eingebüßt zu haben.
Für epiphytische Kakteen in Hängeampeln lassen sich auch sehr gut die doppelschichtigen Prägebänder verwenden, die man sich selbst mit einem Prägegerät beschriften kann.

Recht praktisch sind auch die Kunststoff-Pikierschalen mit abgedichteten Abzugslöchern, wo sich vor allem die Pflanzen in Plastik-Vierkanttöpfen vorzüglich unterbringen lassen.

Pflege der Kakteen und sonstigen Sukkulenten

Günstige Standorte

Den heimatlichen Standortsverhältnissen entsprechend verlangen die meisten Kakteen und die anderen Sukkulenten zu ihrem Gedeihen und zur Ausprägung ihrer natürlichen Gestalt, zur kräftigen Entwicklung und Färbung der Stacheln oder Blätter durchwegs einen vollsonnigen Platz. Der richtige Standort in Verbindung mit der entsprechenden Pflege unter Beachtung der erforderlichen Ruhezeiten ist gerade bei diesen Pflanzen besonders wichtig, damit sie nicht nur gut wachsen, sondern auch regelmäßig reichen Blütenflor hervorbringen.
Je nach den gegebenen Platzverhältnissen bieten sich für die erfolgreiche Kultur dieser interessanten Gewächse vielerlei Möglichkeiten, die nachfolgend im einzelnen näher aufgezeigt seien.

Pflanzen am Fensterbrett

Viele Kakteenfreunde pflegen ihre stacheligen Gesellen auf einem Fensterbrett; das ist durchaus möglich.
Wichtig ist dabei nur ein nach Süden gerichtetes Fenster, wo die Pflanzen soviel Sonne wie möglich erhalten. Hier kann der Kakteenliebhaber selbst bei nur wenig Platz artenreiche Sammlungen mit entsprechenden Zwergkakteen und anderen kleinbleibenden Sukkulenten aufbauen und pflegen.
Grundsätzlich sollte man die Pflanzen nicht einzeln aufstellen, da vor allem das Erdreich in kleinen Tontöpfen viel zu rasch austrocknet und die zarten Saugwurzeln immer wieder absterben. Viel günstiger sind daher Blumenwannen, wie sie heute aus Asbestzement und Kunststoff angeboten oder den Maßen der Fenster entsprechend aus Kupfer- oder Zinkblech angefertigt werden. An langen Fenstern unterteile man die etwa 8 bis 10 cm hohen Wannen in mehrere handliche Stücke, damit man sie noch leicht ohne Hilfe wegheben kann. Mit feuchtem Torf oder Quarzsand gefüllt, lassen sich dort hinein die einzelnen Töpfe bequem bis zum Rand einsenken, so daß sie nicht mehr störend wirken. Recht hübsch sieht es aus, wenn man zuletzt noch einige Steine zwischen die Pflanzen legt und die Erd- oder Substratoberfläche etwa 1 cm hoch mit grobem Quarzsand abdeckt.
Da diese Blumenwannen meist nicht mit Abzugslöchern versehen sind, gibt man unten hinein eine gut fingerhohe Dränage aus grobem Kies oder Splitt, um das lästige Abtropfen von Gießwasser zu vermeiden.

Das ausgebaute Blumenfenster

Nach Süden gelegene Blumenfenster eignen sich ausgezeichnet für die Pflege von Kakteen und anderen Sukkulenten. Die sonst üblichen Schattierungsvorrichtungen sind hier nicht erforderlich, es sei denn, man möchte schattenliebende, epiphytische Kak-

Linke Seite, von oben:

Vollsonniges Südfenster mit einem bodenebenen Grundbeet, wirkungsvoll mit Kakteen und anderen Sukkulenten gestaltet. Die Pflanzen wurden im Substrat frei ausgesetzt.

Mit einer Vielzahl von Sukkulenten bepflanzte Wanne für Blumenfenster und Wintergärten.

Auch nachträglich läßt sich anstelle eines dreiteiligen Fensters ein nach außen gebautes Blumenfenster anbringen.

teen ziehen. Für sie lassen sich auch nach Osten und Westen gerichtete Blumenfenster verwenden, wobei in allen Fällen ausreichende Lüftungsmöglichkeiten vorhanden sein sollten. Derartige Blumenfenster können übrigens auch noch nachträglich eingebaut werden.
Als Mindestmaß für solche Blumenfenster gelten für die Länge etwa 1,20 m und für die Breite 0,50 m. Das Pflanzbecken selbst sollte wenigstens 20 bis 25 cm tief sein. Das Dach kann entweder massiv oder auch in Glas ausgeführt werden. Bei einem Glasdach besteht die Möglichkeit, die Lüftungsfenster mit einzubauen. Handelt es sich um ein größeres Fenster mit ausreichender Tiefe von mindestens 40 bis 50 cm und sollte es für epiphytische Kakteen verwendet werden, so ist es zweckmäßig, dieses mit zwei verschiebbaren Scheiben nach innen zum Wohnraum hin abzutrennen. In solch einem geschlossenen Blumenfenster läßt sich verständlicherweise die für diese Epiphyten erforderliche Luftfeuchtigkeit besser erzielen als bei offener Bauweise.

Unten, von links:

Wichtig ist vor allem ein gutes Isolieren der Blumenwanne an den Außenwänden, um Wärmeverluste zu vermeiden.

Verblenden der seitlichen Mauerflächen im Blumenfenster mit Naturstein-Riemchen auf Zementmörtel, damit keine Feuchtigkeit in das Mauerwerk eindringen kann.

Beheizung

Während der Wintermonate wird man durch zusätzliche Beheizung dafür sorgen müssen, daß die Pflanzen genügend Wärme erhalten. Gerade vorne an den Außenscheiben ist die Abkühlung besonders stark; vorteilhaft wäre daher Isolierglas. An den Außenwänden dagegen muß die Blumenwanne mit wärmedämmenden Platten ausgekleidet werden.
Falls das Blumenfenster nicht mit einem eigenen, flachen Heizkörper ausgestattet ist, haben sich elektrische Heizkabel recht gut bewährt, wenn diese dicht unterhalb der Außenfenster verlegt werden. Die eindringende Kaltluft wird somit abgefangen und erwärmt, bevor sie an die empfindlichen Pflanzen gelangen kann. Den Einbau eines Thermostaten nicht versäumen! Er sorgt für eine gleichmäßige Temperatur.
Die Industrie stellt bereits vollautomatische Blumenfensterheizungen zu günstigen Preisen her. Sie bestehen aus einem Heizkabel, einem hochwertigen Thermostaten und einer Zuleitung. Diese Heizungen sind sofort einsatzbereit. Je nach Größe des Blumenfensters können als Richtwerte bei einer gewünschten Temperaturerhöhung von 20° C gegenüber der Außentemperatur bis 1,5 cbm Rauminhalt etwa 200 Watt, bis 2,5 cbm etwa 500 Watt und bis 4,5 cbm etwa 1000 Watt Heizleistung angenommen werden.

An derart geschützten Mauerflächen können die epiphytischen Kakteen unbedenklich mit Wasser übersprüht werden.

Beleuchtung

Leuchtstofflampen können im Blumenfenster während der Abendstunden besondere Effekte erzielen. Wegen der Luftfeuchtigkeit und des vielleicht häufigen Übersprühens der Pflanzen aus Sicherheitsgründen grundsätzlich nur feuchtigkeitsgeschützte

Lampenfassungen verwenden! Die Beleuchtungskörper sollen, mit speziellen Rastern versehen, blendungsfrei an der Decke eingebaut werden, damit vom Wohnraum aus gesehen die Pflanzen und Blüten satte und leuchtende Farben zeigen. Besonders die Blütenbildung wird durch stundenweise Beleuchtung vor allem in den lichtarmen Wintermonaten günstig beeinflußt.

Ausgestaltung mit Pflanzen

Das Pflanzbecken wird zweckmäßig aus Zink- oder Kupferblech hergestellt und in die Blumenwanne versenkt, wobei seitlich ein gut fingerbreiter Zwischenraum verbleiben muß, damit die Warmluft eines darunter befindlichen Heizkörpers ungehindert aufsteigen und zirkulieren kann. Wichtig ist dabei immer, daß vom Pflanzenbehälter aus keine Feuchtigkeit in das Mauerwerk eindringen kann.
Es empfiehlt sich nicht, Kakteen und andere Sukkulenten frei auszupflanzen, da sich die Wurzeln dann weit ausbreiten und es später sehr erschwert wird, sie umzugruppieren. Weit vorteilhafter ist es dagegen, unten in das Pflanzbecken eine Schicht Kies einzubringen, dann mit feuchtem Torf oder Sand aufzufüllen und, ähnlich wie bereits im Kapitel über die Pflege am Fensterbrett geschildert, die Töpfe bis an den Rand einzusenken. Auch hier läßt sich das Beet zuletzt mit Steinen und Sand ausschmücken.
Um eine besonders gute Wirkung zu erzielen, sollte man gerade kleinere Pflanzen grundsätzlich in Gruppen anordnen. Sie kommen dann weit besser zur Geltung.

Der Epiphytenstamm

Wo genügend Wohnraum zur Verfügung steht, vermag ein Epiphytenstamm, mit den entsprechenden Kakteenarten bepflanzt, besonders dekorativ zu wirken. Als Material eignen sich bizarr geformte Kronen oder

Mit Thermopen verglastes Blumenfenster mit indirekter, blendungsfreier Beleuchtung. Ansicht von außen bei Nacht.

Äste der Robinie (meist fälschlich als »Akazie« bezeichnet). Das Holz ist äußerst hart und gegen Feuchtigkeit enorm widerstandsfähig. Als Ersatz wird auch eine alte Apfelbaumkrone oder ein Holunderstamm gute Dienste leisten. Damit auch sie gut aussehen, werden diese Stämme völlig mit Korkeichenrinde umhüllt. Der zukünftige Epiphytenstamm muß vor allem ausreichend Halt bekommen, damit er die Last der vielen Pflanzen tragen kann! Meist genügt es, ihn in einem großen Topf einzukeilen, die Hohlräume mit schweren Steinen auszufüllen und zuletzt den ganzen Pflanzkübel mit Gips oder Zement auszugießen. Die Auswahl der hierfür geeigneten Pflanzen und das Bepflanzen des Epiphytenstammes ist im Kapitel über die Pflege der epiphytischen Kakteen auf den Seiten 67–72 genau beschrieben.

Kakteenkasten für Fenster, Balkon und Garten

Wie eingangs ausführlich geschildert, benötigen die meisten Kakteen und auch die anderen Sukkulenten vor allem zur Wachstumszeit und zur Blüte in den Sommermonaten einen möglichst sonnigen Standort. Kakteensammlungen kann man daher während der warmen Jahreszeit in speziell angefertigten Kästen draußen vor dem Fenster, auf dem Balkon und selbst im Garten an einer geschützten Stelle unterbringen.
Ein derartiger Kakteenkasten besteht aus einer Pflanzenwanne aus Kunststoff oder Zinkblech und einer etwa 40 bis 50 cm hohen Konstruktion mit Aluminium- oder Eisenprofilen, damit eine allseitige Verglasung möglich ist. Anstelle von Glas lassen sich auch die heute im Gewächshausbau weit verbreiteten Materialien wie glasfaserverstärkte Polyester- oder PVC-Kunststoffplatten in glatten oder gewellten Ausführungen verwenden. Sie haben alle den großen Vorteil, daß sie viel leichter sind als Glas und somit eine leichtere Konstruktion zulassen. Diese elastischen Platten haben sich auch gegen Hagel als recht widerstandsfähig erwiesen. Sie sind gut lichtdurchlässig, doch werden die auftreffenden Strahlen gestreut, so daß kaum verheerende Verbrennungen an den Pflanzen auftreten können. Die Rückwand solcher Kakteenkästen wird jedoch zweckmäßig immer in Glas ausgeführt, damit wir die Pflanzen gut betrachten können. Die Länge und Breite solcher Kästen richtet sich nach den baulichen Verhältnissen. Stets gut befestigen, damit sie nicht von Sturm und Unwettern in Mitleidenschaft gezogen werden können. Die Dachfläche sollte schräg nach vorne gerichtet sein, dann kann Regenwasser gut ablaufen. Vorteilhaft ist eine abnehmbare Abdeckung, damit man ungehindert an die Pflanzen gelangen kann. Es wäre auch recht gut, wenn sich die dem Wohngebäude zugewandte, regengeschützte Rückwand öffnen und ganz entfernen ließe, damit ausreichend Lüftungsmöglichkeiten bestehen. Den Sommer über kann man so reichlich Frischluft zuführen, während nur die Dachfläche als Schutz vor Regen oder Hagel vor allem in der Zeit einer Abwesenheit über den Pflanzen verbleibt.
Durch den Einbau einer thermostatgesteuerten, elektrischen Beheizung kann man während der Übergangszeit gegen Winterende und noch weit in den Spätherbst hinein für die notwendige Wärme sorgen und Frost-

Innenansicht des Blumenfensters, mit zahlreichen tropischen Pflanzen und epiphytischen Kakteen ausgestaltet.

schäden wirksam verhindern. In milden Gegenden können so ausgestattete Kakteenkästen mit all den Pflanzen selbst den ganzen Winter über draußen im Freien verbleiben.

Der Frühbeetkasten

Wer einen eigenen Garten hat, kann seine Kakteen und andere Sukkulenten den Sommer über vorzüglich in einem Frühbeetkasten pflegen. Die Kastenanlage, aus imprägnierten Holzbrettern, Asbestzementplatten oder Betonfertigteilen zusammengestellt, muß sich an einem warmen und sonnigen Platz befinden. Hier lassen sich die meisten Pflanzen je nach Witterung etwa ab Mai unterbringen. Pflanzen in Tontöpfen werden am besten in feuchten Torfmull eingefüttert, während Kunststoffgefäße in Schalen oder Kästen ihren Platz finden. Ohne viel Mühe kann man von hier blühende Pflanzen ins Haus nehmen und sich an der Blütenpracht erfreuen.
Durch Auflegen von Frühbeetfenstern sind die Pflanzen vor Regen geschützt und können in den ersten Wochen bis zum kräftigen Wachstumsbeginn auch entsprechend wärmer gehalten werden. Hier gilt es, je nach Witterung rechtzeitig zu lüften, damit die Sukkulenten keine Verbrennungsschäden erleiden. Für den berufstätigen Kakteenfreund ist es allerdings sehr schwer, schon frühmorgens die Pflege, und hier vor allem das Lüften, auf das am Tage zu erwartende Wetter genau abzustimmen. Ganz hervorra-

Von oben:

Kakteensammlung in einem Frühbeet. Die Verglasung der Frühbeetfenster erfolgte hier mit Gartenklarglas.

Eine 6-Meter-Frühbeetanlage für den sommerlichen Aufenthalt einer Kakteensammlung.

Selbstlüftende Frühbeetfenster der Firma Karl Richter, München. Die Fensterrahmen sind aus Gußaluminium gefertigt.

Links, von oben:

In einer Frühbeetkastenanlage lassen sich selbst größere Pflanzensammlungen vorzüglich unterbringen. Sie gedeihen hier prächtig.

Ideale Lichtbedingungen und reichlich Luft begünstigen eine kräftige Stachelbildung und dichte Behaarung bei sommerlicher Pflege im Frühbeet.

Ein mit kräftiger Plastikfolie bespannter Rahmen schützt diese Sukkulentensammlung vor zu starken Regenfällen und Hagelschlag, während seitlich ungehindert Frischluft an die Pflanzen gelangen kann.

Zum Abhärten der Kakteenjungpflanzen werden im Spätsommer bei trockener Witterung auch nachts die Fenster abgenommen.

gend bewährt hat sich hier das »Selbstlüftende Frühbeetfenster« der Firma Karl Richter, München. Dieses Frühbeetfenster ist mit einem Ölthermostaten ausgestattet, der die sechs Einzelscheiben selbsttätig öffnet und schließt. Dabei kann die gewünschte Temperatur im Frühbeetkasten durch Drehen der Thermostatstange beliebig eingestellt werden. Der Rahmen des Fensters besteht aus Gußaluminium, ist also äußerst stabil und nahezu unbegrenzt haltbar.

Die Pflege im Frühbeet hat den großen Vorteil, daß man bei guter Witterung die Fenster wegnehmen kann und so die nächtliche Taubildung direkt auf die Pflanzen einwirkt. Die Kakteen reagieren dabei mit einer enormen Stachelbildung; und Sukkulenten wie *Sedum*, *Crassula* und ähnliche färben sich ganz herrlich aus. Die Pflanzen werden gut abgehärtet, weisen während der Überwinterung kaum Verluste auf und blühen außerordentlich reich. In hagelgefährdeten Gegenden empfiehlt es sich, die ohne Glas kultivierten Pflanzen vorsorglich mit einem engen Maschengeflecht zu überdecken, damit bei Unwettern die Sukkulenten nicht verletzt werden.

Vor dem Einsetzen stärkerer Fröste nimmt man die Pflanzen natürlich wieder rechtzeitig ins Haus.

Das Gewächshaus

Der Wunschtraum eines jeden Kakteen- und Sukkulentensammlers ist jedoch immer das eigene Gewächshaus. Wo sich entsprechende Aufstellungsmöglichkeit bietet, ist dieser Wunsch heute leicht zu verwirklichen, da die Fachindustrie eine ganze Reihe hervorragend geeigneter Gewächshäuser in verschiedenen Größen und Bauweisen herstellt und preisgünstig anbietet. Gewächshäuser mit Aluminium- oder verzinkten Eisenkonstruktionen sind unbedingt vorzuziehen; sie sind haltbarer und viel leichter zu unterhalten.

Recht praktisch sind die sogenannten Pulthäuser mit nur einer schrägen Dachfläche, die südseitig an ein Wohngebäude angelehnt werden. Der Eingang ist seitlich an einer Giebelseite; soweit technisch möglich, wäre ein direkter Zugang vom Wohnhaus selbst zweckmäßig. Während man die Südseite solcher Gewächshäuser am besten mit durchgehenden Tischen und darüber mit einem Hängebrett ausstattet, könnte man an der Rückseite vor der Wand eine Teilfläche als Grundbeet ausbilden: Dort fänden hochwachsende Säulenkakteen ihren Platz, ohne anderen Pflanzen Licht wegzunehmen.

Besonders viel wertvolle Sonne bietet ein freistehendes Gewächshaus mit Satteldach. Mit Rücksicht auf die beste Licht- und Wärmeausbeute wird es grundsätzlich in Nord-Süd-Richtung aufgestellt. Dabei ist es durchaus möglich, ein derartiges Gewächshaus nordseitig mit der Stirnseite an das Wohnhaus anzubauen, so daß es von der Wohnung aus zugänglich ist.

Bei der Innenausstattung sind dem Liebhaber und Sammler keine Grenzen gesetzt. Zur Unterbringung der in Töpfen kultivierten Pflanzen wird er mit Asbestzementplatten belegte, 1 m breite Tische vorsehen. Über den Tischen angebrachte Hängebretter nehmen zwar den darunter befindlichen Pflanzen viel Licht weg, doch sie dienen vor allem in den Wintermonaten zur Aufnahme der Schalen mit Sämlingen und Jungpflanzen und der im Sommer im Freien kultivierten Arten. Besonders wärmeliebende Kakteen und andere Sukkulenten, die extrem viel Sonne oder nicht zu viel Feuchtigkeit erhalten sollen, werden zweckmäßig das ganze Jahr hindurch direkt unter dem Dach und damit nahe am Licht auf solchen Hängebrettern gepflegt.

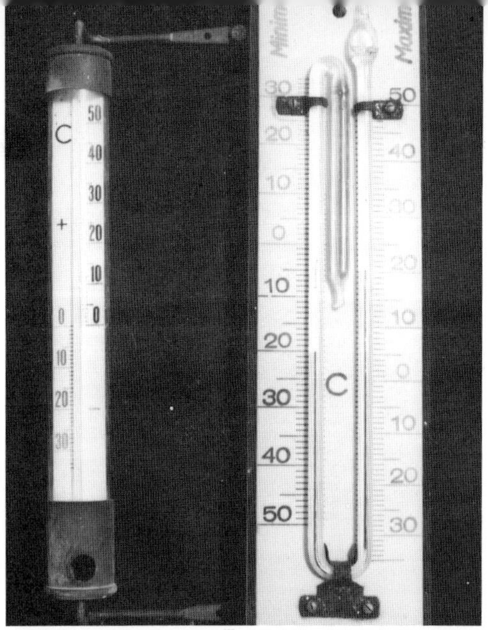

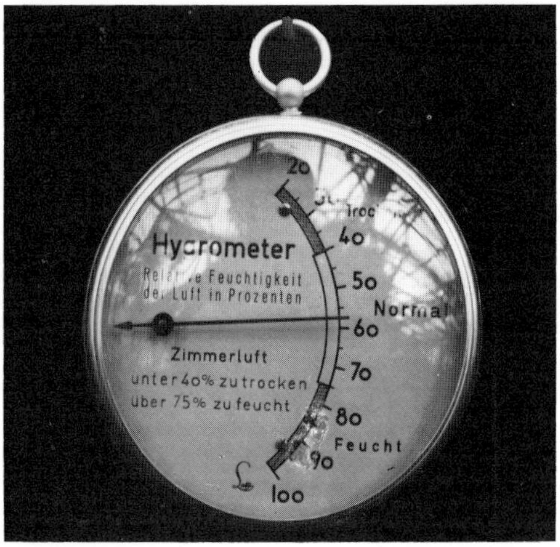

Das Grundbeet im Gewächshaus

Viele Säulenkakteen und auch größere Kugelformen entwickeln sich frei auf dem Grundbeet ausgepflanzt prächtig! Hier wachsen sie rasch heran und gelangen so bald ins blühfähige Alter. Hier lassen sich die Kakteen zusammen mit anderen Sukkulenten in Verbindung mit Natursteinen hübsch anordnen, so daß sie besonders gut wirken. Bei der Anlage solcher Grundbeete unbedingt darauf achten, daß sie keinesfalls bodeneben liegen! Vor allem im Winter sammelt sich am Boden des Gewächshauses die viel schwerere Kaltluft, und es ergibt sich innerhalb des Hauses ein erhebliches Temperaturgefälle, das gleich einige Grade ausmacht. Wenn etwa das in Augenhöhe angebrachte Thermometer die für eine Überwinterung vieler Arten noch ausreichende Temperatur von 8 bis 10° C anzeigt, können unmittelbar über dem Boden gemessen nur mehr wenige Grade über Null herrschen. Dies vermag an empfindlichen Pflanzen zu erheblichen Kälteschäden zu führen, die man sich nicht zu erklären weiß.
Viel besser ist es daher, die Grundbeete durch 30 bis 40 cm hohes Mauerwerk am Boden hochzulegen und dabei die mit Substrat angefüllten Außenwände vorher mit wärmedämmenden Isolierplatten ausreichend zu schützen, damit auch von hier keine Kälte an die Pflanzen gelangen kann. Ganz hervorragend bewährt es sich, in diese Grundbeete einige Heizschlangen einzulegen und den Boden immer leicht erwärmt zu halten; das entspricht den heimatlichen Be-

Links, von oben:

Links übliches Thermometer, rechts Maximum-Minimum-Thermometer zum nachträglichen Ablesen der höchsten und der niedrigsten Temperatur.

Thermostat mit Quecksilber-Schaltwippe zur exakten Temperatursteuerung einer Gewächshaus-Warmwasserheizung.

Die für die Pflanzen erforderliche Luftfeuchtigkeit läßt sich mit einem Hygrometer exakt überwachen.

dingungen. Gute Dienste leisten hier etwas dickwandige PVC-Gartenschläuche, da sie im Boden nicht verrotten und leicht zu verlegen sind.
Die Wegeflächen, insbesondere von Kleingewächshäusern, dürfen nicht betoniert werden! Sonst tritt gerade im Sommer sehr trockene Luft auf, da vom darunter befindlichen gewachsenen Boden keine Feuchtigkeit aufsteigen kann. Auch häufiges Sprühen mit Wasser hilft hier nicht richtig. Da man im Gewächshaus selbstverständlich saubere, pflegeleichte Wegeflächen wünscht, empfehlen sich Natursteinplatten, sonstige Gartenplatten oder Betonverbundsteine, die alle nur auf einem Sandbett verlegt werden.

Beheizung

Zweifellos am günstigsten ist es, das Gewächshaus an eine bestehende Warmwasserheizung des Wohngebäudes anzuschließen. Durch einen Raumthermostat im Gewächshaus wird die gewünschte Temperatur genau geregelt. Durch Schließen eines Schaltkontaktes öffnet eine eigene zwischengebaute Umwälzpumpe im Heizraum eine Ventilklappe für den Warmwasservorlauf solange, bis im Gewächshaus die eingestellte Temperatur erreicht ist. Die im Haus vorgesehene Temperaturdifferenz zwischen Ein- und Ausschalten des Warmwasservorlaufes ist dabei ebenfalls genau steuerbar. Durch eine derartige Thermostatregelung lassen sich erhebliche Heizkosten einsparen, zumal selbst im tiefen Winter und bei strenger Kälte tagsüber die Sonne das Gewächshaus meist ausreichend erwärmt. Die zusätzlichen Aufwendungen für eine solche Temperatursteuerung machen sich daher schon in wenigen Jahren bezahlt.
Durchaus praktikabel wäre es auch, mit einem einfachen Zimmerölofen zu beheizen; seine Größe ist freilich nach dem Luftvolumen des zu erwärmenden Gewächshauses zu wählen. Da auch die Ofenrohre viel Wärme abgeben, sollten sie möglichst längs durch den gesamten Giebelraum geführt werden, ehe sie ins Freie gelangen.
Die Installation einer Elektroheizung ist technisch ohne weiteres realisierbar, doch fallen hier ganz erhebliche Kosten für den Stromverbrauch an. So ist es wohl am besten, für Notfälle in kleineren Gewächshäusern thermostatgesteuerte Heizventilatoren, wie sie für Wohraumbeheizung verwendet werden, bereitzuhalten; bei Absinken auf die eingestellte Minimumtemperatur schalten sie sich selbst ein.

Genormtes Kleingewächshaus mit einem Grundbeet und Seitentischen. Die innenseitig angebrachte Dachschattierung dient im Winter bei Nacht als Wärmeschutz.

Ungünstig sind betonierte Wegeflächen im Gewächshaus, sie führen zu sehr trockener Luft. Ideal sind – wie hier im Bild gezeigt – die nur in einem Sandbett auf dem gewachsenen Boden verlegten Gartenplatten.

Links, von oben:

In Tontöpfen gezogene Pflanzen sollten zweckmäßiger in Torfmull eingefüttert werden, damit das Erdreich nicht zu stark austrocknet.

Gruppe mit weißbestachelten Kakteen. Die Tontöpfe sind in Torfmull eingefüttert.

Rechts, von oben:

Sammlung mit Pflanzen in Kunststofftöpfen. Die Tischfläche wurde mit Plastikfolie wasserdicht ausgelegt, so daß die Pflanzen von unten angestaut werden können.

Hängebretter im Gewächshaus. Hier werden besonders lichtbedürftige und wärmeliebende Arten untergebracht.

Rechts, von oben:

Kunststoff-Spezialplatte für genormte Gewächshäuser zum Überdecken von Glasflächen als Wärmeisolierung.

Die nach Norden gerichteten Giebelflächen eines Gewächshauses können im Winter zusätzlich mit Schaumstoffplatten isoliert werden, um dort unnötige Wärmeverluste zu vermeiden.

Zusätzliche Isolierung

Soweit nicht von vornherein wärmedämmende Stegdoppelplatten aus Plexiglas eingebaut wurden, empfehlen sich in rauheren Gegenden für die Dauer der Wintermonate zusätzliche Wärmeisolierungen, um Heizkosten einzusparen.
In kleineren Häusern bewähren sich innenseitig ausgespannte Folien, so daß ein ca. 3 bis 5 cm starkes Luftpolster zwischen Innenraum und Außenwand einschließlich der Dachfläche entsteht.
Recht gut bewähren sich auch außen auf das Dach aufgelegte Frühbeetfenster, dabei kann man die nordseitigen Giebelflächen von innen mit Hartschaumplatten verkleiden.
In neuerer Zeit gibt es für die genormten Gewächshausverglasungen spezielle Bauteile zur Zusatzisolierung bestehender Gewächshäuser. Es handelt sich um stabile, leicht montierbare Isolierplatten aus einem Verbundwerkstoff, Glasfaserkunststoff, mit ausgezeichneten mechanischen und thermischen Eigenschaften. Auf die T-Profile der Gewächshaussprossen werden Aluminiumnocken aufgesetzt und durch seitlich eingeführte Schrauben fest montiert. Zusammen mit Abstützkappen aus Kunststoff sorgen sie für ca. 17 mm Luftraum zwischen Dach- und Stehwandfläche und der zusätzlich aufgelegten Isolierplatte. Mit abgedichteten Blechschrauben werden diese Platten dann mit den oben erwähnten Aluminiumnocken sturmfest verbunden. Der Hersteller verspricht eine mehr als 40%ige Wärmeisolation der Gewächshäuser.

Erden und Substrate für Kakteen und andere Sukkulenten

Weitaus die meisten erdbewohnenden Kakteen besiedeln trockene Gebiete, in denen es kaum Humusbildung gibt. Zur Humusbildung nämlich, einer biologischen Umsetzung organischer, hauptsächlich pflanzlicher Stoffe, sind gleichmäßige Feuchtigkeit und Wärme erforderlich. In Trockengebieten verwittern diese Substanzen nur unter atmosphärischem Einfluß allmählich zu anorganischen, mineralischen Stoffen. Die Mineralböden in den Kakteen- und Sukkulentengebieten sind durch langsame Verwitterung von Gesteinen, vielfach vulkanischen Ursprungs, hervorgegangen. Sie sind daher sehr nährstoffreich und wegen der schwachen Besiedelung mit Pflanzen sind ihnen kaum Nährstoffe entzogen.
Die natürlichen Nährstoffverhältnisse bei Kakteenböden liegen gerade umgekehrt, als bei Boden unserer Breiten. In den regenreichen Gebieten Mitteleuropas dringt die Niederschlagsfeuchtigkeit weit in den Boden ein und versickert; dabei werden die Nährstoffe von den oberen Bodenschichten nach unten ausgewaschen. In den Trockengebieten Amerikas und Afrikas dagegen ist die Oberflächenverdunstung so groß, daß durch die Kapillaren – das sind die feinen Haarröhrchen im Erdreich – mit dem aufsteigenden Bodenwasser Nährsalze aus tiefen Schichten an die Oberfläche gelangen. Im Trockenklima sind die Oberflächenschichten vielfach so nährstoffreich, daß die Salze auskristallisieren, während das Wasser selbst verdunstet.
Wissenschaftliche Untersuchungen haben ergeben, daß dementsprechend die osmotische Saugkraft der Wurzeln von Pflanzen in Trockengebieten um ein Vielfaches größer ist, als die von Gewächsen aus feuchteren Gebieten, die dadurch gegenüber hohen Nährstoffkonzentrationen weitaus empfindlicher sind.
Die »Tiefennährsalze«, Produkte mineralischer Verwitterung, sind daher arm an Nitraten; damit sind auch die vielen Düngungs- und Ernährungsfehler bei Kakteen und anderen Sukkulenten zu erklären, wenn zu stickstoffreiche Volldünger und Erden verwendet werden.
Die natürlichen Böden der Kakteengebiete sind wechselnde Gemische verschieden großer, kiesiger bis sandiger, toniger oder lehmiger Bestandteile.
Es kommt den Kakteen und anderen Sukkulenten bei uns in der Pflege zweifellos zugute, daß sie aufgrund ihrer extremen heimatlichen Standortverhältnisse außerordentlich anpassungsfähig sind. So vermögen sie in den verschiedenen Bodensubstraten zu wachsen, und das führte dazu, daß sie früher nahezu ausschließlich in recht humosen Erdmischungen kultiviert wurden. Das jedoch entspricht keineswegs den Bodenverhältnissen der jeweiligen Heimatgebiete! Dabei spielte freilich der höhere Säuregehalt der Humussubstrate eine ausschlaggebende Rolle, nachdem uns heute bekannt ist, daß die meisten Kakteen eine leicht saure Bodenreaktion bevorzugen. Das gilt ganz besonders für Sämlinge und Jungpflanzen, wie die Bilder auf Seite 48/49 deutlich zeigen. Doch gab es bei den Kulturmethoden auch eine Vielzahl von Arten, die auf eigenen Wurzeln in solchen Erdmischungen auf lange Zeit nicht am Leben erhalten werden konnten! Sie mußten auf unempfindlichere Unterlagen gepfropft werden. In rein mineralischen Substraten dagegen, wie sie heute vielfach verwendet werden, gedeihen sie vorzüglich und gelangen auch regelmäßig zur Blüte.
Wie eingangs erwähnt, herrschen in den meisten Kakteengebieten des amerikani-

In einem Grundbeet können insbesondere größere Pflanzen frei ausgepflanzt werden. Sie entwickeln sich dann besonders prächtig.

schen Kontinents infolge der klimatischen Verhältnisse mineralische Verwitterungsböden vor; humose Bodenschichten sind wegen der langen Trockenperioden in diesen Steppengebieten kaum anzutreffen, zumal eine geschlossene, dichte Vegetationsdecke fehlt. Durch heftige Regengüsse abgeschwemmt, sind daher meist nur am Fuße von Felsplatten oder in engen Spalten geringe Humusansammlungen zu entdecken. Wie vom Verfasser auf seinen botanischen Studienfahrten in Kakteengebiete Mexikos wiederholt selbst beobachtet, siedeln sich in solchen humosen Ansammlungen dann meist Sämlinge und Jungpflanzen an, da sich hier nach Niederschlägen die Feuchtigkeit viel länger hält und die mit angeschwemmten Samen der Kakteen ideale Voraussetzungen zum Keimen und Heranwachsen finden.

In Erkenntnis dieser natürlichen Bodenverhältnisse an den heimatlichen Standorten ist man daher in den letzten Jahren auch bei uns immer mehr dazu übergegangen, Kakteen nicht in humosen Erdmischungen, sondern in mineralischen Substraten zu ziehen. Dies schließt nicht aus, daß man bei der einen oder anderen Gattung, je nach den heimatlichen Vorkommen, den mineralischen Erden geringe Humusanteile beimischt. Auch die Aussaaten werden noch heute bevorzugt in solchen Mischungen ausgeführt.

Eine Ausnahme machen natürlich die epiphytischen Kakteen der tropischen und subtropischen Regenwälder. Sie verlangen durchwegs humose Erdmischungen. Die Pflege dieser Pflanzen wird in einem eigenen Abschnitt ausführlich behandelt, so daß sie vorerst unberücksichtigt bleiben können.

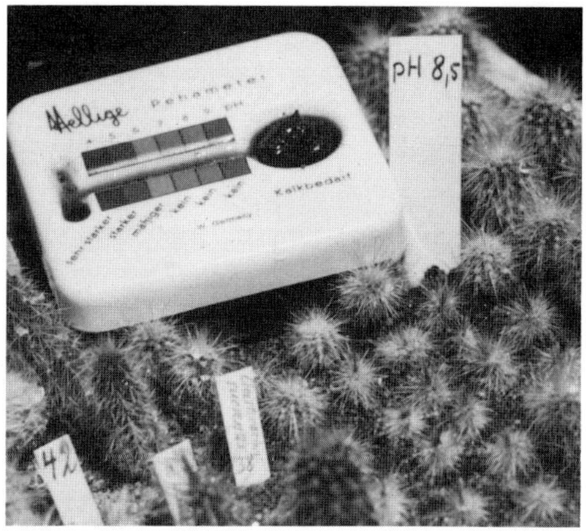

Rechts, von oben:

Kräftig entwickelte Kakteensämlinge bei einem pH-Wert von 5,5.

Abgestorbene Kakteensämlinge in einem zu kalkhaltigen Erdsubstrat.

Sämlinge von *Cereus peruvianus* beginnen am Stammgrund einzutrocknen und abzusterben, als Folge des zu hohen Kalkgehaltes (pH 8,5).

Auf den richtigen pH-Wert kommt es an!

Wie oben bereits angedeutet, spielt der Säuregrad (Acidität) oder Basengehalt (Basizität) des Bodens, eigentlich der Bodenlösung, für die Kakteen und anderen Sukkulenten eine ausschlaggebende Rolle. Dies wird leider viel zu wenig beachtet, und auftretende Mißerfolge werden dann meist anderen Ursachen zugeschrieben, die sich häufig sekundär, d. h. durch den ungünstigen Reaktionswert des Bodens, eingestellt haben.
Bestimmt wird die Bodenreaktion durch die Anzahl der im Substrat, bzw. in dessen Lösung befindlichen Wasserstoffionen. Ionen können dabei positiv oder negativ geladen sein. Die Wasserstoffionen-Konzentration wird in »pH-Werten« ausgedrückt. Der Begriff ist abgeleitet aus dem lateinischen Wort pondus = Gewicht und dem griechischen Wort hydrogenium = Wasserstoff.
Sind in einem Liter reinem Wasser 0,0000001 Gramm Wasserstoffionen enthalten, so steht die Zahl 1 an siebter Stelle hinter dem Komma, was dem pH-Wert 7 entspricht. Es ist dies zugleich der Neutralpunkt. Sind jedoch in der gleichen Menge 0,0001 Gramm Wasserstoffionen vorhanden, so ergibt dies pH 4. Der Bereich von pH 1 bis pH 6,4 wird als sauer, der von pH 6,5 bis pH 6,9 als schwach sauer bezeichnet, der Bereich ab pH 7,1 nach oben als alkalisch, also kalkhaltig.
Da die Nahrstoffaufnahme bei den einzelnen Pflanzen vom pH-Wert des Bodens abhängt, ist auf die richtige Bodenreaktion zu achten, wenn ein gutes Pflanzenwachstum erzielt werden soll. Von einigen Ausnahmen

Rechts, von oben:

Einjährige Sämlinge von *Astrophytum ornatum,* links in Bimskies, rechts in Torf-Sand-Substrat unter den gleichen Umweltbedingungen kultiviert.

Cereus peruvianus, einjähriger Sämling, wiederum im Vergleich von Bimskies und Torf-Sand-Gemisch.

abgesehen, gedeihen die meisten Kakteen und viele andere Sukkulenten am besten bei einer Bodenreaktion von pH 4,5 bis 6,5. Deshalb ist es so wichtig, schon bei der Auswahl und Zusammensetzung der Substrate die Bodenreaktion genau zu berücksichtigen und zu überprüfen.
Recht gute Dienste leistet hier ein »Hellige-pH-Meter«, wie er im einschlägigen Fachhandel angeboten wird. Zum Messen der Bodenreaktion gibt man eine kleine Probe in die Mulde des Gerätes und füllt eine Indikatorlösung nach. Die Flüssigkeit beginnt sich rasch zu verfärben, sodann vergleicht man den Farbton mit der seitlich angebrachten Farbskala und kann sofort die Bodenreaktion ablesen.
Mit dieser Methode kann man auch aus bepflanzten Töpfen oder Schalen Bodenproben entnehmen und den pH-Wert feststellen.

Humose Erdsubstrate

Wie eingangs erläutert, bevorzugen die meisten Kakteen und auch andere Sukkulenten eine saure bis leicht saure Bodenreaktion mit einem pH-Bereich von 4,5 bis 6,5.
Diese Werte weisen Mischungen aus alter, abgelagerter Komposterde mit Torfmull auf, wie sie früher ausschließlich zur Kakteenpflege genommen wurden. In Kakteengärtnereien werden solche Substrate noch häufig verwendet, zumal in diesen humosen Erden die zu vielen Tausenden herangezogenen Kakteenjungpflanzen enorm rasch heranwachsen und schon innerhalb weniger Jahre fertige Handelsware ergeben.
Damit diese Erdmischungen aber auch genügend wasserdurchlässig sind, wird gut ein Drittel grober Quarzsand beigegeben; je nach Empfindlichkeit der einzelnen Arten auch mehr.
Kakteen mit langen Rübenwurzeln sind noch für einen Zusatz von gut verwittertem Lehm sehr dankbar.
In solchen humosen, sandigen Erdmischungen gedeihen besonders all die anderen Sukkulenten, wie etwa aus den Pflanzenfamilien der Dickblattgewächse, Liliengewächse, Wolfsmilchgewächse, Mittagsblumengewächse und viele andere mehr.
Da diese Erden aus verrotteten Humusstoffen bestehen, weisen sie häufig schädliche Bodenpilze auf, die vor allem bei der Jungpflanzenanzucht zu erheblichen Ausfällen führen können. Diese Substrate sollten daher vor ihrer Verwendung grundsätzlich gedämpft oder mit chemischen Mitteln desinfiziert werden.

Torfmull

Er wird in Hochmooren gewonnen und besteht fast ausschließlich aus vertorften Teilen des Sumpfmooses *(Sphagnum)* mit einer Beimischung von wenigen Sauergräsern und Heidekraut. Torfmull ist stark wasserbindend und vermag das 10- bis 15fache seines Eigengewichtes an Wasser aufzunehmen und lange festzuhalten. Man kann daher durch Zusatz von Torfmull zu anderen Erdmischungen die wasserhaltende Kraft erheblich steigern. Er reagiert stark sauer, der pH-Wert beträgt 3,5 bis 4,5. An Nährstoffen ist der Torfmull dagegen sehr arm.
Torfmull dient als wichtiger Bestandteil von Erdmischungen, insbesonders von Substraten zur Kultur epiphytischer Kakteen. Auch als Einfütterungsmaterial für Kakteen und andere Sukkulenten in Tontöpfen ist Torfmull unentbehrlich.

Torfkultursubstrat

Im Rahmen der gärtnerischen Anzuchten werden heute fast ausschließlich industriell gemischte Torfkultursubstrate mit stets gleichbleibender Qualität verwendet. Sie ersetzen die früheren Heide-, Kompost-,

Laub- und Mistbeeterden, wie sie teils selbst in den Betrieben hergestellt wurden.
Die fertigen Torfsubstrate sind je nach Empfindlichkeit und Nährstoffansprüchen der Pflanzen mit verschieden hohen Düngerzusätzen versehen. Erwähnt seien hier Handelsbezeichnungen wie TKS I für Aussaaten und Jungpflanzen sowie das nährstoffreichere TKS II für Fertigware.
Diese Torfkultursubstrate eignen sich vorzüglich für die Pflege der epiphytischen Kakteen. Vermengt mit reichlich Sand oder Perlite lassen sich in solchen Mischungen auch andere Sukkulenten erfolgreich kultivieren.

Mineralische Substrate

Im Gegensatz dazu stehen die mineralischen Substrate wie Gesteinsverwitterungen, Bimskies, Lavalit, Perlite und Sand. Es wurde schon darauf hingewiesen, daß gerade diese Materialien sich zur Pflege der Kakteen bewährt haben. Sie entsprechen zum einen den natürlichen Bodenverhältnissen in den Heimatgebieten, zum anderen weisen sie wertvolle physikalische Eigenschaften auf, wie sie für unsere sukkulenten Pflanzen außerordentlich wichtig sind. Da gerade diese Substrate immer mehr an Bedeutung gewinnen, seien sie näher erläutert.

Bimskies · Hier handelt es sich um ein hochporöses Material vulkanischen Ursprungs. Durch Gasentwicklung im ehemals flüssigen Stoff sind unendlich viele Hohlräume entstanden und im nunmehr erkalteten Bims verblieben. So vermag 1 l Bimskies 300 ccm Wasser oder Nährlösung aufzunehmen und festzuhalten! Hinzu kommen die leicht saure Reaktion und die große Luftdurchlässigkeit bei diesem Material, das sich außerdem sehr leicht erwärmt. Bimskies findet sich vor allem im Gebiet der Eifel, bei Neuwied am Rhein und in Süditalien in großen Lagerstätten und wird wegen seiner hervorragenden Eigenschaften in der Bauindustrie als Werkstein verarbeitet. Von dort kann auch Bimskies bezogen werden.
Je nach Größe der Pflanzen verwendet man ausgesiebte Körnungen bis etwa 8 mm. Bimskies stellt eines der wichtigsten Substrate für mineralische Mischungen dar; er kann sogar allein verwendet werden. Günstiger hat sich jedoch eine Mischung mit Perlite, Quarzsand oder Ziegelsplitt zu gleichen Teilen erwiesen. Auch Beimengungen von Gesteinsverwitterungen haben sich ausgezeichnet bewährt.
Bei einzelnen Kakteengattungen empfiehlt es sich sogar, etwas verwitterten Lehm oder humose Erden dazuzugeben. Falls dies erforderlich ist, wird dies bei der Beschreibung der Gattungen angegeben.
Manche Liebhaber waschen das Material aus. Das ist nicht notwendig, wenn der Staubanteil vorher abgesiebt wird. Geringe Anteile an Schiefergestein schaden keineswegs, sie sind eher willkommen.

Perlite · Dieses Material ist dem Bims sehr ähnlich: ein Aluminiumsilikat, das bei 1000° C aufgebläht wurde. Gehandelt wird es als weißes, gekörntes Substrat. Mit seinen mikrofeinen, offenen Poren vermag Perlite das drei- bis vierfache seines Gewichtes an Wasser aufzunehmen.
Hervorzuheben ist wie bei Bimskies die wasser- und nährlösungspeichernde Eigenschaft. Dabei handelt es sich um ein steriles, unverrottbares und pflanzenphysiologisch völlig unbedenkliches Substrat. Unvermengt dient es nur zur Vermehrung von Stecklingen. Ausgezeichnete Erfolge erzielt man, wenn Perlite zu Bimskies, aber auch zu Quarzsand, Torf oder TKS mit etwas lehmigen Erden gemischt wird.

Lavalit · Seit einigen Jahren wird unter der Handelsbezeichnung »Lavalit« ein vulkanisches Material angeboten, das sich sowohl als Bodengrund für Aquarien, wie auch als Kakteensubstrat ausgezeichnet bewährt. Es

handelt sich um zerkleinertes schlackenartig aussehendes Lavagestein. Hervorzuheben ist die äußerst poröse Struktur dieses Materials, das ähnlich wie Bimskies eine gute Speicherfähigkeit für Wasser aufweist.
Durch die dunkle Farbe erwärmt sich Lavalit sehr stark, so daß es noch lange, bis in die Nachtstunden hinein, die Wärme zu speichern vermag, was für das Pflanzenwachstum besonders vorteilhaft ist. Das Material kann den Kakteenerden beigemischt werden, es eignet sich aber wie Bimskies auch als reines Pflanzsubstrat, was die ausgezeichneten Wachstums- und Blühergebnisse der in Lavamaterial kultivierten Pflanzen eindrucksvoll beweisen.

Sande · Sie bestehen aus feinsten Bestandteilen verschiedenster Mineralien. Für die Kakteenpflege besonders geeignet sind die tertiären Quarzsande mit etwa 0,2 bis 0,5 mm Körnung und leicht saurer Reaktion. Die Feinanteile unter 0,2 mm werden zweckmäßig abgesiebt, da sie nur zu leicht das Kakteensubstrat unnötig verdichten und verschlämmen, so daß überschüssiges Gießwasser nicht mehr rasch genug ablaufen kann. Erwähnt sei nur der altbewährte »Haimhauser Kakteensand« aus der Gegend nördlich von München, der früher weit nach ganz Deutschland versandt wurde.
Wegen der hervorragenden Wasserdurchlässigkeit verwendet man Sand zum Lockern der Kakteenerden, damit es nicht zu schädlicher Staunässe kommen kann. Im Hinblick auf die vielen mineralischen Bestandteile kann Quarzsand auch reinen Mineralsubstraten wie Bims oder Lavalit sowie Gesteinsverwitterungen beigemischt werden. Völlig ungeeignet sind dagegen kalkhaltige Sande, weshalb vor ihrer Verwendung immer ihr pH-Wert gemessen werden sollte.

Gesteinsverwitterungen · Verwittertes Material von Basalt, Gneis, Granit oder Schiefer, also von sauer wirkenden Gesteinen, stellt ein ausgezeichnetes Substrat für die Kakteenpflege dar. Wichtig ist auch hier, das Verwitterungsmaterial auszusieben, wobei Körnungen bis etwa 8 mm noch durchaus zu verwenden sind. Damit das zukünftige Substrat nicht verschlämmt und zu wenig wasserdurchlässig ist, sollte der Feinanteil unter 1 mm Größe ausgesiebt werden. Auch bei diesen Gesteinsverwitterungen empfiehlt es sich, Bims, Sand oder Perlite beizumischen. Dabei kann man das relativ wertvolle Material zugleich strecken und gegebenenfalls auch die Wasserhaltekraft erhöhen.

Ziegelsplitt · Der vor allem in der Bauindustrie verwendete Ziegelsplitt läßt sich ebenfalls mit bestem Erfolg für die Kakteenpflege verwenden. Er dient hier entweder als reiner Trägerstoff für Wasser und die darin gelösten Nährsalze oder auch nur zur Beimischung für Erden oder mineralische Substrate. Das staubhaltige Feinmaterial wird abgesiebt, wie bereits bei den erwähnten Substraten empfohlen.
Bei sehr kalkhaltigem Lehm ist es erforderlich, den abgesiebten Ziegelsplitt mit verdünnter Schwefelsäure zu behandeln, bis das deutliche Aufbrausen der entweichenden Kohlensäure unterbleibt. Anschließend unbedingt gründlich mit reinem Wasser durchspülen!

Zusatzstoffe · Hier handelt es sich um Schaumkunststoffe. Sie basieren meist auf Harnstoff-Formaldehyd-Harzen, auf Polystrol, auf Polyurethan und einige auf Phenolharzen. Erwähnt seien nur die beiden wichtigsten Materialien für gärtnerische Kulturen und Pflanzenanzuchten: Hygromull und Styromull.

Hygromull · Als Kunstharzschaum weist dieses Material offene Poren auf und vermag damit bis zu 70 Volumen% Wasser und Nährlösungen schwammartig zu speichern. Wenn auch Torf ein weit höheres Speichervermögen aufweist, so sind doch 45 % dieses Gesamtspeichervermögens wegen der stark

hygroskopischen Humusbestandteile für die Pflanzenwurzeln nicht verfügbar, während Hygromull das aufgenommene Wasser und die darin gelösten Nährstoffe wieder restlos abzugeben vermag. Das Material ist leicht wiederbenetzbar, fördert die Lockerung des Substrats und sorgt für eine gute Wasserkapazität. Hygromull verrottet nur äußerst langsam und gibt dabei noch pflanzenverfügbaren Stickstoff ab.
Für Erdkultur, vor allem aber für epiphytische Kakteen, hat sich ein Zusatz von 20 bis 25 % Hygromull in die Substrate ausgezeichnet bewährt.

Styromull ist ein leichtes, unverrottbares, aufgeschäumtes Polystrol in Flocken- oder Perlenform, das 98 Volumen % Luft in völlig geschlossenen, kleinen Zellen enthält. Es vermag daher im Gegensatz zu Hygromull keine Feuchtigkeit zu speichern, wirkt aber als Zusatz von wiederum 20 bis 30 % zu den einzelnen Substraten dränierend, durchlüftend und lockernd. Styromull beeinflußt günstig die Wärmeverhältnisse im Wurzelbereich der Pflanzen. Wo es beigemengt wird, muß wegen der lockeren Erdmischung häufiger gegossen und gegebenenfalls auch gedüngt werden.
Von besonderer Bedeutung ist Styromull als Substratzusatz, wenn es darum geht, aus statischen Gründen das Gewicht zu verringern, denn 1 cbm dieses Kunststoffmaterials wiegt nur rund 15 bis 20 kg.

Elektro-Luftbefeuchter mit einer stündlichen Zerstäubeleistung von 0,8 Liter Wasser.

Geeignete Pflanzgefäße

Zur erfolgreichen Kultur von Kakteen und anderen Sukkulenten kann man verschiedene Pflanzgefäße verwenden, wenn die Pflegemaßnahmen auf das jeweilige Topfmaterial genau abgestimmt werden.

Ton- oder Kunststofftopf?

Mit diesem Problem wird vor allem der Anfänger häufig konfrontiert, zumal auch unter den Kakteensammlern nicht selten verschiedene Ansichten vertreten werden.
Für viele Jahrzehnte hindurch stand eigentlich nur der altgebräuchliche Tontopf zur Einzelpflege der Pflanzen zur Verfügung, zumal lange die Meinung herrschte, eine poröse Topfwand sei für die Atmung der Wurzeln unerläßlich. Das Gegenteil ist der Fall! Da vor allem die Kakteen zweckmäßig in nicht zu großen Pflanzgefäßen kultiviert werden sollen, weist der Tontopf im Vergleich zu den heute verbreiteten Kunststofftöpfen doch einige Nachteile auf, die zweifellos dazu beigetragen haben, daß der Tontopf bei Kakteensammlern immer mehr zurückgedrängt wird.
Der Hauptnachteil ist die poröse Wand des Tontopfes. Vor allem bei frei aufgestellten Pflanzen werden die Gießfeuchtigkeit und mit ihr die darin gelösten Nährsalze an die Außenwände abgezogen: dort verdunstet das Wasser und die zurückbleibenden Salze konzentrieren sich in der Topfwand, wo sie sogar nicht selten auskristallisieren. Aus diesem Grund wird man auch feststellen können, daß die feinen Saugwurzeln ein dichtes Netz im Bereich der Topfwand bilden. Das

Rechts, von oben:

Links die allbekannten Tontöpfe, rechts Rundtöpfe aus Kunststoff.

Nachteilig wirken sich bei Tontöpfen die Kalk- und Nährstoffablagerungen an den porösen Wänden aus.

Kunststoff-Vierkanttöpfe in verschiedenen Größen können raumsparend untergebracht werden.

wirkt augenscheinlich recht positiv, birgt aber auch erhebliche Nachteile in sich.
Infolge der ständigen Wasserausscheidung durch die poröse Topfwand hindurch entsteht Verdunstungskälte, die die Pflanzenwurzeln schädigt. In den Sommermonaten werden die Tontöpfe zudem durch die Sonne stark erhitzt, und die empfindlichen Saugwurzeln, die sich unmittelbar an der Innenseite der Topfwände befinden, trocknen ab und verbrennen! Sie müssen von den Pflanzen immer wieder nachgebildet werden, was das gesunde Wachstum stört.
Erwähnt seien noch die Ausscheidungen von Calciumbikarbonat des Gießwassers und das lästige Veralgen oder Vermoosen der nährstoffangereicherten Topfwände.
Wo Kakteen und andere Sukkulenten noch in Tontöpfen gepflegt werden, empfiehlt es sich auf alle Fälle, die Pflanzgefäße in Torfmull einzufüttern. So lassen sich die eben geschilderten Nachteile etwas verringern.

Der zweckmäßige Kunststofftopf

Aus den oben dargelegten Gründen hat sich in den letzten Jahren der Kunststofftopf für die Kakteenpflege immer mehr durchgesetzt. Hinzu kommen wertvolle Eigenschaften, die für solche Pflanzgefäße sprechen.
Die überwiegend aus Polystrol hergestellten Kunststofftöpfe, häufig auch als Plastiktöpfe bezeichnet, besitzen eine völlig glatte Oberfläche, und durch die Wände vermag im Gegensatz zum Tontopf kein Wasser nach außen zu dringen. Das Gießwasser verdunstet nur über die Erdoberfläche, weshalb nur in weit größeren Abständen gegossen zu werden braucht. Dies ist eine erhebliche Arbeitserleichterung für den Berufstätigen, der wochentags schon früh aus dem Haus geht. Vor allem in größeren Kakteensammlungen läßt sich auch in den trockenen Sommerwochen das meist zum Gießen benötigte Regenwasser erheblich einsparen, so daß nicht zu oft ungeeignetes Leitungswasser verwendet zu werden braucht.
Die Kunststofftöpfe veralgen auch nicht und können daher stets sauber gehalten werden. Sie sind außerordentlich haltbar und können immer wieder verwendet werden.
Neben den runden Plastiktöpfen hat sich der Vierkanttopf für die Kakteenpflege besonders bewährt, da sie sich Topf an Topf eng aneinander und platzsparend aufstellen lassen. Dies ist vor allem dann vorteilhaft, wenn die einzelnen Töpfe in flachen Kunststoffschalen untergebracht werden, wo sie durch das lückenlose Aneinanderstellen auch noch ausreichend Halt bekommen.
Für größere Pflanzen eignen sich auch die sog. »Baumschulcontainer« aus Weichplastik; sie sind in Abmessungen bis 25 cm erhältlich. Da sie aber mit zunehmender Größe auch entsprechend hoch sind, wie es für Kugelformen von Kakteen nicht mehr so wünschenswert ist, empfiehlt es sich, sie einfach abzuschneiden. So entstehen praktische Halbtöpfe, die vor allem für mehrköpfige Kakteenpolster geradezu ideal sind. Derartige Halbtöpfe sehen auch viel besser aus.

Auf die richtige Topfgröße kommt es an!

Gerade bei den wasserspeichernden und doch verhältnismäßig langsam wachsenden Sukkulenten spielt die richtige Topfgröße eine wichtige Rolle. Zu kleine Pflanzgefäße sind keinesfalls zu empfehlen, da die kleine Substratmenge viel zu rasch austrocknet und sich dies wiederum nachteilig auf Wurzeln und Wachstum der Pflanzen auswirkt.
Kakteenjungpflanzen werden zweckmäßig in den ersten zwei bis drei Jahren in flachen Pflanzschalen kultiviert, ehe sie einzeln in Töpfe gesetzt werden. In Schalen entwickeln sie sich besser und schneller als in Töpfen. Deshalb nie zu kleine Pflanzen eintopfen – das hat sich keineswegs bewährt.
Dabei hat es sich auch gezeigt, daß das Verhältnis der Substratmenge zur Größe der Pflanze eine wesentliche Rolle spielt. Ist nur wenig Bodensubstrat vorhanden, wird der Topf viel rascher durchwurzelt. Bei glei-

chem Nährstoffgehalt der Substrate werden in kleineren Pflanzgefäßen die Nährstoffvorräte schneller aufgebraucht, und die Pflanzen kommen eher und verhältnismäßig lange in eine optimale Phase, wo sie entsprechend kräftig wachsen. In einem großen Substratvolumen dagegen sind auf lange Zeit erhebliche Überschüsse gegeben: Die Nährstoffe werden viel langsamer abgebaut, so daß die Pflanzen über einen längeren Zeitraum hinweg regelrecht überdüngt werden, was sich in einem erheblich schlechteren Wachstum auswirkt. In vielen Fällen kann es sogar zu Wurzelschäden kommen, nicht selten sterben die Pflanzen zuletzt ab.
Diese Erscheinungen treten in erster Linie bei den nährstoffangereicherten Humussubstraten auf, während die reinen Mineralsubstrate, die wir selbst zusammenmischen, doch weit nährstoffärmer sind und daher mit dem Gießwasser laufend gedüngt werden. Dies ist sicher mit eine ganz wesentliche Ursache dafür, daß Kakteen in solchen Mischungen von Anfang an flott zu wachsen beginnen. Also ein weiterer Vorteil, der für diese Kulturmethode spricht!
Als Faustregel mag gelten, den Topf so groß zu wählen, daß zwischen Gefäß und Pflanze ringsum noch ein fingerbreiter Rand verbleibt. Kakteen und andere Sukkulenten können dann durchwegs gut zwei bis drei Jahre in diesen Töpfen verbleiben, ehe sie wieder umzusetzen sind.

Pflanzschalen

Kunststoffpikierschalen, in genormten Größen, wie sie heute allgemein im Erwerbsgartenbau verwendet werden, eignen sich sowohl zur Aussaat und Anzucht von Jungpflanzen, als auch zum Aufstellen von Einzeltöpfen. Im letzteren Fall verwendet man Schalen ohne Abzugslöcher, damit man das Gießwasser von unten im Anstauverfahren zuführen kann. Pflanzschalen aus Kunststoff haben zudem noch weitere Vorteile, auf die hier hingewiesen sei.
Die so in handlichen Schalen untergebrachten Kakteen oder andere Sukkulenten lassen sich ohne viel Zeitaufwand aus dem Winterquartier in ein Frühbeet ausräumen. Auch in Gewächshäusern und hier vor allem auf Hängebrettern lassen sich die Pflanzen in Schalen zusammengestellt vorzüglich pflegen. Eine derartige Kulturmethode bringt noch einen großen Vorteil: Man kann die einzelnen Kakteengattungen oder -arten, je nach ihren Ansprüchen, zu bestimmten Jahreszeiten feuchter oder trockener halten und die Pflege selbst in einer artenreichen Sammlung individuell abstimmen.
Für Aussaaten und zur Stecklingsvermehrung lassen sich auch die flachen Styroporschalen recht gut verwenden. Da sie aber wenig stabil sind, eignen sie sich als große Schalen zur Aufnahme getopfter und somit ziemlich schwerer Einzelpflanzen nicht.

Wie man Kakteen und andere Sukkulenten verpflanzt

Die beste Zeit zum Umsetzen ist, von einigen Ausnahmen abgesehen, grundsätzlich das zeitige Frühjahr nach Beendigung der Winterruhe. Jungpflanzen und besonders stark wachsende Arten setzt man, falls erforderlich, jedes Jahr in neues Substrat, ältere Exemplare dagegen nur alle paar Jahre. Humose Erdsubstrate zersetzen sich relativ schnell, und die lockere, luftdurchlässige Bodenstruktur geht mehr und mehr verloren. Hier ist es viel wichtiger, die Pflanzen wieder rechtzeitig in neue Erde zu bringen, ehe sie Schaden nehmen. Die mineralischen Substrate dagegen verändern sich in ihrer Struktur fast überhaupt nicht, so daß man eigentlich erst dann umpflanzen muß, wenn das Substrat durchwurzelt ist und der Topf für die Pflanze zu eng geworden ist.

So wird verpflanzt!

Zum Austopfen der stark eingewurzelten Pflanzen stößt man die Oberkante des Topfes leicht an dem Tisch auf, und schon löst sich der Wurzelballen mit dem Substrat aus dem Pflanzgefäß. Auch bei sonstigen Sukkulenten sollte man einen dicht verfilzten Wurzelballen mit einem flachen Holz vorsichtig auflockern, ohne die Wurzeln dabei sehr zu verletzen oder gar abzureißen.

Altes Substrat entfernen

Die langen Wurzelstränge werden leicht ausgeschüttelt und somit von der alten Erde befreit, wobei alte, abgestorbene Wurzelteile abgeschnitten werden können. Es ist eine natürliche Erscheinung, daß bei vielen Kakteen während der Ruhezeit ein großer Teil des Wurzelwerkes eintrocknet und abstirbt. Man braucht also wirklich keine Sorge zu haben, wenn man beim Herausnehmen der Pflanzen am Ende der üblichen Ruhezeit häufig tote Wurzeln in den Töpfen antrifft. In neues Substrat verpflanzt und bei milder Feuchtigkeit entwickeln sich innerhalb weniger Tage neue Wurzelspitzen.
Wie bereits erwähnt: Bei den Sukkulenten keine zu großen Pflanzgefäße verwenden! Selbst bei kräftig wachsenden Pflanzen reicht es meist durchwegs aus, zum Umtopfen das nächst größere Gefäß zu wählen.

Rechts, von oben:

Zum Umtopfen der Kakteen bewährt sich ein dicker Lederhandschuh, um die Pflanzen anfassen zu können.

Mit einem flachen Holz wird der Wurzelballen vorsichtig aufgelockert und das alte Substrat dabei entfernt.

Die Pflanze wird in den neuen Topf gehalten und seitlich das Substrat eingefüllt.

Damit keine Hohlräume verbleiben, wird das Substrat mit einem flachen Holz seitlich nachgeschoben.

Auf guten Wasserabzug achten

Bei Erdkultur legte man früher auf das Abzugsloch des Topfes einen Tonscherben mit der Wölbung nach oben, damit das Wasser gut abziehen konnte. Der gleiche Zweck wird erreicht, wenn man erst etwas groben Quarzsand bzw. Quarzkiesel unten in den Topf einfüllt. Bei mineralischen Substraten genügt es, unten hinein erst eine Dränage aus einem gröberen Material einzubringen, also das abgesiebte große Kornsubstrat hier mit zu verwenden. Damit ist sichergestellt, daß überschüssiges Gießwasser rasch genug abfließt, denn gerade Staunässe würde bei wurzelempfindlichen Kakteen und anderen Sukkulenten unweigerlich zu schweren Verlusten führen.

Nun gibt man etwas von dem vorbereiteten Erdreich in den Topf, setzt die Pflanze darauf und füllt zuletzt die seitlichen Zwischenräume auf. Bei größeren Pflanzen schiebt man mit einem flachen Holz seitlich das Substrat locker nach, damit keine Hohlräume verbleiben. Zuletzt wird der Topf leicht aufgestoßen, damit das Erdreich gut nachrutscht. Noch fehlendes Substrat wird nachgefüllt und mit beiden Daumen rings um die Pflanze angedrückt. Die Pflanzen sollten jeweils nur so tief in den Topf gesetzt werden, als sie bereits mit Substrat bedeckt waren und wie es für einen genügenden Halt ausreicht.

Links:
Bei empfindlicheren Arten empfiehlt es sich, unten in den Topf erst grobes Material einzufüllen, damit ein guter Wasserabzug sichergestellt ist.

Oben:
Besonders stark bestachelte Pflanzen werden am besten mit zwei kurzen Holzstäben gehalten. So wird auch die Bestachelung selbst nicht beschädigt.

Umsetzen stark bestachelter Pflanzen

Das Verpflanzen gestaltet sich besonders bei sehr bestachelten Kakteen und einigen Wolfmilchgewächsen recht schwierig, da man die Pflanzen mit bloßen Händen kaum anfassen kann. Hier empfiehlt es sich, um die Pflanzen eine dicke Papiermanschette zu legen, die man sich leicht aus einer Zeitung falten kann. Nun lassen sich solche Kakteen bequem festhalten, ohne die Stacheln zu verletzen oder gar abzubrechen und das Aussehen der Pflanzen zu beeinträchtigen. Kleinere Kakteen kann man auch gefahrlos mit zwei Holzstäbchen herausnehmen.

Entsprechende Vorsicht ist beim Umsetzen einiger Euphorbien geboten, die einen giftigen Milchsaft enthalten. Die stark bewehrten Opuntien besitzen oft Stacheln mit winzigen Widerhaken, andere Arten sind dicht mit feinen Glochiden besetzt, die leicht in unsere Hände eindringen und zu Entzündungen führen können.

Umstellen auf Mineralsubstrate

Die Pflege von Kakteen und anderen Sukkulenten in mineralischen Substraten weist zweifellos eine ganze Reihe von Vorteilen auf. Viele seltene und bislang als sehr empfindlich geltende Arten lassen sich in solchen mineralischen Mischungen mühelos auf eigenen Wurzeln kultivieren, ohne sie erst auf recht unnatürliche Weise auf wüchsige Unterlagen propfen zu müssen. Das allein bringt schon zum Ausdruck, wie sehr diese Substrate den Ansprüchen der Pflanzen gerecht werden. Neben kräftig entwickelter Bestachelung gibt es auch Blütenreichtum!

Wer folgende Voraussetzungen erfüllt, dem wird es mühelos gelingen, die Pflanzen von humosen Erden auf mineralische Substrate umzustellen. Die günstigste Zeit dafür ist das Frühjahr am Ende der winterlichen Ruhezeit, ehe das Wachstum wieder einsetzt.

Die Pflanzen werden vorsichtig ausgetopft und von allen humosen Erdteilen restlos befreit. Besonders am Wurzelhals dürfen keine erdigen Rückstände verbleiben; sie würden später unnötig Feuchtigkeit festhalten und unweigerlich faulen. Man versucht daher, mit einem nicht zu weichen Pinsel die alten Erdreste säuberlich zu entfernen. Sollte dies nicht völlig gelingen, so hilft eines: die Wurzeln unter scharfem Wasserstrahl gründlich auswaschen! Die nassen Pflanzen müssen aber anschließend sofort zum Trocknen ausgelegt werden. Frühestens nach zwei bis drei Tagen kann man in mineralische Substrate einpflanzen.

Alte, abgestorbene Wurzelreste vorsichtig mit einer Schere abschneiden oder entsprechend einkürzen.

Mit dem Gießen oder Anfeuchten des mineralischen Substrates sollte man noch zwei bis drei Wochen warten. Das Substrat enthält meist geringe Spuren an Feuchtigkeit, was die Entwicklung neuer Wurzeln anregt. Bei warmer Witterung kann man die so umgestellten Pflanzen anfangs leicht übersprühen, ohne dabei das Substrat zu sehr anzufeuchten. Probeweise wird man nach Ablauf dieser Wartezeit einige Pflanzen austopfen und nachsehen, ob sich mit steigender Wärme von tagsüber auf 20 bis 26°C bereits ausreichend neue Wurzeln an den Kakteen entwickeln. Erst dann darf man das Substrat tüchtig wässern und leicht düngen. Selbstverständlich einen warmen und sonnigen Frühlingstag auswählen, damit die Pflanzen bis zum Abend wieder genügend abtrocknen können.

Das kritische Stadium einer derartigen Umstellung ist damit überwunden, und die weitere Pflege erfolgt in der üblichen Weise, wie bei anderen Pflanzen auch.

Luft- und Bodenfeuchtigkeit unserer Sukkulenten

Die Wüsten- und Trockengebiete Amerikas mit der dort vorkommenden Kakteen- und Sukkulentenflora zeichnen sich größtenteils durch langanhaltende Trockenheit aus. Die Ruhezeit der Kakteen wird also in der Heimat nicht durch Lichtmangel oder Kälte, sondern lediglich durch eine zeitlich oft lang andauernde Trockenperiode hervorgerufen. So ist es auch an den heimatlichen Standorten außerordentlich schwierig, das Alter der Kakteen abzuschätzen, weil gleichartige Pflanzen derselben Art je nach Wasserversorgung beträchtliche Größenunterschiede aufweisen können.

Die Niederschlagsmengen schwanken in den heimatlichen Verbreitungsgebieten der Kakteen ziemlich stark. So beträgt die durchschnittliche jährliche Niederschlagsmenge im südlichen Kalifornien 200 mm, in Arizona 100 mm, auf der mexikanischen Hochebene (Mexiko City) in 2278 m Höhe sogar 590 mm. Zum Vergleich: Berlin 570 mm.

Die Städte San Louis Potosi haben 370 mm, Chihuahua nur 310 mm jährliche Niederschlagsmenge. Südamerika weist in Kolumbien 1 600 mm, in Venezuela 810 mm und in Bolivien am Ostabhang der Anden sogar über 1 000 mm auf, während Argentinien nur 320 mm und die Länder östlich der Andenkette, die von den großen Grassteppen, den Pampas, eingenommen werden, eine jährliche Niederschlagsmenge von 700 bis 1 000 mm zu verzeichnen haben. Östlich der Anden ist sie gleichmäßig auf alle Jahreszeiten verteilt.
Wissenschaftliche Messungen haben ergeben, daß in der arabischen Wüste die Luftfeuchtigkeit in der Zeit von 2.00 Uhr morgens bis Sonnenaufgang 94 bis 100 % beträgt und selbst im März, dem Monat des trokkenheißen Chamsin, noch etwa 80 % relative Feuchte erreicht wird. In anderen Gebieten verhält es sich durchaus entsprechend. Überdies wurde festgestellt, daß die Kakteenstacheln die Wasserkondensation durch elektrische Kollektorwirkung aus der Luft fördern. Die taunassen Pflanzen sind darüber hinaus befähigt, diese Feuchtigkeit über die Epidermis, die Oberhaut, aufzunehmen; und nur so ist es überhaupt erklärlich, daß Kakteen selbst in noch solchen Gebieten vorkommen, in denen oft jahrelang keine Niederschläge fallen. Dies gilt vor allem für die Vorkommen an der chilenischen Küste, die andererseits wegen ihres häufigen Nebels bekannt ist.
Ahmt man nun auch bei unseren Kulturpflanzen die Verhältnisse nach, indem man im Sommer an warmen Abenden die Kakteen reichlich nebelt, so macht sich sehr bald verstärktes Wachstum mit besonders kräftiger Bestachelung bemerkbar. Meist erreicht man dies auch, wenn das Gewächshaus oder der Frühbeetkasten zeitig abgelüftet wird, wobei rasch hohe Luftfeuchtigkeit, sogenannte »gespannte Luft«, entsteht. Es ist daher sehr nützlich, bei den Pflanzen Hygrometer aufzuhängen, damit die Luftfeuchtigkeit kontrolliert werden kann.
In den Sommermonaten während der Wachstumsperiode der Pflanzen sollte tagsüber doch eine relative Luftfeuchtigkeit von wenigstens 40 bis 45 % herrschen. Mit dem Absinken der Tagestemperaturen steigt die Luftfeuchtigkeit in den Abend- und Nachtstunden durchaus auf 80 bis 90 %, was durch Sprühen oder im Gewächshaus durch Aufspritzen der Wege und Bodenflächen noch gefördert werden kann. Die Pflanzen aber grundsätzlich nur mit Regenwasser oder kalkfreiem Wasser nebeln oder übersprühen, damit an den Stacheln und Körpern keine lästigen Kalkausscheidungen zurückbleiben!

Wie verhält es sich mit dem Wasserbedarf?

In den vorangegangenen Zeilen wurden die jährlichen Niederschlagsmengen der wichtigsten Kakteengebiete erwähnt, und es war daraus zu ersehen, daß sie wohl recht unterschiedlich hoch, zum Teil aber recht beachtlich sind, zumal es sich häufig um kurze Regenperioden handelt. Mit Hilfe der Sukkulenz sind die Kakteen und die anderen wasserspeichernden Gewächse nun befähigt, das oft kostbare Naß möglichst rasch aufzunehmen und im Gewebe einzulagern, bevor die Niederschläge in unerreichbare Tiefen versickern. Aus diesem Grund ist das Wurzelwerk dieser Pflanzen sehr umfangreich; und die feinen Saugwurzeln durchziehen ganz flach unter der Oberfläche den Standraum der Sukkulenten – ausgenommen natürlich die Arten mit ausgesprochenen Rübenwurzeln.
Die irrige Ansicht, Kakteen brauchen kein oder nur sehr wenig Wasser, ist immer noch weit verbreitet. Wer diese Pflanzen jedoch schon einmal gepflegt hat, wird rasch feststellen können, daß bei zu geringen Wassermengen im Sommer ihr Wachstum plötzlich nachläßt und völlig stillsteht.
Während der Vegetationszeit muß den Kakteen und auch den anderen Sukkulenten aus-

reichend Feuchtigkeit zur Verfügung stehen. Die Pflanzen können bei warmer Witterung unbedenklich kräftig gegossen werden, vorausgesetzt sie haben eine sandige, wasserdurchlässige Substratmischung und ein gesundes Wurzelwerk.

Vom richtigen Gießen

Wann wird gegossen? Vor allem Kakteen, aber auch viele andere Sukkulenten, sollten nach dem Umsetzen in neues Substrat nicht sofort angegossen werden, wie es bei anderen Pflanzen allgemein notwendig ist; Kakteen werden nach Beendigung der Ruhezeit verpflanzt, wenn infolge der winterlichen Trockenheit bei den erdbewohnenden Kakteen meist alle Saugwurzeln abgestorben sind. Die milde Erde reicht völlig aus, um die Entwicklung neuer Saugwurzeln anzuregen. Bisweilen werden beim Umsetzen viele Wurzeln verletzt oder auch abgetrennt, und die Wunden sollen gut abtrocknen, ehe sie mit Wasser in Berührung kommen. Es könnte sich sonst sehr leicht Fäulnis einstellen, was zu einem Verlust der ganzen Pflanze führen kann.
Es empfiehlt sich jedoch, die Kakteen anfangs bei warmer Witterung leicht zu übersprühen, zumal sie auch über die Stacheln und die Oberhaut Feuchtigkeit aufzunehmen vermögen. In manchen Heimatgebieten stellt der nächtliche Tau auf den Pflanzen die einzige Wasserquelle für viele Monate dar. Grundsätzlich sollten die Kakteen dabei bis zum Abend wieder gut abgetrocknet sein. Deshalb sprüht man am besten in den Vormittagstunden.
Nach etwa einer Woche darf man vorsichtig zu gießen beginnen. Bei dicht wolligen und behaarten Kakteen nicht von oben gießen! Die herrlich locker stehenden Haare und die Wolle klebt sonst an den Pflanzenkörpern fest und sie sehen nicht mehr so schön aus. In den Frühjahrsmonaten gibt man anfangs nur wenig Wasser, mit dem Einsetzen des Wachstums allmählich mehr. Im Sommer erhalten die Kakteen und anderen Sukkulenten reichlich Wasser.
Selbstverständlich muß das Gießen auch mit der Witterung abgestimmt werden. Bei kühlem und regnerischem Wetter hält man die Pflanzen trockener und setzt mit den Wassergaben aus.
Mit Herbstbeginn endet für viele Kakteen das Wachstum, und das Gießen ist mehr und mehr einzuschränken. Die Überwinterung der meisten Kakteen erfolgt bei kühlem Stand dann vollkommen trocken. Die epiphytischen Kakteen und viele andere Sukkulenten, insbesondere Arten mit Blättern, verlangen auch im Winter gelegentlich Feuchtigkeit. Sie werden nur so viel gegossen, daß die Blätter nicht einzuschrumpfen beginnen oder gar abgeworfen werden.
Bei der Beschreibung der einzelnen Gattungen ist jeweils darauf hingewiesen, ob sie auch in den Wintermonaten gegossen werden müssen.

Anstauverfahren

Wie beim Thema Verpflanzen bereits ausführlich erläutert, bewährt es sich ausgezeichnet, die in Kunststofftöpfen stehenden Pflanzen in flache Plastikschalen ohne Abzugslöcher aufzustellen. Hierfür eignen sich in erster Linie die praktischen Vierkanttöpfe. Beim Gießen dieser Pflanzen füllt man einfach seitlich der Töpfe das Wasser oder auch die Düngerlösungen in die Schalen ein, die Töpfe dürfen bis knapp oben an den Rand hin im Wasser stehen.
Die Feuchtigkeit wird von unten über die Abzugslöcher in das Substrat hochgezogen, ohne daß die Pflanzenkörper naß werden. Man sollte darauf achten, nur jeweils soviel Wasser in die Schalen hineinzugeben, wie das Bodensubstrat der Töpfe innerhalb der nächsten Stunden aufnehmen kann.
In Gewächshäusern kann man die Tischflächen unterteilen und mit Kunststoffolien

auslegen und auch hier das Anstauverfahren praktizieren. Dabei empfiehlt es sich, die Tischplatten mit leichtem Gefälle zu versehen, damit das nach einigen Stunden nicht mehr aufgenommene, überschüssige Gießwasser über ein an der tiefsten Stelle angebrachtes Ablaufrohr abfließt.
Dabei kann man Kakteen und anderen Sukkulenten auch Düngerlösungen verabreichen, ohne Gefahr zu laufen oberirdische Pflanzenteile zu schädigen.
Bei dieser Methode hat es sich ausgezeichnet bewährt, auf die Plastikfolie eine etwa fingerstarke Lage feinen Sandes aufzubringen und erst darauf die Töpfe zu stellen. Die Sandschicht sorgt auch noch nach Tagen für milde Feuchtigkeit und trägt zu höherer Luftfeuchtigkeit im Bereich der Pflanze bei.
Die Pflanzenkultur in Kunststofftöpfen mit Mineralsubstraten ist außerordentlich arbeitssparend, denn selbst bei großer Sommerhitze ist es nur in Abständen von ein bis zwei Wochen erforderlich, die Kakteen in der geschilderten Weise mit Wasser oder Düngerlösungen anzustauen. Bei der Verwendung von humosen Erden kann es gerade in Gewächshäusern, aber auch an vollsonnigen Fenstern im Hochsommer notwendig sein, fast täglich zu gießen.

Welches Gießwasser?

Neuere Untersuchungen haben eindeutig gezeigt, daß die meisten Kakteen und auch die anderen Sukkulenten eine leicht saure Bodenreaktion bevorzugen. Kalkhaltiges Gießwasser ist daher ungeeignet und hat sich vor allem bei der Sämlingsanzucht als recht nachteilig erwiesen. Werden die Pflanzen dann auch noch von oben mit kalkhaltigem Leitungswasser gegossen, so verdunstet wohl das Wasser, doch es bleiben häßliche Kalkabsonderungen an den Stacheln und Pflanzenkörpern zurück. Die Kakteen sehen bald fahl und leicht grau aus, und ihr Wert ist ganz erheblich vermindert.
Besonders wertvoll zum Gießen wäre Regenwasser, soweit es noch nicht verschmutzt ist. Vom Gewächshaus kann es von den Dachflächen abgeleitet und in ausreichendem Maße bereitgehalten werden. Meist genügt es bereits, das Regenwasser über Filterwatte zu reinigen, um erhebliche Schmutzanteile zurückzuhalten. Im Gewächshaus sollte in einem Wasserbehälter stets leicht angewärmtes Wasser verfügbar sein. Grundsätzlich sollte die Wassertemperatur mindestens so hoch sein wie die Lufttemperatur, noch günstiger wäre freilich gut handwarmes Gießwasser.

Enthärten des Leitungswassers

Wohl gibt es heute im Handel Wasserenthärtungstabletten, mit denen man brauchbares Gießwasser bereiten kann; wo jedoch größere Wassermengen benötigt werden, empfiehlt es sich, kalkhaltiges Leitungswasser mit Salpetersäure zu enthärten. Der Kalk verbindet sich mit der zugeführten Salpetersäure zu neutralem, wasserlöslichen Calciumnitrat.
Zum Ansäuern von 10 Liter Münchener Leitungswasser mit einem Härtegrad von 16° d. H. sind für die einzelnen pH-Wertbereiche folgende Mengen 25%iger Salpetersäure notwendig:

25%ige Salpetersäure in ccm	pH-Wert in 10 Liter Wasser
2,5	6,5
5,0	6,0
7,5	5,5
10,0	5,0
12,5	4,5
15,0	4,0

Da der Kalkgehalt des Leitungswassers örtlich sehr verschieden ist, leistet Indikatorpa-

pier, wie es etwa die Firma Merck für alle pH-Wertbereiche liefert, gute Hilfe. Mittels einer beigefügten Farbskala kann der gewünschte pH-Wert sicher eingestellt werden. Unter ständigem Rühren wird die Säure dem Wasser nach und nach zugegeben. Das Wasser kann dann sofort zum Gießen verwendet werden.
Zum Ansäuern des Gießwassers läßt sich darüber hinaus auch kristallisierte Oxalsäure verwenden; sie ist jedoch äußerst giftig und mit größer Sorgfalt zu handhaben!

Nährstoffversorgung

Sollen Kakteen und andere Sukkulenten überhaupt gedüngt werden? Grundsätzlich benötigen auch diese Pflanzen Hauptnährstoffe und Spurenelemente wie alle anderen Gewächse. Wie eingangs bereits erwähnt, sind die natürlichen Standorte in den heimatlichen Trockengebieten der Kakteen außerordentlich nährstoffreich. Im Trockenklima werden die Nährsalze kaum ausgewaschen, in den meisten Fällen werden sie vom aufsteigenden Bodenwasser wieder an die Erdoberfläche gebracht, wo sie nicht selten auskristallisieren.
Es wurde schon darauf hingewiesen, daß diese »Tiefennährsalze« als Produkte einer mineralischen Verwitterung sehr arm an Nitraten, also an Stickstoffsalzen, sind. Dies ist bei der Auswahl der für Kakteen und andere Sukkulenten geeigneten Dünger zu bedenken.
Zum besseren Verständnis der richtigen Ernährung unserer Kakteen seien daher die wichtigsten Nährstoffe und ihre Auswirkungen auf die Pflanzen kurz erläutert. Die in Klammern gesetzten Buchstaben stellen die chemischen Kennzeichen der einzelnen Elemente dar, wie sie nicht selten als Abkürzungen auf den Düngemittelpackungen mitverwendet werden.

Kernnährstoffe

Stickstoff (N) fördert das Wachstum und Bildung von Pflanzenmasse. Aus Kohlehydraten und Stickstoff wird Eiweiß gebildet. Da die Trockengebiete relativ stickstoffarm sind, führen zu große Mengen bei den Kakteen zu schwammigem Gewebeaufbau. Wir sprechen dann von »mastigen« Pflanzen, wenn große Zellaufbauten mit nur schwachen Zellwänden auftreten. Mit Stickstoff stark überdüngte Kakteen verlieren rasch ihr natürliches Aussehen, sie sind für Krankheiten überaus anfällig und nur wenig blühwillig. Vorsicht daher bei sehr nährstoffreichen Kompost- und Mistbeeterden, wie sie vor allem früher vielfach zum Mischen der Kakteenerden verwendet wurden!

Phosphor (P) wird in Form von Phosphaten von den Pflanzen aufgenommen. Dieser Hauptnährstoff fördert den Blüten- und Fruchtansatz und begunstigt vor allem bei Stecklingen die Wurzelbildung. Phosphor ist damit für die Kakteenpflege ein ungemein wichtiger Nährstoff, der in reichem Anteil vorhanden sein sollte. Am gebräuchlichsten ist für unsere Zwecke hier Superphosphat mit rund 18 % wasserlöslicher Phosphorsäure.

Kalium (K) fördert den Gesamtaufbau der Pflanze und ist für den Stoffwechsel unentbehrlich. Es vermag vor allem auch die Widerstandskraft gegen Krankheiten und Schädlingsbefall zu erhöhen. Ein hoher Kalianteil der Substrate oder der Düngerlösungen ist daher besonders wichtig und für ein gutes Pflanzenwachstum unerläßlich.

Calcium (Ca) dient vorzugsweise zur Neutralisation der organischen Säuren und wird schon von den Sämlingen aufgenommen.

Man bezeichnet es auch als Regler des Wasserhaushaltes. Kalküberschuß jedoch hemmt die Aufnahme anderer Nährstoffe und bindet vor allem das lebenswichtige Eisen: Er führt auch rasch zu einem hohen pH-Wert, der für Kakteen und andere Sukkulenten nicht vorteilhaft ist. Calcium ist meist ausreichend in den verschiedenen Erden und Substraten enthalten. Zusätzlicher Kalkbedarf ergibt sich nur bei Verwendung von Torfen, denen je Liter etwa 2 bis 3 Gramm kohlensaurer Kalk beigemischt werden muß.

Magnesium (Mg) beeinflußt die Bildung des Blattgrüns günstig und spielt bei der Aufnahme des Phosphors eine wichtige Rolle.

Eisen (Fe) ist zur Bildung des Blattgrüns, auch Chlorophyll genannt, ebenso unerläßlich. Bei Eisenmangel kommt es zu typischen Chloroseschäden, die auch als Gelbsucht bezeichnet werden, da die Chlorophyllbildung in den äußeren Zellpartien unterbleibt. Eisen ist in den meisten Fällen ausreichend vorhanden, nur bei sehr starkem Kalküberschuß wird Eisen in einer für die Pflanzen unlöslichen Form gebunden.

Spurenelemente

Im Gegensatz zu den vorgenannten Hauptnährstoffen wie Stickstoff, Phosphor, Kali und Kalk handelt es sich bei den Spurenelementen um lebensnotwendige Stoffe, die nur in ganz geringen Mengen benötigt werden. Es sind dies Elemente wie Chlor, Mangan oder Natrium. Normalerweise sind sie in den Böden und Substraten in ausreichenden Mengen vorhanden, doch werden sie den heutigen Spezialdüngern vielfach noch gesondert beigegeben, damit es ja nicht zu Mangelerscheinungen kommt.
Die Entwicklung der Pflanzen richtet sich nur nach demjenigen Nährstoff, der ihnen in geringster Menge zur Verfügung steht. Man spricht hier von dem Gesetz des Minimums.

Mineralische Dünger

Wenn auch die oben erwähnten Hauptnährstoffe in verschiedenen Düngern getrennt zur Verfügung stehen, so wählen wir heute doch vorzugsweise sogenannte Misch- oder Volldünger, die Stickstoff, Phosphate und Kali in abgewogenem Verhältnis enthalten. Erdbewohnende Kakteen und auch die meisten anderen Sukkulenten verlangen aufgrund der heimatlichen Bodenverhältnisse jedoch nährstoffreiche Substrate, die viel Phosphat und Kali aber nur wenig Stickstoff aufweisen! Deshalb eignen sich als Volldünger bei der Kakteenpflege in erster Linie Fabrikate, die Stickstoff, Phosphorsäure bzw. Phosphat und Kali zumindest im Verhältnis 1 : 1, 5 : 1,5 enthalten. Sie sollen dabei auch leicht saure Reaktion aufweisen.

Organische Dünger

Dies sind Stoffe wie Stalldünger, Jauche oder Kompost, die sich für unsere Zwecke wenig eignen. Recht wertvoll zur Zubereitung humoser Erdmischungen sind jedoch die organischen Stickstoffdünger, wie Hornmehl, Hornspäne oder Blutmehl. Knochenmehl und Guano, ein hochwertiger Vogeldünger aus Südamerika, sind besonders reich an Phosphaten. Vor allem bei der Zubereitung von Pflanzsubstraten für epiphytische Kakteen leisten diese Dünger wertvolle Dienste. Man gibt sie als sogenannte Vorratsdünger mit in die Erdmischungen, da sie längere Zeit gleichmäßig Nährstoffe abgeben.
Die organischen Stoffe müssen nämlich erst durch Bakterientätigkeit in anorganische, wasserlösliche Mineralsalze umgewandelt werden, damit die Pflanzenwurzeln sie überhaupt aufnehmen können. Diese organischen Dünger dürfen daher nicht in reinen Mineralsubstraten verwendet werden, da die erforderliche Bakterientätigkeit fehlt; hier eignen sich wasserlösliche Düngesalze.

Das Düngen der Pflanzen

Die einfachste Form, Kakteen und andere Sukkulenten mit den erforderlichen Nährstoffen zu versorgen, ist die Flüssigdüngung. Wenn man bei humosen Erden auch organisch oder mineralisch auf Vorrat düngen kann, so wirkt dies jedoch nur zeitlich begrenzt. Auch hier muß man nachdüngen. Vor allem aber bei den heute weit verbreiteten strukturstabilen Mineralsubstraten ist es unerläßlich, wiederholt zu düngen; dabei ist immer zu bedenken, daß es sich bei Volldüngern um Salze handelt, die im Übermaß verabreicht zu ganz empfindlichen Verbrennungen an den Wurzeln der Pflanzen führen.
Diese Volldünger werden in der entsprechenden Menge laut Gebrauchsanweisung in Wasser aufgelöst. Flüssigdünger, die neben allen Hauptnährstoffen auch noch Spurenelemente und sogar Vitamine enthalten, werden mit Wasser verdünnt.

Nach dem Pflanzen nicht sofort düngen

Beim Umsetzen der Pflanzen in neue Substrate werden sie ungewollt an den Wurzeln verletzt. Auch müssen sich nach der winterlichen Trockenruhe erst wieder ausreichend neue Wurzeln bilden, die die dargebotenen Düngerlösungen aufnehmen können. Daher sollte man umgesetzte Kakteen und andere Sukkulenten anfangs nur leicht mit reinem Wasser gießen und erst nach zwei bis drei Wochen erstmals düngen.

Die richtige Düngerkonzentration

Die Konzentration einer Düngerlösung sollte erst nach einer Untersuchung der Substrate festgelegt werden; das ist aber derzeit für den Kakteensammler nicht praktikabel. Man kann daher nur nach einer Faustregel arbeiten und darf grundsätzlich keine zu hohen Nährstoffkonzentrationen ausbringen. Dabei hat es sich bewährt, die Pflanzen während des Sommerhalbjahres, also zur Hauptwachstumszeit, in Abständen von zwei bis drei Wochen regelmäßig zu düngen, und zwar mit jeweils 0,1- bis 0,2%iger Düngerlösung: Es sind dies 1 bis 2 Gramm eines Volldüngers je Liter im Gießwasser gelöst. Darüber hinaus sind die Anwendungsvorschriften der Hersteller, wie sie auf den Packungen angegeben sind, ganz genau zu beachten.

Vorsicht vor Verbrennungen!

Die einzelnen Düngermengen werden in das Gießwasser gegeben und kräftig durchgerührt, damit sich die Nährsalze im Wasser gleichmäßig verteilen. Nie bei trockenem Erdreich düngen, da die Düngerlösung dann weitaus konzentrierter wirken würde! Notfalls mit reinem Wasser vorgießen.
Grundsätzlich empfiehlt es sich, die Pflanzen nach dem Düngen nochmals leicht mit reinem Wasser zu überbrausen, damit keine Nährsalzlösungen zurückbleiben. Beim Verdunsten des Wassers kommt es sonst nur zu leicht zu starken Konzentrationen der eintrocknenden Salzlösungen und damit zu häßlichen Verbrennungsflecken.
Eine Ausnahme machen hier nur die sogenannten Flüssigdünger, die als ausgesprochene »Blattdünger« direkt auf die Pflanzen ausgebracht werden können, da sie von dem grünen Pflanzengewebe selbst aufgenommen werden. Sie kristallisieren nicht aus und verursachen daher, in den richtigen Konzentrationen angewandt, auch keinen Schaden.
Ideal ist das Düngen von Kakteen und anderen Sukkulenten im Anstauverfahren, da hier der Pflanzenkörper nicht mit den Nährsalzen in Berührung kommt, der gesamte Wurzelbereich jedoch ausreichend mit Nährlösung durchtränkt wird.

Lichtverhältnisse erdbewohnender Kakteen und sonstiger Sukkulenten

Wie aus Abschnitten vorangegangener Ausführungen zu ersehen ist, sind Kakteen und sonstige Sukkulenten ausgesprochene Bewohner von Wüsten- und Steppengebieten, in denen schattenspendende Bäume selten sind. Zum Teil sind die Pflanzen auch in beträchtlichen Höhen beheimatet, man denke an die mexikanischen Hochsavannen oder an die Bergregionen in Südamerika.

Der Faktor Licht spielt also bei diesen Gewächsen eine ganz besondere Rolle. In den Heimatgebieten herrscht untertags zudem sehr trockene Luft, so daß die einfallenden Lichtmengen schon weit größer sind als in unseren mitteleuropäischen Breiten. Die natürlichen Standorte der Kakteen liegen zudem näher am Äquator, so daß die Sonnenstrahlen bedeutend steiler einfallen und daher weit weniger absorbiert werden. Pflanzen in ausgesprochenen Höhenlagen erhalten durch dort dünnere Luftschichten die fast unverminderte Einstrahlung der so überaus wirksamen Ultraviolettstrahlen. Kakteen schützen sich gegen die starke Lichtmenge durch dichte Behaarung und kräftig entwickelte Bestachelung.

Kakteen sollten daher auch bei uns möglichst hell und sonnig kultiviert werden. Freilich müssen sie in den Frühjahrsmonaten, wenn sie aus dem Winterstand ins Freie oder ins Frühbeet gebracht werden, langsam erst wieder an das stärkere Sonnenlicht gewöhnt werden. Geht man hier unvorsichtig um, so können trotz der sonst so starken Lichtverträglichkeit verheerende Sonnenbrandschäden an den Pflanzen auftreten.

Die Gefahr ist besonders dann groß, wenn Kakteen und sonstige Sukkulenten infolge des doch meist herrschenden Platzmangels einen ungünstigen, dunklen Winterstand hatten.

In den ersten Wochen wird man zur Förderung des Wachstums und zur Gewöhnung an das Licht wohl leicht schattieren. Doch spätestens ab Mitte bis Ende Juli sollten die Pflanzen – und hier vor allem die älteren Exemplare – volles Sonnenlicht erhalten. Eine Ausnahme machen nur einige schattenliebende Arten, die in der Heimat unter Sträuchern oder im dichten Gras wachsen, sowie Jungpflanzen, die in den ersten Jahren doch leichten Schatten bekommen.

Hat man die Möglichkeit, die Pflanzen im Spätsommer draußen im Freien bei schöner Witterung ohne Glasschutz zu halten, so werden sie sich ganz prächtig entwickeln. In den taureichen Nächten sind die Kakteen völlig feucht, und schon innerhalb weniger Tage kann man beobachten, wie die Bestachelung zunimmt und sich herrlich ausfärbt. Solche Pflanzen schließen auch mit dem Wachstum rechtzeitig ab, und durch die kräftig einwirkende Sonnenbestrahlung wird die Blütenbildung für das kommende Jahr überaus gefördert.

In den Wintermonaten sind in unseren nördlichen Breiten Lichtmenge und tägliche Dauer der Einstrahlung viel zu gering, so daß die Pflanzen künstlich in eine Ruhezeit gelangen; durch entsprechend kühlen und trockenen Stand kommt das Wachstum zum Stillstand. Werden die Pflanzen dagegen weiter warm gehalten und reichlich gegossen, so entwickeln sich nur dünne, unnatürliche Triebe, die Stachelbildung verkümmert und die Pracht ist rasch dahin.

Günstige Temperaturen

Neben den bereits behandelten Umweltfaktoren wie Standort, Substrat, Wasser und Licht spielt auch die richtige Temperatur für Kakteen und andere Sukkulenten eine ausschlaggebende Rolle bei der erfolgreichen Pflege. Im Hinblick auf das riesige Verbreitungsgebiet der Kakteen, das in Küstengebieten beginnt, sich über die rund 2 000 m hoch gelegenen Trockensavannen Mexikos fortsetzt und in den Anden Südamerikas Höhen von über 4 000 m überschreitet, möchte man vermuten, es sei kaum möglich, all diese Pflanzen zusammen zufriedenstellend zu kultivieren.

Dabei hat es sich gezeigt, daß nahezu alle Kakteenarten und auch die anderen Sukkulenten, von einigen wenigen Ausnahmen abgesehen, bei einer durchschnittlichen Temperatur auch auf viele Jahre hinaus erfolgreich gepflegt werden können.

Für ausgesprochen wärmeliebende Gewächse liegen die optimalen Durchschnittstemperaturen im Sommer bei sonnigem Wetter durchaus bei 25 bis 35°C. Es sind dies Temperaturen, die an einem sudseitig gelegenen Fensterbrett oder unter Glas in einem Frühbeet und Gewächshaus schnell erreicht werden. Da die Pflanzen auch in ihrer Heimat täglich starken Temperaturschwankungen ausgesetzt sind, schadet es nichts, wenn in den Nachtstunden die Temperaturen auf etwa 15 bis 20°C absinken. Auch an regnerischen Tagen werden wir kaum höhere Wärmegrade erzielen.

Für die Überwinterung reichen dagegen Temperaturen von durchschnittlich 10°C durchwegs aus; auch hier schadet es nicht, wenn sie nachts bis auf 5°C absinken. Für viele Arten ist eine derartig kühle Überwinterung sogar unbedingt erforderlich, damit sie im kommenden Jahr reich blühen. Wenn dann tagsüber bei Sonneneinstrahlung die Temperatur auf 15 bis 20°C ansteigt, so ist dies nicht nachteilig. Voraussetzung für eine so kühle Überwinterung ist nur, daß die Pflanzen völlig trocken stehen.

Wenn auch die meisten Kakteen hohe Wärme vertragen, so muß doch nach Erreichen der optimalen Temperaturen genügend gelüftet werden. Kleine Kakteenkästen und Frühbeete erwärmen sich außerordentlich rasch, und nur zu leicht könnte es dort zu Verbrennungsschäden kommen.

Recht praktisch sind selbstöffnende Lüftungsfenster, die entweder über einen Ölthermostat oder elektrisch gesteuert werden. Auch temperaturgesteuerte Ventilatoren, die für die Frischluftzufuhr und Umwalzung des Luftvolumens im Gewächshaus sorgen, sind ausgezeichnet geeignet.

Die speziellen Ansprüche der verschiedenen Arten an unterschiedliche Temperaturen lassen sich auch durch entsprechende Wahl des Aufstellungsortes erfüllen. Wärmeliebende Kakteen bringt man im Gewächshaus ganz nach oben auf die Hängebretter dicht unter das Dach, manche epiphytische Arten an einen etwas kühleren und schattigeren Standort. Diese Gewächse kann man dann selbst unter den Tischen aufstellen.

Epiphytische Kakteen erfolgreich pflegen

Das natürliche Verbreitungsgebiet dieser Gruppe ist vor allem der tropische Regenwald Mittel- und Südamerikas mit seiner überaus üppigen, undurchdringbaren Vegetation. Wie der Name besagt, leben diese Kakteen epiphytisch, d. h. als Aufsitzer auf Bäumen, aber auch auf Felsen, um aus dem Dunkel des Urwaldes näher an das lebenspendende Licht zu gelangen. Epiphytische Kakteen bewohnen also vorwiegend schattige Standorte, und es fehlt ihnen daher auch das dichte, sonnenschützende Stachelkleid. Die teils langgestreckten, dünnen Sprosse sind kräftig grün und schwach, meist auch gar nicht bestachelt. Sie sind also keineswegs so lichthungrig wie die erdbewohnenden Kakteen und sollten daher vor allem im Sommer einen leicht sonnengeschützten Standort bekommen.

Bodenverhältnisse

Die epiphytischen Kakteen sind keineswegs Schmarotzerpflanzen, sondern lediglich sog. »Aufsitzer« oder Überpflanzen, wie viele Orchideen, Bromelien und Farne. Sie leben vorwiegend von den im Wurzelgeflecht der Pflanzen oder in Astmulden angesammelten Humusstoffen. Diese Substrate haben stets eine saure Reaktion, zumal den Pflanzen auch nur das auftreffende Regenwasser als Feuchtigkeit zur Verfügung steht. Es können daher keinerlei Alkalisierungen durch irgendwelche Bodeneinflüsse auftreten. Alle Epiphyten sind somit sehr kalkempfindlich. Als typisches Beispiel mag da unser altbekannter Weihnachtskaktus gelten, wie wir ihn mit seinen alten Sorten kannten.
Wegen seiner Kalkempfindlichkeit wurde er früher überwiegend als Kronenbäumchen auf Peireskia gepfropft; diese Unterlage ist weit weniger anspruchsvoll und verträgt auch kalkhaltige Erden noch recht gut. Versuche haben gezeigt, daß Weihnachtskakteen bei pH-Wert 5,5 optimal gedeihen, während Peireskia in neutralem Substrat mit pH 7 noch ausgezeichnet zu gedeihen vermag. Beachtet man bei den epiphytischen Kakteen die Bodenreaktion der Erdmischung, so wird man bei leicht sauren Reaktionen stets gute Erfolge erzielen. Man denke nur an die vielen Tausend Weihnachtskakteen, die alljährlich in den Gärtnereien in Torfkultursubstraten mit bestem Erfolg wurzelecht herangezogen werden.

Epiphytenstamm im Gewächshaus mit *Hylocereus*, *Nopalxochia*, *Rhipsalis* und Tillandsien.

Geeignete Substrate für die epiphytischen Kakteen

Aufgrund der natürlichen Standortverhältnisse bevorzugen die Epiphyten unter den Kakteen lockere, humose Substrate von etwa pH 5,5, also leicht saure Reaktion. Recht gut eignen sich die Torfkultursubstrate, gebrauchsfertig angeboten. Man kann sich auch selbst geeignete Erden mischen: Es wird feuchter Torfmull verwendet und diesem noch etwas nahrhafte Komposterde, Quarzsand und Hornspäne beigemischt. Wichtig ist auch gute Luftdurchlässigkeit dieser Substrate. Man bevorzugt daher möglichst grobfaserigen Torfmull oder gibt noch einen Anteil klein gehacktes Torfmoos – *Sphagnum* – mit in die Erden. Der Torfanteil sollte in allen Fällen 50 % betragen.
Den epiphytischen Kakteen stehen in den Humuserden der tropischen Wälder bedeu-

tend mehr Nährstoffe zur Verfügung, als man gemeinhin annimmt. Sie bevorzugen dabei selbst höhere Gaben stickstoffreicher Dünger und unterscheiden sich daher in der Pflege von den übrigen Kakteen ganz wesentlich. Bei der Kultur epiphytischer Kakteen ist das unbedingt zu berücksichtigen!

Wachstumsbedingungen in der Heimat

Die epiphytischen Kakteen sind hauptsächlich im tropischen Regenwaldklima mit jährlichen Niederschlagsmengen von 2 000 bis 3 000 mm beheimatet; sie verlangen deshalb in der Kultur ebenfalls reichlich Feuchtigkeit. Da die Niederschläge zum größten Teil gleichmäßig über das ganze Jahr verteilt fallen, haben die meisten Gattungen dieser Epiphyten keine ausgesprochene Trockenruhe; daher sind sie auch gegen Austrocknen des Wurzelballens außerordentlich empfindlich. So muß sich bei der Pflege das Augenmerk besonders auf das Gießen richten. Die humosen torfreichen Erdmischungen sorgen dabei auch für gleichmäßige Bodenfeuchtigkeit.

Wenn auch die klimatischen Verhältnisse im tropischen Urwald fast das ganze Jahr hindurch nahezu gleichmäßige Wärme bieten und die mittlere Temperatur des kältesten Monats noch über 18 °C beträgt, so sind die Pflanzen doch so anpassungsfähig, daß sie ohne weiteres im Winter kühler gehalten werden können.

Ein Epiphytenstamm für Kakteen, die auf Bäumen wachsen

Das ehemals nur mit Pflanztischen ausgestattete Gewächshaus des Verfassers wurde vor einigen Jahren abgeteilt und die halbe Fläche des Hauses mit Grundbeeten zum Auspflanzen von großen Kakteen umgestaltet. Den Mittelpunkt dieser Anlage bildet nunmehr ein 3,5 m hoher Epiphytenstamm, der eine Reihe von baumbewohnenden Kakteen aufnimmt. Die breitverzweigte Krone einer Robinie stammt von einem mächtigen Alleebaum, der dem U-Bahn-Bau weichen mußte und sich auf dem Weg zur Müllhalde befand. Der starke Stamm ist etwa 60 cm tief im Boden versenkt und seitlich an kräftigen Hauptästen noch zusätzlich verspannt, damit ausreichend Halt gewährleistet ist. Der im Erdreich befindliche Stammteil wurde erst mit einem pflanzenunschädlichen Holzimprägnierungsmittel behandelt und anschließend noch mit einem fettgetränkten Dichtungsband dicht umwickelt, damit das Holz nicht durch die ständige Bodenfeuchtigkeit in seiner Haltbarkeit beeinträchtigt wird.

Auf diesem Stamm haben nun die verschiedensten epiphytischen Kakteen ihren natürlichen Standort gefunden: vor allem einzelne Arten aus den Gattungen *Rhipsalis, Lepismium, Chiapasia, Epiphyllum, Hatiora, Heliocereus, Hylocereus, Rhipsalidopsis, Selenicereus* und *Zygocactus*. Die einzelnen Pflanzen sind überwiegend aus Stecklingen herangezogen und ergeben in wenigen Jahren mächtige Exemplare.

Im zeitigen Frühjahr bewurzeln die 6 bis 8 cm langen Triebstücke dieser Epiphyten am besten. Es hat sich ausgezeichnet bewährt, die mit einem scharfen Messer zugeschnittenen Stecklinge erst für ein bis zwei Tage in einem leeren Topf luftig und schattig aufzustellen, damit die Schnittflächen gut abtrocknen. Erst dann werden sie in 6 bis 8 cm große Kunststofftöpfe abgesteckt, und zwar in einem Gemisch aus feuchtem Torfmull, Perlite und zerkleinertem Torfmoos zu gleichen Teilen. Gerade das Torfmoos lockert das Substrat sehr auf und vermag als Ausgangsprodukt unseres bekannten Weißtorfes enorm viel Wasser in seinen großen Zellhohlräumen zu speichern. Man findet es in Hochmooren und an nassen Stellen in Wäldern. Damit sich buschige, mehrtriebige Pflanzen ergeben, werden gleich 3 bis 5 Stecklinge zusammen in einen Topf gege-

ben. Bei Bodenwärme von 20 bis 25°C und unter »gespannter Luft« – hier genügt es schon, mit einer Plastikfolie zu bedecken – bewurzeln sich die Triebspitzen innerhalb von zwei bis drei Wochen. Nach weiteren zehn bis zwölf Tagen bekommen die jungen Pflanzen dann schon leichte Volldüngergaben mit in das Gießwasser, worauf sie mächtig zu wachsen beginnen.
Die gut durchwurzelten Jungpflanzen können bald auf dem Epiphytenstamm angesiedelt werden. Anbinden sollte man am besten mit einem Kupferdraht, er kann nicht rosten und später aufplatzen. Damit die Wurzelballen gut feucht halten, werden sie noch mit etwas Torfmoos umwickelt und dann zwischen Astgabeln an den sonnenabgewandten Seiten befestigt. An etwas sonnengeschützten Stellen werden im Hochsommer die Wurzelballen nicht so leicht austrocknen und viel länger feucht bleiben.
Rankende Kakteen wie »Königin der Nacht« oder *Hylocereus* sind am Fuße des Epiphytenstammes in lockerer, humoser Erde frei ausgepflanzt. Sie entwickeln sich so prächtig und bringen jährlich bis zu meterlange Neutriebe, die bis oben in die Krone des Stammes emporranken und dort der vollen Sonne ausgesetzt sind.
Ein großer Teil dieser Pflanzen, die nicht auf dem Epiphytenstamm selbst Platz gefunden haben, sind in die bekannten Epiphytenkörbchen gesetzt und an Ästen und Zweigen frei aufgehängt. Vor allem im Winter sind sie hier untergebracht.

Links, von oben:

Epiphytenkörbchen lassen sich aus Hartholzlättchen leicht selbst basteln. Die Lättchen werden zuerst alle auf gleiche Länge zugeschnitten.

Dann durchbohrt man die Seitenhölzer an beiden Enden in gleichmäßigen, exakten Abständen. Eine Werkbank und eine Bohrmaschine erleichtern diese Arbeit.

Die vier Grundhölzer werden mit verzinktem Draht zu einem Quadrat zusammengesetzt und die Zwischenlättchen am Boden mit Holzleim verklebt.

Die Pflege der epiphytischen Kakteen erfordert vor allem in der warmen Jahreszeit häufiges Gießen und Sprühen mit kalkfreiem Regenwasser, da die Wurzelballen nie austrocknen sollen. Im heißen Gewächshaus ist es recht mühsam, all die Pflanzen hoch oben an den Ästen ausreichend mit Wasser zu versorgen. Die Anschaffung einer elektrischen Wasserpumpe bringt erhebliche Erleichterung, insbesonders für die Frau des Hauses, wenn sie während der beruflichen Abwesenheit des Sammlers mit diesen Arbeiten befaßt ist.

Über eine PVC-Schlauchleitung wird das im Becken gesammelte und leicht angewärmte Regenwasser bis hinauf zum Dachfirst gepumpt und über die bepflanzte Baumkrone zu den feinen Sprühdüsen geleitet. Nun genügt es, für etwa ein bis zwei Minuten jeweils die Pumpe einzuschalten, und sofort wird das Wasser in einem dichten Sprühnebel über all die Pflanzen verteilt. Im Wasser gelöste Volldüngergaben können gleichzeitig mit ausgebracht werden. Für die Schlauchleitung darf übrigens kein lichtdurchlässiges Material verwendet werden, da sich sonst an den Innenwänden leicht Algen ansiedeln und diese dann laufend die Sprühdüsen verstopfen.

Im Sommer wird nur an sonnigen Tagen gesprüht. Bei heißem Wetter erhalten die Epiphyten noch in den späten Abendstunden eine kräftige Dusche; die Luftfeuchtigkeit im Gewächshaus steigt dann nochmals kräftig an und bleibt so die ganze Nacht hin-

Rechts, von oben:

Nun werden die Seitenhölzer abwechselnd übereinander gesetzt und auf die vier Drahtenden aufgefädelt, bis die gewünschte Höhe erreicht ist.

Zuletzt werden die Drahtenden eingekürzt und zu kleinen Ösen umgebogen, damit die fertigen Körbchen daran aufgehängt werden können.

Werden die Holzlättchen auch noch mit farblosem Lack behandelt, so behalten sie länger ein gutes Aussehen und werden nicht so rasch verrotten.

durch. Die Überwinterungstemperatur ist den übrigen Kakteen mit rd. 10 °C angepaßt, so daß meist nur einmal in der Woche leicht gegossen zu werden braucht.
Die meisten dieser epiphytischen Kakteen blühen in den Wintermonaten, zu einer Zeit also, wo uns kaum andere Kakteenblüten erfreuen. Das Gewächshaus ist vom Wohnzimmer aus zugänglich, und wasserdichte Gartenstrahler sorgen zusätzlich für eine gute Ausleuchtung der Pflanzen und des Epiphytenstammes. Daher ist es besonders hübsch und erholsam, wenn man auch an dunklen Winterabenden nach Büroschluß den blühenden Epiphyten im Gewächshaus einen Besuch abstatten kann.
Höhepunkt bei diesen epiphytischen Kakteen ist jedoch zweifellos die sommerliche Blütezeit der »Königin der Nacht« – *Selenicereus grandiflorus*. Gespannt verfolgt man schon Wochen voraus das rasche Heranwachsen der dicht behaarten Blütenknospen, die sich zuletzt bis zu einer Länge von über 20 cm strecken, ehe sie aufblühen. In den Abendstunden mit Eintritt der Dunkelheit öffnen sich die riesigen Blüten zu einem bizarren Strahlenkranz. Wenn auch jede Blüte nur für eine einzige Nacht geöffnet ist, so erscheinen doch die Knospen infolge der kühlen Überwinterung in so großer Zahl, daß sich die Blütezeit alljährlich über mehrere Wochen erstreckt. So ist diese Pflanze mit ihren meterlangen Ranken auch auf diesem Epiphytenstamm wahrlich die Königin unter den Kakteen.

Sommeraufenthalt im Freien

Die meisten epiphytischen Kakteen – *Epiphyllum, Lepismium, Rhipsalis* und ähnliche Arten – können den Sommer über völlig im Freien gehalten werden. Sie fühlen sich in frischer Luft weit wohler, als etwa in trokkenheißen Gewächshäusern. Nach den letzten Nachtfrösten bringen wir die Pflanzen auf einen Balkon oder im Garten in eine lichte Baumkrone. Wichtig ist ein halbschattiger Platz, wo wir ihnen wenigstens während der Mittagsstunden leichten Sonnenschutz bieten können.
Längere Regenperioden vermögen diesen Pflanzen nichts anzuhaben. Bei trockener Witterung ist jedoch wiederholtes Gießen unerläßlich, damit das Erdreich stets mild feucht bleibt. Gleichzeitig empfiehlt es sich, während der Wachstumszeit leichte Volldüngergaben mit dem Gießwasser zu verabreichen, zumal bei häufigen Niederschlägen die Nährstoffe leicht aus dem Substrat ausgewaschen werden.
In hagelgefährdeten Gebieten sollten die Pflanzen unter einem engmaschigen Gitterwerk gehalten werden, damit sie vor Verletzungen ausreichend geschützt sind.
Vor den ersten Nachtfrösten müssen die Epiphyten wieder unter Glas kommen; sie sollten aber so lange wie möglich im Freien verbleiben. Selbst kühle Nächte schaden keinesfalls; es kommt hierdurch vielmehr zum Vegetationsabschluß und nachfolgend zu meist reichem Blütenknospenansatz.

Kakteen und andere Sukkulenten in Hydrokultur

In den letzten Jahren findet die Pflege von Zimmerpflanzen in Hydrokultur immer größeres Interesse; es zeigte sich, daß unter den idealen Wachstumsbedingungen dieser Methode selbst bislang sehr empfindliche Pflanzen in unseren Wohnräumen ganz hervorragend gedeihen. Da den Pflanzen auf Wochen hinaus die erforderlichen Nährstoffe geboten werden können und durch die Wasserbevorratung auch das tägliche Gießen entfällt, erleichtert die Hydrokultur darüber hinaus auch die Arbeit. In erster Linie sind es aber die ausgezeichneten Kulturerfolge, die dieses System auch für unsere Kakteen und Sukkulenten aus anderen Familien interessant macht.

Kakteen und andere Sukkulenten in einem Hydrogefäß.

Was versteht man unter Hydrokultur?

Hydrokultur ist eine internationale Bezeichnung für Anzucht, Kultur und Pflege von Pflanzen ohne Erde in Wasser. Bei dieser Methode ist das Wasser zugleich Nährstoffträger. Anstelle von Erden oder anderen Bodensubstraten geben neutrale, natürliche oder synthetische Stoffe der Pflanze und den Wurzeln den erforderlichen Halt.
Eine harmonisch zusammengesetzte Nährlösung gewährleistet damit ausgezeichnetes Wachstum und reiche Blüte. Die geschilderte Pflege der Kakteen in erdfreien, rein mineralischen Substraten wie Bimskies, Lavalit etc. und das Anstauen oder Gießen mit entsprechenden Nährlösungen ist ebenfalls eine Form der Hydrokultur, doch wird dort nur soviel Wasser verabreicht, wie das Substrat aufnehmen kann. In dem nachfolgend geschilderten Hydrokulturverfahren stehen die Pflanzenwurzeln jedoch zum Teil ständig in Wasser bzw. in der Nährlösung. In einem Trägersubstrat finden sie Halt.

Trägersubstrat Blähton

Blähton ist gebrannter Ton in Kugelform. Während des Brennvorganges bei etwa 1000 °C wird zusätzlich Preßluft eingeblasen, was zu der Porosität des Materials führt. Blähton fand bislang in der Bauindustrie als Zuschlagstoff und auch als Isoliermaterial Verwendung.
Blähton ist chemisch indifferent, er wird weder von den Wurzeln, noch von den Nährlösungen verändert. Hinzu kommt eine ideale Luft- und Wasserführung durch die großen Poren im Inneren des Korns und durch die Mikroporen auf der Oberfläche. Für die hier erläuterte Hydrokultur eignen sich Körnungen von 5 bis 20 mm Durchmesser.

Das Hydrogefäß

Wenn auch für größere Hydroanlagen entsprechende Pflanzbecken zur Verfügung stehen, so kommen für unsere Zwecke in erster Linie Einzeltöpfe in Frage. Sie können aus Keramik oder Kunststoff bestehen und dienen als sogenannte Übertöpfe zur Aufnahme der durchlöcherten Topfeinsätze mit den in Blähton gesetzten Pflanzen sowie der Nährlösung. Über einen speziellen Wasserstandsanzeiger wird dabei kontrolliert, ob noch ausreichend Nährlösung vorhanden ist. Gegebenenfalls wird in Abständen von etwa ein bis zwei Wochen einfach Wasser nachgefüllt.

Links, von oben:

Vor allem epiphytische Kakteen, hier *Zygocactus,* gedeihen in Hydrokultur ganz ausgezeichnet.

Links der Keramikübertopf, rechts der Gittereinsatz mit Wasserstandsanzeiger. Als Substrat wurde hier Blähton verwendet.

Auch größere Einzelpflanzen lassen sich hübsch in einem ausgesprochenen Hydrokulturtopf pflegen.

Wie man ein Hydrogefäß bepflanzt

Sollen bisher in Erde kultivierte Pflanzen auf Hydrokultur umgestellt werden, so müssen sie entsprechend vorbereitet werden. Hierzu nimmt man die Pflanze aus dem Topf, durchfeuchtet den Erdballen aber vorher noch gut. Dicht verwurzelte Topfballen werden vorsichtig aufgelockert und dann in einem Eimer mit handwarmem Wasser gründlich ausgewaschen. Dabei kommt es vor allem darauf an, unter größter Schonung des Wurzelwerkes alle Erdreste säuberlich zu entfernen.

Beim Einsetzen in den Topfeinsatz ist unbedingt darauf zu achten, daß die Pflanzen wieder so hoch zu stehen kommen, wie sie im alten Topf gestanden haben. Die Wurzeln sollen senkrecht in den Topf hängen, damit sie im Hydrogefäß auch gleich mit dem Wasser in Berührung kommen. Nun füllt man den vorher in handwarmem Wasser gut durchspülten Blähton langsam und gleichmäßig ein. Durch leichtes, seitliches Anklopfen mit der flachen Hand schließen sich noch etwaige Hohlräume zwischen den Wurzeln, und die Pflanze bekommt so ihren festen Stand, ohne umzukippen.

Jetzt kommt die Pflanze mit ihrem Einsatz in den Übertopf, der für ein bis zwei Wochen nur mit reinem Wasser aufgefüllt wird, bis der Wasserstandsanzeiger die erforderliche Wasserhöhe erreicht. Durch die seitlichen Schlitze des Topfeinsatzes können die Wurzeln in die künftige Nährlösung hineinwachsen.

Günstiger ist es, wenn die Jungpflanzen und Stecklinge gleich in erdlosen Substraten herangezogen werden. Recht gut eignen sich hierzu Materialien wie Perlite oder eine Mischung aus einem Teil Hygromull und drei Teilen Styromull.

Rechts oben:
Auch die anderen Sukkulenten, wie hier das hängend wachsende *Sedum morganianum,* eignen sich vorzüglich für Hydrogefäße, wo sie üppig gedeihen.

Die Nährlösung

Für die Bereitung der Nährlösung eignet sich am besten Regenwasser; Leitungswasser muß enthärtet werden, wenn es zu kalkhaltig sein sollte. Grundsätzlich empfiehlt es sich, die speziellen Nährsalze für Hydrokulturen zu verwenden, die auf der Grundlage von Volldüngern zusammengesetzt sind. Da der Pflanzenliebhaber bei der laufenden Pflege den Nährstoffentzug der Wurzeln aus der Wasserlösung nicht zu kontrollieren vermag, muß er diese Nährlösung alle vier bis acht Wochen völlig erneuern.

Dies ist auch bei Anwendung spurenelementhaltiger Volldünger wie »Alberts Crescal«, »Alberts Fertisal«, »Hakaphos Fluid«, »Wuchsal« u. a., die sich zur Hydrokultur ebenfalls gut eignen, erforderlich.

Gute Wachstumserfolge erzielt man bei nur schwachen Nährlösungen von etwa 0,1 % Salzkonzentration, also bei einem Volldüngerzusatz von einem Gramm bzw. 1 ccm je Liter Wasser.

Langzeitdünger auf Ionenaustauschbasis

Nach jahrelanger Entwicklungsarbeit wurden spezielle Langzeitdünger geschaffen, die den Pflanzen je nach Nährstoffbedarf bis zu einem halben Jahr in der gleichen Nährlösung einen gleichbleibenden Nährstoffspiegel bieten.
Es handelt sich dabei um Dünger auf Ionenaustauscherbasis. An einem Kunststoffgranulat sind die Pflanzennährstoffe locker gebunden. Wird dieses Granulat in das Wasser gegeben, so geht eine bestimmte Menge der Nährstoffionen in das Wasser über und ist für die Pflanzenwurzeln verfügbar; dabei wird jeder einzelne Nährstoff so lange nachgeliefert, bis sein Vorrat erschöpft ist. Der freiwerdende Platz am Kunststoffgranulat wird jeweils durch die von den Pflanzenwurzeln ausgeschiedenen Wasserstoff- und Kohlendioxyd-Ionen belegt, die sich aus der Spaltung der Kohlensäure ergeben.
Verwendet man nun für die Nährlösung derartige Langzeitdünger auf Ionenaustauscherbasis, so kann man hinsichtlich der Nährstoffversorgung keine Fehler machen, denn die Nährstoffkonzentration im Hydrogefäß ist von der Menge des verwendeten Granulatdüngers unabhängig. Schäden durch Überdüngung oder gar schlechte Ernährung der Pflanzen sind damit ausgeschlossen.
Da diese Ionenaustauschdünger eine ständige Wasserbevorratung voraussetzen, können sie für das nur kurzzeitige Anstauverfahren in Mineralsubstraten nicht angewandt werden.
Für den derzeit im Handel angebotenen Langzeitdünger Lewatit HD 5, auch unter der Bezeichnung Ionoterr bekannt, werden vom Hersteller etwa 40 Gramm Granulatdünger pro Einzelpflanze empfohlen. Diese Menge reicht in der Regel aus, die Pflanze für vier bis sechs Monate mit den notwendigen Nährstoffen zu versorgen. Damit ausreichende Leitfähigkeit sichergestellt ist, muß kalkhaltiges Wasser verwendet werden.

Auswechseln der Nährlösung

Die von den Pflanzenwurzeln ausgeschiedenen Stoffe können sich über einen längeren Zeitraum hinweg zu einer wachstumshemmenden Konzentration anreichern, so daß die Nährlösung gelegentlich ausgewechselt werden muß. Bei der Anwendung üblicher Volldünger sollte die Nährlösung, wie eingangs schon erwähnt, alle vier bis acht Wochen völlig erneuert werden, da der Laie nicht kontrollieren kann, wieviel Nährstoffe noch vorhanden bzw. verbraucht sind.

Geeignete Sukkulenten für Hydrogefäße

Von den Kakteen eignen sich in erster Linie die epiphytisch wachsenden Gattungen für die Pflege in Hydrogefäßen. Sie weisen ein relativ feines und empfindliches Wurzelwerk auf; wenn es auch nur kurzzeitig austrocknet, gibt es erhebliche Wachstumsstörungen. Hier bieten sich in Blähton und in den gleichmäßig mit Wasser sowie Nährstoffen bevorrateten Hydrovasen ideale Bedingungen für gesundes Gedeihen.
Recht gute Erfolge lassen sich so mit den Weihnachtskakteen erzielen. Sie bringen einen besonders reichen Blütenansatz hervor, wie man ihn bei normaler Erdkultur nur schwer zu erreichen vermag. Aber auch die verschiedensten Binsen- und Blattkakteen entwickeln sich hervorragend bei dieser Kulturmethode.
Die »anderen Sukkulenten« lassen sich ebenfalls durchaus in Hydrokultur ziehen. Besonders hübsch wirken hängend wachsende Arten wie *Hoya bella, Othonna capensis, Sedum morganianum.*
Wo es gilt, durch spezielle Pflegemaßnahmen, wie etwa geringere Wassergaben bei Weihnachtskakteen in Erdsubstraten, einen besseren Blütenansatz zu erzielen, genügt es beim Hydrokulturverfahren vollkommen, den Wasserstand über einige Wochen etwas zu reduzieren.

Vermehrung von Kakteen und anderen Sukkulenten

Die Aussaat

Die Vermehrung der Kakteen und der anderen Sukkulenten aus Samen ist äußerst interessant und bereitet viel Freude. Daher sollte es eigentlich kein Kakteensammler versäumen, selbst einmal diese Pflanzen aus Samen heranzuziehen. Freilich muß er dafür Geduld und nochmals Geduld aufbringen, denn es vergehen gerade bei den Kakteen doch einige Jahre, bis die Pflanzen eine gewisse Größe erreichen und, je nach Art, die ersten Blüten hervorbringen. Es ist zweifellos auch der günstigste Weg, sich innerhalb weniger Jahre eine umfangreiche Sammlung aufzubauen, ohne dabei viel zu investieren. Vor allem seltene Arten werden auch als Samen angeboten, während sie als Pflanzen nicht gerade billig sind.

Günstigste Aussaatzeit

Die beste Zeit zum Säen ist unbestritten das zeitige Frühjahr, da die Sämlinge in den Sommer hineinwachsen und bis zum nächsten Winter dann doch schon eine gewisse Größe erreicht haben, um diesen gut zu überstehen.
So lassen sich die Kakteen und auch die anderen Sukkulenten durchaus auch an einem sonnigen Fensterbrett zur Aussaat bringen. Viele Sammler basteln sich hierzu kleine Aussaatkästen, elektrisch beheizt und gar noch über einen Thermostat gesteuert, so daß der Erfolg nicht ausbleiben kann. Doch auch über dem Heizkörper einer Zentralheizung vorne am Fensterbrett lassen sich schon Kakteen säen, wenn die nachfolgend aufgeführten Voraussetzungen erfüllt werden. Hier kann man schon ab Mitte Februar aussäen. Wer auf eine solche zusätzliche Wärmequelle verzichten muß, der sollte besser bis April/Mai warten.
Die besten Voraussetzungen sind natürlich in einem Gewächshaus gegeben, wo schon ab Mitte Januar ausgesät werden kann und die Sämlinge so einen gewaltigen zeitlichen Vorsprung gewinnen. Die Lichtverhältnisse sind dort um diese Zeit schon viel besser als in Wohnräumen, weshalb die Saaten schon so frühzeitig erfolgen können.
Zahlreiche südamerikanische Arten keimen darüber hinaus gleich nach der Samenreife im Spätsommer am besten. Sie sollte man deshalb auch um diese Zeit aussäen. Es sind dies vor allem Oreocereen und Rebutien.

Saatgut

Das erforderliche Saatgut ist heute leicht erhältlich, denn Spezialfirmen bieten alljährlich umfangreiche Samensortimente zu er-

Astrophytum asterias
Turbinicarpus pseudomacroch
Obregonia

schwinglichen Preisen an. Dabei handelt es sich um sogenanntes Kultursaatgut, also geerntete Samen von in Sammlungen gepflegten Pflanzen, oder um Saatgut, das in den Heimatgebieten von Wildpflanzen gesammelt wurde.
Häufig setzen auch die Pflanzen beim Kakteenliebhaber Samen an, die er dann freilich auch für Aussaaten verwenden kann. Dabei ist aber zu bedenken: Es kann sich leicht um ungewollte Kreuzungen handeln, wenn nicht sichergestellt war, daß die Blüten nur artenrein bestäubt wurden.
Die Kakteenfrüchte sind häufig fleischige Beeren. Sie werden zum Teil in ihrer Heimat von den Indios als Nahrungsmittel gesammelt und zubereitet. Bekannt sind auch bei uns die »Indischen Feigen«, die eßbaren Früchte der *Opuntia ficus indica*. Diese Kakteenart wird in Südeuropa, besonders häufig auf Sizilien angepflanzt. Die Früchte gelangen von dort entweder frisch oder auch kandiert zu uns auf die Märkte.
Andere Kakteenarten entwickeln nur trokkene Samenkapseln, wie sie verbreitet auch bei den übrigen Sukkulenten angetroffen werden. Samen grundsätzlich nur von völlig ausgereiften Früchten ernten, damit eine gute Keimfähigkeit gewährleistet ist! Größe und Gestalt der einzelnen Samen sind bei den Sukkulenten sehr unterschiedlich. Von den Kakteen besitzen die Parodien mit die feinsten Samen, während die Samenkörner der Opuntien bis gut 5 mm im Durchmesser erreichen. Nahezu staubfeine Samen weisen die verschiedensten Arten aus den Gattungen *Crassula* und *Sedum* sowie viele Mittagsblumen auf.

Linke Seite, von oben:

Zweijährige Kakteensämlinge in flacher Kunststoffschale pikiert. Vor allem für sehr empfindliche Arten haben sich die mineralischen Substrate sehr bewährt.

In den lichtarmen Wintermonaten fördert eine Zusatzbeleuchtung in den Abendstunden die Blütenknospenentwicklung.

Keimfähigkeit der Samen

Aufgrund der heimatlichen Klimaverhältnisse ist die Keimfähigkeit der Samen von Kakteen und anderen Sukkulenten häufig sehr unterschiedlich. Frisches Saatgut läuft meist am besten auf und keimt nicht selten bis zu 100%. In den folgenden Jahren nimmt die Keimfähigkeit dann mehr und mehr ab. Doch auch hier gibt es Ausnahmen, denn es wurde schon beobachtet, daß Samen von *Ariocarpus* selbst nach mehr als zwei Jahrzehnten noch zu keimen in der Lage sind.
Sehr oft kommt es auch vor, daß Kakteensamen schon nach wenigen Tagen zu keimen beginnen und vom gleichen Saatgut dann nach Monaten immer noch Sämlinge erscheinen. Das hat seinen Grund in den recht unterschiedlichen Niederschlägen in den Heimatgebieten. Häufig werden hier die Samen nach einem plötzlichen Regenguß zum Keimen angeregt, doch die darauf folgende Trockenperiode läßt die Sämlinge wieder absterben. Durch eine lange verzögerte Keimung aller Samen ergibt sich eine weit größere Möglichkeit der Ausbreitung und vor allem der Arterhaltung.
Es wurde schon darauf hingewiesen, daß die Samen vieler südamerikanischer Kakteenarten im Spätsommer ausgesät besser keimen, als bei der sonst üblichen Frühjahrssaat. Frisch geerntetes Saatgut von *Rebutia* keimt im selben Jahr gesät durchwegs 100%ig, im darauffolgenden Frühjahr jedoch höchstens nur mehr zu 60 bis 80 Prozent. Samen anderer Gattungen dagegen, wie etwa von *Echinopsis* und *Gymnocalycium* sollte man erst nach einer einjährigen Samenruhe aussäen, weil sie dann besser auflaufen.

Saatgutbehandlung

Das Keimergebnis bei Kakteenaussaaten befriedigt aber auch häufig deshalb nicht, weil sich nicht selten mit dem Erscheinen der er-

sten Sämlinge ein verheerender Pilzbefall einstellen kann. Innerhalb weniger Stunden vermag er großen Schaden anzurichten, wobei die befallenen Sämlinge erst ein glasiges Aussehen bekommen, ehe sie völlig in sich zusammenfallen. An den Samenhüllen der Kakteen haften nämlich nicht selten noch geringe Reste des Fruchtfleisches, die einen idealen Nährboden für diese pilzlichen Erreger darstellen.
Es ist daher sehr vorteilhaft, das Saatgut entweder noch vor dem Ausbringen mit geeigneten Mitteln zu behandeln oder es zusammen mit dem Substrat gegen Pilzbefall vorbeugend zu überbrausen.
Nach eigenen Beobachtungen sind quecksilberhaltige Präparate, wie sie in erster Linie als sog. »Naßbeizmittel« angewandt werden, für die teilweise empfindlich reagierenden Kakteensamen nicht zu empfehlen, da sie bei verschiedenen Arten eher keimhemmend wirken können. Recht gut bewährt haben sich dagegen TMTD-Mittel, wie etwa »Tutan«. Für unsere Zwecke sei das Beizen des Saatgutes im Überschußverfahren empfohlen. Hierzu gibt man eine winzige Messerspitze Präparat in die Samentüte zu dem Saatgut und mischt alles durch gutes Schütteln so innig miteinander durch, daß jedes Samenkorn vom Präparat mit einer schützenden Hülle umgeben wird. Bei größeren Saatmengen wird anschließend mit einem feinen Haarsieb das überschüssige Beizmittel, das nur trocken beigegeben wurde, einfach wieder abgesiebt; daher auch die Bezeichnung dieser Methode. Bei kleinen Samenportionen hat man es schnell heraus, welche Menge jeweils der Korngröße entsprechend erforderlich ist.
Die so behandelten Samen sind auf diese Weise vor dem Eindringen gefährlicher Pilzfäden vortrefflich geschützt. Darüber hinaus hat es sich in Versuchsanstellungen gezeigt, daß gerade die TMTD-Präparate sogar noch keimfördernd wirken, was gerade bei älterem Saatgut von außergewöhnlich großer Bedeutung sein kann.

Aussaatsubstrat

Während man noch vor wenigen Jahren für die Aussaat von Kakteen und anderen Sukkulenten fast ausschließlich feingesiebte, sandige Lauberde bevorzugte, werden heute zahlreiche andere Substrate mit bestem Erfolg eingesetzt.
Recht gut eignet sich ein Torf-Sand-Gemisch aus üblichem Torfmull, der mit der gleichen Menge eines feinkörnigen Quarzsandes gut durchmengt wird. Je nach der Samengröße muß dann das Aussaatsubstrat entsprechend abgesiebt werden. Grundsätzlich ist darauf zu achten, daß die zum Teil sehr feinen Samen in den Substraten nicht zu tief in die Hohlräume fallen, sondern flach obenauf zu liegen kommen.
Viele Kakteensammler bevorzugen dagegen Ziegelsplitt zum Aussäen. Das Material kann man sich durch Zerklopfen von alten Ziegelsteinen leicht selbst bereiten. Mit verschiedenen Sieben wird sowohl das zu grobe als auch das feine Material abgesiebt, bis man die gewünschte Korngröße von etwa 0,2 bis 2 mm erreicht. Das nahezu rein mineralische Substrat bietet den gefürchteten Vermehrungspilzen kaum große Ausbreitungsmöglichkeiten.
In gleicher Weise eignet sich daher Bimskies, sowohl rein, als auch gemischt mit Ziegelsplitt und Quarzsand, in den eben genannten Körnungen.
Das in letzter Zeit häufig verwendete »Lavalit«, das aus gebrochenem Lavagestein besteht, läßt sich hervorragend für Kakteenaussaaten einsetzen, zumal die Sämlinge in diesen Mineralmischungen gut ein ganzes Jahr stehen können und rasch zu beachtlicher Größe heranwachsen werden.

Desinfektion der Aussaatsubstrate

Bei Verwendung humoser Substrate und Erden für Aussaaten ist vorherige Desinfektion unerläßlich. Es hat sich sogar gezeigt, daß

eine Behandlung des Saatgutes mit Beizmitteln allein noch nicht ausreicht. Nur das Beizen des Samens mit gleichzeitiger Entseuchung des Aussaatsubstrates bringt Sicherheit und führt zu wirklich zufriedenstellendem Ergebnis.
Die einfachste Methode ist das Dämpfen der Erden. Man füllt sie in lockere Leinensäckchen oder gibt sie in spezielle Erddämpfer. Wichtig ist dabei eine ausreichend lange Einwirkungsdauer des Wasserdampfes. Recht gut läßt sich das Dämpfen in einer Backröhre des Küchenherdes durchführen. Zur Kontrolle gibt man in die Mitte des Substrates eine rohe Kartoffel. Ist diese weichgekocht, müßten auch die schädlichen Bodenpilze vernichtet sein.
Wo es gilt, größere Mengen an Erden oder Substraten zu desinfizieren, ist der Einsatz chemischer Präparate weitaus praktischer und leichter durchzuführen. Recht gut eignen sich hier Mittel wie etwa »Di-Trapex«, »Basamid«-Granulat sowie »Methylbromid«. Neben freilebenden Nematoden, Wurzelgallenälchen töten diese Präparate vor allem auch die für Aussaaten so gefährlichen Bodenpilze ab.
Grundsätzlich sind die von den Herstellerfirmen angegebenen Anwendungsvorschriften genau einzuhalten. Da der restlose Abbau dieser Präparate sehr temperaturabhängig ist, empfiehlt es sich, vor der Verwendung der behandelten Substrate den sog. »Kressetest« durchzuführen.
Zu diesem Zweck füllt man in ein gut verschließbares Glas etwa eine Handvoll von dem behandelten Substrat ein. Nun taucht man einen mit Wasser angefeuchteten Wattebausch in keimfähigen Kressesamen und hängt beides zusammen oben in das Glas hinein und stellt es dicht verschlossen und warm auf. Zur Kontrolle wird noch ein weiteres, gleichgroßes Glas mit unbehandeltem Substrat und Kressesamen an einem Wattebausch dicht verschlossen aufgestellt. Hier kann man schon nach ein bis zwei Tagen das Keimen der Kresse beobachten.
Wenn dagegen in dem mit entseuchtem Substrat gefüllten Glas die Samen nicht keimen oder die jungen Pflänzchen eigenartige Verbrennungsschäden zeigen, so ist dies ein Anzeichen dafür, daß noch chemische Rückstände im Erdreich vorhanden sind. Mit der Verwendung des behandelten Substrates muß man dann noch so lange warten, bis nach wiederholten Kontrollen die Keimung der in diesem Stadium sehr empfindlichen Kresse nicht mehr beeinträchtigt wird.
In gleicher Weise lassen sich natürlich auch Pflanzsubstrate entseuchen, vor allem wenn diese stark mit Unkrautsamen durchsetzt sind. Gerade bei der Verwendung von humosen Erden sollte diese Methode wegen Gefahren durch schädliche Bodenpilze auch bei mehrjährigen Sämlingen und älteren Pflanzen angewandt werden. Die zusätzliche Arbeit wird sich auf alle Fälle lohnen.

Saatgefäße

Für die Aussaat eignen sich flache Schalen aus Ton oder Kunststoff, die man vorher gründlich reinigen muß. Als Dränage füllt man erst eine Schicht mit grobem Sand ein und gibt dann das fertig gemischte Aussaatsubstrat darüber. Mit einem flachen Holz wird das Material an der Schalenoberkante gleichmäßig geebnet und überschüssiges Substrat abgezogen. Nun stößt man die Schale an allen Ecken leicht auf, wobei sich das Material setzt und der erforderliche Zwischenraum zur Schalenoberkante entsteht, damit man zum Abschluß eine Glasscheibe auflegen kann.
Vorteilhafter wäre dagegen, die Aussaaten in Kunststoff-Vierecktöpfen vorzunehmen, was erheblich bessere Resultate bringt. Da ja meist von den einzelnen Arten nur kleinere Mengen ausgesät werden, haben sich Töpfe mit 6 bis 7 cm Kantenlänge durchaus bewährt.
Sollte sich nämlich trotz bester Wartung doch ein Pilzbefall einstellen, so bleibt dieser

auf die einzelnen Töpfe beschränkt und vermag sich nicht so leicht auf die übrigen Sämlinge auszubreiten, wie dies in einer großflächigen Saatschale der Fall wäre. Je nach Entwicklung der Sämlinge können besonders schnell wachsende Arten dann früher herausgenommen und pikiert werden. Darüber hinaus ist auch sichergestellt, daß die Aussaaten artrein erhalten bleiben. Bei Schalensaaten kommt es natürlich nur zu leicht vor, daß besonders feine Samen beim Wässern verschwemmt werden, in abgegrenzte Felder anderer Arten gelangen und so ein Sämlingsgemisch entsteht.
Die einzelnen Kunststofftöpfe werden zu zwei Drittel mit etwas gröberem Material von etwa 3 bis 8 mm aufgefüllt, während das oberste Drittel aus den feinen, abgesiebten Körnungen von 0,2 bis 2 mm Größe besteht. Die so vorbereiteten Töpfe kommen in eine Kunststoffschale ohne Abzugslöcher, damit Wasser eingefüllt werden kann. Die Feuchtigkeit steigt so in die einzelnen Saattöpfe hoch, ohne daß direkt von oben gegossen zu werden braucht.

Das Säen

Bei Aussaat in Schalen werden je nach der Anzahl der zu säenden Arten und Mengen auf der Saatfläche durch Rillen oder Einsetzen von schmalen Glasstreifen entsprechende Felder markiert und voneinander abgetrennt. Durch Einstecken von fertig beschrifteten Etiketten wird gleichzeitig die jeweils ausgesäte Art genau festgehalten. Dabei ist es auch zweckmäßig, das Aussaat-

Links, von oben:

Vorbereiten von Aussaatgefäßen. Hier werden die kleinen Töpfchen erst mit grobem Lavalit halb gefüllt.

Dann folgt das fein abgesiebte Lavalit, das zuletzt mit einem Hölzchen eben abgestrichen wird.

Durch leichtes Aufstoßen der vier Ecken setzt sich das Substrat und es entsteht ein flacher Zwischenraum. Das Abschwemmen der Samen wird hierdurch verhindert.

datum mit auf dem Etikett zu vermerken, so daß sich auch noch nach Jahren das genaue Alter der Sämlinge feststellen läßt. In die einzelnen Kunststofftöpfe wird man jeweils nur eine Art geben oder eventuell durch ein Namensetikett die Saatfläche halbieren.

Nun kann das Aussäen beginnen. Am besten schüttet man den Samen auf einen dünnen, in der Mitte leicht abgeknickten Karton und hält ihn vorsichtig zwischen den Fingern. Durch leichtes Hin- und Herbewegen rollen die einzelnen Samenkörner nach vorne an die Kante und lassen sich so gleichmäßig über die vorgesehene Saatfläche verteilen. Nicht zu dicht säen, damit den Sämlingen genügend Platz zum Wachsen verbleibt!

Nur große Samen ganz dünn übersieben. Ansonsten genügt es vollkommen, anschließend die Saaten bei humosen Erdmischungen nur leicht anzudrücken.

Nach dem Säen wird die Saatschale in angewärmtes Wasser von 25 bis 28 °C gestellt, damit sich das Substrat von unten ausreichend vollsaugen kann. Das Wasser darf dabei nur knapp bis an die Erdoberfläche gelangen, damit die Samenkörner nicht verschwemmt werden. Saaten grundsätzlich nicht von oben überbrausen! Zuletzt wird das Saatgefäß mit einer Glasscheibe abgedeckt, damit das Substrat mild feucht bleibt, was für das gleichmäßige Keimen der Saaten unbedingt erforderlich ist. Schon einmaliges Austrocknen der Saatgefäße kann den ge-

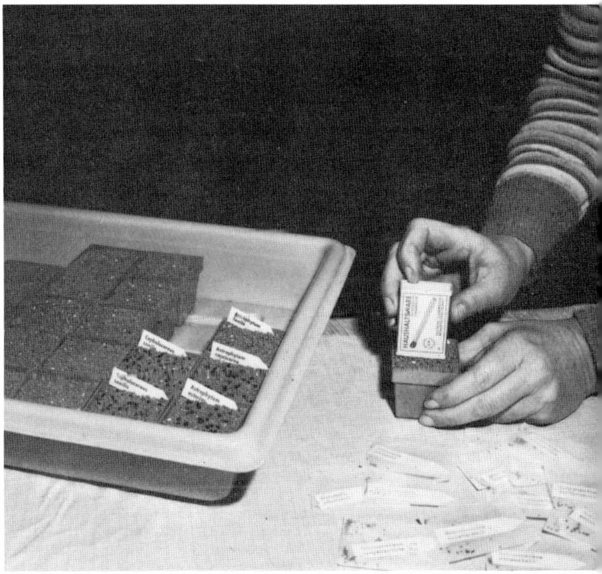

Rechts, von oben:

Von einem leicht geknickten Karton lassen sich vor allem sehr feine Samen gleichmäßig verteilen.

Größere Samenkörner werden zuletzt leicht angedrückt, damit sie nicht auf dem Substrat aufliegen, wo sie austrocknen würden. Zuletzt stellt man die einzelnen Töpfchen in eine wasserdichte Kunststoff-Pikierkiste, wässert von unten an und deckt die Saaten mit einer Glasscheibe ab.

Die Aussaaten im Sommer. Der Saatkasten wurde aus Schaumstoffplatten zusammengesetzt und mit einer thermostatgesteuerten Bodenheizung ausgestattet. Im Hintergrund pikierte Sämlinge vom Vorjahr. Zum Abdecken verwendet man eine Plexiglasscheibe.

samten Erfolg in Frage stellen. Bei Aussaaten in die praktischen Vierecktöpfe werden die einzelnen Töpfe in die Kunststoffschale ohne Abzugslöcher zurückgestellt, und man braucht hier nur noch von unten mit warmem Wasser anzustauen. Man gibt dabei eben soviel Flüssigkeit in die Wanne, bis sich die Oberfläche des Substrates mit Feuchtigkeit völlig gesättigt hat und typisch glänzend aussieht.

Im Kapitel über die Saatgutbehandlung wurde bereits darauf hingewiesen, daß Substrat und Samen gleich zusammen auch nach der Aussaat desinfiziert werden können. Hierzu gibt man in einen Liter handwarmen Wassers ein Gramm »Chinosol« sowie ein Gramm »Benomyl« und rührt gut auf.

»Chinosol« ist ein altbewährtes Mittel, das zur Bekämpfung pilzlicher Erreger bei Aussaaten seit Jahrzehnten mit gutem Erfolg verwendet wird. Neu ist dagegen »Benomyl«, das sich zur Vernichtung schädlicher Bodenpilze ausgezeichnet bewährt, ohne nebenbei auf empfindliche Arten keimhemmend zu wirken.

Die Saatschale oder die in eine Bodenwanne gestellten Einzeltöpfe läßt man in dieser Lösung bis zur völligen Sättigung vollsaugen, d. h. bis die Substratoberfläche ein deutlich glänzendes Aussehen bekommt. Dabei genügt es, statt Wasser diese Lösung unten in die ungelochte Kunststoffschale zu gießen.

Vermehrungsbeete

Darunter versteht der Fachmann spezielle Einrichtungen zur Aussaat oder Stecklingsvermehrung von Pflanzen, die neben den erforderlichen Temperaturen auch die notwendige Luftfeuchtigkeit bieten.

Für den Kakteensammler mit nur geringen Platzverhältnissen an einem Fensterbrett seien die außerordentlich praktischen, kleinen Vermehrungskästen empfohlen. Sie bestehen aus einer ungelochten Kunststoffschale, ähnlich den Pikier- oder Pflanzkästen, einer Klarsicht-Abdeckhaube aus Plastik oder Plexiglas sowie einem elektrischen Heizkabel mit etwa 10 bis 15 Watt Leistung. Bereits in solchen kleineren Aussaatbeeten lassen sich gut hundert verschiedene Arten aussäen und heranziehen.

Weit mehr Möglichkeiten bietet natürlich ein Kakteengewächshaus; hier lassen sich auf größeren Flächen entsprechende Vermehrungsbeete herrichten. Ohne großen Aufwand kann dabei eine Tablettfläche mit etwa 15 bis 20 cm breiten Streifen aus Styroporplatten abgegrenzt und mit einer Glasscheibe oder Plexiglas überdeckt werden. Die Innenfläche wird mit einer kräftigen Plastikfolie ausgeschlagen und etwa fingerstark mit feinem Sand aufgefüllt. Hier in dieses Sandbett läßt sich ein wasserdichtes Heizkabel verlegen. Um Stromkosten zu sparen, andererseits aber die entsprechend hohen Temperaturen zu erzielen, empfiehlt es sich bei größeren Saatbeeten zusätzlich einen Thermostat einzubauen, wie heute allgemein im Handel zu haben.

In solche vorbereitete Beete, die die idealen Voraussetzungen an Licht, Wärme und Feuchtigkeit im richtigen Verhältnis bieten, können nun die Saatschalen oder die in Plastikkistchen aufgestellten Einzeltöpfe gebracht werden. Man wählt einen möglichst hellen Platz, da gerade das Sonnenlicht für die Keimung der Samen und für die heranwachsenden Sämlinge sehr wichtig ist. Bei zu starker Sonneneinstrahlung sorgt man durch Auflegen von dünnem Seidenpapier für ganz milden Schatten. Dies ist vor allem in den Mittagsstunden wichtig, damit die anfangs doch noch empfindlichen Sämlinge nicht verbrennen.

Günstige Keimtemperatur

Die meisten Kakteen und auch die übrigen Sukkulenten keimen am besten bei durchschnittlich 25 °C. Dabei schadet es keinesfalls, wenn tagsüber bei Sonneneinstrahlung

die Temperatur bis auf 30°C ansteigt und nachts wieder bis auf 18 bis 20°C abfällt. Gerade solche Schwankungen wirken sich auf das Keimergebnis recht vorteilhaft aus und sind weitaus besser als eine konstant gehaltene Temperatur.
Wichtig ist dabei eine stets gleichbleibende Feuchtigkeit des Aussaatsubstrates, denn schon ein einmaliges leichtes Austrocknen der keimenden Samen vermag zu erheblichen Schäden zu führen. Deshalb empfiehlt es sich, die ungelochten Plastikschalen zur Aufnahme der Saatgefäße oder der Einzeltöpfe immer etwas mit Wasser gefüllt zu halten. Gelochte Saatkistchen aus Kunststoff können übrigens auch noch nachträglich mit einem Zweikomponentenkleber wasserdicht verschlossen werden.
Bis zum Auflaufen der meisten Sämlinge bewährt es sich zudem, die Saaten mit einer Glasscheibe abzudecken, um die Feuchtigkeit besser zu halten.

Verbesserung des Keimergebnisses bei hartschaligen Samen

Aus der Familie der Kakteengewächse besitzen die Gattungen *Opuntia* und *Tephrocactus* sehr hartschalige Samen, die ganz unregelmäßig keimen. Bei solchen Aussaaten kann man immer wieder feststellen, daß eine große Anzahl der Samen erst nach vielen Wochen, ja sogar erst nach Monaten keimen. Manche liegen bis zu einem vollen Jahr, ehe sie auflaufen. Es handelt sich dabei meist um Samen aus fleischigen Früchten, die in ihrer Heimat von Tieren als Nahrung aufgenommen und damit weiter verbreitet werden. Während die Samenkörner den Verdauungstrakt durchwandern, werden die harten Schalen durch chemische Einwirkungen soweit angegriffen, daß anschließend leichter die keimungsauslösende Feuchtigkeit an den Embryo im Samenkorn gelangen kann. Die Verdauungssäfte selbst vermögen den Keimling nicht zu schädigen.

Wie aus eigenen Versuchen festgestellt, kann dieser keimungsfördernde Effekt auch durch die Anwendung von Pepsin nachgeahmt werden. Die besten Keimresultate ergaben sich bei einer 5%igen Pepsinlösung, wenn die hartschaligen Kakteensamen für etwa 36 Stunden darin vorgequollen wurden. Während unbehandeltes Saatgut der gleichen Ernte nur zu rund 30% keimte, betrug das Keimresultat bei vorbehandeltem weit über 70%. Das Einweichen der Samen in reinem Wasser brachte im Vergleich kein besseres Ergebnis als bei unbehandelter Saat.
Besonders interessant ist dabei, daß eine nur 24stündige Behandlung in Pepsinlösung selbst bei weit höherer Konzentration nicht ausreicht, um ein Keimergebnis von über 70% zu erreichen. So hohe Keimresultate bei *Opuntia*-Arten können als ausgezeichnet betrachtet werden, da dieses Saatgut häufig viele taube Samen, sogenannte »Schmachtkörner« enthält, die sowieso ausscheiden.

Aussaat von »winterharten Kakteen«

Tephrocactus und *Maihuenia* sind in extremen Höhenlagen Südamerikas beheimatet und häufig strengen Frösten ausgesetzt. Was liegt also näher, als auch diese Samen wie die unserer heimischen Alpenpflanzen als sogenannte »Frostkeimer« zu behandeln? In der Tat lassen sich auf diese Weise von den an sich schwer keimenden Arten ebenfalls gute Keimergebnisse erzielen.
Zu diesem Zweck werden die Saatgefäße im Winter für mehrere Wochen ins Freie gebracht, damit sie mit dem Samen gründlich durchfrieren können. Dabei ist es nur wichtig, die Saaten mit einem feinmaschigen Gitter zu überdecken, damit keine Mäuse an die Samenkörner gelangen können. Durch die wiederholten Frosteinwirkungen werden in diesen Samen keimhemmende Enzyme abgebaut, so daß sie nach ausreichend langer Frostdauer keimen können. Es ist dies eine Schutzeinrichtung der Pflanzen aus so ex-

tremen Höhenlagen, damit die Sämlinge erst nach Winterende zum Keimen gelangen und bis zur nächsten Frostperiode dann schon genügend erstarkt sind.
Nach einigen Wochen nimmt man die Saatgefäße wieder ins Haus und stellt sie bei üblichen Temperaturen warm auf, wo dann bald die ersten Sämlinge erscheinen werden. Man kann die Saaten aber auch draußen im Freien lassen, wo sie aber erst im Frühjahr mit dem Einsetzen warmer Witterung keimen.

Weitere Behandlung der Aussaaten

Sind die Sämlinge aufgelaufen, so kann die Substratfeuchtigkeit etwas eingeschränkt werden. Auch bei den Kakteen und vor allem bei den anderen Sukkulenten sorgt man nun für reichlich Luft, indem man kleine Hölzchen unter die Glasscheiben legt. Von Woche zu Woche kann man nun beobachten, wie die kleinen Pflanzen heranwachsen, und bald erscheinen bei den winzigen Kakteen schon die ersten zarten Stacheln.
Die Keimdauer ist bei den einzelnen Kakteengattungen recht verschieden. Während *Frailea* schon innerhalb von 12 Stunden keimen, laufen *Astrophytum* nach etwa 4 bis 6 Tagen auf und *Mamillaria*-Arten erst nach 10 bis 12 Tagen. In diesem Zeitraum keimen die meisten Kakteen, mit Ausnahme der bereits erwähnten Opuntien und der nahe verwandten *Tephrocactus*-Arten, die nach frühestens zwei bis drei Wochen auflaufen.
Nach etwa zwei Wochen gibt man etwa 1/2 Gramm eines Blumenvolldüngers je Liter in das angestaute Wasser. Diese schwachen

Links, von oben:

Einjährige Sämlinge von *Astrophytum myriostigma* und *Notocactus graessneri* (natürliche Größe).

Ebenfalls einjährige Sämlinge von *Oreocereus trollii* im Saatgefäß (natürliche Größe).

Bei diesen drei Monate alten Agavensämlingen ist neben den Laubblättern noch deutlich das einzige Keimblatt mit anhaftenden Samenschalen zu erkennen.

Düngergaben werden nun in Abständen von zwei bis drei Wochen wiederholt; sie reichen völlig aus, die zarten Sämlinge genügend mit Nährstoffen zu versorgen.
Sollten sich die Sämlinge mancher Arten nach einigen Monaten so sehr beengen, daß sie nicht mehr ausreichend Standraum haben, kann man noch im Laufe des Sommers pikieren. Man versteht darunter das einzelne Aufpflanzen in Reihen mit einem Abstand, der in etwa der Pflanzengröße entspricht. Hier bewährt sich besonders die Aussaat in einzelne Töpfchen, da dann nur die rasch wachsenden Arten herausgenommen werden und die noch kleinen Sämlinge ungestört bis zum nächsten Jahr stehen können.
Es ist kein Nachteil, die jungen Pflanzen erst im kommenden Jahr zu pikieren, wobei sie bis zum Herbst des ersten Jahres ohne weiteres zu einem dichten Rasen zusammenwachsen dürfen. Gerade dem Anfänger ist nicht zu empfehlen, im Spätsommer oder gar im Herbst die Kakteensämlinge noch zu pikieren. Es würden dann unweigerlich erhebliche Ausfälle auftreten.
Im allgemeinen wachsen die Sämlinge der anderen Sukkulenten weitaus rascher. Sie wird man daher im Laufe des Sommers schon vereinzeln und hierzu in flache Schalen oder gleich zu mehreren in kleine Töpfchen pikieren. Besonders langsam wachsende Arten beläßt man dagegen am besten noch im Saatgefäß und pikiert auch sie erst im darauffolgenden Jahr.
Zum Pikieren verwendet man die gleichen Substrate, nur kann man sie etwas gröber wählen. Wie schon erwähnt, bevorzugt man einen etwas engeren Stand, denn er begünstigt eine raschere Durchwurzelung der Pflanzschale, was sich wiederum in einem flotten Wachstum der Jungpflanzen äußert.
Im zweiten Jahr können die Sämlinge auch schon sonniger stehen, denn sie sollen ja möglichst gedrungen heranwachsen. Gerade bei den Kakteen entwickelt sich dann auch schon frühzeitig eine besonders kräftige Bestachelung, was ganz wichtig ist.
Bei guter Pflege und günstigem Stand können etwa bei Rebutien und auch bei verschiedenen Mamillarien schon im zweiten Jahr die ersten Blüten erscheinen. Andere Kakteen beginnen nach drei bis vier Jahren zu blühen, während Säulenkakteen und gar manche andere Kugelformen erst nach vielen Jahren eine blühfähige Größe erreichen. Sie entschädigen dafür durch eine meist recht bizarre oder bunte Bestachelung. Dennoch kann man sich durch die Anzucht von Kakteen und anderer Sukkulenten aus Samen mit etwas Geduld und Geschick innerhalb weniger Jahre eine hübsche Sammlung, sogar mit wertvollen und seltenen Arten, aufbauen.

Zusatzbeleuchtung bei Aussaaten

Wie bereits erwähnt, ist das rasche Gedeihen der Sämlinge ebenfalls von der jeweils zur Verfügung stehenden Lichtmenge und der damit gekoppelten Assimilation abhängig. Um aber bereits in einem Jahr kräftige Sämlinge zu erhalten – vor allem auch von empfindlichen Arten – ist man bestrebt möglichst frühzeitig im Jahr auszusaen. Da die Tage in den Monaten Januar und Februar doch noch recht kurz sind und damit auch die Dauer der natürlichen Lichteinwirkung, hat sich für solche frühe Aussaaten eine Zusatzbeleuchtung außerordentlich bewährt. Sie wird im Erwerbsgartenbau schon seit vielen Jahren mit bestem Erfolg praktiziert, zumal hierfür spezielle Lampentypen entwickelt wurden.
So konnte ich seit vielen Jahren bei Kakteenaussaaten feststellen, daß besonders bei sonnigem Wetter die Keimung der Samen weitaus günstiger verläuft als in Schlechtwetterperioden, wo tagsüber bei trübem, bedecktem Himmel nur geringe Lichtmengen zur Verfügung stehen. In diesen Fällen vermag eine Zusatzbeleuchtung das fehlende Sonnenlicht annähernd zu ersetzen.
Für diesen Zweck eignen sich die üblichen Tageslicht-Leuchtstoffröhren, wobei je qm

Aussaatfläche etwa 40 Watt genügen. Wichtig ist dabei nur, Reflektoren zu verwenden und die Lampen etwa im Abstand von 40 bis 50 cm über dem Saatbeet aufzuhängen, damit die Lichtmenge voll den Sämlingen zugute kommt. Es braucht nicht besonders herausgestellt zu werden, daß in Gewächshäusern wegen der hohen Luftfeuchtigkeit und auftretendem Schwitzwasser aus Sicherheitsgründen selbstverständlich nur feuchtigkeitsgeschützte Lampenfassungen angebracht werden dürfen.

Die Zusatzbeleuchtung wird vor allem in den Monaten Januar bis Ende März jeweils eine Stunde vor Dämmerungsbeginn in Betrieb genommen, so daß die Pflanzen insgesamt auf eine Dauer von zwölf Stunden genügend Licht bekommen.

Auf diese Weise ist es möglich, auch von den Aussaaten, die von schlechtem Wetter begleitet werden, zufriedenstellende Keimergebnisse und vor allem in den lichtarmen Wintermonaten ein flottes Wachstum der Sämlinge zu erzielen.

Vermehrung durch Stecklinge und Ableger

Diese Vermehrung von Pflanzen wird auch als vegetative Vermehrung bezeichnet, im Gegensatz zu der generativen Vermehrung durch Aussaat. Wohl die meisten Kakteenliebhaber begannen mit geschenkten Sprossen, sogenannten »Kindeln«, die einfach von mehrtriebigen Pflanzen abgetrennt wurden. Zahlreiche Kakteenarten neigen sogar dazu, viele Seitensprosse zu bilden, die sich schon bei geringer Berührung von der Mutterpflanze ablösen, zu Boden fallen und dort weiterwachsen.

Besonders bekannt ist hier das Brutblatt – *Kalanchoe tubiflorum,* das sogar an den Blatträndern junge Pflänzchen entwickelt, die dort bereits Wurzeln treiben, leicht abfallen und zu neuen Pflanzen heranwachsen.

Bei den Kakteen handelt es sich ausschließlich um Stammstecklinge; sei es, daß wir einen Seitensproß abnehmen oder eine Triebspitze entfernen und bewurzeln lassen. Vorzüglich eignen sich auch die Kopfstücke, wie sie beim Pfropfen von den Unterlagen anfallen, zur Heranzucht neuer Pflanzen. Während wir Triebspitzen mit einem scharfen Messer abtrennen, lassen sich die Seitensprosse meist durch leichtes Drehen von der Mutterpflanze abnehmen. Man muß nur grundsätzlich darauf achten, daß die Mittelachse nicht von diesen Sprossen ausbricht und an der alten Pflanze verbleibt. Notfalls sollte man auch diese Ableger mit einem spitzen Messer vorsichtig abnehmen, ohne die Mutterpflanze dabei unnötig zu verletzen.

Bei den milchsaftführenden Euphorbien werden die Schnittflächen der Stecklinge am besten für einige Minuten in warmes Wasser getaucht, damit der Milchsaft nicht ausfließt.

Schnittflächen stets antrocknen lassen

Grundsätzlich sollte man die Schnittflächen der Stecklinge von Kakteen und anderen Sukkulenten für ein bis zwei Tage an einem schattigen Platz gut abtrocknen lassen und erst dann in ein Substrat abstecken.

Die beste Zeit zur Gewinnung von Stecklingen sind Frühjahr und Sommer, da sie dann rasch bewurzeln.

Bei Kakteen bewährt es sich übrigens ausgezeichnet, die Stecklinge in leere Töpfe zu stellen und sie an einen hellen und warmen Platz zu bringen. Hier bilden sich schon nach wenigen Wochen an den Wundflächen neue Wurzelspitzen. Man braucht die Stecklinge dann nur noch in das künftige Substrat zu setzen. Auf diese Weise läßt sich vermeiden, daß Stecklingsmaterial abfault. Wünscht man Säulen- oder Blattkakteen reichlich zu vermehren, so kann man die Triebe in 5 bis 7 cm lange Zwischenstücke aufteilen. Sie bewurzeln dann in der oben geschilderten Weise. Bei Blattkakteen ist das übrigens eine sehr häufige Vermehrungsmethode, die der Verwendung einzelner Triebspitzen unbedingt vorzuziehen ist. Die so behandelten Zwischenstücke treiben nämlich mit mehreren Trieben durch und ergeben so hübsche, buschige Jungpflanzen.

Vermehrung durch Blätter

Von den Blattsukkulenten, *Crassula, Echeveria, Sedum* u. a., gibt es neben der Methode des Bewurzelns von Triebspitzen eine weitere: Man kann ebenso die Blätter abtrennen und von diesen neue Pflanzen heranziehen. Freilich ist diese Vermehrungsart weitaus langwieriger, doch bereitet es nicht weniger Freude, wenn aus den einzelnen Blättern kleine Pflänzchen hervorzuwachsen beginnen. Die zur Vermehrung bestimmten Blätter müssen jedoch vorsichtig abgetrennt werden, damit der winzige Vegetationspunkt ganz am Grunde des Blattes nicht am Stämmchen zurückbleibt. Man würde sonst vergebens auf das Erscheinen neuer Pflanzen warten, denn derart verletzte Blätter bewurzeln sich zwar, können aber nicht austreiben.

Rechts, von oben:

Stecklinge von verschiedenen epiphytischen Kakteen.

Am besten werden gleich mehrere Stecklinge zusammen in einem Torf-Sand-Gemisch in kleine Töpfe gegeben, um buschige, mehrtriebige Jungpflanzen zu erzielen.

Um eine gleichmäßige, milde Feuchtigkeit sicherzustellen, stellt man die einzelnen Stecklingstöpfe zusammen in eine torfgefüllte Schale.

Anwendung von Bewurzelungshormonen

Zur Förderung einer raschen und sicheren Wurzelbildung empfiehlt es sich, die Stecklinge mit einem Bewurzelungshormon zu behandeln. Speziell für Kakteen und andere Sukkulenten bewähren sich Präparate in Pulverform, z. B. »Wurzelfix«, im Gegensatz zu Naßpräparaten.
Die frisch geschnittenen Stecklinge taucht man sofort etwa 1 cm tief in das Pulver ein, um dann in üblicher Weise weiterzuverfahren. Auch die abgetrennten Sprosse und unbewurzelten Ableger von Kakteen sollten damit behandelt werden, da auch sie viel besser bewurzeln und vor allem eine stärkere Bewurzelung erfolgt.
Interessant dürfte in diesem Fall ein Versuch mit der Bewurzelung von Triebspitzen bei *Harrisia jusbertii* sein. Ende Juli wurden je 50 Triebe sofort 1 cm tief in »Wurzelfix« getaucht, wie die unbehandelten Stecklinge zu mehreren in leere Tontöpfe gestellt und auf das Hängebrett im Gewächshaus gebracht. Nach zwei Wochen waren die behandelten Stecklinge bereits zu 92 % bewurzelt, die unbehandelten dagegen nur zu 78 %. Dieser prozentuale Unterschied mag nicht allzu groß sein, doch es kam noch hinzu, daß sie sich bei der Anwendung von Bewurzelungshormonen viel reicher bewurzelten. Während die Triebspitzen aus der unbehandelten Reihe zu 48 % je Steckling nur zwischen ein bis fünf Wurzelspitzen hervorbrachten, waren in der behandelten Reihe insgesamt 70 % der Triebspitzen mit sechs bis 15 Wurzelansätzen versehen. Solche reich bewurzelten Stecklinge wachsen rascher und üppiger, da sie die gebotenen Nährstoffe weit besser und im größeren Maße aufzunehmen vermögen. Wegen der leichten Fäulnisgefahr eignen sich andere Bewurzelungspräparate in flüssiger Form für die Kakteen und andere Sukkulenten weit weniger. Bewurzelungsmittel in Pulverform haben darüber hinaus den Vorteil, daß sie sofort nach dem Schneiden der Stecklinge angewandt werden können und zugleich das rasche Abtrocknen und Verheilen der Schnittflächen fördern.

Vermehrungssubstrat

Werden die Kakteenstecklinge in leeren Töpfen so lange aufgestellt bis die ersten Wurzelspitzen erscheinen, so können diese Pflanzen gleich in das zukünftige Substrat gesetzt werden, wie es auch für die übrige Sammlung verwendet wird.
Abgenommene Kakteensprosse und Ableger werden bei späterer Erdkultur am besten aus einer Mischung von Torfmull und Quarzsand zu gleichen Teilen bewurzelt. Auch die meisten anderen Sukkulenten, die ja meist leichte humose Substrate bevorzugen, lassen sich in einem solchen Material abstecken.
Um einer Fäulnis des Stecklingsmaterials vorzubeugen, empfiehlt es sich, das Torf-Sand-Gemisch etwa 1 cm stark mit reinem, etwas grobem Quarzsand abzudecken.
Ist dagegen beabsichtigt, die bewurzelten Pflanzen später in rein mineralischen Substraten weiterzupflegen, so bewurzelt man diese Stecklinge entweder in reinem Quarzsand oder in einem Gemisch mit Perlite, ebenfalls zu gleichen Teilen vermengt.
Das Bewurzelungssubstrat wird anfänglich nicht angefeuchtet, da Stecklinge und Ableger sonst leicht zu faulen beginnen. Bei heißer Witterung höchstens etwas übersprühen, so daß nur die oberirdischen Pflanzenteile mit Wasser benetzt werden!
Zu hohe Luftfeuchtigkeit oder gar »gespannte Luft«, wie sie etwa in einem geschlossenen Vermehrungsbeet herrscht, ist für die Stecklinge von Kakteen und anderen Sukkulenten sehr nachteilig und kann rasch zu großen Verlusten führen. Es ist daher weit besser, das Vermehrungsmaterial in Schalen abgesteckt luftig aufzustellen und bei starker Sonne mit Papier zu schattieren. Erst mit dem Erscheinen der ersten Wurzelspitzen darf ganz leicht gegossen werden.

Wenige Wochen alte Blattstecklinge von *Echeveria derenosa.*

Rasch sind die Stecklinge von *Echeveria setosa* nach weiteren vier Monaten zu hübschen Pflanzen herangewachsen.

Bewurzelung durch Wärme gefördert

Um eine möglichst rasche Bewurzelung zu erzielen, ist es vor allem in den Frühjahrsmonaten wichtig, für eine ausreichende Bodenwärme von etwa 25 °C zu sorgen. Sie ist ausschlaggebend für die Wurzelbildung! Recht gut bewähren sich daher die beheizbaren Vermehrungskästen, wie sie bei der Aussaat der Kakteen bereits erwähnt wurden.

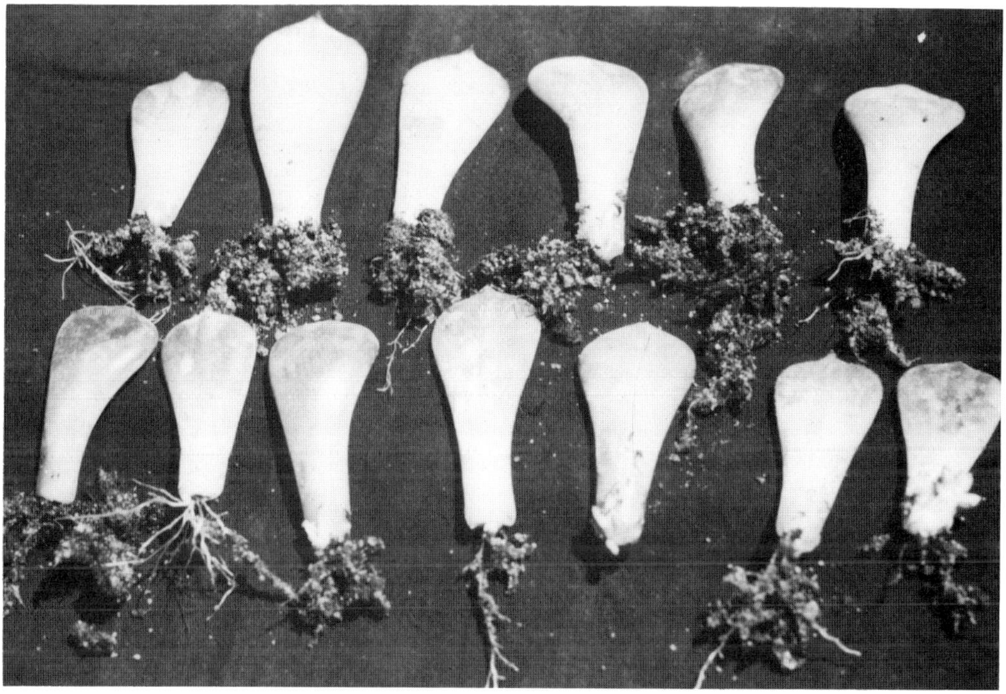

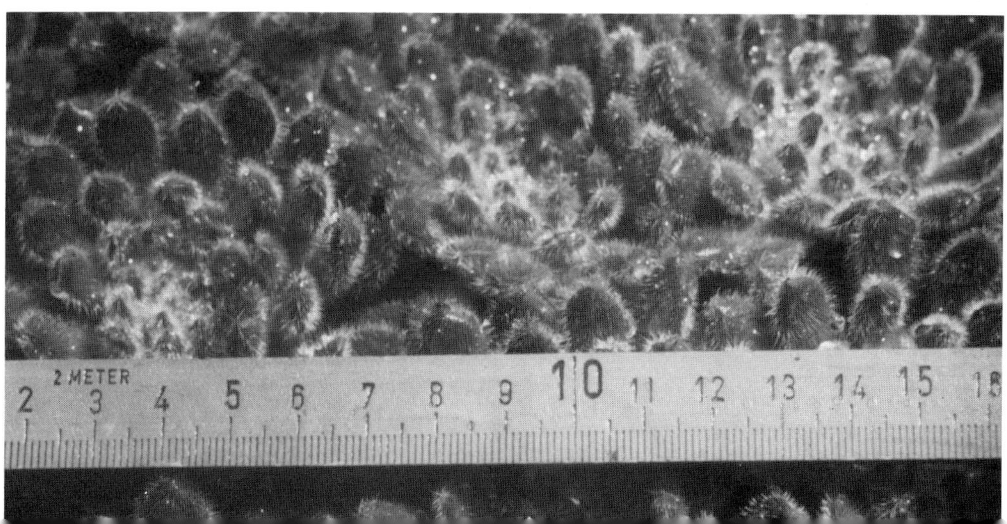

Links, von oben:

Sproßstecklinge von *Chamaecereus silvestrii* in einem Torf-Sand-Gemisch abgesteckt.

Vermehrung von Phyllokakteen durch Zerschneiden eines Triebstückes in mehrere Einzelteile.

»Prolifierende« Früchte von ***Opuntia bergeriana***. Aus den Areolen von tauben, bewurzelten Früchten zahlreicher Opuntia-Arten entwickeln sich junge Pflanzen.

Rechts, von oben:

Abgetrennte Blätter von *Haworthia fasciata* als Blattstecklinge.

Am Blattgrund dieser Haworthien-Blattstecklinge erkennt man bereits die Entwicklung der neuen Pflanzen.

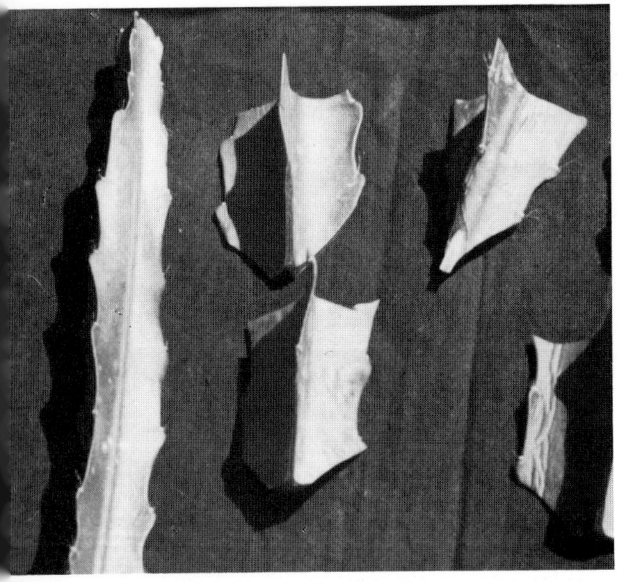

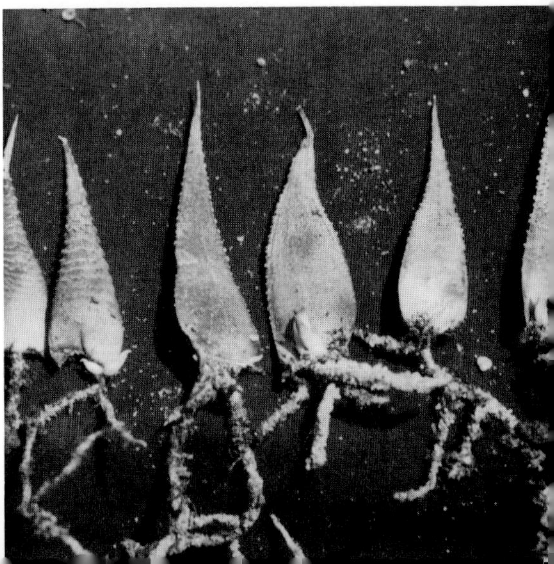

Rechts:

Bei 25 °C Bodenwärme haben sich diese Stecklinge von Christusdorn, *Euphorbia milii,* innerhalb von drei Wochen so kräftig bewurzelt.

Unten:

Kräftige Jungpflanzen von *Echeveria setosa,* aus Blattstecklingen herangezogen.

Das Pfropfen

Der gärtnerische Begriff des »Pfropfens« bezeichnet das Zusammenfügen von Teilen zweier verschiedener Pflanzen, wobei der untere Teil – die Unterlage – mit dem kräftigen Wurzelsystem den oberen aufgesetzten Teil – den Pfröpfling – mit den erforderlichen Nährstoffen zur Assimilation versorgt. Eine Ausnahme besteht beim Pfropfen von chlorophyllfreien Kakteen, wie wir sie etwa von *Gymnocalycium* und *Chamaecereus* kennen, denn hier muß die Unterlage auch noch die Assimilation für den Pfröpfling übernehmen, da dieser kein eigenes Blattgrün besitzt.
Durch das Aufpfropfen von kleinen Kopfstücken auf kräftige Unterlagen steht den Pfröpflingen plötzlich ein Übermaß an Assimilationsstoffen zur Verfügung, so daß diese Pflanzen sich auf diese Weise weit schneller entwickeln können und innerhalb weniger Monate zu Größen heranwachsen, wie es auf eigenen Wurzeln nie möglich gewesen wäre.
Das Pfropfen von Kakteen und anderen Sukkulenten erfolgt also in erster Linie, um in kurzer Zeit bereits große Pflanzen zu erzielen. Auf diese Weise lassen sich selbst winzige Sämlinge innerhalb eines Jahres zu erstaunlicher Größe heranziehen. Gerade das kritische Stadium im Sämlingsalter kann bei sehr seltenen Arten damit erfolgreich überwunden werden.

Rechts, von oben:

Links geeignete Pfropfunterlagen, wie *Harrisia jusbertii, Trichocereus spachianus* und *Cereus peruvianus* sowie gepfropfte Pflanzen.

Mit einem scharfen Messer wird die Pfropfunterlage abgeschnitten. Die obere Triebhälfte läßt sich wieder bewurzeln und ergibt für das kommende Jahr eine neue Unterlage.

Die Schnittstelle der Unterlage wird ringsum schräg abgekantet und das Pfropfstück ebenfalls mit einem scharfen Messer zugeschnitten.

Vor allem aber Verbänderungen, die sogenannten »Cristata«-Formen, lassen sich meist sehr schwer bewurzeln und sollten daher nur gepfropft gehalten werden.
Wohl gibt es auch eine Reihe von Kakteensammlern, die gepfropfte Pflanzen grundsätzlich ablehnen, da sie diese als unnatürliche Wuchsform ansehen. Man kann das Pfropfen aber auch als zusätzliches Hilfsmittel betrachten, zumal dann, wenn man die genügend herangewachsenen Kakteen oder anderen Sukkulenten später von den Unterlagen wieder abnimmt, um sie auf eigenen Wurzeln weiterzupflegen.

Geeignete Pfropfunterlagen

Um den gewünschten Wachstums- oder Blüherfolg zu erzielen, kommt es beim Pfropfen vor allem darauf an, die jeweils geeignete Pfropfunterlage zu wählen. So wachsen etwa die schwierig zu pflegenden *Mamillaria*-Arten, *Turbinicarpus*, nahe verwandte Gattungen aus der Gruppe der Kugelkakteen sowie die meisten Säulenkakteen vorzüglich auf *Trichocereus macrogonus*, – *pachanoi* und – *spachianus*. Ebenso wertvoll sind *Cereus jamacaru* und *Cereus peruvianus*, die überdies leicht aus Samen herangezogen werden können und schon nach einem Jahr ausgezeichnete Unterlagen für Sämlingspfropfungen ergeben.

Rechts, von oben:

Aufsetzen des Pfröpflings auf die vorbereitete Unterlage. Hier kommt es nun darauf an, daß sich die beiden Gefäßbündelkreise überschneiden, damit sie sicher anwachsen.

Durch Überspannen mit Gummiringen werden Pfröpflinge und Unterlage zusammengehalten, bis sie miteinander verwachsen sind.

Größenvergleich zwischen gleichaltrigen Jungpflanzen, wurzelecht und fünf Monate nach der Pfropfung, links *Notocactus graessneri*, rechts *Parodia nivosa*.

Für *Lobivia, Parodia* und *Rebutia* ist vor allem *Harrisia jusbertii* als Unterlage zu empfehlen. Diese Art ist sehr widerstandsfähig und begünstigt in erster Linie eine früheinsetzende Blühwilligkeit.
Tephrocactus, seltene *Opuntia*-Arten und *Wilcoxia* bevorzugen dickstämmige *Opuntia*-Arten, wie etwa *Cylindropuntia subulata.* Bei den anderen Sukkulenten lassen sich empfindliche und besonders langsamwachsende Arten von *Hoodia* und *Tavaresia* auf die Knollen von *Ceropegia woodii* pfropfen. Schwierig zu pflegende *Euphorbia*-Arten gedeihen vorzüglich auf *Euphorbia mammillaris.* Das prächtige *Adenium,* eine Sukkulente aus Afrika, die bislang nur äußerst schwer zu vermehren war, läßt sich sogar auf den nahe verwandten Oleander pfropfen.
Wichtige Voraussetzung für gutes Gelingen der Pfropfungen sind gut durchwurzelte Unterlagen, die sich unbedingt im Wachstum befinden sollen.

Wie wird gepfropft?

Beim Pfropfen kommt es in erster Linie darauf an, daß die durchgetrennten Leitgefäßbündel der Unterlage und des Pfröpflings übereinander zu liegen kommen, damit sie verwachsen können. Da der Idealfall von gleich großen Gefäßbündelkreisen der Unterlage und des Pfröpflings nur selten vorliegt, ist bei unterschiedlichen Größen genau darauf zu achten, daß sich die Gefäßbündelkreise zumindest an zwei Stellen überschneiden, wo sie dann verwachsen. Daher ist es vorteilhaft, die meist kleineren Pfropfstücke beim Aufsetzen leicht aus dem Mittelpunkt nach außen zu verschieben, damit sich die kreisförmig angeordneten Gefäßbündel besser treffen.
Am häufigsten wird dabei das Pfropfen mit waagrechtem Schnitt durchgeführt. Voraussetzung ist ein äußerst scharfes Messer, damit die Pflanzenzellen sauber durchtrennt und keinesfalls gequetscht werden. Die Unterlage wird meist im oberen Drittel durchschnitten, denn das Gewebe darf noch nicht zu sehr verhärtet sein.
Da sich die Schnittfläche der Unterlage beim Abtrocknen meist leicht einsenkt und dabei der Pfröpfling abgehoben wird, empfiehlt es sich, die Kanten der Unterlage ringsum leicht anzuschrägen. Auch der Pfröpfling wird glatt durchschnitten, wobei möglichst flott zu arbeiten ist, damit die Schnittflächen keinesfalls antrocknen. Durch leichtes Hin- und Herschieben auf der Unterlage darauf achten, daß keine Luftblasen zwischen beiden Schnittflächen verbleiben.
Bis zum Anwachsen muß der Pfröpfling leicht auf die Unterlage angedrückt werden. Das aufgesetzte Kopfstück wird daher zweckmäßig mit ein oder zwei Gummipackringen, die kreuzweise über den Topfboden gespannt werden, festgehalten. Die Gummiringe dürfen sich dabei keinesfalls zu stark in den Pflanzenkörper eindrücken. Es ist daher zweckmäßig, verschiedene Größen davon bereitzuhalten. Nach drei bis vier Tagen können die Packringe bereits wieder von den Pfröpflingen abgenommen werden.
Dünne oder flache Pfropfstücke wie *Rhipsalis* oder *Schlumbergera* werden am besten mit der sogenannten »Spaltpfropfung« aufgesetzt. Hier wird aus dem Scheitel oder von der waagrecht abgeschnittenen Unterlage ein schräger Keil herausgeschnitten und dafür ein genau passendes, keilförmiges Pfropfstück in den Spalt eingesetzt. Mit einem langen Kakteenstachel wird das Kopfstück seitlich durchstochen und so mit der Unterlage befestigt.
Dünntriebige Pflanzen wie *Wilcoxia* werden am besten durch seitliches Anplatten gepfropft. Hierzu schneidet man die Unterlage schräg an und heftet das Kopfstück mit einem Stachel seitlich an. Vor allem epiphytisch wachsende Kakteen lassen sich mit dieser Methode gut pfropfen, wobei als Unterlagen *Hylocereus undatus* oder verschiedene Arten von *Selenicereus* besonders zu empfehlen sind. Selbstverständlich muß auch bei

diesen beiden zuletzt genannten Pfropfmethoden immer der Gefäßbündelkreis sowohl der Unterlage wie auch des Pfröpflings mit angeschnitten werden, da sonst keine richtige Verwachsung auf Dauer erfolgen kann.

Sämlingspfropfungen

Eingangs wurde schon darauf hingewiesen, daß das Pfropfen von Sämlingspflanzen sehr verbreitet ist, da auf diese Weise in wenigen Jahren eine recht beachtliche Kakteensammlung mit vielen seltenen und langsamwachsenden Pflanzen aufgebaut werden kann. Nachfolgend sei deshalb näher auf diese Pfropfungsart eingegangen, da gerade hier noch besondere Kniffe zu beachten sind.

Als Pfropfunterlagen eignen sich ein- bis zweijährige Jungpflanzen von *Cereus jamacaru, macrogonus* und *peruvianus,* 8 bis 10 cm lange Triebstücke von *Selenicereus,* bewurzelte Sprosse von *Echinopsis.* Ganz hervorragend sind jedoch die kleinen Stämmchen von *Pereskiopsis velutina,* einem Laubkaktus mit noch richtig entwickelten Blättern. Gerade letztgenannte Art hat für Sämlingspfropfungen besondere Bedeutung erlangt. Die jungen, oft nur wenige Wochen alten Sämlinge entwickeln sich auf dieser Unterlage ungemein. Kaum stecknadelkopfgroße Pflänzchen wachsen bis zum Herbst nicht selten bis zur Größe einer Haselnuß und mehr heran. Da dieser Laubkaktus recht wärmeliebend ist, muß er auch bei höheren Temperaturen von etwa 12 bis 15 °C überwintert werden. Bei kühlerem Stand kann es leicht vorkommen, daß die Pflanzen absterben.

Auch bei den Sämlingspfropfungen müssen wüchsige Unterlagen bereitstehen, wenn die Arbeit gelingen soll. Man wird daher schon zeitig im Frühjahr die entsprechenden Unterlagen eintopfen und warm aufstellen, damit sie recht bald mit dem Treiben beginnen. Zusätzliche Düngergaben begünstigen dabei noch ihre Entwicklung.

Beim Pfropfen wird die Schnittstelle der Unterlage möglichst hoch angesetzt, da hier noch junges Zellgewebe zur Verfügung steht.

Zum Pfropfen können bereits wenige Wochen alte Sämlinge ausgewählt werden. Man nimmt sie hierzu vorsichtig aus dem Saatbeet und faßt sie behutsam zwischen zwei Fingern. Mit einer Rasierklinge wird dabei das untere Drittel mit dem Wurzelansatz abgetrennt. Auch die Unterlage selbst wird mit einer Rasierklinge zurechtgeschnitten, denn die Schnittflächen eines noch so scharfen Messers reichen hier nicht aus. Besonders darauf achten, daß der winzige Sämling beim Schneiden nicht gequetscht wird! Der Schnitt mit der Klinge muß daher immer leicht ziehend erfolgen.

Der so vorbereitete Pfröpfling wird dann vorsichtig auf die Unterlage aufgesetzt, auch leicht aus dem Mittelpunkt verschoben, damit sich die Gefäßbündel wenigstens überschneiden. Meist genügt es völlig, den Sämling nur ganz leicht anzudrücken; man muß ihn nicht eigens befestigen. Nur bei bereits größeren Jungpflanzen sollte man mit abgewinkelten Kunststoffetiketten den nötigen Halt geben. Es erfordert etwas Geschick und vor allem sollte möglichst flott gearbeitet werden, damit die sorgfältig vorbereiteten Schnittflächen nicht antrocknen, ehe die Unterlage mit dem Pfröpfling versehen wird. Die günstigste Zeit zum Pfropfen dieser winzigen Sämlinge sind daher die frühen Morgenstunden, während in der heißen Mittagszeit häufig Mißerfolge auftreten können.

Frische Pfropfungen warm aufstellen!

Es wurde schon erwähnt, daß erfolgreiche Pfropfungen nur dann durchgeführt werden können, wenn sich die Unterlagen richtig im Wuchs befinden. Meist beginnt man daher frühestens ab Mai/Juni mit den ersten Pfropfungen von Kakteen. Damit die gepfropften Pflanzen schnell verwachsen, was bereits in

den folgenden Stunden erfolgen muß, werden sie anschließend bei 20 bis 25 °C aufgestellt. Recht günstig ist leicht gespannte Luft, doch darf sie nicht zu feucht sein. Nur zu leicht bildet sich sonst auf den frischen Schnittflächen verheerende Fäulnis. Auch beim Gießen in den folgenden Monaten darauf achten, daß kein Wasser auf diese Wundflächen gelangt!
Gelegentlich kann es vorkommen, daß sich die Gummipackringe noch nachträglich ablösen und mit ihnen auch die Pfröpflinge weggeschleudert werden. Hier muß man unbedingt neu nachschneiden, sowohl die Unterlage wie auch den Pfröpfling, ehe man sie wieder zusammengibt. Auch beim Abnehmen der Gummiringe nach einigen Tagen wird man nicht selten feststellen, daß gelegentlich ein Pfröpfling nicht angewachsen ist und sich wieder von der Unterlage ablösen läßt. Es bleibt dann nichts übrig, als den ganzen Pfropfvorgang in gleicher Weise zu wiederholen.
Nach zwei bis drei Wochen werden die anfangs etwas schattiger gehaltenen Pfropfungen mit größeren Pflanzen wieder an das volle Licht gewöhnt und können zu den anderen Sammlungspflanzen zurückgebracht werden.
Sämlingspfropfungen wird man gesondert aufstellen, wo man laufend überwachen kann. Vor allem verlangen sie doch leichten Schatten und mäßig gespannte Luft für ihre weitere Entwicklung.
Die abgetrennten Triebspitzen der Unterlagen eignen sich vorzüglich zur Bewurzelung und ergeben damit für das kommende Jahr wieder begehrtes Unterlagenmaterial. Man stellt sie senkrecht in leere Töpfe zusammen und behandelt sie dann wie Stecklinge weiter.
Sehr häufig neigen die Pfropfunterlagen dazu, seitlich neben dem aufgesetzten Pfröpfling durchzutreiben. Diese Triebe müssen umgehend vorsichtig entfernt werden, da sie dem Kopfstück unnötig Kraft wegnehmen.

Nachträgliches Bewurzeln von gepfropften Pflanzen

Einleitend wurde bereits darauf hingewiesen, daß vor allem seltene und langsamwachsende Kakteenarten bevorzugt gepfropft werden. Man erhält so reichlich Vermehrungsmaterial, da ein gut angewachsenes Pfropfstück entweder nochmals in der Mitte durchtrennt und neu aufgepfropft wird oder auf eigenen Wurzeln weitergezogen werden soll. Vor allem Sämlingspfropfungen werden nach zwei bis drei Jahren von den langen Stämmchen der *Pereskiopsis* wieder abgenommen, damit sie sich selbst bewurzeln.
Grundsätzlich empfiehlt es sich, den Pfröpfling nicht zu tief abzutrennen, sondern von der Pflanze noch etwa ein Drittel auf der Unterlage zu belassen. Aus diesem Pflanzenstrunk erscheinen nämlich schon sehr bald eine ganze Anzahl neuer Sprosse, die gerade bei seltenen Arten besonders willkommen sind. Man kann sie bei entsprechender Größe abtrennen und erst nochmals aufpfropfen oder sie wie Stecklinge behandeln, damit sie sich bewurzeln.
Auch die erstmals abgeschnittenen Pfropfstücke, die zur Bewurzelung vorgesehen sind, behandelt man in üblicher Weise wie die Stecklinge. Auch hier ist es besonders wichtig, daß erst die Schnittflächen gut abtrocknen und sich rasch Wundkallus bildet, aus dem dann die Wurzelspitzen erscheinen.
Man kann die nieder gepfropften Pflanzen beim Umsetzen auch von Jahr zu Jahr tiefer in den Boden geben bis die Unterlagen ganz darin verborgen sind und nicht mehr störend wirken. Die Pfropfstücke bilden sicher auch bald Wurzeln, wenn sie mit dem Bodensubstrat in Berührung kommen. Da die Unterlagen danach häufig absterben, besteht die große Gefahr, daß diese Pflanzenreste in Fäulnis übergehen und dabei die darübersitzenden Kakteen in Mitleidenschaft gezogen werden und ebenfalls zugrunde gehen. Es ist deshalb vorzuziehen, die Pfröpflinge von den Unterlagen völlig abzutrennen.

Import von Kakteen und anderen Sukkulenten

Unter dem Begriff »Importpflanzen« verstand man bislang in erster Linie freilebende, am Wildstandort gesammelte Pflanzen, wie sie in den zurückliegenden Jahrzehnten in großen Mengen zu uns nach Europa gebracht wurden. Ohne Zweifel wurden durch rücksichtslose, erwerbsmäßige Sammler viele Arten an ihren natürlichen Standorten außerordentlich gefährdet, nicht selten sogar nahezu völlig ausgerottet. Ausschlaggebend sind hierfür die extremen klimatischen Verhältnisse der Heimatgebiete, so daß sich die Pflanzenbestände nicht im gleichen Umfang regenerieren konnten, als Pflanzenmaterial, vor allem von großen, oft jahrzehntealten Exemplaren, entnommen wurde.

Washingtoner Artenschutzabkommen

Im Hinblick auf diese bedauerliche Tatsache ist zum Schutz der bedrohten Tier- und Pflanzenwelt am 1. Juli 1975 durch Ratifizierung einer großen Zahl von Vertragspartnern eine Handelskonvention in Kraft getreten, die im bundesdeutschen Übernahmegesetz als Washingtoner Artenschutzabkommen, abgekürzt WA, bezeichnet wird.
Die beigetretenen Staaten verpflichten sich, die Aus- und Einfuhr bestimmter, in eigenen Listen aufgeführter, schutzbedürftiger Tier- und Pflanzenarten nur mit exakt formulierten Exportlizenzen des Ausfuhrlandes und Einfuhrbewilligungen des Bestimmungslandes zuzulassen.
Das »Übereinkommen über den internationalen Handel mit gefährdeten Arten freilebender Tiere und Pflanzen« ist seitens der Bundesrepublik Deutschland am 3. März 1975 mitunterzeichnet worden. Neben der Bundesrepublik Deutschland haben bisher auch Brasilien, Chile, die Deutsche Demokratische Republik, Ecuador, Finnland, Großbritannien, Kanada, Madagaskar, Marokko, Peru, Schweden, die Schweiz, Südafrika, Uruguay und die USA entsprechende Gesetze geschaffen und in Kraft gesetzt. Es kommen noch eine Reihe weiterer Staaten hinzu, die aber für den internationalen Handel mit Kakteen und anderen Sukkulenten kaum in Frage kommen. Sicher werden bald noch weitere Staaten diesem Abkommen beitreten, so daß von weltweiten Schutzmaßnahmen gesprochen werden kann.
Im Bundesgesetzblatt Nr. 18, Teil III vom 23. April 1977 wurde die erste Verordnung über die Inkraftsetzung von Änderungen der Anhänge I und II des Washingtoner Artenschutzabkommens veröffentlicht. Die von der ersten Vertragsstaatenkonferenz zum Washingtoner Artenschutzabkommen in Bern am 6. November 1976 angenommenen Änderungen der Anhänge I und II des Übereinkommens vom 3. März 1975 über den internationalen Handel mit gefährdeten Arten freilebender Tiere und Pflanzen wurden damit in Kraft gesetzt.
In den Anhängen I und II sind aus dem Bereich der Sukkulenten nachfolgende Familien und Gattungen in das Washingtoner Artenschutzabkommen aufgenommen:

Apocynaceae:	*Pachypodium* ssp. (ssp. wird zur Bezeichnung aller Arten eines höheren Taxons verwendet, d. h. der gesamten Gattung)
Cactaceae:	*Cactaceae* ssp. (alle Arten und Gattungen!)
Euphorbiaceae:	*Euphorbia* ssp. (ausgenommen alle Arten, die keine Sukkulenten sind!)
Liliaceae:	*Aloe* ssp.
Portulacaceae:	*Anacampseros* ssp.

Die Vorschriften dieses Gesetzes gelten für den Handel mit Exemplaren der in den Anhängen des Übereinkommens aufgeführten Arten sowie ferner für das gewerbsmäßige Inverkehrbringen und den gewerbsmäßigen Erwerb dieser Exemplare im Geltungsbereich dieses Gesetzes. Sie gelten nicht für den Handel mit Mitgliedsstaaten der Europäischen Gemeinschaft, soweit für diese das Übereinkommen in Kraft getreten ist.

Zweifel darüber, ob eine angemeldete Ware Exemplar im Sinne des Washingtoner Artenschutzabkommens ist, klärt die Zolldienststelle zunächst durch Befragen des Verfügungsberechtigten. Können die Zweifel dadurch nicht beseitigt werden, so verfährt die Zolldienststelle nach Art. 7, Abs. 1 des Gesetzes zum WA, auf Satz 3 wird besonders hingewiesen. Dabei ist ein speziell bestellter Sachverständiger einzuschalten. Unter den als Sachverständige vom Bundesminister für Ernährung, Landwirtschaft und Forsten hierzu anerkannten Personen ist für Pflanzen aufgeführt:

Dr. E. Sauer
Botanisches Institut der
Universität des Saarlandes
Am Stadtwald
6600 Saarbrücken 1

Das nichtkommerzielle Verleihen, Verschenken oder Tauschen von Exemplaren der in den Anhängen I, II und ggf. III WA aufgeführten Arten zwischen Wissenschaftlern oder wissenschaftlichen Einrichtungen ist ohne die in Absatz 4 bezeichneten Genehmigungen oder Bescheinigungen zulässig, wenn

- es sich um Herbariumexemplare, sonstige haltbar gemachte, getrocknete oder festumschlossene Museumsexemplare oder lebende Pflanzen handelt,
- der Versender bei der nach Landesrecht zuständigen Behörde registriert ist und die Sendung mit einem speziellen Etikett versehen ist, das es als Wissenschaftsgut ausweist.

Für die Einfuhr von Exemplaren der im Anhang I und II aufgeführten Arten ist damit eine Einfuhrgenehmigung vorgeschrieben. Zusätzlich muß bei der Einfuhrabfertigung entweder eine Ausfuhrgenehmigung oder eine Wiederausfuhrbescheinigung des Ausfuhrstaates vorgelegt werden.

Dementsprechend ist auch für die Ausfuhr von Exemplaren der in den Anhängen I, II und ggf. III WA aufgeführten Arten eine Ausfuhrgenehmigung vorgeschrieben.

Bei der Einfuhr von Exemplaren aus Staaten, die nicht Vertragspartner des Übereinkommens sind, werden anstelle der durch das Washingtoner Abkommen vorgeschriebenen Genehmigungen oder Bescheinigungen Ersatzdokumente anerkannt, wenn sie den in Abschnitt II der Allgemeinen Verwaltungsvorschrift bezeichneten Mindestanforderungen entsprechen.

Vordrucke für die erforderlichen Ein- oder Ausfuhrgenehmigungen sind bei den Bundesämtern für Ernährung, Landwirtschaft und Forsten erhältlich.

Behandlung von Importpflanzen

Neben wildgesammelten Pflanzen, die noch nicht dem Washingtoner Artenschutzabkommen unterliegen, können aber in Zukunft auch Sukkulenten der in den Anhängen I, II und ggf. III aufgeführten Arten aus den Heimatgebieten eingeführt werden, wenn es sich um gärtnerisch herangezogene Pflanzen handelt und die hierfür erforderlichen Bescheinigungen vorgelegt werden können. Aus diesem Grund soll die Behandlung solcher »Importpflanzen« in diesem Kapitel aufgezeigt werden.

Häufig sind solche Pflanzen viele Wochen unterwegs, ehe sie zu uns gelangen. Die feinen Haarwurzeln sind daher völlig eingetrocknet, so daß solche Sukkulenten in den meisten Fällen erst wieder neu bewurzelt werden müssen. Vor allem für den wenig erfahrenen Anfänger ist es daher vorteilhafter,

solche Pflanzen von hier ansässigen Kakteengärtnereien zu beziehen, sie sind bereits entsprechend akklimatisiert und auch bereits ausreichend bewurzelt.
Wer sich dennoch mit direkt importierten Pflanzen befassen will, sollte sich beim Auspacken die einzelnen Exemplare genau ansehen, ob nicht Verletzungen oder kranke Stellen vorhanden sind. Sie müßten notfalls erst sorgfältig behandelt werden. Die einzelnen Pflanzen setzt man zweckmäßig in flache Töpfe oder Schalen, die nach einer guten Dränage aus grobem Quarzkies mit sehr durchlässigen Substraten gefüllt werden. Sind nur mehr wenig Wurzeln oder gar nur noch Wurzelansätze vorhanden, so sollte obenauf eine 3 bis 4 cm starke Lage Quarzsand folgen. Durch ganz mildes Feuchthalten des Sandes wird damit die Pflanze angeregt, möglichst rasch neue Wurzeln zu entwickeln. Auch eine lockere Lage aus leicht feuchtem Torfmoos-Sphagnum bewährt sich für diesen Zweck ausgezeichnet.
Die Importpflanzen waren meist lange Zeit in völliger Dunkelheit, deshalb müssen sie erst wieder ganz langsam an das volle Sonnenlicht gewöhnt werden. In den ersten Tagen sollten diese Sukkulenten daher mit dünnem Seidenpapier überdeckt werden. Das Papier ist unbedingt sorgfältig zu beschweren, damit es nicht unbemerkt vom Wind weggetragen wird, da sonst die Pflanzen unweigerlich schwere Verbrennungsschäden erleiden würden.
Nach und nach erhalten sie wieder volles Licht und sie sollten möglichst hell und sonnig aufgestellt werden. Ideal ist hierfür ein Gewächshaus, wo diese Pflanzen auf das Hängebrett nahe unter das Glas kommen.
Bei Kakteen schadet es nichts, wenn sie vorerst – um einer Fäulnisgefahr vorzubeugen – noch kein Gießwasser erhalten. Vor allem im Spätherbst eintreffende Sukkulenten sollten gleich auf die bevorstehende Winterruhe vorbereitet werden. In den Frühjahrs- und Sommermonaten dagegen werden Kakteen und andere Sukkulenten anfangs nur vorsichtig genebelt und dann leicht gesprüht. Die Pflanzenkörper pumpen sich meist rasch auf und gewinnen bald ihr natürliches Aussehen zurück. Erst dann beginne man vorsichtig zu gießen. Die Wassergaben können je nach Anspruch und Wüchsigkeit der Importpflanzen nach und nach gesteigert werden.
Die anderen Sukkulenten aus Importsendungen müssen sich in den meisten Fällen ebenfalls erst gut bewurzeln. Man wird für sie, ähnlich wie bei Stecklingen, zur Förderung einer raschen Wurzelbildung entsprechende Bewurzelungspräparate anwenden, wie es im Kapitel über Vermehrung durch Stecklinge und Ableger ausführlich geschildert ist. Im übrigen behandelt man sie wie Kakteen. Je nach Gattung und Art benötigen sie jedoch unter Umständen auch in den Wintermonaten gelegentlich geringe Wassergaben, damit sie nicht eintrocknen.

Überwinterung der Kakteen und anderer Sukkulenten

Mit Beginn der spätherbstlichen Witterung und der abnehmenden Tageslänge stehen den Kakteen und anderen Sukkulenten in unseren nördlichen Breiten nur mehr unzureichende Lichtbedingungen zur Verfügung, so daß es für die meisten dieser Arten erforderlich wird eine zwangsweise Winterruhe vorzusehen. Die Wassergaben werden je nach Witterungsverhältnissen schon meist ab Mitte Oktober nach und nach eingeschränkt und bei den erdbewohnenden Kakteen dann völlig eingestellt.
Eine Ausnahme machen hier die epiphytischen Kakteenarten und viele Blattsukkulenten, die nur mehr ganz mäßig und in größeren Abständen gegossen werden, damit vor allem das Erdreich nie völlig austrocknet. Man wählt hierzu am besten warme und

sonnige Tage sowie die Vormittagsstunden, damit die Pflanzen selbst bis zum Abend wieder genügend abgetrocknet sind.
Während viele Stammsukkulenten, wie *Euphorbia, Pachypodium, Trichocaulon* u. a. völlig trocken überwintert werden, verlangen die verschiedenen Blattsukkulenten, wie *Crassula, Kalanchoe, Sedum* und ähnliche gelegentlich ebenfalls geringe Wassergaben, damit die Blätter nicht zu sehr einschrumpfen oder gar abgeworfen werden. Eine Ausnahme bilden hier wieder verschiedene Mittagsblumengewächse, wie etwa *Conophytum,* deren eigentliche Trockenruhe erst im Frühjahr einsetzt. Aber auch *Gibbaeum* wächst im Winter und muß daher wiederholt leicht gegossen werden. Es sind dies Pflanzen, die ihren heimatlichen Lebensrhythmus nicht umgestellt haben.
Um nun bei den Kakteen und übrigen Sukkulenten einen durch Lichtmangel bedingten Kümmerwuchs zu verhindern, werden diese Pflanzen durch Wasserentzug zu einer Trockenruhe veranlaßt, wie sie auch in den heimatlichen Verbreitungsgebieten im jahreszeitlichen Wechsel klimatisch bedingt ist. Um aber auch die Blütenknospenentwicklung bei den ausgesprochenen Hochgebirgsarten, wie *Lobivia, Parodia* und *Rebutia* für das kommende Jahr günstig anzuregen, ist eine niedere Überwinterungstemperatur für diese Gattungen von etwa 8° bis 10°C erforderlich. Wichtig ist aber gleichzeitig auch ein sonnenreicher, heller Standort. Die übrigen Pflanzen fühlen sich bei Temperaturen von 10° bis 12°C durchaus wohl und vermögen eine solche Ruheperiode bis zum beginnenden Frühjahr ohne Schaden zu überdauern. Bei den genannten Temperaturen handelt es sich um Mindestgrade in den Nachtstunden. Gerade in einem Gewächshaus wird es nicht ausbleiben, daß selbst im tiefen Winter bei sonnigem Wetter tagsüber die Temperaturen für einige Stunden nicht selten bis über 20°C ansteigen, was keinesfalls schadet. Auch in ihren Heimatgebieten sind die Pflanzen solchen Schwankungen zwischen Tag und Nacht ausgesetzt.
Eine gelegentlich empfohlene Art einer völlig trockenen und dunklen Überwinterung der Kakteen in einem Keller oder ungeheizten Raum, wobei die Pflanzen ausgetopft und einzeln in Zeitungspapier zu verpacken sind, ist die wohl schlechteste Methode einer Winterruhe. Diese Empfehlung stammt noch aus den Kriegsjahren, wo häufig günstige Überwinterungsmöglichkeiten aus verständlichen Gründen fehlten.
Weitere Pflegehinweise sind auch in den Kapiteln über Gießen und günstige Temperaturen hinsichtlich einer erfolgreichen Überwinterung enthalten.

Winterharte Freilandkakteen

Wie im Kapitel über die heimatlichen Standortverhältnisse ausführlich dargelegt, erstreckt sich das Verbreitungsgebiet einiger Kakteenarten im Norden und im Süden der USA auf gebirgige Gegenden, wo die Pflanzen regelmäßig Schnee und Frost ausgesetzt sind. Ähnliche Verhältnisse herrschen in den Höhenlagen der Anden Südamerikas, wo zahlreiche Kakteenarten ebenfalls im Winter Kältegrade zu ertragen haben.
Wir bezeichnen solche Kakteenarten gemeinhin als »winterharte Kakteen«, da sie unter gewissen Bedingungen durchaus auch bei uns in Mitteleuropa das ganze Jahr hindurch im Freien gehalten werden können. Im Gegensatz dazu sprechen wir auch von »frostverträglichen Arten«. Es sind dies Pflanzen, wie etwa *Chamaecereus silvestrii,* viele *Echinocereus*-Arten u. a., die ohne weiteres für kurze Dauer stärkeren Frostgraden ausgesetzt sein können und auch in einem ungeheizten Gewächshaus überwintern, doch für eine ganzjährige Pflege im Freien ausscheiden.

Anlage von Freilandbeeten

Während bei den winterharten Kakteen zahlreiche robuste Vertreter der Gattung *Opuntia* u. a. ohne jeglichen Schutz vor Witterungseinflüssen auf Beete ausgepflanzt selbst extrem strengen Wintern trotzen, ist für andere Vertreter dieser Gruppe doch ein Regenschutz unerläßlich. Vor allem in den Wintermonaten würde bei den häufig einsetzenden Tauwetterperioden Nässe in Verbindung mit niederen Temperaturen doch unweigerlich zu Fäulnisschäden an den Pflanzen führen.
Derartige Freilandbeete sollten grundsätzlich sehr sonnig und vor strengen Ostwinden geschützt gelegen sein. Pflanzflächen an südseitigen Hauswänden, vor Mauern und Terrassen eignen sich hierfür besonders. Wichtig ist dabei vor allem eine gute Dränage mit einer mindestens 30 bis 40 cm starken Lage aus grobem Rollkies und darüber eine etwa 20 cm hohe Schicht mit sandigem Erdreich. Ausgezeichnete Erfolge lassen sich aber auch mit rein mineralischen Substraten erzielen. Sie haben den großen Vorteil, daß sich diese Materialien selbst im tiefen Winter tagsüber bei Sonneneinstrahlung erwärmen und die gespeicherte Wärme in den Nachtstunden wieder abgeben.
Für weniger robuste Arten sollte dagegen das ganze Jahr hindurch ausreichender Regenschutz vorhanden sein. Recht gut bewährt es sich, die Beetflächen etwa 30 bis 40 cm über dem Boden mit Frühbeetfenster zu überbauen, wobei drei Seiten völlig offen bleiben sollen, damit eine gute Luftzirkula-

Rechts, von oben:

Trockenbeet mit winterharten Freilandopuntien. Der kiesige Untergrund sorgt für eine gute Wasserdurchlässigkeit und für eine starke Erwärmung.

Recht gut wirkt ein derartiges Kakteen-Freibeet, wenn es mit anderen geeigneten Pflanzen, wie Trockengräsern aufgelockert wird.

Wichtig ist vor allem eine windgeschützte, vollsonnige Lage zur Anlage eines Freilandbeets für Kakteen.

tion gewährleistet ist. Die Nordseite ist dagegen grundsätzlich durch Glasschutz, noch besser jedoch mit Mauerwerk zu schließen. Unter derartigen Bedingungen lassen sich eine Reihe verschiedener Kakteen auf Jahre hinaus hervorragend pflegen, wobei die Pflanzen neben einer extrem dichten und kräftigen Bestachelung überaus reichen Blütenflor hervorbringen.

Auswahl geeigneter Gattungen und Arten

Dipl.-Ing. Jürgen Stürzer, München, befaßt sich seit vielen Jahren mit der Pflege winterharter Kakteen und hat hiervon eine außerordentlich umfangreiche Sammlung aufgebaut. Die Auswahl und Erprobung der hierfür geeigneten Pflanzen erfolgten nach eingehendem Studium ihrer natürlichen Verbreitungsgebiete in der Heimat und der dort herrschenden klimatischen Verhältnisse. Die Sammlung winterharter Kakteen befindet sich im Kreis Heidenheim auf der Schwäbischen Alb in 480 Meter N. N.
Herrn Jürgen Stürzer sei an dieser Stelle sehr herzlich gedankt für die Überlassung seiner exakten Aufzeichnungen all der Kakteenarten, die unter den rauhen Klimaverhältnissen der Schwäbischen Alb seit Jahren mit sehr gutem Erfolg das ganze Jahr über im Freien kultiviert werden. Im einzelnen handelt es sich um nachfolgende Arten, die wegen der besseren Übersicht in zwei Gruppen aufgeteilt werden:

Standort ganzjährig ohne Regenschutz

Maihuenia patagonica (Phil.) Speg.
– *poeppigii* (Otto) Web.

Opuntia arenaria Eng.
– *armata* Backbg.
– *engelmannii* SD.
– – var. *discata* (Griff.) C. Z. Nels.
– *howeyi* Purp.
– *humifusa* Raf.
– *hystricina* Eng. & Big.
– *juniperina* Br. & R.
– *phaeacantha* Eng. und Varietäten
– *polyacantha* Haw. und Varietäten
– *polyacantha* Haw. × *humifusa* Raf.
– *rubiflora* Griff.
– *rutila* Nutt.
– *sphaerocarpa* Eng. & Big.
– *xanthostemma* K. Sch.

Pediocactus bradyi L. Bens.
– – var. *knowltonii* (L. Bens.) Backbg.
– *simpsonii* (Eng.) Br. & R.

Pterocactus skottsbergii (Br. & R.) Backbg.

Tephrocactus darwinii (Hensl.) Backbg.

Standort mit Regenschutz

Austrocactus patagonicus (Web.) Backbg.

Austrocylindropuntia verschaffeltii (Cels) Backbg.

Coryphantha chlorantha Eng.
– – var. *deserti* (Eng.) Backbg.
– *vivipara* (Nutt.) Eng.
– – var. *aggregata* (Eng.) Marsh.
– – var. *arizonica* (Eng.) Marsh.
– – var. *neo-mexicana* (Eng.) Backbg.
– – var. *radiosa* (Eng.) Backbg.

Cylindropuntia imbricata (Haw.) Knuth nur von nördlichen Standorten!
– *whipplei* (Eng. & Big.) Knuth

Echinocereus caespitosus Eng.
– *coccineus* Eng.
– *fendleri* (Eng.) Rümpl.
– *hempelii* Fobe
– *mojavensis* (Eng. & Big.) Rümpl.
– *purpureus* Lahm.
– *reichenbachii* (Tersch.) Hge. jr.
– *triglochidiatus* Eng.
– *viridiflorus* Eng.

Neobesseya missouriensis (Sweet) Br. & R.
– *similis* (Eng.) Br. & R.

– *wissmannii* (Hildm.) Br. & R.

Opuntia compressa (Sal.) Macbr.
– *grandis* Pfeiff.
– *rhodantha* K. Sch. mit Varietäten

Sclerocactus whipplei (Eng. & Big.) Br. & R.

In Gemeinschaft mit den winterharten Freilandkakteen können viele andere winterharte Sukkulenten, wie etwa *Sedum, Sempervivum* und trockenheitsliebende Ziergräser, wie *Avena sempervirens, Festuca glauca* und ähnliche dazugepflanzt werden. Sehr gut passen auch hierher *Yucca filamentosa*, die bekannte Palmlilie, die noch viel zierlichere *Yucca glauca* mit agavenähnlichem Wuchs, sowie *Yucca flaccida* mit besonders großen Blüten. Sehr hübsch wirken auch die einjährig gezogenen Sommerblumen *Dorotheanthus bellidiformis, Portulaca grandiflora* und die südafrikanischen Kapblumen, wie *Dimorphotheca, Gazania* und *Venidium*, da sie mit ihrem herrlichen Blütenschmuck eine willkommene Bereicherung darstellen. Werden dann zwischen den einzelnen Pflanzengruppen noch einige große Steine angeordnet, so können typische Kakteenlandschaften nachgebildet werden.

Blühende Freilandopuntien. Die herrlichen Blüten von *Opuntia phaeacantha* var. *camanchica* sind im Durchmesser 6 bis 7 cm groß.

Krankheiten und Schädlinge

Wie viele Pflanzen, so werden auch Kakteen und sonstige Sukkulenten gelegentlich von verschiedenen Krankheiten und Schädlingen befallen. Häufig handelt es sich um sogenannte »Schwächeparasiten«: tierische Schädlinge und pilzliche Krankheitserreger, die an schlecht gepflegten und kümmernden Pflanzen auftreten, während robuste und kräftig wachsende Exemplare gar manchen Befall abzuwehren vermögen. Zur Vorbeugung irgendwelcher Erkrankungen sollte man daher in erster Linie auf gesundes, wüchsiges Pflanzenmaterial bedacht sein. Nachfolgend werden die wichtigsten Erkrankungen und Schädlinge beschrieben, die in Sukkulentensammlungen vorkommen, sowie die geeigneten Bekämpfungsmaßnahmen aufgezeigt. Grundsätzlich empfiehlt es sich, Spritzungen unbedingt in Abständen von etwa zwei Wochen einige Male zu wiederholen. Einmalige Behandlung hat nur selten Dauererfolg.

Erkrankungen durch pilzliche Erreger

Fusarium-Fäule

Der Befall zeigt sich an verfärbten und leicht geschrumpften Sproßspitzen, während die Erkrankung am Wurzelhals oder am Stengelgrund beginnt. Das Pilzgewebe wandert in den Leitungsbahnen des Zellgewebes aufwärts. Man kann den Befall an den braungefärbten Leitbündeln am Stammgrund deutlich erkennen. Häufig geht der Befall gleich in das grüne Gewebe über und verursacht dort eine bräunliche Weichfäule. Oberirdische Teile können auch durch Verletzungen an den Areolen oder über sonstige Wunden befallen werden. Die Fusarium-Fäule ist vielfach durch einen rötlichen, lachsfarbenen, oft ins Violette gehenden Sporenbelag auf den Befallsstellen deutlich zu erkennen.

Bekämpfung:

Sammlung öfters nach kranken Pflanzen durchsehen und diese entfernen, damit keine Sporen zur weiteren Ausbreitung ausgebildet werden können. Mehrmaliges Spritzen mit Benomyl, als »Du Pont Benomyl« im Handel. Peinliche Sauberkeit ist besonders wichtig. Nicht zu stark düngen, besonders Stickstoffüberdüngung vermeiden. Beim Umsetzen der Pflanzen ist sorgfältig vorzugehen, damit keine Verletzungen entstehen.

Phytophthora-Wurzel- und Stengelgrundfäule

Hier handelt es sich um eine Naßfäule, die von verseuchter Erde aus Wurzeln und Stammgrund der Pflanzen befällt. Besonders typisch ist das weiche und meist völlig aufgelöste Pflanzengewebe des erkrankten Materials.

Bekämpfung:

Befallene Pflanzen sind mit dem gesamten Erdreich zu vernichten, um eine weitere Ausbreitung zu verhindern. Befallstellen in Jungpflanzenkulturen werden mit Quecksilber-Naßbeizmittellösungen überbraust. Größere, von diesem Pilz befallene Pflanzen sind noch zu retten, wenn das erkrankte Gewebe sorgfältig ausgeschnitten wird und die Kopfstücke wertvoller Kakteen aufgepfropft werden. Die Sporen dieser Wurzel- und Stengelgrundfäule verbreiten sich auch durch reichliche Wassermengen. Daher ist es vorteilhaft, die Kulturen nicht zu feucht zu halten.

Recht gute Erfolge erzielt man auch mit einer Behandlung des verseuchten Erdreiches mit »Dexon«. Es ist dies ein Bodenbehandlungsmittel mit systemischer Wirkung, es wird über die Pflanzenwurzeln aufgenommen. Das Pulver kann im Streu- oder Gießverfahren ausgebracht werden. Dabei ist es wichtig, daß der Wirkstoff in den Boden an die Wurzeln gelangt, denn unter Lichteinwirkung wird der Dexon-Wirkstoff inaktiviert. Für Jungpflanzen verwendet man etwa 3 Gramm in 10 Liter Wasser, was für etwa 2 qm Fläche ausreicht. Die Dosierung kann auf 4 bis 5 Gramm Präparat pro 10 Liter bei älteren Pflanzen erhöht werden.

Helminthosporium-Stammfäule

Besonders noch junge Sämlinge schrumpfen mumienartig zusammen und sterben ab. Die Krankheit wird in erster Linie durch verseuchtes Saatgut aus den Heimatländern eingeschleppt. In Aussaatschalen können innerhalb weniger Tage verheerende Ausfälle auftreten. An den Faulstellen bildet sich bald ein olivgrüner Sporenbelag. Die Erkrankung macht sich vor allem bei sehr hoher Luftfeuchtigkeit bemerkbar.

Bekämpfung:

Eine Behandlung mit organischen Fungiziden, besonders der Wirkstoffgruppen Captan und Ferbam wie etwa »Orthocid 50« und »Ferbam«, führt zum Erfolg. Vorrangig ist Beizung des Saatgutes zu empfehlen, wie im Kapitel über Anzucht der Kakteen aus Samen ausführlich erläutert. Hierdurch wird auch weitgehend verhindert, daß weitere schädliche Vermehrungspilze auftreten.

Brennfleckenkrankheit

Kreisförmige, eingesunkene, bräunliche Flecken, an denen das Gewebe der befallenen Pflanzen eintrocknet, werden durch verschiedene Pilze der Gattung *Gloeosporium* hervorgerufen. Die Oberhaut der erkrankten Stellen wird hart und borkig. Diese Krankheit tritt bei Kakteen vor allem an Cereen, Mammillarien und Opuntien auf.

Bekämpfung:

Bei nicht zu starkem Befall werden die kranken Stellen bis in das gesunde Gewebe ausgeschnitten und die Wunden mit Holzkohlepulver bestreut. Vorbeugend sollten die Pflanzen dann wiederholt mit Maneb-Mitteln, wie »Dithane«, »Maneb« oder einem Captan-Präparat wie »Orthocid 50« oder anderen organischen Präparaten gespritzt werden. Beim Auftreten dieser Krankheit die gesunden Kakteen mitbehandeln, damit sie vor einer Ansteckung verschont bleiben!

Tierische Schädlinge

Schmierläuse

Diese Schädlinge erreichen eine Größe von ca. 2 bis 3 mm. Sie sind mit weißen, mehlig flaumartigen Wachsausscheidungen umhüllt, weshalb sie vielfach auch als Wolläuse bezeichnet werden. Die Woll- und Schmierläuse befallen sowohl Kakteen wie auch andere Sukkulenten und schädigen die Pflanzen durch die ständige Saugtätigkeit an den neuen Zellpartien. So werden vor allem bei den Kakteen besonders die Triebspitzen geschädigt und verunstaltet. Vorzugsweise finden wir die Schädlinge daher meist in Scheitelnähe der Pflanzen, wo sie erheblichen Schaden anzurichten vermögen.

Mit Wurzelläusen befallene Pflanzen werden zweckmäßig einige Minuten lang in eine Spritzlösung getaucht und zusätzlich abgepinselt.

Bei der Verwendung von fertigen Spritzlösungen in Spraydosen achte man unbedingt auf einen Mindestabstand von 40 cm. Durch die Verdunstungskälte des Treibgases kommt es bei empfindlicheren Arten sonst leicht zu Schäden.

Bekämpfung:

Die Bekämpfung ist heute mit organischen Phosphorverbindungen, wie »E 605«, und Demetonpräparaten, wie »Metasystox«, sowie mit »Dimethoat« nicht mehr schwierig. Damit die Spritzbrühe wegen der Wachsausscheidungen besser haftet, sollte etwas Netzmittel beigemischt werden. Auch ein übliches Spülmittel aus dem Haushalt, 5 ccm auf 10 Liter Spritzbrühe, leistet hier gute Dienste als Zusatz. Zur Behandlung einzelner Pflanzen eignet sich auch »Garten-Paral« ausgezeichnet, zumal durch seine spezifische Zusammensetzung der flaumige Wachsbelag der Schmierläuse aufgelöst wird und der Wirkstoff des Präparates direkt an die Schädlinge gelangen kann. Grundsätzlich sollte bei all diesen Spritzungen die Behandlung nach jeweils etwa 10 bis 12 Tagen einige Male wiederholt werden, damit nachträglich schlüpfende Jungtiere ebenfalls restlos erfaßt werden. Präparatmengen genau einhalten.

Wurzelläuse

Es handelt sich hier um verschiedene Arten, die an den Wurzeln der befallenen Pflanzen auftreten. Durch ihre Saugtätigkeit wird die Wüchsigkeit der Kakteen und der anderen Sukkulenten ganz erheblich beeinträchtigt. Die befallenen Pflanzen sehen meist fahl aus und wachsen nur sehr schwach. Nimmt man derart geschädigte Sukkulenten behutsam aus dem Topf und schüttelt vorsichtig das Erdreich ab, so entdeckt man die Schädlinge meist an den jungen Wurzelpartien. Die Wurzelläuse sehen den vorgenannten Schädlingen sehr ähnlich, zumal auch sie von wolligen Wachsfäden umgeben sind. Sie bevorzugen trockene Substrate und breiten sich daher häufig während der winterlichen Ruhezeit der Kakteen sehr stark aus, wenn die Pflanzen nicht gegossen werden dürfen. Auch trockener Torfmull, wie er vielfach zum Einfüttern der Tontöpfe verwendet wird, bietet für die Wurzelläuse ideale Lebensbedingungen.

Die Gespinste von Schmierläusen sollte man am besten mit einem in Spritzbrühe getauchten Pinsel aufreißen, damit die anschließend ausgebrachte Sprühlösung auch direkt an die Schädlinge gelangt.

Recht praktisch sind zur Behandlung von Einzelpflanzen die handlichen Spritzflaschen, die mit den Lösungen der einzelnen Präparate gefüllt werden.

Bekämpfung:

Die Pflanzen werden wiederholt mit Lösungen von Diazinon- oder Parathion-Präparaten gegossen. Auch »Metasystox« der Wirkstoffgruppe Demeton-S-methyl hat sich im Gießverfahren ausgezeichnet bewährt. Mehrmalige Behandlungen in Abständen von ein bis zwei Wochen sind auch hier dringend erforderlich.

Handelt es sich nur um einzelne befallene Pflanzen, deren Schädlinge beim Umtopfen entdeckt werden, so empfiehlt es sich, die Wurzeln für einige Minuten in eine Lösung der oben genannten Präparate zu tauchen und gut einwirken zu lassen. Wo die Schädlinge bereits angetroffen wurden, wäre es zweckmäßig die ganze Sammlung im Herbst und im zeitigen Frühjahr gründlich mit einem der oben erwähnten Mittel vorbeugend durchzugießen. Vor allem bei sehr trockenem Stand kommt es sehr leicht zu einer starken Ausbreitung dieser gefährlichen Schädlinge in den Sammlungen.

Schildläuse

Wie der Name schon sagt, sind diese Schädlinge mit einem Rückenschild versehen, das sie auch vor dem Einwirken verschiedener Spritzmittel vortrefflich schützt. Deshalb ist die Bekämpfung meist etwas schwierig. Bevorzugt befallen die Schildläuse Blattkakteen, Agaven und ähnliche Sukkulenten. Im Jugendstadium sind sie frei beweglich, während die älteren Tiere mit dem kräftigen Rückenschild fest mit der Wirtspflanze verbunden sind. Unter dem Schild der nach der Eiablage absterbenden Weibchen können viele Hundert Eier verborgen sein.

Bekämpfung:

Guten Erfolg erzielt man mit »Malathion« der gleichen Wirkstoffgruppe, das aber in Abständen von drei Wochen wiederholt anzuwenden ist, da überwiegend die jeweils geschlüpften Jungtiere nachhaltig erfaßt werden. Geeignete Mittel sind auch Mevinphos-Präparate wie »Phosdrin« oder »PD

5«, Dimethoate und Azinphos wie »Gusathion«. Bei nur geringem Befall empfiehlt es sich, vor dem Spritzen mit einem flachen Hölzchen die einzelnen Schädlinge mit dem Rückenschild von den Pflanzen abzulösen, damit die Spritzlösung auch an die Schildläuse direkt gelangen kann. So ist eine weitaus bessere Wirkung zu erzielen.

Spinnmilben

Diese Schädlinge werden meistens als »Rote Spinne« bezeichnet, obwohl es sich um ausgesprochene Milben handelt. Sie sind sehr klein und lassen sich mit einer guten Lupe gerade noch als winzige, bräunlichrote Pünktchen erkennen. Der Befall ist besonders gefährlich, da die Spinnmilben häufig übersehen werden und bei einer starken Verbreitung plötzlich das Schadbild an den braungefärbten Pflanzenscheiteln sichtbar wird. Durch die Saugtätigkeit der Schädlinge wird das Blattgrün völlig zerstört, es verfärbt sich braun und selbst das äußere Gewebe stirbt ab. Es dauert bei den befallenen Kakteen oft einige Jahre, bis die geschädigten Teile, insbesondere im Bereich des Scheitels, von nachfolgenden Gewebepartien wieder völlig überdeckt werden.
Trockene Luft, vor allem in den Wintermonaten, begünstigt die Vermehrung und Ausbreitung der Spinnmilben.

Bekämpfung:

Die Schädlinge lassen sich mit »Dimethoat«, »E 605«, »Kelthane«, »Malathion«, »Metasystox«, »Perfekthion«, »Rogor«, »Roxion« und anderen hierfür anerkannten Präparaten vernichten. Es sind dies u. a. Präparate der Wirkstoffgruppen Dimethoat, Parathion und Demeton.
Die Behandlung muß in Abständen von zwei bis drei Wochen unbedingt einige Male wiederholt werden, zumal die abgelegten Eier von den Spritzmitteln häufig nicht vernichtet werden. Gleichzeitig ist es ratsam, mit den Präparaten ständig zu wechseln, damit die Spinnmilben gewissen Mitteln gegenüber nicht resistent werden.

Wurzelälchen (Nematoden)

Nicht selten treten in Kakteensammlungen auch Wurzelälchen auf, sogenannte Wurzelgallenälchen. An den Wurzeln der befallenen Pflanzen entstehen gallenartige, knotige Anschwellungen. Größe und Form der Gallen hängen von der Zahl der Älchen, dem Ort der Entstehung und der Art der Planzen ab. Bei den Sukkulenten werden die einzelnen Gallen etwa hanfkorn- bis erbsengroß. Die unterhalb der Gallen befindlichen Wurzelteile und die Gallen selbst sterben im Laufe der Zeit ab und verfaulen. Die so geschädigten Pflanzen kränkeln und gehen nicht selten zugrunde, wenn die entsprechende Versorgung mit Wasser und den darin gelösten Nährstoffen durch die fehlenden Wurzeln unterbleibt. Der Befall erfolgt durch die im Boden befindlichen Larven. Sie sind aalförmig und erreichen eine Länge von etwa 0,4 bis 0,5 mm. Bald bohren sie sich in die Wurzeln ein, wo es dann zu den gallenartigen Anschwellungen kommt. Aus den Larven entwickeln sich hauptsächlich weibliche Tiere, die ca. 1,3 mm groß werden. Mit dem Heranreifen der Eier sterben die Weibchen ab und die Gallen zersetzen sich. So gelangen die zahlreichen Eier in das Erdreich und die Schädlinge breiten sich weiter aus.

Bekämpfung:

Freilebende Älchen lassen sich mit dem neuentwickelten Aldicarb, wie »Temik 10 G« erfolgreich vernichten. Das hochgiftige Präparat sollte nur mit Handschuhen angefaßt und auf das Erdreich zwischen den Pflanzen ausgestreut werden. Die Aufwandmenge beträgt 5 g/qm. Auch hier empfiehlt es sich, die Behandlung in Abständen von vier bis sechs Wochen einige Male zu wiederholen.

Schnecken

Verheerende Schäden können Schnecken in den Sommermonaten an den im Freien aufgestellten Kakteen und anderen Sukkulenten anrichten. Die Schädlinge treten vor allem bei feuchter, niederschlagsreicher Witterung auf und gelangen dann häufig in Frühbeete und selbst in Gewächshäuser. In erster Linie handelt es sich dabei um verschiedene Arten von Nacktschnecken. Bei der Nahrungsaufnahme schaben die Schnecken mit ihrer reibeisenartigen Zunge das Pflanzengewebe von der Oberfläche her ab. Aus den Körpern von Kakteen und von fleischigen Sukkulenten werden mehr oder weniger tiefe Höhlungen herausgenagt. Junge Sämlinge und zarte Sprosse werden meist völlig weggefressen. Besonders typische Anzeichen eines Schneckenbefalles sind die silbrig glänzenden, rasch eintrocknenden Schleimspuren an den Pflanzen.

Bekämpfung:

Tagsüber halten sich die Schnecken in Schlupfwinkeln unter Steinen, Töpfen und Pflanzkästen auf. Erst mit Einbruch der Dämmerung verlassen sie ihre Verstecke, um nach Nahrung zu suchen. Dann können sie mühlos aufgesammelt werden. Besser ist eine vorbeugende Behandlung mit den hochwirksamen metaldehydhaltigen Präparaten, wie sie vor allem in gekörnter Form zum Ausstreuen im Handel angeboten werden. Es sind dies Mittel wie »Schneckenkorn« und »Schneckentod« verschiedener Hersteller.
Gute Erfolge erzielt man, wenn man um die Pflanzflächen und Frühbeete wiederholt einen schmalen Streifen mit einem der oben angeführten Ködermittel streut. So werden die Schnecken bereits abgetötet, ehe sie an die Pflanzen gelangen können.

Asseln

Die zu den Krebstieren zählenden Asseln sind an den breit-ovalen, flach gewölbten Körpern und an den sieben Paar kurzen Schreitbeinen erkenntlich. Die schiefergrauen Kellerasseln werden etwa 12 bis 15 mm lang. Gefährlich sind aber auch die ähnlichen Kugel- und Mauerasseln. Als Feuchtlufttiere – sie atmen durch Kiemen – sind sie ausgesprochene Nachttiere und halten sich tagsüber versteckt unter Töpfen, Steinen und in Mauernischen auf. Wenn sich die Asseln auch vorwiegend von zerfallenen organischen Stoffen ernähren, so fressen sie auch an weichfleischigen Kakteen, Sämlingen und Wurzeln. Das Schadbild des Asselfraßes sieht ähnlich wie das von Schnecken aus. Allerdings fehlen hier die typischen Schleimspuren.

Bekämpfung:

Als Ködermittel eignen sich ausgehöhlte Kartoffeln, mit denen sich die Asseln einfangen lassen. Darüber hinaus empfiehlt es sich, »Schneckenkorn Mesurol« auszustreuen, das zur Bekämpfung dieser Schädlinge hervorragend wirkt.

Springschwänze

Nicht selten entdeckt man auf feuchten Erden und Substraten, vor allem bei epiphytischen Kakteen, die millimetergroßen, hellen Springschwänze. Diese Urinsekten besitzen eine Springgabel, mit der sie sich hüpfend fortbewegen. Sie ernähren sich überwiegend von verrotteten Pflanzenteilen und werden eigentlich mehr durch ihr massenhaftes Auftreten lästig.

Bekämpfung:

Es empfiehlt sich, die befallenen Töpfe sehr gründlich mit einer Lösung Parathion wie »E 605«, »Metasystox« (Wirkstoff Demeton) oder »PD 5« aus der Gruppe Mevinphos in der üblichen Konzentration zu gießen und die Behandlung noch notfalls zu wiederholen.

Nichtparasitäre Schädigungen

Gelegentlich treten an Kakteen und anderen Sukkulenten einige Krankheitserscheinungen auf, die durch ungünstige Umwelteinflüsse bedingt sind. Vorbeugung und Abhilfe gibt es deshalb nur durch richtige Pflegebedingungen hinsichtlich Standort, Luftfeuchtigkeit, Düngung usw.

Korkwucherungen

Das Schadbild ist ähnlich der Schädigung durch Spinnmilben. Die Korkwucherungen werden vor allem durch zu hohe Luftfeuchtigkeit während der winterlichen Ruhezeit verursacht. Auch Störungen in der Nährstoffversorgung der Pflanzen führen zu diesen Erscheinungen.

Abfallen von Blütenknospen

Bei vielen Gattungen, besonders beim Weihnachtskaktus, fallen nicht selten die Blütenknospen ab, wenn die Pflanzen kurz vor oder während der Blütezeit einen ungünstigen Standort erhalten. Aber auch Trockenheit, Nährstoffmangel und starke Temperaturschwankungen vermögen zu solchen Schäden zu führen.

Unverträgliche Pflanzenschutzmittel

Bei der Anwendung verschiedener Pflanzenschutzpräparate hat es sich gezeigt, daß einige Sukkulenten empfindlich auf einzelne Mittel reagieren. So können bei jungen Kakteensämlingen Schädigungen durch wiederholte Anwendung von Parathion (z. B. »E 605«) auftreten. Grundsätzlich sollte man Mittel mit diesem Wirkstoff auch nicht bei *Crassula*-Arten anwenden; auch *Kalanchoe* und *Echeveria* sind gefährdet.
Diazinon-Präparate können die Wachsschicht der Planzen angreifen. Man vermeide daher bei Kakteen, besonders bei *Astrophytum* und Verwandten, Mittel wie »Basudin« oder »Exodin«. Wachsartig bereift sind auch einige Arten von *Cotyledon, Kalanchoe* und *Pachyphytum.*
Nicht geeignet ist »Metasystox« für den bekannten Christusdorn – *Euphorbia milii* – und einige *Crassula*-Arten. Mit Spritzbrühe benetzte Blätter von Christusdorn werden nach kurzer Zeit restlos abgeworfen.
Vor allem von Kakteen werden die verschiedenen Mineralöle, sogenannte »Sommeröle«, nicht vertragen. Diese Mittel werden mitunter zur Bekämpfung von Schildläusen an hartlaubigen Grünpflanzen eingesetzt.

Sicherer Erfolg bei richtiger Anwendung der Pflanzenschutzmittel

Pflanzenschutzmittel dürfen nicht in Kinderhände gelangen! Grundsätzlich bewahre man deshalb die Präparate stets unter Verschluß auf. Im übrigen beachte man alle Vorsichtsmaßnahmen, die auf den Packungen vermerkt sind.
Bei der Auswahl eines Pflanzenschutzmittels immer darauf sehen, ob das Mittel auch für die in Frage kommende Krankheit oder den speziellen Schädling geeignet ist. Es empfiehlt sich daher, nur solche Präparate zu verwenden, die geprüft und amtlich anerkannt sind. Die Packungen dieser Mittel weisen einen dreieckigen Aufdruck mit dem Anerkennungszeichen auf. Nur geprüfte, amtlich anerkannte Pflanzenschutz- und Schädlingsbekämpfungsmittel dürfen dieses Anerkennungszeichen tragen.

Die vielen heute angebotenen Präparate unterscheiden sich schon in den verschiedenen Anwendungsmöglichkeiten, weshalb kurz darauf eingegangen sei. Sachgemäße Anwendung ist für den Erfolg ausschlaggebend.

Gebrauchsfertige Lösungen

In immer größerem Umfang werden gebrauchsfertige Präparate in Sprühdosen angeboten. Sie sind zwar preislich etwas teurer, doch dafür ungemein praktisch und mühelos anzuwenden. Es findet dabei zusätzlich ein Treibgas Verwendung, womit ein feines Versprühen ermöglicht wird. Man sollte die Sprühdose aber unbedingt in einem Abstand von mindestens 30 cm von den Pflanzen entfernt halten, da eine Unterkühlung des Gewebes durch das Treibgas vermieden werden muß.

Spritzlösungen

Andere Präparate werden in Pulverform oder in konzentrierten Lösungen hergestellt, die genau nach den auf den Packungen vermerkten Anwendungsvorschriften in Wasser verdünnt als Spritzbrühen auszubringen sind. Eine exakte Dosierung ist nur bei Verwendung eines Meßglases oder einer Briefwaage möglich.
Für einen Liter Spritzbrühe sind bei nachfolgenden Konzentrationen jeweils an Mittelmengen erforderlich:

Konzentration in %	Mittelmenge in g bzw. ccm
0,035	0,35
0,05	0,5
0,1	1
0,2	2
0,5	5

Es empfiehlt sich, nur jeweils so viel Spritzbrühe anzurichten, wie für die einmalige Behandlung benötigt wird. Nicht verbrauchte Lösungen aufzubewahren ist zwecklos, da sich viele Präparate, in Wasser gelöst, schon nach relativ kurzer Zeit zersetzen und ihre Wirksamkeit einbüßen.
Die fertige Brühe wird zweckmäßig mit einem Handzerstäuber, der eine feine, gleichmäßige Verteilung gewährleistet, versprüht. Die Spritzlösung muß in alle Winkel und Verstecke der Schädlinge gelangen. Nur so erreicht man einen wirklich durchschlagenden Erfolg. Es wurde schon mehrmals erwähnt, daß die Behandlung in gewissen Zeitabständen einige Male zu wiederholen ist, damit nachträglich schlüpfende Jungtiere mit erfaßt werden, weil häufig die Eier der Schädlinge nicht gleich abgetötet werden. Darüber hinaus ist es ratsam, nicht allein die als befallen erkannte Pflanze zu behandeln, sondern den gesamten Pflanzenbestand einzubeziehen. Meist haben sich nämlich die Schädlinge bereits auf benachbarte Exemplare ausgebreitet, ohne daß es zu erkennen ist.
Kleinere, stark befallene Pflanzen können auch gleich in die Spritzbrühe getaucht werden, wodurch vor allem bei Wurzelläusen eine besonders intensive Wirkung erzielt wird. Systemische Präparate, wie etwa »Metasystox« und »Du Pont Benomyl«, die über die Pflanzenwurzeln aufgenommen werden, lassen sich vorzüglich im Gießverfahren verwenden. Hier übernimmt die Pflanze die gleichmäßige Verteilung, und das Mittel gelangt über die Leitungsbahnen bis in die äußersten Triebspitzen. Zur vorbeugenden Behandlung, aber auch zur direkten Bekämpfung, werden die Pflanzen einfach mit der üblich angerührten Lösung eindringlich gegossen. »Metasystox« bleibt im Pflanzengewebe einige Wochen wirksam, was zudem von besonderem Vorteil ist. Auf die Unverträglichkeit dieses Präparates bei einigen Pflanzenarten sei hingewiesen, um eventuelle Schädigungen zu vermeiden.

Monatlicher Arbeitskalender

Der monatliche Arbeitskalender soll dem Anfänger und dem noch wenig erfahrenen Sammler in kurzgefaßter Form während der einzelnen Monate die jeweils wichtigen Pflegemaßnahmen aufzeigen. Werden die hier aufgeführten Hinweise für die Pflege der Kakteen und anderer Sukkulenten beachtet, so können sich kaum Mißerfolge einstellen. Die richtig behandelten Pflanzen werden die aufgewandte Mühe durch gesundes Gedeihen und reichliches Blühen lohnen.

Januar

Ruhezeit beachten

Wie im Kapitel zur Überwinterung ausführlich dargelegt, ist jetzt die Einhaltung einer Ruhezeit unbedingt erforderlich, in der die Pflanzen, von wenigen Ausnahmen abgesehen, kühl (8 bis 12° C) und völlig trocken gehalten werden. Dies ist für die Blütenbildung bei *Chamaecereus, Lobivia, Mammillaria* und *Rebutia* sehr wichtig. Epiphytische Kakteen, z. B. *Epiphyllum* – meist als Phyllokaktus bekannt –, *Rhipsalis* und *Zygocactus* – Weihnachtskaktus –, verlangen 12 bis 15° C und gelegentliche Wassergaben. Hier sollte das Erdreich nie völlig austrocknen. Leicht gegossen werden in größeren Abständen nur die Blattsukkulenten, wie etwa *Crassula, Echeveria, Kalanchoe* und *Sedum*.
Allen Pflanzen jetzt viel Licht und, wenn möglich, volle Sonne bieten!

Gefahr von Schädlingen

Es empfiehlt sich, alle Pflanzen vorbeugend gegen Spinnmilben und Schmierläuse zu behandeln, da sich diese Schädlinge gerade in den Wintermonaten verstärkt ausbreiten und dann große Schäden verursachen.

Februar

Je nach Witterung und Stand erscheinen in diesen Wochen oft schon die ersten Blütenknospen an einzelnen Kakteenarten. Sie erhalten dann schon etwas Wasser. Ansonsten Ruhezeit wie im Vormonat beachten und gleiche Pflegemaßnahmen durchführen.
Bei entsprechender Zusatzbeheizung sind die ersten Kakteenaussaaten möglich. Günstigste Keimtemperatur liegt bei 20 bis 25° C. Samen vor der Aussaat unbedingt beizen.
Pflanzen jetzt genau etikettieren, mit Angabe von Gattung und Art. Am besten eignen sich Etiketten aus Kunststoff, die mit wetterfester Tusche oder einem Spezial-Schreibmaschinenband beschriftet werden.

März

Beginn der Verpflanzarbeiten

Größere Pflanzen werden nur alle paar Jahre in neues Substrat umgesetzt, Jungpflanzen dagegen jährlich. Unbedingt für guten Wasserabzug sorgen. Keine zu großen Töpfe. Kleine Pflanzen am besten in Schalen setzen.
Blattkakteen – früher als Phyllokaktus bezeichnet – erst nach der Blüte verpflanzen. Sie verlangen, wie Osterkaktus, Binsenkaktus und Weihnachtskaktus, eine lockere, humose Erdmischung mit reichlich feuchtem Torfmull. Nach dem Umsetzen sind die Pflanzen noch gut eine Woche trocken zu halten, ehe leicht mit dem Gießen begonnen wird.

Ende der Ruhezeit

Mit zunehmender Tageslänge und ansteigenden Temperaturen beginnen die Pflanzen mit neuem Wachstum. Je nach Witterung erhalten die Kakteen die ersten Wassergaben. Anfangs wird man sie leicht mit angewärmtem Wasser übersprühen und so zum Wachsen anregen, bis dann auch das Erdsubstrat mild feucht gehalten wird. Die Kakteen und auch die behaarten Sukkulenten sollten bis zum Abend wieder gut abgetrocknet sein.
Mit dem einsetzenden Wachstum bekommen die Pflanzen wieder mehr Wärme. Günstig sind Temperaturen von 18 bis 25° C. Bei mildem Wetter wird bereits über die Mittagsstunden gelüftet.

April

Umpflanzen beenden

Die im Vormonat begonnenen Verpflanzarbeiten beenden. Sämlinge vom Vorjahr werden jetzt pikiert und in flachen Schalen nicht zu weit gesetzt. Die jungen Pflanzen sollten vor zu starker Sonne geschützt und in den Mittagsstunden mit dünnem Seidenpapier überdeckt werden. Das Erdreich ist mild feucht zu halten.

Aussaaten

sind jetzt ohne zusätzliche Erwärmung auch am Fensterbrett möglich. Vor allem Mittagsblumen, Lebende Steine, Agaven und Crassula-Arten werden am besten jetzt gesät. Nach dem Auflaufen der Sämlinge muß die Glasscheibe bei all diesen Arten gleich von den Saatgefäßen entfernt und durch Seidenpapier ersetzt werden, damit die jungen Pflanzen kurz und gedrungen bleiben.

Vermehrung durch Stecklinge

ist nun bei Kakteen, Euphorbien, Dickblattgewächsen und ähnlichen möglich. Vermehrungsmaterial erst einige Tage an der Luft gut antrocknen lassen, ehe es abgesteckt wird. Vorteilhaft ist Bodenwärme von 20 bis 25° C.

Wieder reichlich gießen

Die Wassermengen werden mit weiterem Wachstum der Pflanzen erhöht, vor allem bei warmem Wetter ist reichlicher zu gießen. Die Blattkakteen erhalten nun wöchentlich 2 bis 3 Gramm Blumenvolldünger je Liter mit in das Gießwasser, damit die angesetzten Blütenknospen gut heranwachsen. Schwache Düngergaben erhalten auch Osterkakteen, Binsenkakteen und Weihnachtskakteen.

Mai

Die im Vormonat aufgeführten Arbeiten können noch weiter fortgesetzt werden. Dies gilt insbesondere auch für das Gießen und Düngen. Bei warmer Witterung ist wiederum reichlich zu lüften!

Ausräumen ins Freie möglich

Wer die Möglichkeit besitzt, seine Kakteen und andere Sukkulenten den Sommer über aus der Wohnung vor das Fenster, auf den Balkon oder gar in ein Frühbeet zu bringen, der wird über das gute Gedeihen und Blühen der Pflanzen nicht zu klagen haben. Selbstverständlich sollten dabei die meisten Arten Glasschutz von oben erhalten, damit die Pflanzen vor starken Regenfällen geschützt stehen.

Schattieren

ist jetzt, soweit bei den einzelnen Gattungen nicht aufgeführt, nur bei Sämlingen, Jungpflanzen und epiphytischen Kakteen erforderlich, vor allem bei starker Sonne in den Mittagsstunden. Auch Stecklinge schattig halten, bis sie Wurzeln gebildet haben.

Juni

Bei sonnigem Wetter werden die Pflanzen jetzt reichlich und je nach Wüchsigkeit wöchentlich mit 2 bis 3 Gramm je Liter eines Blumenvolldüngers gegossen. Wer eine größere Anzahl von Pflanzen besitzt, der verwende speziell für Kakteen geeignete Volldünger, die weniger Stickstoff, doch dafür mehr Phosphorsäure und Kali enthalten. Niemals bei trockenem Erdreich düngen, notfalls erst mit reinem Wasser vorgießen.

Pfropfungen

bei Kakteen und anderen Sukkulenten können gegen Ende des Monats durchgeführt werden, wenn sich die Unterlagen gut im Wuchs befinden. Zum sicheren Anwachsen ist warmes Wetter wichtig.

Echinocereen

sollen jetzt unbedingt ins Freie gebracht werden, wo sie an einem warmen und sonnigen Platz bis zum Herbst verbleiben können. Weitere Pflegearbeiten, wie im Vormonat erwähnt, sind fortzuführen. Dies gilt insbesondere für das Schattieren von empfindlichen Arten.

Juli

Bei hochsommerlichen Temperaturen und reichlichen Wassergaben werden sich die Pflanzen nun prächtig entwickeln. Gießen und düngen wie im Vormonat aufgezeigt. Wichtig ist reichlich Lüften, damit sich die Kakteen kräftig bestacheln. Pfropfungen können weiter durchgeführt werden. Weihnachtskaktus schließt gegen Ende des Monats sein Wachstum ab. Das Gießen leicht einschränken, ohne die Erde völlig austrocknen zu lassen. Doch sollte man die Pflanze jetzt nicht mehr düngen! Strauchige Mittagsblumen, Echeverien, unempfindliche Crassula- und Sedum-Arten, verschiedene Aloen und Agaven können ohne Glasschutz im Freien stehen, wo sie sich bei sonnigem Stand prächtig ausfärben.

August

Sommerliche Pflegemaßnahmen, wie Gießen, Düngen und Schattieren fortführen. Noch sind Pfropfungen möglich. Seitlich erscheinende Triebe an den Unterlagen rechtzeitig entfernen. Sie können zur Vermehrung dienen.

Stecklinge

von Kakteen, Mittagsblumen, Dickblattgewächsen u.a. sind in diesem Monat noch zu schneiden.

Ruhezeit bei Weihnachtskaktus

genau beachten, jetzt keinesfalls düngen und nur mehr wenig gießen. Pflanze dafür bei heißem Wetter häufiger übersprühen.
Samenernte ist nun bei vielen Kakteen und anderen Sukkulenten möglich. Wichtig ist jedoch, daß die Früchte gut ausreifen und nicht zu früh abgenommen werden. Samen luftig und trocken aufbewahren. Genau beschriften, um welche Arten es sich handelt.

September

Gießen und Düngen

bei allen Pflanzen langsam einschränken, damit sie das Wachstum abschließen und die Triebe rechtzeitig ausreifen. Gegen Mitte des Monats das Düngen ganz einstellen.

Viel Frischluft

ist jetzt besonders wichtig. Wo die Pflanzen im Freien stehen, sollte man bei trockener Witterung nachts unbedingt die Frühbeetfenster und Abdeckungen ganz entfernen. Die nächtliche Taubildung bringt eine enorm kräftige Bestachelung bei den Kakteen.

Aussaaten

von vielen südamerikanischen Kakteenarten wie *Oreocereus* und *Rebutia* können nun erfolgreich durchgeführt werden.

Oktober

Gut abhärten

Pflanzen noch möglichst lange im Freien lassen, damit sie gut abgehärtet werden. Leichte Fröste schaden Echinocereen in keiner Weise. Auch bei Zimmerpflege die Wassergaben immer mehr beschränken und nur mehr bei sehr warmer Witterung ganz wenig gießen. Auch die Bestachelung wird sich kräftig ausfärben.

Volle Sonne

wird nun allen Arten geboten, damit die Pflanzen im nächsten Jahr besonders reich blühen.

Auf Schädlinge achten

Ehe die Pflanzen ins Winterquartier eingeräumt werden, behandelt man sie vorsorglich gegen tierische Schädlinge, wie Schmierläuse und Spinnmilben.

November

Viel Luft und Sonne

sollte man nun seinen Pflanzen bieten. Mit Ausnahme der feuchtigkeitsliebenden Kakteenarten, wie *Epiphyllum*, *Rhipsalis* und ähnlichen, sowie der verschiedensten Blattsukkulenten sollten wir alle anderen Pflanzen nun vollkommen trocken halten.

Kühle Überwinterung

wäre für die Kakteen und die vielen anderen Sukkulenten besonders günstig. Am besten sind Temperaturen von 8 bis 12° C. Nur die oben aufgeführten epiphytischen Kakteen sollten bei 12 bis 15° C gehalten werden, wobei tagsüber höhere Wärme nicht schadet.

Knospenansatz bei Weihnachtskaktus

erfolgt bereits in diesen Wochen. Jetzt wird diese Pflanze wieder reichlicher gegossen und in wöchentlichen Abständen leicht gedüngt. 2 bis 3 g Dünger je Liter Gießwasser reichen völlig aus. Vor allem sollte man darauf achten, die mit kleinen Knospen versehenen Pflanzen nicht zu verstellen.

Dezember

Vollkommene Winterruhe

für alle Pflanzen! Ausnahmen machen nur der blühende Weihnachtskaktus sowie andere epiphytische Arten. Seine Blüten bleiben bei kühlerem Stand in ungeheiztem Raum viel länger frisch.

Pflanzen kühl halten

Wie bereits im Vormonat erwähnt, sollen die meisten Kakteen und auch die anderen Sukkulenten unbedingt kühl gehalten werden. Genaue Temperaturangaben sind unter Januar und November zu finden.

Geerntete Samen

werden sorgfältig aus den fleischigen Beeren herausgelöst. Wichtig ist dabei, daß zur Vermeidung von Pilzkrankheiten keine Fruchtreste an den Samenkörnern haften bleiben. Trockene Fruchthüllen lassen sich absieben. Damit die Keimfähigkeit lange erhalten bleibt, werden die sauber gereinigten Samen in Papiertütchen trocken und kühl aufbewahrt.

Weitere Pflegemaßnahmen

wie Gießen und Schädlingsbekämpfung wie im Januar ausführlich erläutert durchführen.

System der Familie Cactaceae

Damit sich vor allem der Anfänger eine Übersicht über die ansonsten verwirrende Vielfalt der zahlreichen Kakteen verschaffen kann, sei nachfolgend das auf stammesgeschichtlicher Grundlage beruhende System der Gattungsübersicht nach Prof. Dr. Franz Buxbaum, einem international berühmten Kakteenforscher und Systematiker, dargestellt. Aber auch der botanisch interessierte Liebhaber und Sammler von Kakteen vermag beim Studium dieses Systems die häufig nahe Verwandtschaft der einzelnen Kakteengattungen leicht und verständlich ersehen.

Familie Cactaceae Lindl.

Subfamilie Pereskioideae K. Schum.

Pereskia Mill.
Maihuenia Phil.

Subfamilie Opuntioideae K. Schum.

Quiabentia Britt. & R.
Pereskiopsis Br. & R.
Tacinga Br. & R.
Pterocactus K. Schum.
Maihueniopsis Speg.
Opuntia Mill.
(incl. *Austrocylindropuntia* Backbg.
Consolea Lem.
Corynopuntia Knuth
Cylindropuntia Backbg.
Micropuntia Dast.
Nopalea SD.
Tephrocatus Lem.
Marenopuntia Backbg.)
Brasiliopuntia (K. Schum.) Berg.
Grusonia F. Reichenb.

Subfamilie Cereoideae K. Schum.

Tribus I. Leptocereae F. Buxb.

Armatocereus Backbg.
Corryocactus Br. & R.
Erdisia Br. & R.
Eulychnia Phil.
Leocereus (Berg.) Br. & R.
Leptocereus (Berg.) Br. & R.
Neoabbottia Br. & R.
Neoraimondia Br. & R. (incl. *Neocardenasia* Backbg.)
Samaipaticereus Card.
Zehntnerella Br. & R.

Tribus II. Hylocereae F. Buxb.

Subtribus Nyctocereinae F. Buxb.

Linea Nyctocerei F. Buxb.
Nyctocereus (Berg) Br. & R.
Brachycereus Br. & R.
Peniocereus (Berg.) Br. & R.

Linea Acanthocerei F. Buxb.
Acanthocereus (Berg.) Br. & R.
Dendrocereus Br. & R.

Linea Harrisiae B. Buxb.
Harrisia Br. & R.
Eriocereus (Berg.) Ricc.

Linea Heliocerei F. Buxb.
Heliocereus (Berg.) Br. & R.
Aporocactus Lem.

Subtribus Hylocereinae Br. & R. emend. F. Buxb.

A. *Selenicereus* (Berg.) Br. & R.
Cryptocereus Alex.
Deamia Br. & R.
Strophocactus Br. & R.

B. *Mediocactus* Br. & R.
Willmattea Br. & R.
Hylocereus (Berg.) Br. & R.

C. *Werckleocereus* Br. & R.
Weberocereus Br. & R.
Eccremocactus Br. & R.

Subtribus Epiphyllinae Br. & R. emend. F. Buxb.

Epiphyllum Haw. (incl. *Marniera* Backbg.)

Subtribus Disocactinae F. Buxb.

Nopalxochia Br. & R.
Chiapasia Br. & R.
Disocactus Lindl.
Pseudorhipsalis Br. & R.
Wittia K. Schum.

Subtribus Rhipsalinae Br. & R. emend. F. Buxb.

Linea Pfeifferae F. Buxb.
Pfeiffera SD.
Acanthorhipsalis (K. Schum.) Br. & R.

Linea Schlumbergerae F. Buxb.
Erythrorhipsalis Berg.
Hatiora Br. & R. (incl. *Pseudozygocactus* Backbg.)
Rhipsalidopsis Br. & R. (incl. *Epiphyllopsis* Berg.)
Schlumbergera Lem.
Zygocactus K. Schum. (incl. *Epiphyllanthus* Berg.)

Linea Rhipsales F. Buxb.
Rhipsalis Gaertn.
Lepismium Pfeiff.

Tribus III. Pachycereae F. Buxb.

Pachycereus (Berg.) Br. & R.
Lemaireocereus Br. & R.
(incl. *Hertrichocereus* Backbg.
Isolatocereus Backbg.
Marginatocereus (Backbg.) Backbg.
Polaskia Backbg.
Ritterocereus Backbg.
Stenocereus (Berg.) Ricc.)
Neobuxbaumia Backbg. emend. Daws & F. Buxb.
Carnegiea Br. & R.
Mitrocereus Backbg. (incl. *Backebergia* Bravo)
Cephalocereus Pfeiff.
(incl. *Haseltonia* Backbg.
Pilosocereus Byles & Rowl.
(= *Pilocereus* K. Schum.) pro parte)
Wahrscheinlich hierher auch:
Anisocereus Backbg.
Escontria Br. & R.

Tribus IV. Cereae *Arrojadoa* Br. & R. emend. F. Buxb.

Br. & R. non Mattf.
Austrocephalocereus (Backbg.) Backbg.
(incl. *Coleocephalocereus* Backbg.)
Browningia Br. & R. (incl. *Gymnanthocereus* Backbg.)
Cereus Mill.
(incl. *Monvillea* Br. & R.
Brasilicereus Backbg.
Subpilocereus Backbg.)
Jasminocereus Br. & R.
Stephanocereus Berg.
Stetsonia Br. & R.
Lophocereus (Berg.) Br. & R.
Myrtillocactus Cons.

Tribus V. Trichocereae F. Buxb.

Subtribus Trichocereinae F. Buxb.

Trichocereus (Berg.) Br. & R.
(incl. *Helianthocereus* Backbg.
Leucostele Backbg.
Roseocereus Backbg.)
Weberbauerocereus Backbg.
Echinopsis Zucc. (incl. *Pseudolobivia* [Backbg.] Backbg.)
Haageocereus Backbg.
(incl. *Neobinghamia* Backbg.
Peruvocereus Akers.)
Arthrocereus Berg (incl. *Setiechinopsis* Backbg.)
Espostoa Br. & R.
(incl. *Facheiroa* Br. & R.
Pseudoespostoa Backbg.
Thrixanthocereus Backbg.
Vatricania Backbg.)
Soehrensia Backbg.
Acanthocalycium Backbg.

Subtribus Rebutinae Donald emend. F. Buxb.

Lobivia Br. & R.
(incl. *Acantholobivia* Backbg.
Hymenorebutia Frič ex Buining)
Sulcorebutia Backbg.
Rebutia K. Schum.
(incl. *Aylostera* Speg.
Cylindrorebutia Frič & Kreuz.
Digitorebutia Frič & Kreuz. ex Buin.

Mediolobivia Backbg.
Pygmaeolobivia Backbg.)
Chamaecereus Br. & R.
Mila Br. & R.

Subtribus Borzicactinae F. Buxb.

Loxanthocereus Backbg. (incl. *Maritimocereus* Ak. & Buin.)
Borzicactus Ricc.
(incl. *Bolivicereus* Card.
Clistanthocereus Backbg.)
Denmoza Br. & R.
Cleistocactus Lem.
Seticereus Backbg.
Oreocereus (Berg.) Ricc.
Morawetzia Backbg.
Arequipa Br. & R.
Matucana Br. & R.
Oroya Br. & R.

Tribus VI. Notocacteae F. Buxb.

A. *Eriosyce* Phil.

B. *Austrocactus* Br. & R.
Notocactus (K. Schum.) Berg.
(incl. *Brasilicactus* Backbg.
? *Eriocactus* Backbg.)
Islaya Backbg.

C. *Parodia* Speg.
Frailea Br. & R.
Astrophytum Lem.
Blossfeldia Werdm.

D. *Malacocarpus* SC. non Fisch & Mey.
Melocactus Link & Otto

E. *Neoporteria* Br. & R.
(incl. *Neochilenia* Backbg.
Horridocactus Backbg.
Pyrrhocactus Berg.)
Copiapoa Br. & R.

F. *Gymnocalycium* Pfeiff.
(incl. *Brachycalycium* Backbg.
Weingartia Werdm.)
Neowerdermannia Backbg.
Discocactus Pfeiff.

Tribus VII. Echinocereae (Br. & R.) F. Buxb.

A. *Bergerocactus* Br. & R.
Machaerocereus Br. & R.
Rathbunia Br. & R.

B. *Wilcoxia* Br. & R. (incl. *Cullmannia* Dist.)

C. *Echinocereus* Eng.

Tribus VIII. Echinocacteae K. Schum. emend. F. Buxb.

Subtribus Echinocactinae Br. & R. emend. F. Buxb.

Echinocactus Link & Otto
Homalocephala Br. & R.

Subtribus Thelocactinae F. Buxb.

Linea Thelocacti F. Buxb.
Sclerocactus Br. & R.
Pediocactus Br. & R.
Utahia Br. & R.
Ancistrocactus (K. Schum) Br. & R.
Hamatocactus Br. & R. (incl. *Glandulicactus* Backbg.)
Oehmea F. Buxb.
Cumarinia (Knuth) F. Buxb.
Echinomastus Br. & R.
Thelocactus (K. Schum.) Br. & R.
Neolloydia Br. & R. (incl. *Gymnocactus* Backbg.)
Rapicactus F. Buxb. & Oehme
Mammilloydia F. Buxb.

Linea Strombocacti F. Buxb.
Toumeya Br. & R.
(incl. *Turbinicarpus* F. Buxb. & Backbg. Navajoa Croiz.)
Lophophora Coult.
Strombocactus Br. & R. emend. F. Buxb.
Aztekium Böd.
Leuchtenbergia Hook.
Obregonia Fric & Berg
Encephalocarpus Berg.
Ariocarpus Scheidw. (incl. *Roseocactus* Berg.)
Neogomesia Castan.
Epithelantha Web. ex Br. & R.
Pelecyphora Ehrenb.

Subtribus Ferocactinae F. Buxb.

Linea Ferocacti F. Buxb.
Ferocactus Br. & R.
Echinofossulocactus Lawr.
Coloradoa Boissev. & C. Davids.

Linea Neobesseyae F. Buxb.
Escobaria Br. & R. emend. F. Buxb. (incl. *Escobesseya* Hest.)
Leptocladodia F. Buxb.
Mamillopsis Weg.
Neobesseya Br. & R.
Dolichothele (K. Schum.) Br. & R. emend. Werd. & F. Buxb.
Pseudomammillaria F. Buxb.
Mammillaria Haw. non Stackh.*
(incl. *Bartschella* Br. & R.
Chilita Orc. emend. F. Buxb.
Phellosperma Br. & R.
Krainzia Backbg.
Porfiria Böd.
Solisia Br. & R.)
Cochemia (K. Brand.) Walt.

Subtribus Coryphanthinae Br. & R. emend. F. Buxb.

Coryphanta (Engelm.) Lem. (incl. *Lepidocoryphantha* Backbg.)

Unzureichend beschriebene Gattungen, deren Stellung im System noch nicht bekannt ist:
Azureocereus Akers & Johns.
Castellanosia Card.
Micranthocereus Backbg.
Neodawsonia Backbg.

* Die Gattung *Mammillaria* ist nach Ansicht von F. Buxbaum noch nicht monophyletisch, denn manche Arten seien unstrittig Abkömmlinge der Subtribus Coryphanthinae. Zur Trennung von diesen beiden Gruppen sind noch umfangreiche Untersuchungen erforderlich, die noch lange nicht abgeschlossen sind. Aus diesem Grund blieb die Gattung *Mammillaria* vorläufig im alten Sinn erhalten.

Kakteen

Die wichtigsten Gattungen und Arten
für den Sammler

Eine Gruppe besonders reichblühender Kakteen
aus verschiedenen Gattungen ▷

△ *Acanthocalycium violaceum* (Werd.) Backbg.

▽ *Acanthorhipsalis monacantha* (Griseb.) Br. & R.

▽ *Ancistrocactus scheeri* (SD.) Br. & R.

Acanthocalycium Backbg.

Kugelförmiger Körper, trichterige Blüten, Röhren- und Fruchtknotenschuppen oben zu Stacheln umgewandelt, im Blütenröhrengrund ein wolliger Ring. Rund 10 Arten. Heimat: Nördl. Argentinien.

A. klimpelianum (Weidl. & Werd.) Backbg. Flachrunder Körper, gelbbraunfilzige Areolen, 2–3 Mittelstacheln, unterste, längste abwärts gerichtet, Blüten 3–4 cm, weiß.

A. spiniflorum (K. Sch.) Backbg. Kugeliger bis verlängerter Körper, bis 20 und mehr scharfkantige Rippen, kaum erkennbarer Mittelstachel, Blüten 4 cm, rosa.

A. violaceum (Werd.) Backbg. Ca. 15 Rippen, Areolen weiß, Blüten bis 7,5 cm lang, blaß fliederfarben, (Abb.).

Acanthorhipsalis (K. Sch.) Br. & R.

Ähnlich Rhipsalis, doch mit deutlich bestachelten Trieben, Blüten 15–25 mm groß, etwa 5 Arten aus Bolivien und Peru, epiphytisch wachsend.

A. monacantha (Griseb.) Br. & R. Triebe 2–3 cm breit, flach oder dreikantig, Blüten orangerot; var. *samaipatana* (Card.) Backbg., Frucht ohne Schuppen, (Abb.).

Ancistrocactus Br. & R.

Kugelige bis verlängerte Pflanzen, die Rippen mehr oder weniger stark in Höcker geteilt, ein Mittelstachel stets gehakt, Blüten meist klein. Etwa 4 Arten. Heimat: USA (Texas) und Nordmexiko. Mineralische Substrate!

A. brevihamatus (Eng.) Br. & R. Körper kugelig bis eiförmig, bis 10 cm hoch, meist 13 Rippen, 12 bis 14 Randst., 4 Mittelst., der unterste bis 4 cm lang, Blüten blaßrosa, 2 cm ∅.

A. scheerii (SD.) Br. & R. Über 10 cm hoch, 15–18 Randst., weiß bis strohfarben, gespreizt, 3–4 Mittelst., 2–5 cm lang, Blüten 2,5 cm lang, grünlichgelb, (Abb.).

Aporocactus (Lem.)

Meist hängend oder kriechend wachsende Epiphyten mit langen, schlanken Trieben. Die Pflanzen eignen sich vorzüglich für Ampeln und sollten den Sommer über im Freien an einem geschützten, halbschattigen Platz gehalten werden. Bevorzugt wird eine leicht humose Erdmischung. Nach heller, kühler Überwinterung erscheinen schon im zeitigen Frühjahr die herrlichen Blüten. Auf Spinnmilbenbefall achten! Bekannt sind 5 Arten, alle in Mexiko beheimatet.

A. conzattii Br. & R. Mit 8–10 Rippen, niedrig gehöckert, ziegelrote Blüten bis 9 cm lang.

A. flagelliformis (L.) Lem. 10–12 Rippen, kaum gehöckert, violettrote Blüten, 7–8 cm lang, die Sepalen zurückrollend, (Abb.). Eine Kreuzung ist × *Cereus smithii*, auch als × *A. mallisonii* bezeichnet, (Abb.).

A. flagriformis (Zucc.) Lem. Unterscheidet sich von vorigem durch 11 Rippen, 6–8 Randstacheln und bis 10 cm lange, dunkelviolette Blüten, rote Staubfäden aus der Blüte herausragend.

A. leptophis (DC.) Br. & R. Gelbliche Stacheln, 8 Rippen, schmale Blütenblätter, Blüten leicht abgebogen, rot.

A. martianus (Zucc.) Br. & R. Kräftigere Triebe mit 8 Rippen, Areolen ca. 12 mm entfernt, 6–8 borstige Stacheln, tiefrosa Blüten bis 10 cm lang.

Arequipa Br. & R.

Erst kugelige, später längliche, bis halbsäulige, oft auch niederliegende Pflanzen. Starke Bestachelung und langröhrige, schrägsaumige Blüten, die eine Behaarung aufweisen. Rund 8 Arten. Heimat: Chile, Peru.

A. hempeliana (Gürke) Oehme Körper länglich, graugrün, 14–20 Rippen, 8–12 bernsteingelbe Randst., bis 3 cm lang, 3–4 Mittelst., dunkelbraune Spitze, bis 5 cm lang, Blüten zinnoberrot, (Abb.).

△ *Aporocactus flagelliformis* (L.) Lem.

▽ *Aporocactus* × *mallisonii* Hort.

▽ *Arequipa hempeliana* (Gürke) Oehme

Ariocarpus agavoides (Cast.) E.F. Anders.

Ariocarpus (Scheidw.)

Breitrunde Pflanzen mit starken Rübenwurzeln, tief im Boden sitzend, statt Rippen nur spiralig stehende Warzenhöcker, herrlich große Blüten aus stark wolligen Axillen. Hier seien die früher zur Untergattung *Roseocactus* gestellten Arten wie *A. fissuratus*, *A. lloydii* und *A. kotschoubeyanus* mit erwähnt. Kultur in mineralischem Substrat, warmer und vollsonniger Sommerstand, mäßig gießen, absolut trockene Winterruhe. Heimat: USA (SW-Texas), Mexiko.

A. agavoides (Castaneda) E.F. Anderson (syn. *Neogomesia agavoides* Castaneda) Warzen bis 4 cm lang, ca. 6 mm breit, nach oben langsam verjüngend, Areole bis ca. 1 cm ∅, Blüten bis 5 cm lang, intensiv rosa, (Abb.).

A. fissuratus (Eng.) K.Sch. Warzen mit stark querzerfurchter Oberfläche, längs der Ränder durchgehende Furchen und Leisten, herrliche Blüten bis 4 cm, rosarot mit dunkler Mitte.

A. furfuraceus (Wats.) Thomps. Breitgedrückte Warzen mit schwieliger Oberfläche, ausgezogene Spitze, Blüten weiß, bis 5 cm.

A. kotschoubeyanus (Lem.) Berg. Warzen ohne Leisten, dreieckig mit durchgehender wolliger Furche, Blüten rosa bis hellpurpur, dazu var. *albiflorus* Backbg. mit reinweißer Blüte, (Abb.).

A. lloydii Rose Warzen rhombisch, ohne Leisten, nur halbdurchlaufende Furche, purpurrote Blüten.

A. retusus Scheidw. Scharf dreikantige Warzen, spitz zulaufend, nur winzige Areolen, blaßrosa Blüten.

A. scapharostrus Böd. Schräg aufrechtstehende Warzen, dreieckig, bis 5 cm lang, oberseits glatt und flach, unten mit Kiel, violettrosa Blüten bis 4 cm.

A. trigonus (Web.) K.Sch. Längliche Warzen, spitzig verjüngt, schwach dreikantig, unten kielig, Blüten bis 5 cm, gelblich, (Abb.).

Arrojadoa Br. & R.

Schlanktriebige, zum Teil kriechende Pflanzen mit pinselartigem Scheitelkopf aus Borsten. Daraus erscheinen die rötlichen, nächtlichen Blüten. Kugelige, beerenartige Früchte. Nur 2 Arten bekannt. Heimat: Brasilien. Kultur am besten gepfropft. Im Winter nicht zu kühl!

A. penicillata (Gürke) Br. & R. Bis 2 m hoch, anlehnend-strauchig, Triebe gegliedert, aus den Schöpfen weiterwachsend, zum Schopf hin verdickt, 10–12 zierliche Rippen, 8–12 kurze Randst., anliegend, 1–2 kräftige Mittelst., bis 3 cm lang., rötliche Blüten, nachts breiter öffnend, (Abb.).

△ *Ariocarpus kotschoubeyanus* (Lem.) Berg. var. *albiflorus* Backbg.

△ *Ariocarpus trigonus* (Web.) K. Sch.

▽ *Arrojadoa penicillata* (Gürke) Br. & R.

Astrophytum myriostigma Lem.

Astrophytum (Lem.)

Verschieden gestaltete Pflanzen, zum Teil kantige Rippen und stark bestachelt, Körper mit winzigen Flöckchen bedeckt, gelbliche, große Blüten, die einige Tage geöffnet bleiben. Insgesamt 6 Arten von USA (Texas) bis Mexiko beheimatet. Beliebte Pflanzen, als »Bischofsmützen« bekannt. Bevorzugen mineralische Substrate, wo sie leicht wachsen, blühen viele Wochen den Sommer hindurch. Im Winter völlig trocken halten! Zahlreiche Hybriden.

A. asterias (Zucc.) Lem. Flacher Körper ohne Stacheln, dickfilzige Areolen mit verstreuten Wollflöckchen, seidig glänzende Blüten, gelb mit rotem Schlund, (Abb.).

A. capricorne (Dietr.) Br. & R. Kugeliger bis gestreckter, kräftig grüner Körper, ca. 9 scharfkantige Rippen, bis 7 cm lange, gebogene Stacheln, einige Varietäten, (Abb.).

A. coahuilense (Möll.) Kays. Wenig kantig, dicht weißflockig, meist 5 Rippen, schwefelgelbe Blüten mit oranger Mitte.

A. myriostigma Lem. Kugeliger bis gestreckter Körper, stachellos, gelbe Blüten, bis 6 cm groß, Sepalen schwarz gespitzt, (Abb.). Dazu folgende Varietäten: v. *columnare* (K. Sch.) Tsuda, länglicher Körper, kleine blaßgelbe Blüten, subv. *glabrum* Backbg. reingrün, scharfkantig; v. *potosinum* (Möll.) Krzgr. mit grünlichem Körper und blaßgelber Blüte, dazu subv. *tulense* (Kays.) Backbg. mit weißerem Körper, blaßgelbe Blüten, nach innen rötlich; v. *quadricostatum* (Möll.) Baum, mit nur 4 Rippen; v. *strongylogonum* Backbg. weist gerundete Rippen und weniger scharfe Kanten auf, große, hellgelbe Blüten, dazu subv. *nudum* (R. Mey.) Backbg. reingrün ohne Wollflöckchen, (Abb.).

A. ornatum (DC.) Web. Anfangs kugelig, später säulig bis 1,5 m hoch, 8 Rippen, 5–11 Stacheln bis 3 cm lang, Blüten 7–9 cm breit, hellgelb; var. *mirbelii* (Lem.) Ok. besitzt goldgelbe Stacheln und stärkere Beflockung; dazu subvar. *glabrescens* (Web.) Backbg., dunkelgrün mit geringer oder fehlender Flöckchenbildung, (Abb.).

△ *Astrophytum capricorne* (Dietr.) Br. & R.

△ *Astrophytum myriostigma* Lem. var. *strongylogonum* Backbg. subv. *nudum* (R. Mey.) Backbg.

Rechts unten:
Astrophytum ornatum (DC.) Web. var. *mirbelii* (Lem.) Ok. subv. *glabrescens* (Web.) Backbg.

▽ *Astrophytum asterias* (Zucc.) Lem.

△ *Austrocephalocereus dybowskii* (Goss.) Backbg.

△ *Austrocylindropuntia salmiana* var. *albiflora* (K. Sch.) Backbg.

▽ *Austrocylindropuntia vestita* (SD.) Backbg. ›Cristata‹

A. senile Frič Mit 8 scharfkantigen Rippen, unbeflockt, von 15–20 weichen Stacheln dicht eingehüllt; dazu var. *aureum* (Möll.) Backbg. gold- bis strohgelbe Stacheln, mitunter leicht beflockt.

Austrocephalocereus Backbg.

Säulenkakteen von mehreren Metern Höhe. Besonders typisch ist echtes Cephalium, das seitlich erscheint, dazu kahle Blüten. Verschiedene Arten durchwegs in Nordostbrasilien beheimatet. Besonders prächtig ist davon:

A. dybowskii (Goss.) Backbg. Triebe dicht von weichen, weißen Haaren umsponnen, dazu 2–3 gelblich-braune Mittelstacheln, bis 3 cm lang, (Abb.).

Austrocylindropuntia Backbg.

Zylindrische Opuntiaarten Südamerikas, Stachelscheiden fehlen, zum Teil prächtig behaart, die kleineren Arten für Sammlungen gut geeignet. Neuerdings zu *Opuntia* einbezogen.

A. clavarioides (Pfeiff.) Backbg. Geweihartig verzweigt, im Volksmund als »Negerhand« bezeichnet, Körper bräunlich, bis 10 winzige Stacheln. Wächst am besten gepfropft!

A. cylindrica (Lamarck) Backbg. Areolen weiß, eingesenkt, 2–3 kurze Stacheln.

A. pachypus (K. Sch.) Backbg. Triebe symmetrisch gehöckert, 30–40 Stacheln, bis 2 cm lang, Glochiden gelb.

A. salmiana (Parm.) Backbg. Stielrunde Triebe bis 15 mm ∅, höckerlos, meist rötlich überlaufen, Stacheln fehlend oder bis 15 mm lang, Blüten blaßgelb; var. *albiflora* (K. Sch.) Backbg. mit laubgrünen Trieben und weißen Blüten, 2 cm ∅, (Abb.); var. *spegazzinii* (Web.) Backbg., Triebe bläulichgrün, dazu gelbe Blüten.

Azurocereus hertlingianus (Backbg.) Backbg.

A. subulata (Mühlpfrdt.) Backbg. Stämme bis 10 cm stark, flach gefelderte Höcker, Blätter bis über 12 cm lang, später abfallend.

A. teres (Cels) Backbg. Niedrige Klumpen, Glieder lösen sich leicht ab, kurzfilzige Areolen.

A. verschaffeltii (Cels) Backbg. Niedrig, dichte Klumpen, borstenweiche Stacheln.

A. vestita (SD.) Backbg. In Kultur zylindrische Triebe, dicht weiß behaart, darin borstige Stacheln verborgen, (Abb.).

Azureocereus Ak. & Johns.

Baumartige Pflanzen, steil aufragende Äste, nächtliche Blüten mit schrägem Saum und stark beschuppter Röhre. Neuerdings mit der Gattung *Browningia* vereinigt. Heimat: Peru.

A. hertlingianus (Backbg.) Backbg. Triebe leuchtend blau gefärbt, bis 18 Rippen, hökkerartig verdickt, meist 4 Randstacheln, dazu 1–3 längere, bis 8 cm lang, gelb mit braunen Spitzen, (Abb.).

△ *Aztekium ritteri* (Böd.) Böd.

△ *Bartschella schumannii* (Hildm.) Br. & R.

▽ *Blossfeldia liliputana* Werd.

Aztekium Böd.

Die Gattung besteht aus nur einer bekannten Art. Heimat: Mexiko (Nuevo León). Kultur in rein mineralischem Substrat, sehr sonnig und warm, im Winter absolut trocken, ansonsten gepfropft.

A. ritteri (Böd.) Böd. Breitrunde, graugrüne Körper, 9–11 Hauptrippen, dazwischen eingefügte Nebenrippen, dichtfaltige Oberfläche, wolliger Scheitel, zierliche, weiße Blüten, ca. 8 mm ∅, eigenartig gestielt, Sepalen oben rosa gefärbt, (Abb.).

Bartschella Br. & R.

Kleinkugelige Pflanzen mit breitrunden Warzen, nur 1 Art aus Mexiko (Niederkalifornien). In der Pflege schwierig, im Sommer nur mäßig gießen, mineralisches Substrat. Wird neuerdings als Untergattung von *Mammillaria* geführt!

B. schumannii (Hildm.) Br. & R. Leicht sprossend, spiralig stehende Warzen mit anfangs weißwolligen Areolen, 9–15 Randstacheln, 1–2 Mittelstacheln, der unterste gehakt, alle weiß mit schwarzen Spitzen, Blüten bis 4 cm groß, hellpurpur, (Abb.).

Blossfeldia Werd.

Zählen zu den kleinsten Kakteen, Pflanzen unter 1 cm blühen bereits, Stacheln und Rippen fehlen, nur winzige Areolenpolster, zierliche Blüten, etwa 6 Arten. Heimat: Argentinien, Bolivien.

B. atroviridis Ritt. Dunkelgrüner Körper, Areolen stärker eingedrückt.

B. campaniflora Backbg. Körper graugrün, Blüten glockig-trichterig.

B. liliputana Werd. Graugrün, Blüten winzig gestielt, Petalen weiß durchscheinend, locker ausgebreitet, (Abb.).

B. pedicellata Ritt. Körper oben abgeflacht, Blüten 12–14 mm lang, Petalen bis 8 mm.

Bolivicereus samaipatanus Card.

Bolivicereus Card.

Schlanke, aufrechte bis niederliegende Säulen, meist kurz bestachelt. Heimat: Bolivien, Nordperu. Leichtwachsend, empfehlenswert! Gattung jetzt bei *Borzicactus*.

B. samaipatanus Card. Aufrecht wachsend, leicht sprossend, bis 1,5 m, Triebe bis 4 cm stark, 14–16 Rippen, bräunliche Areolen, 13–22 Stacheln, dünn gelblichbraun, Blüten bis 4 cm lang, gekrümmt, blutrot, herrlicher Tagblüher! (Abb.)

Borzicactus Ricc.

Mäßig schlanke Säulen, aufrecht, nur bis ca. 150 cm Höhe, derbe Blütenröhren mit schrägem Saum und enger Öffnung. Zahlreiche Gattungen werden neuerdings eingezogen und deren Arten zu *Borzicactus* gestellt. Heimat: Südamerika.

B. morleyanus Br. & R. Körper aufrecht, teils niedergebogen, Triebe ca. 6 cm ∅, 13–16 Rippen, Blüten bis 6 cm lang, karminrot und starkwollig.

Buiningia brevicylindrica Buin.

Buiningia purpurea Buin. & Brederoo

Brasiliopuntia (K. Sch.) Berg.

Opuntienartige Pflanzen mit blattartigen, flachen Gliedern, in Sammlungen beliebt, leicht wachsend und auch blühend, 4 Arten. Heimat: Südamerika.

B. brasiliensis (Willd.) Berg In der Heimat bis 4 m hoch, dünne Glieder, bis 15 cm lang und 6 cm breit, 1–2 Stacheln, ca. 15 mm lang, Blüten bis 5 cm lang, gelb.

Buiningia Buxbaum

Schlanke, teils halbliegende, aus der Basis reich sprossende Säulen. Zunächst auch halbkugelig und erst später, nach Cephaliumbildung, kurz, dick säulenförmig. Die Blüten erscheinen aus einem echten, einseitigen Cephalium. Die Cephalium-Areolen tragen dichte Wolle und dünne, aber lange Borstenstacheln. Hierher gehören auch die Arten der früheren Gattung *Coleocephalocereus* Backbg. Heimat: Brasilien.
Kultur in mineralischen Substraten mit saurer Reaktion. Im Winter wie alle Brasilianer nicht unter 10°C. Interessante und leicht blühende Pflanzen!

B. brevicylindrica Buining Körper erst kugelig, später kurzzylindrisch, am Grunde sprossend, bis 18 Rippen, senkrecht verlaufend, 7 Randst. bis 2 cm lang, Mittelstacheln bis 6 cm lang, Blüten röhrenförmig, 32 mm lang, gelblich, (Abb.).

B. purpurea Buining & Brederoo Kurz bis länglich säulenförmig, bis 10 cm ∅, Seitencephalium bis 50 cm lang, mit grauer Wolle besetzt, 13 Rippen, Stacheln rotbraun bis rot, bis 25 mm lang, ca. 4 Mittelstacheln, davon einer schräg nach unten und bis 7 cm lang, röhrenförmige Blüten, 30 mm lang und bis 12 mm breit, purpurn, (Abb.).

Cephalocereus Pfeiff.

Säulencereen aus tropischen Gebieten. Die Blüten erscheinen aus einem Pseudocephalium, eine Haar- und Wollzone, die sich nachträglich aus normalen Areolen entwikkelt, rd. 60 Arten. In diese Gattung wurde *Pilocereus* Byl. & Rowl. mit allen Arten einbezogen! Heimat: Mexiko bis Südamerika. Sehr wärmebedürftig, im Winter nicht unter 10°C, tagsüber wärmer! Prächtig bestachelt, auch als Jungpflanzen. Im Gewächshaus auspflanzen!

C. chrysacanthus Web. Bis 5 m, Triebe grün, blau bereift, 9–12 Rippen, 12–15 St., bis 4 cm lg., gelb, dazu feine, weiße Wollhaare, Blüten blaßrosa, 4 cm ∅, (Abb.).

C. hoppenstedtii (Web.) K. Sch. Bis etwa 10 m hoch, Rippen warzig gehöckert, 14–18 Randstacheln, weißlich, dazu 5–8 Mittelstacheln, diese bis 8 cm lang, blaß schwefelgelbe Blüten nur an ausgewachsenen Pflanzen. Die nach oben schlanker werdenden

Säulen neigen sich in der Heimat über die Cephalienseite hin alle in eine Richtung, wie auf dem Bild Seite 18 zu erkennen ist.

C. *palmeri* Rose Verzweigend, bis 6 m, Triebe bis 8 cm ∅, bläulich bereift, 7–9 Rippen, 8–12 Randst. und 1 Mittelst., alle bis 3 cm lg., Wolle in dicken Knäueln herablaufend, Scheitel mit Haube, Blüten purpurn, 6 cm lg., 4 cm ∅, (Abb.); var. *sartorianus* (Rose) Krainz bis 5 m, ca. 7 Rippen, scharfe Furchen, 7–8 Randst.

C. *purpusii* Br. & R. Strauchig, Triebe 3–4 cm ∅, 12 Rippen, zahlreiche, dichtstehende St., gelb, Blüten 7 cm lg., blaßrosa.

C. *senilis* (Haw.) Pfeiff. Das beliebte Greisenhaupt. In der Heimat bis 15 m hoch, 20–30 Rippen, 3–5 graue Stacheln, bis 4 cm lang, junge Pflanzen von langen, weißen Haaren dicht eingehüllt, Cephalium meist erst ab ca. 6 m, gelblich-weiße Blüten bis 9,5 cm lang, nur an sehr großen Exemplaren, (Abb.).

Cephalocereus chrysacanthus Web. am heimatlichen Standort ▽ im Staate Puebla/Mexiko

Cephalocereus senilis (Haw.) Pfeiff. am Standort im Staate ▽ Hidalgo/Mexiko

▽ *Cephalocereus palmeri* Rose (phot. F. Polz)

▽ *Cephalocereus senilis* (Haw.) Pfeiff.

△ *Cephalocleistocactus ritteri* Backbg.

△ *Cereus forbesii* O.

▽ *Cereus peruvianus* (L.) Mill var. *monstrosus* DC.

Cephalocleistocactus Ritt.

Schlanke, aufrechtwachsende Säulenkakteen, die dem Cleistocactus sehr ähnlich sind. Als Unterschied jedoch in der Blütenzone ein auffälliger Blütenschopf aus dünnen, feinen Borstenstacheln. Heimat: Bolivien.

C. chrysocephalus Ritt. Triebe 3–5 cm ∅, 11–14 Rippen, Stacheln goldgelb, 3–4 cm lang, rote Blüten.

C. pallidus Backbg. Ca. 16 Rippen, Stacheln grauweiß, Schopf gelblich, Stacheln bis 3 cm lang, Blüten gelb.

C. ritteri Backbg. 12–14 Rippen, dunkelbraune Areolen, bis 30 feine Randstacheln, weiß, dazu 5 gelbliche Mittelstacheln bis 1 cm lang, Blüten zitronengelb, (Abb.).

C. schattatianus Backbg. Dichte Gruppen bildend, 16–17 Rippen, höckrig, kurze Stacheln, bis über 30, blaßgelblich, Blütenröhre rot, Sepalen und Petalen gelblich.

Cereus Mill.

Früher Sammelgattung für alle Säulenkakteen. In der Heimat große Bäume bildend, Blüten nur an großen Pflanzen, mit langen Röhren, typisch für Cereus, daß beim Abblühen der Griffel noch einige Zeit nach Abfallen der Blütenhülle zurückbleibt. Jungpflanzen durch unterschiedliche Bestachelung in den Sammlungen sehr hübsch. Rund 40 Arten von Westindien bis Südamerika. Am besten entwickeln sich die Cereen in einem Gewächshaus in einem Grundbeet frei ausgepflanzt, wo sie auch zur Blüte gelangen.

C. azureus Parm. Triebe hübsch blau bereift, 8 weiße Randstacheln, 1–3 tiefbraune Mittelstacheln, (Abb.).

C. chalybaeus O. Triebe mit 6 Rippen. Leicht bläulich bereift, ca. 7 Randstacheln, dazu mehrere Mittelstacheln.

Cereus azureus Parm.

C. forbesii O. Hellblaugrüne Triebe, 4–7 Rippen, kurze, weißfilzige Areolen, 5 Randstacheln, bis 2 cm lang, 1 kräftiger Mittelstachel, hornfarben, bis 4,5 cm lang, (Abb.).

C. hankeanus Web. Im Alter baumförmig, 4–5 Rippen, scharfkantig mit Flankenlinien, 3 cm hoch, gekerbt, 3–4 Randst., bernstein bis braun, 1 hornfarbener Mittelst., Blüten weiß, teils rosa Spitzen.

C. jamacaru DC. non SD. Triebe saftig hellgrün, 7–8 Rippen, später bis 10, Areolen gelblich bis braun, 7–9 bräunliche Randstacheln, Mittelstachel bis 10 cm, gute Pfropfunterlage!

C. peruvianus (L.) Mill. Flache Rippen, meist 7, auch 6 oder 8, Stacheln ca. 5–6, davon meist 1 Mittelstachel bis 2 cm lang, Blüten 16 cm lang, breitoffen, weiß; var. *monstrosus* DC, der bekannte Felsenkaktus, mit eigenartig monströs durchbrochenen Rippen. Hübsche Pflanze für Sammlungen, (Abb.).

Chamaecereus silvestrii (Speg.) Br. & R.

Chamaecereus Br. & R.

Zwergig wachsende Cereenart mit dünnen, weichen Trieben, die sich leicht ablösen. Wächst sehr leicht und blüht nach kalter Überwinterung überreich. Auf Spinnmilbenbefall achten! Nur 1 Art. Heimat: Nordargentinien.

C. silvestrii (Speg.) Br. & R. Wächst in dichten Gruppen, Triebe 6–9 Rippen, kurze, weiche Stacheln, scharlachrote Blüten, bis 4 cm lang, behaart, zahlreiche Kreuzungen mit *Lobivia,* (Abb.).

Heute noch weit verbreitet:

C. silvestrii (Speg.) Br & R. f. *aureus*, eine völlig chlorophyllfreie Form, die nur gepfropft gehalten werden kann. Triebe hellgelb gefärbt, (Abb.).

Chiapasia Br. & R.

Epiphytische Gattung mit flachen, gekerbten Trieben und stielrunden Stämmchen, trichterig offene Blüten, leichtwachsend. Heimat: Mexiko im Staate Chiapas.

C. nelsonii (Br. & R.) Br. & R. Wächst reichverzweigt, Triebe bis 160 cm lang, 3–4 cm breit, Stacheln fehlen, lilarosa Blüten bis 5 cm lang, Griffel und Staubblätter herausragend, herrlicher Blüher! (Abb.)

Cleistocactus Lem.

Schlanktriebige Säulen, meist vom Grund aus verzweigt, durchwegs feine Bestachelung, die leicht behaarten röhrenförmigen Blüten öffnen sich nur gering, zum Teil auch schräg ausgeformt, erscheinen meist erst ab 50–80 cm Höhe der Pflanzen. Etwa rund 50 Arten bekannt. Heimat: Von Mittelperu über Bolivien bis Argentinien, Paraguay und Uruguay.
Die Pflanzen verlangen eine etwas wärmere Überwinterung von +10 bis 14°C, wobei das Substrat nie völlig trocken werden sollte.

C. baumannii (Lem.) Lem. Triebe über 2,5 cm ∅, sattgrün, bis 16 Rippen, 15–20 gelbliche bis dunkelbraune Randstacheln, ein Mittelstachel bis 2,5 cm lang, hell gespitzt, Blüten bis 7 cm lang, feuerrot, (Abb.).

C. buchtienii Backbg. Bis 5 cm starke Triebe, ca. 18 Rippen mit V-Kerbe, braune Areolen, ca. 12 nadelige Stacheln, rotbraun, darunter etwa 4 Mittelstacheln, bis 3 cm lang, Blüten 6 cm lang, weinrot.

△ *Chiapasia nelsonii* (Br. & R.) Br. & R.

▽ *Cleistocactus baumannii* (Lem.) Lem.

▽ *Chamaecereus silvestrii* (Speg.) f. *aureus*

▽ *Cleistocactus micropetalus* Ritt.

△ *Cleistocactus strausii* (Heese) Backbg.

^ *Cochemiea poselgeri* (Hildm.) Br. & R.

▽ *Coloradoa mesae-verdae* Boiss. & Davids.

C. candelilla Card. Körper liegend bis aufrecht, Triebe ca. 3 cm Ø, 11–12 Rippen mit Querfurchen, etwa 3 mm hoch, 13–15 Randstacheln 5 mm lang, 3–4 Mittelstacheln leicht abgeflacht, Blüten 3,5 cm lang, Sepalen gelb, Petalen röhrig gestellt, purpur mit weißem Rand.

C. flavispinus (K. Sch. non SD.) Backbg. Hellgrüne Triebe, etwa 3 cm stark, bis 16 Rippen, ca. 18 Randstacheln, dazu ca. 3 Mittelstacheln, der längste bis 2 cm, alle blaßgelb, Blüten gebogen, Sepalen orange, Petalen von Gelb über Rot verfärbend.

C. jujuyensis (Backbg.) Backbg. Triebe ca. 4–6 cm Ø, ca. 20 Rippen, anfangs bräunliche Areolen, 25–30 Randstacheln, Mittelstachel durch Länge unterschieden, gelblich bis dunkelfuchsrot gefärbt, bis 3 cm, Blüten bis 6 cm lang, gelblichrot.

C. micropetalus Ritt. Triebe ca. 3 cm Ø, grün, 11 Rippen mit braunen Areolen, über 20 feine St., bis 3 cm lang, gelb, (Abb.).

C. smaragdiflorus (Web.) Br. & R. Triebe aufrecht, teils liegend, ca. 3,5 cm, 12–14 Rippen, nadelige Stacheln, gelbbraun, 5 cm lange Blüten mit roter Röhre, Saum grün.

C. strausii (Heese) Backbg. Bis etwa 1 m hoch, Triebe 4–8 cm stark, 30–40 haarfeine, weiße Stacheln, borstig, ca. 4 hellgelbe Mittelstacheln, Blüten bis 9 cm lang, weinrot, rötlichbraun behaart, (Abb.).

C. tupizensis (Vpl.) Backbg. Triebe bis 6 cm Ø, 14–24 Rippen, 15–20 glasige Stacheln mit zwei längeren, bis 4,5 cm langen Mittelstacheln, weißlich bis fuchsrot, Blüten weinrot.

C. viridiflorus Backbg. Bis 160 cm hoch, ca. 12 Rippen, 15–18 Randst., ca. 1 cm lang, Blüten 3,5 cm lang, ganz grün.

C. wendlandiorum Backbg. Triebe bis ca. 3,5 cm stark, etwa 22 Rippen, ca. 40 gelbliche, feinborstige Stacheln, bis 1 cm lang, Blüten bis 5 cm, orange.

Copiapoa calderana Ritt.

Copiapoa cinerea (Phil.) Br. & R.

Cochemiea (K. Brand.) Walt.

Zylindrische Triebe, dichte Gruppen bildend, ohne Milchsaft und ohne Furchen auf den Warzen, Blüten aus der Nähe des Scheitels, schiefsaumig und mit langer Röhre erst an größeren Pflanzen. Etwa 5 bekannte Arten. Heimat: Mexiko (Niederkalifornien). Sehr empfindlich in der Pflege, Staunässe unbedingt vermeiden, am besten mineralisches Substrat, im Winter absolut trocken!

C. *maritima* Linds. Bis 50 cm hoch, Triebe 3–7 cm stark, reifig-blaugrün, 4 nadelige Mittelstacheln, davon 1 hakig, bis 5 cm lang, Blüten scharlach.

C. *poselgeri* (Hildm.) Br. & R. Triebe bis 2 m lang, teils liegend, blaugrün, Axillen mit weißer Wolle, 7–9 Randstacheln, strohgelb, 15 mm lang, dazu 1 Mittelstachel, hakig, bis 3 cm lang, Blüten bis 3 cm, glänzend scharlach, (Abb.).

C. *setispina* (Coult.) Walt. Etwa 30 cm hoch, kegelige Warzen, 9–12 Randstacheln, milchigweiß, dunkelspitzig, 1–3 Mittelstacheln, Blüten bis 5,5 cm, zinnoberrot.

Coloradoa Boiss. & Davids.

Kugeliger Körper mit höckrig geteilten Rippen. Glockig-trichterige Blüten um den Scheitel, kahl wie die Frucht. Nur 1 Art. Heimat: USA (Südwestcolorado, Neumexiko). Am besten gepfropft!

C. *mesae-verdae* Boiss. & Davids. Bis 8 cm hoch, ca. 6 cm ∅, 13–17 Rippen, 8–10 Randst., ca. 1 cm lang, cremefarben, Blüten 3,5 cm lang und breit, cremefarben bis gelblich mit bräunlichem Mittelstreifen, (Abb.).

Copiapoa Br. & R.

Teils kugelige Formen, teils säulenförmige Körper bis 1 m hoch, gelegentlich mehligweiß gefärbt, kurzröhrige Blüten, Früchte reißen meist oben auf. Rund 40 bekannte Arten, die durchwegs sehr interessant sind! Heimat: Chile.

C. *cinerascens* (SD.) Br. & R. Kugeliger Körper mit grauweißem Schopf, 20–21 Rippen, um die Areolen verdickt, 8 Randstacheln, 1 Mittelstachel, alle gelb- bis kastanienbraun, Blüten gelb, Sepalen meist zurückgebogen.

C. *cinerea* (Phil.) Br. & R. Erst kugelig, später säulig, bis 150 cm hoch, kreidig-weiß mit 14–30 Rippen, quereingesenkt, variable Stacheln, schwarz, Blüten bis 3,5 cm, reingelb, (Abb.); dazu var. *columna-alba* (Ritt.) Backbg. bis 75 cm hoch und 20 cm stark, Schopf orange, 27–47 Rippen, blaßgelbe Blüten.

C. *coquimbana* (Karw.) Br. & R. Körper kugelig, sprossend und breite Polster bildend, Einzelkopf bis 10 cm ∅, 10–17 Rip-

△ *Corryocactus melanotrichus* (K. Sch.) Br. & R.

△ *Corynopuntia bulbispina* (Eng.) Knuth

▽ *Corynopuntia invicta* (Brand.) Knuth

pen, 8–10 dünne Randstacheln, dazu 1–2 kräftigere Mittelstacheln, schwarz bis braun, gelbe, glockige Blüten, bis 3 cm lang.

C. humilis (Phil.) Hutch. Kleiner, gedrückter Körper, 10–12 höckrige Rippen, 10–12 Rand- und 1 Mittelstachel, Blüte gelb.

C. krainziana Ritt. Graugrüne Körper bis 12 cm Ø, breite Polster mit grauwolligem Schopf, 13–24 Rippen, leicht gekerbt, borstenfeine Stacheln, weiß bis grau, gelbe Blüten.

C. lembckei Backbg. Anfangs kugelig, dann säulig, weißlich graugrün, 11 gerundete Rippen, ca. 7 Randstacheln, 1 Mittelstachel länger.

C. marginata (SD.) Br. & R. Mehrköpfig, sprossend, 8–12 Rippen, braune Stacheln bis über 3 cm lang.

C. pseudocoquimbana Ritt Bis 30 cm, graugrüne Körper, grauwolliger Schopf, lange, dicke Warzen, 10–18 Rippen, 8–12 Stacheln, grau, Blüten schwefelgelb, rotschuppig.

C. tenuissima Ritt. Körper flach oder halbrund, schwärzlichgrün, 13–16 Rippen, Areolen weiß, 8–14 dünnadelige Stacheln, bis 6 mm lang, Blüten blaßgelb.

Corryocactus Br. & R.

Die Gattung steht *Erdisia* nahe und wurde mit dieser vereinigt. Stark verzweigte Triebe, Rippen um die Areolen meist verdickt, oft gehöckert, Blüten becherig-glockig, etwa 16 Arten. Heimat: Bolivien, Chile, Peru.

C. brevistylus (K. Sch.) Br. & R. Triebe bis 15 cm stark, 6–7 Rippen, 15 Stacheln bis 3 cm lang, Blüten bis 10 cm breit, gelb.

C. melanotrichus (K. Sch.) Backbg. Triebe gelblichgrün, 7–9 Rippen, 10–11 hellbraune Stacheln, Blüten bis 6 cm breit, Petalen purpurrot, (Abb.).

Coryphantha calipensis H. Bravo

Corynopuntia Knuth

Reduktionsstufe von *Cylindropuntia* mit kurzen, keuligen Trieben, alle polsterbildend. Etwa 14 Arten, wegen der Bestachelung sehr hübsch. Heimat: USA, Mexiko. Zu *Opuntia* einbezogen.

C. bulbispina (Eng.) Knuth Niedrige, breite Rasen, Triebe eiförmig, bis 2,5 cm lang, dicht bestachelt, Blüten gelb, (Abb.).

C. invicta (Brand.) Knuth Triebe dunkelgrün, gehöckert, 6–10 Randstacheln, (Abb.).

Coryphantha (Eng.) Lem.

Umfangreiche Gattung mit rund 70 Arten. Als typisches Merkmal gilt die durchgehende Furche auf den Warzen, die Blüten entstehen zentral, Blüten und Frucht kahl.

Herrliche Pflanzen mit sehr großen Blüten, die einige Tage halten. Im Sommer sehr sonnig und warm sowie nahe am Glas aufstellen. Dann auch reichliche Wassergaben verabreichen. Im Winter trocken und kühl halten. Heimat: USA, Mexiko.

C. andreae J. A. Purp. & Böd. Tiefgrüner, gedrückter Körper, Scheitel stark weißwollig, Blüten 5–6 cm, hellgelb.

C. bergeriana Böd. Keuliger Körper, bis 12 cm, 18–20 Randst., 4 Mittelst. bis 2 cm lang, Blüten 7 cm Ø, gelb.

C. bumamma (Ehrenbg.) Br. & R. Sehr große Warzen, bläulich-grün, 5–8 St., graubraun, ca. 2 cm, gelbe Blüten, 5–6 cm.

C. calipensis H. Bravo Körper rundlich, sprossend, grau- bis olivgrün, Warzen dachziegelig gestellt, 10–16 St., davon 5–7 nach oben gebündelt, 1 Mittelst. 1,5 cm, gebogen, Blüten ca. 6 cm, gelb, (Abb.).

C. clava (Pfeiff.) Lem. Triebe säulig bis über 30 cm, Warzen konisch, 8–10 Randst., stechend, kastanienbraun, 3–4 Mittelst. bis 2 cm lang, Blüten glänzendgelb.

C. clavata (Scheidw.) Backbg. Zylindrisch bis keulig, Scheitel reichlich bewollt, bis 2 cm lange Warzen, schiefkegelig, ca. 9 Randst. am Fuß rot, 0–1 Mittelst. gelb bis braun.

C. connivens Br. & R. Kugeliger Körper, bis 10 cm Ø, 8–10 dünne Randst. hornfarben, reingelbe Blüten, 7 cm.

C. cornifera (DC.) Lem. Kugelig, bis ca. 12 cm hoch, graugrün, rhombische Warzen bis 2,5 cm lang, Areolen weißwollig, 7–9 Randst. bis 9 mm, wachsgelb, 0–1 Mittelst. bis 15 mm, gebogen, Blüten gelb.

C. elephantidens (Lem.) Lem. Körper einzeln, kugelig, große Warzen bis 4 cm lang, dichtwollige Axillen, 8 randständige Stacheln, Blüten bis 10 cm breit, tiefrosa mit rotem Schlund.

C. erecta (Lem.) Lem. Zylindrischer Körper, sprossend, bis 8 cm Ø, Scheitel weißwollig, 8–14 Randst. und 2–4 Mittelst. bis 2 cm, bernsteingelb, Blüten bis 7 cm, hellgelb, (Abb.).

C. pallida Br. & R. Bläulichgrün, Warzen in Spiralen, 20 oder mehr Randst., weiß, anliegend, bis 3 Mittelst., Blüten hellgelb bis 7 cm, rote Staubfäden.

C. palmeri Br. & R. Kugeliger Körper, Warzen in 13 Spiralen, dichtstehend, 11–14 Randst., 1 kräftig. Mittelst. hakig, Blüten 3 cm, hellgelb.

C. pseudoechinus Böd. Körper eiförmig, zuweilen sprossend, bis 9 cm hoch, graugrün, Axillen wollig, 18–25 Randst., dünn, bis 15 mm lang, 1 Mittelst., alle braun bis schwarz, Blüten violettrosa.

C. pycnacantha (Mart.) Lem. Eiförmig bis zylindrisch, Warzen unten rhombisch, bis 2,5 cm breit, 10–12 Randst., 4 Mittelst. gebogen, bis 2,5 cm, zitronengelbe Blüten.

Coryphantha erecta (Lem.) Lem.

Coryphantha radians (DC.) Br. & R.

Cryptocereus anthonyanus Alex.

Cylindropuntia tunicata (Lem.) Knuth

C. radians (DC.) Br. & R. Körper kugelig, 5–7 cm ∅, Scheitel stachelig und wollig, 12–20 Randstacheln bis 12 mm lang, kammförmig angeordnet, weiß bis gelblich, Blüten bis über 7 cm groß, zitronengelb, (Abb.).

C. retusa (Pfeiff.) Br. & R. Gedrückt-kugeliger Körper, bis 10 cm ∅, stark wolliger Scheitel, große Warzen, 6–12 randständige St., angepreßt, Blüten bis 4 cm, gelb.

C. sulcata (Eng.) Br. & R. Sprossend, Körper bis 12 cm ∅, Warzen bis 1,2 cm lang, weich, 12–14 nadelige dünne St., weiß, Mittelst. erst später, davon 1 auswärts gebogen, Blüten bis 5 cm, gelb mit roter Mitte.

C. vivipara (Nutt.) Eng. Rundlicher Körper, sprossend, niedrige Gruppen, 14–22 Randst. weiß oder braun, 1–4 Mittelst., Blüten 3,5 cm breit, purpurrosa.

Cryptocereus Alex.

Epiphytische Kakteen mit eingekerbten bis ausgelappten Flachtrieben, trichterige Blüten, 3 Arten mit interessantem Aussehen. Heimat: Mexiko, Costa Rica, Ekuador.

C. anthonyanus Alex. Pflanze reich verzweigt, Triebe 7–15 cm breit, blattgrün, die Spreiten jeweils gegenüber den Auskerbungen entstehend, kleine Areolen mit kurzen Stacheln, Blüten ca. 12 cm lang, cremeweiß, (Abb.).

Cylindropuntia (Eng.) Knuth

In dieser Gattung sind die Arten des nördl. Entwicklungszweiges zusammengefaßt. Auffällige, bunte Bestachelung, teils mit Scheiden versehen. Rund 40 Arten. Neuerdings zu *Opuntia* einbezogen. Heimat: südl. USA, Mexiko, Niederkalifornien.

C. imbricata (Haw.) Knuth Baumförmig bis 3 m hoch, stark höckrige Triebe, 8–30 St. bis 3 cm lang, braun, Scheiden dünn, Blüten bis 9 cm, purpur, nur an großen Pflanzen!

C. leptocaulis (DC.) Knuth Buschiger Wuchs, frischgrüne Triebe, bis 5 cm lange Stacheln aus kurzfilzigen, weißen Areolen.

C. spinosior (Eng.) Knuth In der Heimat baumförmig, bis 4 m hoch, Endtriebe bis 30 cm lang, 6–12 St., grau bis bräunlich, Blüten rosa, purpurn, gelb oder weiß.

C. tunicata (Lehm.) Knuth Buschige Gruppen, Triebe bis 15 cm lang, stark höckrig, lösen sich leicht ab, 6–10 Stacheln bis 5 cm lang, von weißen Scheiden umhüllt, Blüten 3 cm ∅, gelb. Sehr auffällige Art! (Abb.).

C. versicolor (Eng.) Knuth Buschig bis baumförmig, Triebe bis 20 cm lang, Höcker ca. 1,5 cm lang, 5–11 St. ca. 2,5 cm, Blüten bis 5 cm breit, gelb, grün, rot oder braun.

△ *Denmoza erythrocephala* (K. Sch.) Berg. × *Cleistocactus strausii* (Heese) Backbg.

△ *Discocactus horstii* Buin. & Brederoo

▽ *Discocactus horstii* Buin. & Brederoo

Denmoza Br. & R.

Gattung mit kugeliger und säulenförmiger Art, zwischen den Stacheln feine Haare, Blüten mit extrem kurzen Perigonblättern, öffnen sich kaum, Staubblätter ragen aus ihnen weit heraus, nur 2 Arten. Heimat: Argentinien.

D. erythrocephala (K. Sch.) Berg. Körper später säulig, bis 150 cm hoch, ca. 30 cm ∅, 20–30 Rippen, zahlreiche Stacheln, über 30, die inneren bis 6 cm lang, fuchsrot, später mit Haaren gemischt, Blüten bis 7,5 cm lang, Petalen nur ca. 1 cm. Davon auch hübsche Hybride mit *Cleistocactus strausii* (Heese) Backbg. (Abb.).

Discocactus Pfeiff.

Die Pflanzen dieser Gattung weisen borstenartige Scheitelcephalien auf, aus ihnen erscheinen die nächtlichen, weißen Blüten mit starkem Duft, Früchte längs aufreißend. An extremen Standorten, zum Teil in reinem Quarzsand. Kultur etwas schwierig, am besten Mineralsubstrate, im Sommer sehr warm und volle Sonne, im Winter bei ca. 12–15° absolut trocken halten. Etwa 15 Arten bekannt. Heimat: Brasilien, Paraguay, Bolivien.

D. boliviensis Backbg. Breitrund, bläulichgrün, bis über 15 cm ∅, bräunliche Randst., Cephalienborsten fehlen, Blüten bis 5 cm lang, weiß.

D. cephaliaciculosus Buining & Brederoo Flachkugelig, bis 26 cm breit, Cephalium 5–7 cm ∅, mit bis 3 cm langen, roten St., Blüten 4 cm lang.

D. ferricola Buining & Brederoo Flach bis kugelig, 20–25 cm ∅, dunkelgrün, weißwolliges Cephalium, Stacheln strahlend gestellt, ca. 4,5 cm lang, Blüte röhrenförmig.

D. horstii Buining & Brederoo Flachkugelig, bis 25 Rippen, kurze Stacheln, eng anliegend, Blüten bis 6 cm lang und breit, (Abb.).

D. magnimammus Buining & Brederoo Flach, ca. 17 cm Ø, glänzendgrün, 16 Ripp. vertikal verlaufend, große Warzen, 3–5 Randst., 1 nach unten gebogen, Blüten bis 7 cm lang.

Disocactus Lindl.

Epiphytische Pflanzen mit blattartig verbreiterten Endtrieben, dünne, röhrenförmige Blüten, die bei uns im Winter erscheinen. Heimat: Guatemala bis Honduras.

D. biformis (Lindl.) Lindl. Triebe schwach gekerbt, Staubfäden aus den roten Blüten wenig herausragend.

D. eichlamii (Wgt.) Br. & R. Bis 4,5 cm breite Triebe, gezähnt gekerbt, Staubfäden aus den 6–7 cm langen Blüten weiter hervorragend, Petalen weniger spreizend, (Abb.).

Dolichothele (K. Sch.) Br. & R.

Gattung mit meist sehr langen, weichen Warzen und weichen Stacheln, zum Teil große Blüten, unempfindliche Pflanzen für den Anfänger. Heimat: USA bis Mexiko. Wegen der langen, rübenartigen Wurzeln sollten am besten entsprechend tiefe Pflanzgefäße verwendet werden!

D. baumii (Böd.) Werd. & F. Buxb. Kleine Körper von haarartigen, weißen Stacheln eingehüllt, gelbe Blüten, duftend.

D. longimamma (DC.) Br. & R. Warzen locker stehend, 9–10 weiche Randstacheln, Blüten bis 6 cm Ø, gelb, (Abb.).

D. sphaerica (Dietr.) Br. & R. Rasenbildend, Warzen bis 1,6 cm, 12–15 Randst., weiß bis gelb, Blüten hellgelb.

D. surculosa (Böd.) Backbg. ex F. Buxb. Kleine Einzelköpfe, rasenbildend, 15 Randst. bis 1 cm lang, trichterige Blüten, 2 cm, gelb, (Abb.).

△ *Disocactus eichlamii* (Wgt.) Br. & R.

△ *Dolichothele longimamma* (DC.) Br. & R.

▽ *Dolichothele surculosa* (Böd.) F. Buxbaum

Echinocactus ingens Zucc. mit *Agave striata* Zucc. am heimatlichen Standort bei Los Venados im Staate Hidalgo/Mexiko

Echinocactus Lk. & O.

Früher Sammelgattung für alle Kugelkakteen, nunmehr rund 10 Arten, alle mit wolligem Scheitel, keine Hakenstacheln, Blüten meist nur an sehr großen Pflanzen. Heimat: USA (südliche Staaten), Mexiko.

E. grandis Rose   Dickwalzig, bis 2 m hoch, stumpfgrün, 5–6 Randst. bis 4 cm lang.

E. grusonii Hildm.   Breit- bis hochkugelig, bis 80 cm Ø, über 30 Rippen, 8–10 Randst. und meist 4 Mittelst., alle prächtig gelb, Blüten bis 5 cm groß, (Abb.).

E. ingens Zucc.   Dickwalzig, bis 1,5 m hoch und fast so breit, über 50 Rippen, gelblich-wollige Areolen, braune Stacheln bis 3 cm lang, (Abb.).

E. palmeri Rose   Dickwalzig, im Alter bis 2 m hoch, 5–8 Randst. und 4 geringelte Mittelst. bis 8 cm lang.

E. polycephalus Eng. & Big.   Kugeliger Körper, große Gruppen bildend, 13–21 Rippen, etwas wellig, 10 Randst. bis 5 cm lang, 4 starke Mittelst. bis 9 cm lang.

Echinocereus Eng.

Gattung mit teils cereenartigen, teils kugeligen Pflanzen, typisch die nadelig bestachelten Blüten und Früchte, Blüten meist sehr groß, einige Tage haltend, mit grünen Narben. Rund 90 Arten. Herrliche Blüher, im Sommer auch für Pflege im Freien geeignet; sehr sonnig, im Winter trocken und möglichst kühl, um 5°C halten, viele Arten vertragen selbst kurzzeitig erheblich Frost! Heimat: USA, Mexiko.

Siehe auch unter »Winterharte Kakteen«.

E. albatus Backbg. Zylindrisch, 12 Rippen, ca. 40 Randst. und 10 Mittelst., alle weiß, Blüten hellrot mit dunklem Mittelstreifen, ca. 10 cm Ø.

E. amoenus (Dietr.) K. Sch. Niedrig, 13 schwach höckrige Rippen, 6–8 St., später abfallend, Blüten 5 cm, hellpurpur, (Abb.).

E. coccineus Eng. Kugelige Einzelköpfe, bis 5 cm Ø, in Gruppen, 8–12 weiße Randst., scharlachrote Blüten.

E. delaetii Gürke Aufrechte Triebe, dicht mit weißen, borstenartigen Stacheln und Haaren eingehüllt, Blüten 6 cm Ø, hell purpurrosa.

E. engelmannii (Parry) Rümpl. Gruppenbildend, zylindr. Triebe, 10–13 Ripp., ca. 10 Randst., Blüten 7 cm Ø purpur.

E. fitchii Br. & R. Kurzzylindrisch, zur pectinatus-Gruppe, Randst. 20, weiß, 4–6 bräunl. Mittelst., rosa Blüten.

E. hempelii Fobe Aufrecht, dunkelgrün, warzig geteilte Rippen, 6 spreizende Randst., lilarosa Blüten, 8 cm Ø.

E. knippelianus Liebn. Kugelig, ca. 5 Rippen, kurze, gelbliche Stacheln, rosa Blüten bis 3 cm lang.

E. merkeri Hildm. Sprossend, gruppenbildend, 8–9 Rippen, 6–9 weiße Randst., 1 Mittelst., Blüten purpurn.

E. pectinatus (Scheidw.) Eng. Aufrecht zylindrisch, ca. 30 Randst. kammartig anliegend, weiß oder rosa in Zonen, Blüten 6–8 cm lang, tiefrosa mit grünem Schlund, (Abb.); var. *rigidissimus* (Eng.) Rümpl. noch kräftiger in Stachelfärbung und mit nur ca. 16 Randst., kein Mittelst.

E. pentalophus (DC.) Rümpl. Rasenbildend, frischgrüne Triebe, 3–5 Randst., weiß, braunspitzig, lila Blüten bis 12 cm lang, (Abb.).

E. pulchellus (Mart.) K. Sch. Kugelig, 4 cm Ø, feinhöckrige Ripp., wenige Stacheln, Blüten 4 cm lang, weiß bis hellrosa.

E. salm-dyckianus Scheer Sprossend, 7–9 Rippen, 8–9 Randst., 1 Mittelst., unten verdickt, Blüten 10 cm lang, möhrenrot.

Echinocactus grusonii Hildm.

Echinocactus ingens Zucc.

△ *Echinocereus amoenus* (Dietr.) K. Sch. × *Wilcoxia spec.* Naturhybride

E. scheeri (SD.) Rümpl. Gruppenbildend, 8–10 Rippen, spiralig, 7–12 Randst., 1 Mittelst., rosenrote Blüte, (Abb.).

E. stoloniferus Marsh. Aus Wurzelausläufern sprossend, 10–12 borstige Randst., 3–4 Mittelst., gelbe Blüten.

E. subinermis SD. Kugeliger Körper, 8 randst. Stacheln, kurz, schlankröhrige Blüten, bis 8,5 cm lang, gelb.

E. viereckii Werd. Reich sprossend, 8–9 Rippen, 7–9 strohgelbe Stacheln, 4 Mittelst., violettrosa Blüten bis 11 cm ∅.

Echinofossulocactus Lawr.

Pflanzen mit überwiegend gewellten Rippen, meist stark bestachelt, Anordnung und Stellung der oft abgeflachten Stacheln als Bestimmungsmerkmal, Blüten überwiegend violett getönt. Rund 30 Arten. Heimat: Mexiko.

E. albatus (Dietr.) Br. & R. Kugelig, ca. 35 Rippen, Stacheln gelblichweiß, Blüten ca. 2 cm lang, weiß.

E. arrigens (Lk.) Br. & R. Bis ca. 13 cm hoch, Scheitel filzig, 50–60 Rippen, purpurviolette Blüten, (Abb.).

E. bustamantei (H. Bravo) Croiz Kugelig, bis 10 cm ∅, 3 Mittelst., bis 5 cm lang, Blüten violettpurpurn mit Weiß, (Abb.).

△ *Echinocereus caespitosus* Eng.

▽ *Echinocereus pectinatus* (Scheidw.) Eng.

▽ *Echinocereus scheeri* (SD.) Rümpl.

Echinocereus pentalophus (DC.) Rumpl. var. *procumbens* (Eng.) Krainz

E. crispatus (DC.) Lawr. Areolen 3–4 cm entfernt, Stacheln anfangs bunt, 7–8 Randst., 1 Mittelst. rund, Blüte purpur.

E. kellerianus Krainz Flachrund, dichtwollig. Scheitel, ca. 60 Ripp., 2–4 Randst., Blütenblätter außen weiß mit violettem Mittelstreifen.

E. lamellosus (Dietr.) Br. & R. Kugelig, 30–35 Ripp., 4 Randst. bis 3 cm lang, Blüten bis 4 cm lang, fleischrot, innen karmin.

E. phyllacanthus (Mart.) Lawr. Gedrückt-kugelig, 30–35 dünne Rippen, Oberst. bis 8 cm lang, Blüten gelblichweiß, (Abb.).

E. violaciflorus (Quehl) Br. & R. Kugelig bis gestreckt, ca. 35 Rippen, gekerbt, 4 Randst., Blüten weiß mit purpurviol. Mitte.

E. wippermannii (Muehlpfrdt.) Br. & R. Kugelig, ca. 35 Rippen, schwach wellig, 18–22 Randst., Blüten gelb mit bräunl. Mittelstreifen.

△ *Echinofossulocactus arrigens* (Lk.) Br. & R.

△ *Echinomastus warnockii* spec. nv.

△ *Echinofossulocactus bustamantei* (H. Bravo) Croiz.

▽ *Echinofossulocactus phyllacanthus* (Mart.) Lawr.

Echinomastus Br. & R.

Kleinere Gattung, Rippen stärker in warzige Höcker geteilt, hinter den Stachelbündeln furchenartige Langareolen. Durchwegs hübsch bestachelte Pflanzen mit meist kleineren, glockigen Blüten. Rund 10 Arten, (Abb.). Heimat: USA (Südstaaten), Mexiko. Wachsen am besten in mineralischen Substraten, im Sommer volle Sonne und recht warm, vorsichtig gießen! Absolut trockene Winterruhe.

E. durangensis (Rge.) Br. & R. Halbrund bis eiförmig, 18 Rippen, tief quergebuchtet, über 30 Randst. bis 3 cm lang, weiß, wenig gebogen, rötl. braune Blüten.

E. intertextus (Eng.) Br. & R. Nur 13 Rippen, 16–25 Randst., 4 Mittelst. teils aufrecht, alle rötlich, hellpurpurne Blüten.

E. macdowellii (Reb.) Br. & R. Breitkugelig, bis 30 und mehr Rippen, in Warzen aufgelöst, 20–27 dünne Randst., bis 3 cm lang, trichterige Blüten, rot.

E. mapimiensis Backbg. Ca. 13 Rippen, höckrig, etwa 22 Randst. bis 2 cm lang, weiß und anliegend, 4 Mittelst., Blüten 2 cm Ø, schmutzig-weiß, rötl. Mitte.

Echinopsis Zucc.

Alte Gattung, bereits 1837 aufgestellt. Kugelige bis verlängerte Pflanzen, lange Trichterblüten mit behaarten Blütenröhren, nachtblühend! Blüten meist weiß. Heimat: Südamerika.

E. calochlora K. Sch. Kleinkugelig, hellgrün, 6–9 cm ∅, 13 breite Rippen, gekerbt, 14–20 Randst. 1 cm lang, 3–4 Mittelst., alle gelb, Blüten ca. 16 cm lang.

E. eyriesii (Turp.) Zucc. Kugelig, 11–18 Rippen, sehr kurze Stacheln, meist in Wolle verborgen, Blüten 17–25 cm.

E. multiplex (Pfeiff.) Zucc. Einzeln oder sprossend, bis 30 cm hoch, 13–15 Rippen, 5–15 Randst. bis 2 cm lang, 2–4 Mittelst. bis 4 cm lang, Blüten rosa.

E. oxygona (Lk.) Zucc. Fast kugelig, bis 25 cm ∅, 14 Rippen, oben gerundet, 5–15 Randst. und 2–5 Mittelst., hornfarben, oben schwarz, Blüten blaßrot, bis 22 cm lang.

E. tubiflora (Pfeiff.) Zucc. Einzeln oder sprossend, bis 12 cm ∅, ca. 12 Ripp., bis 20 Randst., 3–5 Mittelst., Blüten 20 cm lang, weiß.

E. turbinata (Pfeiff.) Zucc. Kugelig, 13–14 Rippen, 10–14 Randst. bis 5 mm lang, gelbbraun, erst 1–2 Mittelst., später mehr, Blüten 15–17 cm lang, weiß, stark duftend!

Encephalocarpus Berg.

Kleine, kugelige Pflanzen mit flachen Warzen, die dachziegelartig dicht am Körper anliegen, Blüten erscheinen im Scheitel aus den jüngsten Warzen. Nur 1 Art. Heimat: Mexiko. Bevorzugen mineralische Substrate mit etwas Lehmzusatz, heißen Sommerstand und absolute Trockenheit im Winter.

E. strobiliformis (Werd.) Berg. Kugeliger Körper mit kräftiger Pfahlwurzel, Scheitel graufilzig, Warzen in deutlichen Schrägzeilen, Stacheln nur in der Jugend, 5 mm, Blüten bis 3 cm, violettrot, (Abb.).

△ *Echinopsis* – Hybride

△ *Echinopsis kermesina* (Krainz) Krainz

▽ *Encephalocarpus strobiliformis* (Werd.) Berg.

Epiphyllanthus obtusangulus (Lindb.) Berg.

Epiphyllanthus Berg.

Epiphytische Pflanzen mit rundlich-kugeligen Zweigen, teils zylindrisch. Stark zygomorphe Blüten. 3 bekannte Arten, deren Stellung nicht ganz sicher ist. Teilweise wird die Gattung zu *Zygocactus* einbezogen, dann wieder zu *Schlumbergera* gestellt. Heimat: Brasilien. Wächst am besten gepfropft auf *Selenicereus*.
Kühle Überwinterung ist für Blütenknospenansatz wichtig. Bei warmem Stand werden die Knospen leicht abgeworfen!

E. obovatus (Eng.) Br. & R. Strauchig, hängend, Stamm gegliedert oder rundlich, Triebe 2–6 cm lang, bis 3 cm ∅, Endglieder zu mehreren, flach, weißfilzige Areolen, Blüten ca. 4,5 cm lang, scharlachrot.

E. obtusangulus (Lindbg.) Berg. Triebe meist zu zweit oder dritt verzweigend, rundlich-kugelige Glieder, teils auch scheibenförmig, ca. 2,5 cm lang, Areolen mit Schuppen und borstigen Stacheln, Blüten 4,5 cm lang, purpurrosa, (Abb.).

Epiphyllum Haw.

Epiphyten mit langen, schmalen Trieben, daher auch Blattkakteen genannt. Die echten Epiphyllumarten sind Nachtblüher. Rund 20 Arten. Heimat: von Mexiko bis Südamerika.

Epiphyllum crenatum wurde zu gärtnerischen Züchtungen verwandt, davon zahlreiche Kreuzungen, so besonders von Haage und Knebel, die unter Sortennamen geführt werden, (Abb.). Vor allem bekannt unter der Bezeichnung *»Phyllocactus«*. Pflege den Sommer über im Freien, dazu kühle Überwinterung. Herrliche Blüten in großer Fülle. Alte, abgeblühte Triebe regelmäßig entfernen, damit sich die Pflanzen verjüngen.

E. anguliger (Lem.) G. Don Runde Stämmchen mit abgeflachten Zweigen, Triebe tief gezähnt, Blüten über 8 cm lang, weiß.

E. crenatum (Lindl.) G. Don Blaugrüne Triebe, bis 3 cm breit, dickrippig, Areolen mit Borsten und Haaren, Blüten bis 12 cm ∅, creme bis grünlichgelb, stark duftend.

E. oxypetalum (DC.) Haw. Stark verzweigt, mattgrüne Triebe, bis 3 m lang, flach und dünn, ca. 12 cm breit, tief gekerbt, Blüten 25–30 cm lang, bis 12 cm ∅, weiß.

Epiphyllum ›Pfersdorfii‹

Epithelantha (Web.) Br. & R.

Breitrunde bis kugelige Pflanzen ähnlich *Mammillaria*. Die Blüten entstehen aber nicht aus den Axillen, sondern aus den jüngsten Areolen im Scheitel. Rund 5 Arten. Heimat: USA (Westtexas), Mexiko. Kultur am besten in mineralischen Substraten mit etwas Kalkzusatz!

E. micromeris (Eng.) Web. Kugelig mit eingesenktem Scheitel, sehr kleine Warzen, zahlreiche, weiße Stacheln, ca. 2 mm lang, Blüten bis 6 mm ∅, weißlich bis rosenrot, (Abb.).

E. pachyrhiza (Marsh.) Backbg. Zylindrischer Körper, Basis oft stielig verengt, Stacheln weiß, im Scheitel ziemlich lang, ein Büschel bildend.

Eriocereus (Berg.) Ricc.

Niederliegende, teils kletternde Cereen, oft einige Meter lang, große trichterige Blüten, nachtblühend, Röhre und Fruchtknoten behaart. Rund 10 bekannte Arten. Heimat: Brasilien, Paraguay, Uruguay und Argentinien.

E. bonplandii (Parm.) Ricc. Niederliegend bis kletternd, 3 m und länger, Triebe 3–8 cm ∅, 4–6 Rippen, Blüten bis 25 cm lang, weiß.

Epithelantha micromeris (Eng.) Web.

Eriocereus jusbertii (Reb.) Ricc.

Escobaria bella Br. & R.

E. jusbertii (Reb.) Ricc. Wenig verzweigt, Triebe 4–6 cm ∅, Randst. nur ca. 4 mm lang, 1 kräftiger Mittelst. rot, später braun, Blüten 18 cm lang, weiß, außen bräunlich grün. Ausgezeichnete Pfropfunterlage! (Abb.).

E. martinii (Lab.) Ricc. Triebe nur 2 bis 2,5 cm ∅, 4–5 Rippen, 5–7 Randst., dazu 1 hellbrauner Mittelst. bis 3 cm lang, Blüten 20 cm lang, weiß, außen grün.

E. tortuosus (Forb.) Ricc. Niederliegend, verzweigt, bis 1 m lange Triebe, 5–7 Rippen, leicht gebuchtet, 6–10 St., dazu 1–3 Mittelst. bis 4 cm lang, Blüten 16 cm, weiß.

Eriosyce Phil.

Formenreiche Gattung riesiger Kugelkakteen, teils mit dichtem Wollschopf, glockenförmige Blüten, kurze Blütenröhre außen mit spitzen Schuppen bedeckt. Heimat: Chile. Langsam wachsende Pflanzen, die in den Sammlungen wenig verbreitet sind.

E. ceratistes (O.) Br. & R. Bis 50 cm ∅, teils bis 1 m Höhe, 20–30 Rippen, Scheitel wollig, bis ca. 20 Stacheln bis über 3 cm lang, Blüten ca. 3,5 cm lang, rot. Dazu eine ganze Reihe von Varietäten mit unterschiedlichen Stachelfärbungen.

Erythrorhipsalis Berg.

Hängendwachsende Epiphyten mit verzweigten Trieben, die mit anliegenden Borsten bedeckt sind, an den Enden erscheinen kleine, ebenfalls beborstete Blüten. Eine bekannte Art. Heimat: Brasilien. Pflege wie *Rhipsalis,* im Sommer ist Aufenthalt im Freien durchaus möglich!

E. pilocarpa (Löfgr.) Berg. Stark buschig, wirtelig verzweigt, Triebe bis zu 12 cm lang, schwach gerippt, 8–10 undeutliche Rippen, Blüten einzeln oder zu zweit, bis 2,5 cm breit, blaßgelb, duftend.

Escobaria Br. & R.

Meist recht kleinbleibende Pflanzen, teils kugelig, auch zylindrisch wachsend, meist reich sprossend, Warzen oberseits mit Furche, dünne, nadelförmige Stacheln. Rd. 20 Arten. Heimat: USA (Westtexas, Neumexiko), Mexiko.
In mineralischem Substrat gut wachsend, volle Sonne, im Winter absolut trocken! Hübsche Pflanzen, die wenig Platz beanspruchen.

E. chaffeyi Br. & R. Säulig, bis 12 cm, fast ganz von borstigen, weißen Stacheln bedeckt, hellgrüne Warzen, Blüten 1,5 cm lang, cremerosa mit bräunl. Mittelstreifen.

E. chihuahuensis Br. & R. Einzeln bis gruppenbildend, kurze Warzen unter den bräunlichen Stacheln verborgen, Blüten bis 1,5 cm lang, purpur, bewimpert.

E. hesteri (Wright) F. Buxb. Kleine Triebe, bis 4 cm hoch, 14–16 Randst. glasig hell, Blüten hellpurpurn, 2,5 cm ∅, (Abb.).

E. leei Böd. Triebe nur etwa 5 mm ∅ und bis 1,5 cm hoch, stark sprossend, dicht weiß bestachelt.

E. nellieae (Croiz.) Backbg. Bis 4,5 cm lang, 8–14 Rippen, 18 Randst. honiggelb, 1 cm lang, Blüten purpurn, ca. 1,5 cm ∅, (Abb.).

E. sneedii Br. & R. Sprossend und große Gruppen bildend, zylindrische Triebe, bis 6 cm lang, 1–2 cm ∅, bis 20 Stacheln, ca. 6 mm lang, dicht verflochten, braunspitzig.

E. tuberculosa (Eng.) Br. & R. Zylindrische Triebe bis 18 cm hoch, 6 cm ∅, 20–30 Randst., ca. 15 mm lang, dazu 5–9 Mittelst. weiß, mit brauner Spitze, rosa Blüten bis 2,5 cm ∅, zahlreiche Varietäten.

E. zilziana (Böd.) Backbg. Später zylindrisch, sprossend, bis 10 cm lang, wollige Axillen, 12–15 Randst. bis 1,5 cm lang, weißlich, braunspitzig, gelbe Blüten, 1,5 cm ∅.

Escontria Rose

Große vielverzweigte Bäume mit weichen, hellgrünen Trieben. Kleine, kurzglockige Blüten, wie Frucht und Fruchtknoten völlig kahl. Nur 1 bekannte Art. Heimat: Mexiko. Hier vor allem im Süden von Puebla bis Oaxaca weit verbreitet und große Bestände bildend.

E. chiotilla (Web.) Rose Baumartig, bis 7 m hoch, 7–8 Rippen, 10–15 Randstacheln, kurz und zurückgebogen, mehrere Mittelstacheln, davon einer bis 7 cm lang, Blüten 3 cm lang, gelb, (Abb.).

△ *Escobaria hesteri* (Wright) F. Buxbaum

▽ *Escobaria nellieae* (Croiz.) Backbg.

Escontria chiotilla (Web.) Rose am Standort östl. Tehuacan im
▽ Staate Puebla/Mexiko

Espostoa Br. & R. emend. Werd.

Herrliche, dichtbehaarte Säulencereen mit feinen, weißen oder gelben Randstacheln, teils auch rot gefärbt, Blüten nur an großen, alten Exemplaren aus einem wolligen Cephalium, das vom Scheitel herabläuft. Rund 8 Arten bekannt. Heimat: Südekuador bis Peru.

Empfehlenswerte Pflanzen auch für kleine Sammlungen. Volle Sonne, mäßig feucht, im Winter absolut trocken.

E. hylaea Ritt. Von der Basis 5 cm Ø, 21–18 Rippen, 30–40 Randst. gelb oder fuchsbraun, 5 mm lang, dazu bis 1 cm lange Haare.

E. lanata (H.B.K.) Br. & R. Baumartig, bis 4 m hoch, 20–30 Rippen, zahlreiche gelbliche Randstacheln, dazu meist 2, mehrere cm lange Mittelst., abstehend gelblich mit roter Spitze, (Abb.); var. *sericata* (Backbg.) Backbg. unterscheidet sich durch Fehlen der Mittelstacheln, (Abb.).

Espostoa nana Ritt.

Espostoa lanata (H. B. K.) Br. & R.

△ *Espostoa lanata (H. B. K.)* Br. & R. var. *sericata* (Backbg.) Backbg.

E. laticornua Rauh & Backbg. Nur bis 2 m, bis 30 cm ∅, meist ein längerer Mittelstachel, dazu die Varietäten: var. *atroviolacea* Rauh & Backbg. mit purpurvioletten Mittelstacheln, im Scheitel braunrot; var. *rubens* Rauh & Backbg. rötl. Randst. und bis 8 cm lange, bernsteingelbe Mittelstacheln.

E. melanostele (Vpl.) Borg. Früher *Pseudoespostoa*, von unten verzweigt, bis 2 m, ca. 25 Rippen, von dichten Haaren eingehüllt, dazu bis 4 cm lange, gelbe, kräftige Stacheln, (Abb.).

E. mirabilis Ritt. Triebe bis 9 cm ∅, borstig-dünne Stacheln, teils haarartig, Mittelst. im Scheitel aufgerichtet, weiß mit roter Spitze, Scheitel dicht wollig, (Abb. Seite 20).

E. nana Ritt. Früher *Pseudoespostoa*, bis 8 cm ∅, blaßgelbe St., ca. 30 Randst. 7,5 mm lang, dazu 1 Mittelst., (Abb.).

E. procera Rauh & Backbg. Baumartig, bis 7 m hoch, wenig Triebe, diese bis 15 cm ∅, dicht weißwolliger Scheitel, Mittelst. an cephalientragenden Pflanzen bis 2 cm lang, zur Basis hin gelblich, zur Spitze hin prächtig rot.

E. ritteri Buin. Baumförmig verzweigt, bis 7 cm ∅, 18–22 Rippen, weiße, dünne Haare bis 3 cm lang, ca. 25 Randst. bräunlich, gelblich oder weißlich, (Abb.).

△ *Espostoa melanostele* (Vpl.) Borg

▽ *Espostoa ritteri* Buin.

Eulychnia Phil.

Baumartige Cereen, meist reich verzweigt, häufig weißer oder grauer Filz an den Areolen, dazu lange, weiße Wollhaare. Rund 10 bekannte Arten. Heimat: Chile.
Hübsch, bereits als Jungpflanzen recht auffällig!
Im Sommer trocken halten und erst gegen Herbst zu reichlicher gießen.

E. acida Phil. Bis 7 m hoch, 11–12 Rippen, verschieden lange Stacheln, bis 20 cm lang, später grau.

▽ *Eulychnia ritteri* Cullm.

Ferocactus glaucescens (DC.) Br. & R. am Standort im Staate ▽ San Luis Potosi/Mexiko

E. iquiquensis (K. Sch.) Br. & R. 12–15 Rippen, etwas höckrig, Areolen bis 1 cm ∅, 12–15 St., ca. 1 cm lang, oft borstenförmig.

E. procumbens Backbg. 9–11 Rippen, dikke, graue Areolen, Stacheln verschieden an Zahl und unterschiedlich lang.

E. ritteri Cullm. Baumartig oder strauchig, Triebe 6–8 cm ∅, bis 12 Randst. 1–2 cm lang, bräunlich, 1–4 schwarze Mittelst. bis 6 cm lang, (Abb.).

E. saint-pieana Ritt. Der folg. Art sehr ähnlich, doch runde Areolen, bis 8 mm ∅, mit dichtem Filz bis 1 cm lang.

E. spinibarbis (O.) Br. & R. Triebe bis 7 cm ∅, 12–13 Rippen, bis 15 cm lange Stacheln.

Ferocactus Br. & R.

Meist kugeliger Wuchs, doch auch säulig, besonders kräftige Bestachelung, teils abgeflacht, häufig hakig gebogen, oft prächtig gefärbt, gelbe Blüten meist erst an großen Exemplaren. Rund 35 Arten. Heimat: USA, Mexiko.
Prächtige Pflanzen mit herrlicher Stachelbildung, anspruchslos.

F. acanthodes (Lem.) Br. & R. Dicksäulig, bis 3 m hoch, bis ca. 27 Rippen, etwa 13 Randst. dünnadelig, bis 12 cm langer Mittelstachel.

F. alamosanus Br. & R. Kugelig, bis 30 cm ∅, ca. 20 Rippen, meist 8 Randst. 3–4 cm lang, 1 Mittelst. bis 6 cm lang.

F. echidne (DC.) Br. & R. Breitkugelig bis 30 cm ∅, 13 scharfkantige Rippen, ca. 7 Randstacheln, ca. 2 cm lang gelb, 1 Mittelstachel bis über 3 cm lang.

F. flavovirens (Scheidw.) Br. & R. Sprossend und Kolonien bildend, bis 40 cm hoch, 11–13 Rippen, 14 abstehende Randst. bis 2 cm lang, 4 Mittelst., der unterste 5–8 cm lang, alle rot bis braun (Abb. Seite 18).

Ferocactus herrerae G. Ort.

Ferocactus rafaelensis (J. A. Purp.) Borg.

Ferocactus hamatacanthus (Mühlpfrdt.) Br. & R.

Ferocactus robustus (Lk. & O.) Br. & R.

F. glaucescens (DC.) Br. & R. Kugelig, graugrün, 11–13 Rippen, Stacheln gelb, 6–7 randständig, 1 mittlerer, alle ca. 3 cm lang, Blüten 2 cm lang, gelb, (Abb.).

F. hamatacanthus (Mühlpfrdt.) Br. & R. Früher als *Hamatocactus hamatacanthus* (Mühlpfrdt.) Knuth bezeichnet! Erst kugelig, dann gestreckt, meist 13 Rippen, bis 5 cm hoch, 8–12 Randst., rund bis abgeflacht, bis 7 cm lang, 1–3 Mittelst., der unterste bis 12 cm Länge, Stacheln anfangs rot, später hornfarben, große, gelbe Blüten, bis 7 cm lang, (Abb.).

F. herrerae G. Ort. Kugelig, später zylindrisch bis 2 m hoch, 13–14 höckrige Rippen, 8 Randst., davon 2 weiß, die übrigen rot gefleckt, 1 Mittelst. anfangs hakig, dazu bis 8 Borstenstacheln, ca. 3 cm lang, (Abb.).

F. histrix (DC.) Linds. Großkugelig bis 70 cm hoch, ca. 24 Rippen, 7–12 Randst., 3–4 Mittelst., davon 1 vorgestreckt bis 6 cm lang, Stacheln bernsteingelb.

Ferocactus schwarzii Linds.

Ferocactus stainesii var. *pilosus* (Gal.) Backbg.

F. horridus Br. & R. Kugelig, später bis 1 m hoch, bis 30 cm ∅, 13 Rippen, 8–12 Randst. 3–4 cm lang, nadelig, weiß, 6–8 spreizende Mittelst., der längste bis 12 cm lang, hakig.

F. latispinus (Haw.) Br. & R. Kugelig bis 40 cm ∅, 15–23 Rippen, 6–10 dünne Randst., weiß bis rosa, bis 2,5 cm lang, 4 und mehr Mittelst., einer stark abgeflacht und hakig gebogen, rot bis gelb.

F. macrodiscus (Mart.) Br. & R. Körper gedrückt-rund, bis 45 cm ∅, 16–21 scharfkantige Rippen, 6–8 Randst., bis 2 cm lang, 4 kräftige Mittelst., St. gelb, rotgelb oder blutrot, dazu var. *multiflorus* (R. Mey.) Berg., der leichter als der Typus blühen soll, Blüten 3–4 cm lang, mattrosa mit purpurnem Mittelstreifen.

F. peninsulae (Web.) Br. & R. Körper anfangs kugelig, später säulig, bis 2,5 m hoch, 13–21 Rippen, ca. 11 Randst., bis 2,5 cm lang, 6 Mittelst., rubinrot, der unterste hakig, 4 im Kreuz, bis 6 cm lang, kantig.

F. recurvus (Mill.) Berg. Bis 25 cm hoch, 20 cm ∅, 13–15 Rippen, 3 cm hoch, gedreht, 8 Randst. bis 2,5 cm lang, 1 kräftiger Mittelst. bis 7 cm lang hakig, alle Stacheln rot, schwächere gelblich.

F. reppenhagenii Unger Kugelig bis säulig, bis 24 cm ∅, 12–18 Rippen, scharf gefurcht, 6–11 Randst. bis 4 cm lang, 1 Mittelst. meist nach oben gebogen, bis 8 cm lang, am Grund oft rötlich geringelt.

F. robustus (Lk. & O.) Br. & R. Mächtige Kolonien bildend, bis 3 m ∅, 8 Rippen, ca. 14 Randst. nadelig, dazu 4–6 Mittelst. bis 6 cm lang, braun oder rot, (Abb.).

F. schwarzii Linds. Kugelig bis 80 cm hoch, bis 50 cm ∅, 13–19 Rippen, scharfkantig, anfangs 3–5 St. bis 5,5 cm lang, erst gelb, dann hornfarben, (Abb.).

F. stainesii (Hook.) Br. & R. Sprossend, bis 3 m hoch und 60 cm ∅, ca. 18 Rippen, 5 Randst. und 4 Mittelst. Dazu var. *pilosus* (Gal.) Backbg. mit reicher Haarbildung in den Areolen und zum Scheitel hin, (Abb.).

F. townsendianus Br. & R. Kurzzylindrisch, bis 40 cm hoch, 14–16 Randst., 3–4 cm lang, Mittelst. geringelt, einer hakig.

F. wislizenii (Eng.) Br. & R. Erst kugelig, später zylindrisch und bis 2 m hoch, ca. 25 Rippen, borstige oder feinnadelige Randst. bis 5 cm lang, mehrere Mittelst. weiß bis rot, davon einer abgeflacht, stark hakig und bis 15 cm lang.

Frailea Br. & R.

Kleine, zwergige Kugelkakteen mit kleistogamer Fruchtbildung, Blüten öffnen sich nur bei heißem Wetter, sonst kommt es in den geschlossenen Knospen zu einer Befruchtung und reichem Samenansatz. In der Pflege anspruchslos, rund 20 bekannte Arten. Heimat: Südamerika (Südbrasilien über Uruguay bis Argentinien, sowie Bolivien und Paraguay).

F. asterioides Werd. (syn. *F. castanea* Backbg.) Plattrund, 10–15 Rippen, 8 winzige St., Blüten gelb, bis 4 cm ∅, (Abb.).

F. cataphracta (Dams) Br. & R. Gedrückt-kugelig, Höcker in 15 Reihen mit halbmondförmigem, roten bis violetten Fleck unter den Areolen, 5 dünne Randst., Blüten grünl. gelb.

F. alacriportana Backbg. & Voll Reichsprossend, bis 6 cm hoch, Warzen in 18 Reihen, borstenfeine Randst. bis 5 mm lang, 2 Mittelst., Blüten hellgelb.

F. carminifilamentosa Kilian Grün bis violettbraun, Rippen mit sechseckigen, flachen Höckern, 12 Randst. und 2 Mittelst., alle 4 mm lang, hellgelbe Blüten, die Staubfäden am Grunde karmin.

F. gracillima (Monv. ex Lem.) Br. & R. Graugrün, bis 10 cm hoch, Warzen in 13 Reihen, bis 16 Randst., gelbe Blüten, am Grund karmin.

F. grahliana (Hge. jr.) Backbg. Flachrund, 9–11 St. nicht angedrückt, bis 3,5 cm lang, gelb, Blüten gelb, bis 4 cm ∅, (Abb.).

F. pumila (Lem.) Br. & R. Reich sprossend, 13–15 Rippen, 12–14 feine Randst., 2 Mittelst., Blüten 2 cm, weißwollig.

F. schilinzkyana (Hge. jr.) Br. & R. Rasenbildend, hellgrün, 12–14 St., 2–3 mm lang, schwärzlich, Blüten 3,5 cm, (Abb.).

F. uhligiana Backbg. Einzeln, rotbraun, bis 25 Rippen, leicht höckrig, 4–5 Paare Randst., ca. 2 mm lang, Blüten gelb.

△ *Frailea asterioides* Werd.

▽ *Frailea grahliana* (Hge. jr.) Br. & R.

▽ *Frailea schilinzkyana* (Hge.jr.) Br. & R.

△ *Gymnocalycium denudatum* (Lk. & O.) Pfeiff.

▽ *Gymnocalycium gibbosum* (Haw.) Pfeiff.

▽ *Gymnocalycium megalothelos* (Sencke) Br. & R.

△ *Gymnocalycium mihanovichii* (Frič & Gürke) Br. & R.

Gymnocalycium Pfeiff.

Umfangreiche Gattung aus den Kugelkakteen, die bereits 1845 von *Echinocactus* abgetrennt wurde. Pflanzen unterschiedlicher Größe. Typisch sind die kahlen Blüten mit ihren deutlichen Schuppen. Zahlreiche Neufunde in den letzten Jahren. Rund 100 bekannte Arten. Heimat: Bolivien, Paraguay, Südbrasilien, Uruguay und Argentinien. Anspruchslose Pflanzen mit großen Blüten, die einige Tage halten. Teils halbschattiger Platz. Sie bevorzugen nahrhaftes, gut durchlässiges Substrat. Überwinterung bei +8 bis 12 °C.

G. andreae (Böd.) Backbg. Klein, 8 flachrunde Rippen, 7 anlieg. Randst., weiß, ; 1–3 Mittelst., Blüten bis 4,5 cm, gelb.

G. anisitsii (K. Sch.) Br. & R. Länglich, 11 Rippen mit warzigen Höckern, 3–5 St., Blüten bis 4 cm lang, weiß.

G. baldianum (Speg.) Speg. Gedrücktkugelig, 9–11 Rippen, höckrig, 5–7 Randst., grau, Blüten rot.

G. bruchii (Speg.) Hoss. Klein, bis 6 cm ∅, sprossend, ca. 12 Rippen, ca. 10 borstig-feine St., bis 3 Mittelst., Blüten rosa.

G. borthii Koop Kugelig bis 9 cm ∅, bis 16 Rippen, 5–7 Randst., Mittelst. fehlend, Blüten weiß mit rosa Schlund, bis 5 cm ∅.

G. calochlorum (Böd.) Y. Ito Polsterbildend, ca. 11 Rippen, bis 9 Randst. anliegend, Blüten bis 6 cm lang, blaßrosa.

G. cardenasianum Ritt. Graublau-grün, ca. 8 Rippen, 3–6 Randst., bis 6 cm lang, Mittelst. 1–2 bis 8 cm lang, Blüten bis 9 cm ∅, rosa bis weiß.

G. carminanthum Borth & Koop Gedrückt-kugelig bis 10 cm ∅, 6–11 Rippen, 5–9 Randst. bis 2,5 cm lang, Mittelst. oft fehlend, Blüten karminrot bis 5,5 cm ∅.

G. deeszianum Dölz Kugelig bis gestreckt, 7–8 Rippen, gehöckert, ca. 7 anliegend. St., Blüten bis 5 cm lang, rahmweiß.

G. denudatum (Lk. & O.) Pfeiff. Flachrund, 5–8 Rippen, 5 Randst. gewunden und abwärts gerichtet, Blüten schlankröhrig, bis 7 cm ∅, weiß, (Abb.).

G. gibbosum (Haw.) Pfeiff. Bis 60 cm hoch, 12–19 Rippen mit scharfen Querfurchen, 7–10 Randst., 1–3 Mittelst. verschied. lang, Blüten weißlich, groß, (Abb.).

G. hossei (Hge. jr.) Berg. Flachkugelig, 13 Rippen, 7 spreizende Randst. braun, dann grau, Blüten kurzröhrig, sattrosa.

G. mihanovichii (Frič & Gürke) Br. & R. Kugelig, grün bis rötlichbraun, Rippen quergebändert, 5 Randst. bis 1 cm lang, Blüten glockig-trichterig, grünlichgelb. Dazu

△ *Gymnocalycium mostii* var. *kurtzianum* (Gürke) Backbg.

▽ *Gymnocalycium oenanthemum* Backbg.

▽ *Gymnocalycium mihanovichii* var. *friedrichii* Werd.

▽ *Gymnocalycium quehlianum* (Hge. jr.) Berg.

Gymnocalycium tillianum Rausch

Gymnocalycium uruguayense (Ar.) Br. & R.

zahlreiche Varietäten: var. *friedrichii* Werd. sattrosa Blüten, (Abb.), sowie f. ›Rubra‹, eine chlorophyllfreie Form mit leuchtend rotem Körper, nur gepfropft zu halten. Als Propfunterlage wird meist *Hylocereus* verwendet, der eine wärmere Überwinterung von + 12 bis 15 °C erfordert.

G. mostii (Gürke) Br. & R. Dunkel- bis blaugrün, bis 13 cm Ø, 11–14 Rippen, 7 Randst. bis 22 mm lang, hell hornfarben, 1 Mittelst., Blüten hell lachsrot, becherförmig, bis 8 cm Ø, (Abb.).

G. multiflorum (Hook.) Br. & R. Bis 12 cm Ø, 10–15 Rippen, wulstig-höckrig, 7–10 St. randständig, bis 3 cm lang, gelblich, Blüten kurzglockig, 4 cm lang, rosa bis weiß.

G. platense (Speg.) Br. & R. Breitkugelig, 8–14 Rippen, 7 St. weißlich, Blüte schlankröhrig, weiß mit rötlichem Schlund.

G. quehlianum (Hge. jr.) Berg. Flachkugelig, ca. 11 Rippen in warzigen Höckern aufgelöst, 5 spreizende Randst., Blüten schlankröhrig, weiß mit rötlichem Schlund, (Abb.).

G. ritterianum Rausch Flachkugelig, bis 11 cm Ø, 10–12 Rippen, gefurcht, 7–9 Randst. bis 2,5 cm lang, rosabraun, Blüten rosa-weiß, bis 7,5 cm breit, violettrosa Schlund.

G. saglione (Cels) Br. & R. Kugelig, blaugrün, bis 30 cm Ø, 13–32 Rippen, 8–15 Randst., bis 4 cm lang, 1 bis mehrere Mittelst., rötlichbraun bis schwarz, Blüten 3,5 cm lang, weiß oder schwach rosa.

G. schickendantzii (Web.) Br. & R. Breitrund, 7–14 Rippen, 6–7 bis 3 cm lange Randst., Blüten bis 5 cm lang, weiß bis rötlich.

G. spegazzinii Br. & R. Bis 20 cm hoch, blau-graugrün, 10–15 Rippen, 5–7 Randst. bis 5,5 cm lang, Blüten bis 7 cm lang, weißlich bis rosa, Schlund purpurn.

G. striglianum Jeggle Blaugrau bis braun, 8–12 Rippen, in den Kerben gewellt, 3–5 St. bis 1,5 cm lang schwarz, Blüten bis 5 cm lang, 4 cm Ø, cremeweiß mit rosa Schimmer.

G. stuckertii (Speg.) Br. & R. Rundlich, 9–11 Rippen, 7–9 Randst. bis 2,4 cm lang, Blüten weißlich bis rosa, 4 cm Ø.

G. zegarrae Card. Blaugrün, bis 18 cm Ø, 13 Rippen, höckrig, 8 Randst. bis 2,5 cm lang, 1 Mittelst., alle grauweiß, Blüten weiß bis rosa, Schlund rot.

Haageocereus albispinus (Akers) Backbg.

Haageocereus chosicensis (Werd. & Backbg.) Backbg.

Haageocereus Backbg.

Buntbestachelte Säulenkakteen, oft dicht von feinen Borstenstacheln eingehüllt. Die nachtblühenden Blüten erscheinen erst an großen Exemplaren. Rund 50 bekannte Arten. Heimat: Peru.
Empfehlenswerte Pflanzen für Sammlungen, anspruchslos!

H. albispinus (Akers) Backbg. Bis 1 m, 25–26 Rippen, 20–25 Randst. blaßgelb, 30–35 weiße Borstenst., 1 langer Mittelst., tiefrote Blüten, 4 cm ∅, (Abb.).

H. aureispinus Rauh & Backbg. Bis 80 cm hoch, 18–20 Rippen, Areolen weißgelb, 30–40 Randst. 1 cm lang, leuchtend gelb, 1–2 Mittelstacheln, bis 4 cm lang, Blüten weiß.

H. chosicensis (Werd. & Backbg.) Backbg. Gruppenbildend, bis 1,5 m hoch, 30 und mehr borstenfeine Randst., 3–4 Mittelst. bis 2 cm lang, weißlich bis rostgelb, Blüten lilarot, (Abb.).

H. decumbens (Vpl.) Backbg. Niederliegend, Triebe bis 5 cm ∅, ca. 20 Rippen, 30 und mehr Randst., 5 mm lang, 1–2 Mittelst. bis 5 cm lang, braun, Blüten weiß.

H. multicolorispinus Buin. Bis 1 m, ca. 15 Rippen, rd. 30 borstenfeine Randst. weiß, 4–8 Mittelst., einer bis 2,5 cm lang, hell gelbrot, Blüten 6,5 cm ∅, weiß.

H. repens Rauh & Backbg. Triebe niederliegend, oft stark von Sand eingeweht, am Ende aufsteigend, bis 2 m lang, etwa 8–10 cm ∅, ca. 19 Rippen, Areolen ockergelb ohne Borstenstacheln, ca. 40 Randst., bis 10 mm lang, sehr dünn, anfangs ockergelb, 1–2 wenig stärkere Hauptst., bis 1,5 cm lang, Blüten reinweiß. (Abb. siehe Seite 21).

H. seticeps Rauh & Backbg. Bis 1 m, 19 Rippen, ca. 50 Randst., 1–4 Mittelst. bis 4 cm lang, borstig dünn, gelblich. Dazu Varietät: var. *robustispinus* Rauh & Backbg. nur 17 Rippen, Mittelst. fuchsfarben, Blüten weinrot.

H. versicolor (Werd. & Backbg.) Backbg. Schlanksäulig, 16–22 Rippen, 25–30 feinnadelige Randst., 1–2 Mittelst. bis 4 cm lang, fuchsrot. Blüten weiß. Dazu einige Varietäten: var. *aureispinus* Backbg. goldgelbe St.; var. *fuscus* Backbg. St. fein und dicht, tief fuchsbraun.

H. zehnderi Rauh & Backbg. Aufrecht, von unten her bereits sprossend und damit gruppenbildend, ca. 18 Rippen, Areolen schmutzigweiß, dünne Randst., bis 3 cm lang, Hauptst. bis 5 cm, alle gelb.

H. zonatus Rauh & Backbg. Gruppenbildend, 13–14 Rippen, 15–40 Randst., bis 5 mm, blaßgelb, 1–4 Mittelst., bis 2,5 cm lang, ockerfarben, braun, Blüten weiß.

△ *Hamatocactus setispinus* (Eng.) Br. & R.

▽ *Hatiora bambusoides* (Web) Br. & R.

▽ *Heliocereus amecamensis* (Heese) H. Bravo

Hamatocactus Br. & R.

Durchlaufende Rippen, Areolen oft gebuchtet, verlängerter Mittelstachel, teils hakig, trichterige Blüten, wenig beschuppt. Heimat: USA (Texas und Neumexiko), Nordmexiko.
Leichtwachsende Pflanzen, die herrlich blühen!

H. setispinus (Eng.) Br. & R. Nur bis ca. 15 cm hoch, ca. 13 Rippen, oft wellig, 12–15 Randst. bis 4 cm lang, 1–3 Mittelst., meist hakig, dunkelbraun, Blüten bis 7 cm lang, gelb mit roter Mitte, (Abb.).

Hatiora Br. & R.

Epiphytische Kakteen, reichverzweigt, ähnlich *Rhipsalis,* Blüten aus den Scheitelareolen der Triebe. 4 bekannte Arten. Heimat: Brasilien.
Hübsche, leicht wachsende Pflanzen, den Sommer über im Freien zu kultivieren.

H. bambusoides (Web.) Br. & R. Aufrecht-strauchförmig, reich verzweigt, Triebe zu zweit oder dritt aus Scheitelareolen erscheinend, bis 5 cm lang, schlankkeulig, nicht stielig, Blüten orangerot, (Abb.).

H. salicornioides (Haw.) Br. & R. Bis 40 cm hoch, reich verzweigt, Triebe zu zweit oder in 3- bis 5gliedrigen Wirteln, anfangs zylindrisch, später mit deutlichem Stiel, 1–2 Blüten, glockig, 1 cm ∅, gelb.

Heliocereus (Berg.) Br. & R.

Kräftige, drei- bis vierrippige Triebe, ähnlich den Blattkakteen, bis 1 m Länge und 3–4 cm ∅, große, tagblühende Blüten. Rund 5 bekannte Arten. Heimat: Mexiko, Guatemala.
Meist schwachbestachelte Pflanzen mit herrlichen Blüten, die einige Tage halten. Bevorzugen nahrhafte, leicht humose Erdsubstrate, auch im Winter die Wurzeln nie völlig austrocknen lassen. Den Sommer über Pflege im Freien möglich, vor zu praller

Heliocereus speciosus (Cavan.) Br. & R.

Sonne schützen! Vor allem *H. speciosus* (Cavan.) Br. & R. diente zum Einkreuzen mit Epiphyllumarten, daraus die bekannten »Phyllokakteen«-Züchtungen.
Möglichst helle Überwinterung, da die Pflanzen schon zeitig Blüten ansetzen!

H. amecamensis (Heese) Bravo Hellgrüne Triebe, gelbe bis bräunliche Stacheln, reinweiße Blüten, (Abb.).

H. cinnabarinus (Eichl.) Br. & R. Triebe nur ca. 1,5 bis 3 cm ∅, meist dreirippig, ca. 10 borstendünne St. 5–8 mm lang, Blüten ca. 15 cm lang, nicht breit öffnend, hellzinnober.

H. schrankii (Zucc.) Br. & R. Mattgrün, 3- bis 4kantig, 7–10 St. weiß, später hellgelb, Blüten 14 cm lang, scharlach- bis blutrot, mit leuchtend karminrotem Fleck.

H. speciosus (Cavan.) Br. & R. Buschig aufrecht, kletternd oder hängend, 3–5 Rippen, 5–8 St. bis 1,5 cm lang, Blüten 12–15 cm leuchtend karmin, (Abb.).

△ *Homalocephala texensis* (Hopff.) Br. & R.

△ *Horridocactus tuberisulcatus* (Jac.) Y. Ito

▽ *Hylocereus undatus* (Haw.) Br. & R.

Homalocephala Br. & R.

Flachkugelige Pflanzen mit großen Blüten, deren Blütenblätter federartig zerschlissen wirken, stachellose Früchte. Nur eine einzige Art. Neuerdings zu *Echinocactus* gestellt. Heimat: USA (Texas, Neumexiko), Mexiko.
Kultur in mineralischem Substrat mit Lehmzusatz, dazu viel Feuchtigkeit im Frühjahr mit Wachstumsbeginn, im Sommer und Winter wieder trocken halten!

H. texensis (Hopff.) Br. & R. Einzeln, bis 30 cm ∅, 13–27 Rippen, scharfkantig, weiße Areolen, meist 6 spreizende Randst. bis 5 cm lang, gebogen und teils abgeflacht, Mittelst. bis 6,5 cm lang und 8 mm breit, glockige Blüten bis 6 cm ∅, scharlach und orange, (Abb.).

Horridocactus Backbg.

Meist einzelne Köpfe, die Blüten unterscheiden sich von denen anderer chilenischer Gattungen durch Fehlen einer Behaarung, sie sind nur filzigflockig, vereinzelt Borsten an der Röhre. Rund 20 bekannte Arten, die zur Gattung *Neoporteria* einbezogen wurden. Heimat: Chile.

H. armatus (Ritt.) Backbg. Halbkugelig, 15–21 Rippen, braune Areolen, 8–12 Randst. bis 4 cm lang, 2–8 Mittelst., braun bis schwarz, gelbliche Blüten mit braunem Ton.

H. curvispinus (Bert.) Backbg. Kugelig, 16 Rippen, bis 3 cm hoch, quergebuchtet, meist 6–10 Randst. ziemlich kräftig, Blüten strohgelb, ca. 3,5 cm lang.

H. tuberisulcatus (Jac.) Y. Ito Einzeln oder sprossend, 14–20 Rippen um die Areolen höckrig verdickt, Areolen bis 1,5 cm lang, 10–12 Randst., dazu 4–5 Mittelst. derbpfriemlich bis 2,5 cm lang, Blüten bis über 4,5 cm lang und 4 cm ∅, bräunlichgelb, (Abb.).

Hylocereus Br. & R.

Klimmende bzw. rankende Pflanzen, teils mit Kletterstacheln, meist dreikantig, große nächtliche Blüten, auffällig beschuppt, ohne Borsten und Stacheln. Rund 25 Arten. Heimat: Mexiko bis Südamerika.

H. calcaratus (Web.) Br. & R. Triebe stark dreiflügelig, 4–6 cm ∅, Rippen mit zungenförmigen Vorsprüngen, stachellose Areolen, nur 2–4 kleine Borstenst., weiße Blüten mit trichteriger Krone.

H. purpusii (Wgt.) Triebe herrlich blau bereift, leicht wellig, hornig, 3–6 kurze St. ca. 1 mm lang, Blüten ca. 25 cm lang und ebenso breit, außen rötlich bis feurig karmin, innen weiß bis goldgelb, (Abb.).

H. undatus (Haw.) Br. & R. Verzweigend, dunkelgrüne Triebe, dreirippig mit dünner Kante, 1–3 kurze St., Blüten bis ca. 30 cm lang, weiß, außen gelblich-grün, (Abb.). Wird gerne als Pfropfunterlage verwendet!

Hylocereus purpusii (Wgt.) Br. & R.

△ *Islaya islayensis* (Först.) Backbg.

▽ *Islaya minor Backbg.*

▽ *Isolatocereus dumortieri* (Scheidw.) Backbg.

Islaya Backbg.

Kugelige bis längliche Pflanzen mit meist dichtem, blaßgelben Wollfilz im Scheitel, Blüten nicht sehr groß. Besonders typisch für diese Gattung sind die bis 4 cm langen, innen mit Luft gefüllten Früchte, die daher als sog. Hohlfrüchte bezeichnet werden. Etwa rund 12 bekannte Arten. Heimat: Südperu und nördl. Chile.
Pflege in reinem Mineralsubstrat bei nur ganz geringen Wassergaben, warmer und sonniger Stand!

I. islayensis (Först.) Backbg. 5–7 cm ∅, 19–25 Rippen, niedrig stumpf, 8–22 Randst. bis 10 mm lang, 4–7 Mittelst. bis 16 mm lang, grau bis hornfarbig, Blüten gelb, (Abb.).

I. mollendensis (Vpl.) Backbg. Kurzsäulig, bis 20 cm hoch, Scheitel später geneigt, ca. 19 Rippen, bis 10 Randst. ca. 1 cm lang, 3–4 Mittelst., anfangs dunkelbraunrot, später grau, Blüten 2 cm lang, trübgelb.

I. paucispina Rauh & Backbg. Einzeln oder wenigköpfig, bis 8 cm ∅, 12–16 Rippen, 5–8 Randst. mit schwarzbrauner Spitze, ev. 1 Mittelst. bis 3 cm lang, Blüten lebhaft gelb.

I. paucispinosa Rauh & Backbg. Einzeln, 11 Rippen mit 6–10 Randst., meist 1 Mittelst. aschgrau, Blütenblätter breiter als bei voriger Art.

Isolatocereus (Backbg.) Backbg.

Gattung mit nur einer Art, die von Buxbaum zu *Stenocereus* (Berg.) Ricco. einbezogen wurde. Baumartiger Wuchs, röhrig-trichterige Nachtblüten, die vom Scheitel herab in langen Ketten angeordnet sitzen, borstenlose Blütenröhre. Heimat: Mittelmexiko.
Hübsche Art, die auch als Jungpflanze in Sammlungen beliebt ist.

I. dumortieri (Scheidw.) Bis 15 m hoch, Stammhöhe dabei ca. 1 m, hell- bis bläulichgrüne Triebe, 6–7 Rippen, scharfkantig, gelbliche Areolen, 9–11 dünne Randst. bis 12 mm lang, 1–4 Mittelst. bis 3 cm lang, alle nadelig, gelblichweiß, Blüten ca. 2,5 cm ∅, weiß, außen braunrot, (Abb.).

Krainzia Backbg.

Pflanzen sehen den Mamillarien sehr ähnlich; sehr große Blüten mit langen Blütenröhren sowie freistehendem Griffel, Samen ohne korkigen Nabel. Nur 2 Arten bekannt. Neuerdings als Untergattung *Phellosperma* zu *Mammillaria* einbezogen. Heimat: Mexiko.

Herrliche Pflanzen, vor allem im Winter absolut trocken halten, sonst volle Sonne und viel Wärme.

K. guelzowiana (Werd.) Backbg. Später sprossend, dicht von weißen, haarartigen Randst. eingehüllt, dazu ein hakig gebogener Mittelst. bis 1 cm lang, gelblich bis rötlichbraun, purpurrote Blüten bis 6 cm ∅, die einige Tage offen bleiben, (Abb.).

Krainzia guelzowiana (Werd.) Backbg.

△ *Lepismium cruciforme* (Vell.) Miqu.

▽ *Lepismium paradoxum* SD.

▽ *Lepismium pulvinigerum* (Lindbg.) Backbg.

K. longiflora (Br. & R.) Backbg. Triebe bis 6 cm hoch, Warzen bis 7 cm lang, bis ca. 30 weiße und dünne Randst. bis 13 mm lang, 4 Mittelst., einer hakig, Blüten bis 4,5 cm lang, ca. 4 cm ∅, rosa.

Lepismium Pfeiff.

Rhipsalisähnliche Gattung mit epiphytischen Pflanzen. Als typisches Merkmal gilt der in der Triebareole eingesenkte Fruchtknoten, der nach der Blüte große Narben hinterläßt. Rund 20 bekannte Arten. Heimat: Brasilien, Argentinien, Venezuela, Paraguay.

L. cruciforme (Vell.) Miqu. Triebe bis 60 cm lang, dreiflügelig, Areolen dicht grauweiß, Blüten glockig, weiß, (Abb.).

L. dissimile Lindbg. Stark verästelt, Stamm rippig oder zylindrisch, bis 1 cm ∅, Blüten 6 mm breit, weiß.

L. floccosum (SD.) Backbg. Strauchig aufrecht, dann hängend, Triebe meist abwechselnd gestellt, zylindrisch, mattgrün, Blüten in gelblich-weißer Wolle eingehüllt, bis 1,4 cm ∅, grünlich-weiß.

L. neves-armondii (K. Sch.) Backbg. Triebe immer wirtelig verzweigt, bis 10 cm lang, bis 5 mm ∅, Areolen in Spiralen, kurzborstig, Blüten radförmig, bis 2 cm ∅, gelblich-weiß.

L. paradoxum SD. Triebe kurz dreikantig, Kanten und Flächen gegenseitig versetzt, Abschnitte bis 5 cm lang, Blüten einzeln, gegen Triebende, bis 2 cm lang, weiß, (Abb.).

Leptocladodia F. Buxbaum

Körper niederliegend bis aufsteigend. Meist stark sprossend. Kein Milchsaft, dazu flache, konische Warzen. Rund 5 Arten aus der Gattung *Mammillaria* abgetrennt. Heimat: USA (Texas), Mexiko.

L. elongata (DC.) F. Buxbaum Zierliche Warzen, ca. 20 Randst., anliegend, Blüten bis 1,5 cm lang, weißlich bis gelblich; dazu var. *echinaria* (DC.) F. Buxbaum mit kräftigem Mittelst.; var. *rufocrocea* (SD.) F. Buxbaum Stacheln orangebraun.

L. leona (Poselger) F. Buxbaum (syn. *Mammillaria pottsii* H. Bravo) Bläulichgrün, 4 cm ∅, bis 35 Rand- und 7–8 Mittelst., Blüten rosarote Mitte.

L. microhelia (Werd.) F. Buxbaum Kaum sprossend, bis 50 Randst., 1–2 Mittelst., St. gelb bis rotbraun, Blüten ca. 1,6 cm ∅, gelblichgrün, (Abb.); var. *microheliopsis* (Werd.) Krainz mit sehr bunter Bestachelung und purpurroten Blüten.

L. sphacelata (Mart.) F. Buxbaum Hellgrün, bis 3 cm ∅, Axillen mit Wolle und Borsten, 10–15 weiße Randst., bis 4 Mittelst. mit dunkler Spitze, Blüte 1,5 cm lang, dunkelrot, (Abb.).

L. viperina (Purp.) F. Buxbaum Körper bis 2 cm ∅, starr verflochtene St., erst weiß, dann hell- bis tiefbraun, Blüten hellkarminrot.

△ *Leptocladodia microhelia* (Werd.) F. Buxbaum

▽ *Leptocladodia sphacelata* (Mart.) F. Buxbaum

Leuchtenbergia Hook.

Monotypische Gattung. Einzeln oder später sprossend, bis 70 cm hoch, lange dreikantige Warzen mit bastartigen Stacheln. Die großen Blüten entstehen in der Mitte, auf den jüngsten Warzen. Heimat: Mexiko. Interessante Pflanze, die eher einer Agave ähnlich sieht. Mineralisches Substrat mit Lehmzusatz, kühl und trocken überwintern.

L. principis Hook. Areolen dicht graufilzig, bis 14 dünne, papierartige Randst., ca. 5 cm lang, 1–2 Mittelst., zuweilen bis 10 cm lang, Blüten bis 8 cm, duftend, gelb mit seidigem Glanz, (Abb.).

▽ *Leuchtenbergia principis* Hook.

Lobivia famatimensis (Speg.) Br. & R. var. *albiflora* (Wessn.) Krainz

Lobivia famatimensis (Speg.) Br. & R. var. *densispina* (Werd.) Backbg.

Lobivia Br. & R.

Umfangreiche Gattung mit meist kleinbleibenden Pflanzen, teils kugelig, teils zylindrisch. Trichterige Tagblüten, wie die Früchte außen behaart. Zahlreiche Neufunde in den letzten Jahren. Über 100 bekannte Arten. Heimat: Von Mittelperu bis Argentinien.

Anspruchslose und empfehlenswerte Pflanzen mit herrlichen Blüten in verschiedenen Farben von Weiß über Gelb bis Rot, die sehr zahlreich erscheinen. Wichtig ist eine kühle Überwinterung bei etwa 6–8° C!

L. aguilari Vásq. Einzeln, bis 17 cm ∅, ca. 17 Rippen, spiralig, gehöckert, 11–18 St. bis über 8 cm lang, weiß, später grau, Blüten 8,5 cm lang, 7 cm ∅, magentarot.

L. allegraiana Backbg. Einzeln bis sprossend, bis 8 cm hoch, Rippen spiralig gehökkert, ca. 12 St. bis 3 cm lang, teils gebogen, anfangs gelblich, Blüten ca. 5 cm lang, 4 cm ∅, seidig-blutrot.

L. backebergii (Werd.) Backbg. Einzeln oder sprossend, bis 4,5 cm ∅, hellgrün, ca. 15 Rippen, etwas schräg gefurcht, bis 7 randständige St., bis 5 cm lang, vereinzelt hakig gebogen, Blüten ca. 4,5 cm lang, hellkarmin mit weißem Schlund.

L. binghamiana Backbg. Stark sprossend, hellgrün, weiß punktiert, ca. 22 Rippen, bis 12 goldgelbe St., dazu meist 3 Mittelst., bis 1,5 cm lang, Blüten ca. 5 cm ∅, leuchtend seidig-krapprot mit bläulichem Schein.

L. breviflora Backbg. Gedrückt-rund, ca. 25 Rippen, schiefkerbig-gehöckert, bis 25 kammartig geteilte St., ca. 13 mm lang, Blüten nur 3 cm lang, sehr kurzröhrig, leuchtend hell-blutrot.

L. cardenasiana Rausch Flachkugelig, bis 10 cm ∅, ca. 18 Rippen, senkrecht, 12 Randst. bis 2 cm lang, 2–3 Mittelst. bis 3 cm lang, Blüten 8–10 cm lang, bis 7 cm ∅, außen rosa, innen magenta.

L. chorrillosensis Rausch Einzeln, bis 4,5 cm ∅, kugelig, 12–14 Rippen, gerade herablaufend, Randst. in 4–5 Paaren, 1 kräft. Mittelst. bis 17 mm lang, Blüten bis 5 cm ∅, außen rosa mit braunem Mittelstreifen, innen rot (orange bis violettrot).

L. cinnabarina (Hook.) Br. & R. Breitrund bis 15 cm ∅, bis 12 Randst., 1 längerer Mittelst. gebogen, Blüten ca. 8 cm ∅, karmin.

L. echinata Rausch Einzeln bis sprossend, ca. 4,5 cm ∅, hellgrün, 15–18 Rippen, etwas gehöckert, 8–10 Randst. bis 2 cm lang, 1–2 Mittelst. ca. 6 cm lang, Blüten 5 cm ∅, zierliche Röhre, rot.

◁ *Lobivia famatimensis* (Speg.) Br. & R. var. *haematacantha* (Backbg. ex Wessn.) Backbg.

Lobivia pentlandii (Hook.) Br. & R.

Lobivia tiegeliana Wessn.

L. famatimensis (Speg.) Br. & R. Einzeln bis sprossend, kurzzylindrisch, 18–24 Rippen, schmal und niedrig, kleine angedrückte St., Blüten bis 3 cm lang, gelb, dazu zahlreiche Varietäten: var. *albiflora* (Wessn.) Krainz weiße Blüte, (Abb.); var. *densispina* (Werd.) Backbg. borstenartige Randst., Blüten seidig blaß- bis goldgelb, (Abb.); var. *haematacantha* (Backbg. ex Wessn.) Backbg. mit blutroten Blüten, (Abb.).
Siehe auch unter *Reicheocactus!*

L. haageana Backbg. Bis 30 cm hoch, 8 cm Ø, bläulich dunkelgrün, ca. 22 Rippen, schräglaufend, ca. 10 Randst., bis 2 cm lang, bis 4 Mittelst., ca. 7 cm lang, Blüten bis 7 cm lang, hellgelb mit rotem Schlund.

L. hertrichiana Backbg. Stark sprossend, bis 10 cm Ø, hellgrün, 11 Rippen, scharfe Kanten, tief quergefurcht, ca. 7 Randst. bis 1,5 cm lang, braungelb, 1 Mittelst. 2,5 cm lang, aufrecht gebogen, Blüten bis 6 cm Ø, feuerrot.

L. incaica Backbg. Bis 15 cm hoch, später sprossend, 7,5 cm Ø, ca. 15 Rippen, gerade herablaufend, schief gekerbt, 14–20 St., stark stechend, Blüten sehr kurz, ca. 4 cm Ø, blutrot.

L. intermedia Rausch Gruppenbildend, bis 20 cm hoch, 8 cm Ø, ca. 17 Rippen, scharfkantige Höcker, 8–10 Randst. in 3–4 Paaren, 1–3 Mittelst. bis 7 cm lang, gelb bis braun, Blüten bis 75 mm lang und 4 cm Ø, rot mit violettrosa Mittelstreifen.

L. jajoiana Backbg. Meist einzeln, später gestreckt, ca. 14 Rippen, 8–10 Randst. bis 1 cm lang, 1 Mittelst. über 2,5 cm lang, aufwärts, schwärzlich, Blüten becherartig erweiternd, weinrot.

L. lateritia (Gürke) Br. & R. Einzeln, kurzzylindrisch, bis 7 cm hoch, 6 cm Ø, graugrün, 16 Rippen, schwach gekerbt, meist 10 Randst., bis 1 cm lang, bis 2 Mittelst., bis 2,5 cm lang, Blüten dunkelviolett.

L. leptacantha Rausch Einzeln bis sprossend, bis 15 cm hoch, 7 cm Ø, frischgrün, ca. 15 Rippen, kantige Höcker, 10–12 Randst. 2–3 cm lang, dazu 1–2 Mittelst. bis 7 cm lang, alle dünn, gelblich bis bräunlich, Blüten 65 mm lang und 55 mm Ø, rot, orange oder gelblich, innen orange bis gelb, Schlund weiß.

L. marsoneri (Werd.) Backbg. Etwa 8 cm hoch und ebenso stark, graugrün, ca. 20 Rippen, zusammengedrückt, 8–12 Randst.

Lobivia wrightiana Backbg.

bis 3 cm lang, 2–5 Mittelst. teils hakig gebogen, Blüten ca. 6 cm ∅, gelb mit purpurrotem Schlund.

L. mistiensis (Werd. & Backbg.) Backbg. Flachrund, dunkelblaugrün, ca. 25–30 Rippen, schräg gekerbt, 9 und mehr St., bis 5 cm lang, Blüten bis 8 cm lang, rosenholzfarben, innen gelblich-rot.

L. mizquensis Rausch Flachkugelig, bis 10 cm hoch und 14 cm ∅, bis 24 Rippen, lange, scharfkantige Höcker, ca. 10 Randst. 2 cm lang, bis 5 cm lang, 1 Mittelst., etwas kürzer, Blüten 6 cm ∅, rot, Schlund rosa oder weiß.

L. nealeana Backbg. Bis 7 cm hoch, 3 cm ∅, laubgrün, 14 Rippen, ca. 8 Randst., fein, bis 4 mm lang, Blüten bis 5 cm lang und 6 cm ∅, leuchtend rot.

L. pentlandii (Hook.) Br. & R. Gruppenbildend, ca. 15 schiefgekerbte Rippen, 7–12 Randst., bis 3 cm lang, Mittelstachel 0 bis mehrere, ebenso lang, Blüten ca. 5 cm lang, orangerötlich, innen heller, (Abb.).

△ *Lophophora williamsii* (Lem. ex SD.) Coult. rotblühende Form (*L. jourdaniana* (Reb.) Krzgr.)

△ *Lophophora williamsii* (Lem. ex SD.) Coult.

▽ *Mamillopsis senilis* (Morr.) Web.

L. shaferi Br. & R. Locker verzweigt, bis 15 cm hoch, ca. 10 Rippen, dichte Bestachelung, 10–15 Randst., bis 1 cm lang, mehrere Mittelst. bis 3 cm lang, 1 oft stärker, Blüten bis 4 cm Ø, gelb.

L. tiegeliana Wessn. Gedrückt-kugelig, bis 6 cm Ø, 18 Rippen, Randst. zu 4–6 Paaren, bis 1 cm lang, nadelig, verflochten, 1–3 Mittelst., leicht gebogen, Blüten 2,5 cm lang und ca. 4 cm Ø, violettrosa, (Abb.).

L. versicolor Rausch Einzeln, kugelig, bis 15 cm hoch und 7 cm Ø, dunkelgrau-grün, 15–20 Rippen, kantige Höcker, Randstacheln in 3–4 Paaren, bis 2 cm lang, 1–4 spreizende Mittelst. bis 7 cm lang, Blüten seitlich erscheinend, 6 cm lang und Ø, goldfarbig, Schlund weißlich, innen grün.

L. wrightiana Backbg. Später sprossend und zylindrisch, ca. 17 Rippen, etwa 10 Randst., 5–7 mm lang, 1 Mittelst., bis 7 cm lang, gedreht und gebogen, Blüten ca. 6 cm lang, schlanktrichterig, zart lilarosa, (Abb.).

Lophophora Coult.

Einzelne, teils sprossende, weichfleischige Pflanzen mit Rübenwurzeln, bläulich- bis gelblichgrün, nur an Sämlingen winzige Stacheln, breite, runde Rippen mit deutlichen Höckern, dichte Filzbüscheln aus den Areolen, aus denen die Blüten erscheinen. Der bekannte Rauschgiftkaktus der mexikanischen Indianer! Von ihnen als Peyote oder Peyotl bezeichnet. Früher mehrere Arten, die heute teils als Varietäten geführt werden. Heimat: USA (Mitteltexas) bis Mexiko. Pflege am besten in mineralischem Substrat, sonnig und viel Wärme, im Winter absolut trocken!

L. diffusa (Croiz.) H. Bravo Körper einzeln, bis 13 cm Ø, durch Aussaat entstehen größere Polster, Rippen in breitrunde Hökker aufgelöst, Blüten ca. 1 cm Ø, weiß. Nach H. W. Fittkau handelt es sich um eine eigene Art! (Abb. Seite 17).

Loxanthocereus sextonianus (Backbg.) Backbg. ▷

Mammillaria albilanata Backbg.

Mammillaria bocasana Pos.

L. williamsii (Lem. ex SD.) Coult. Bläulich-graugün, 8–10 Rippen, steife Haarbüschel, Blüten etwa 1,25 cm ∅, rosa, (Abb.); var. *echinata* (Croizat) Bravo 10–13 cm ∅, Warzen 5- bis 6seitig, konisch in Rippen zerlegt, Blüten 2–2,5 cm lang und ebenso breit, weißlich; var. *lutea* (Rouhier) Soulanger mit 9 bis 13 Rippen und gelben Blüten.

Loxanthocereus Backbg.

Aufrechte bis niederliegende, schlanke Säulen, einige Arten mit leichter Haarbildung im Scheitel, zierliche bis höckrige Rippen, Blüten meist schrägsaumig, trichterige, gekrümmte Blütenröhre. Rund 30 bekannte Arten, (Abb.). Heimat: Peru.

L. eriotrichus (Werd. & Backbg.) Backbg. Verzweigt, halbniederliegend, Triebe bis 40 cm lang, 3,5 cm ∅, ca. 16 Rippen bis 15 Randst., ca. 8 mm lang, 3–6 gleichlange Mittelst., alle anfangs gelblich-weiß, später grau, Blüten feuerrot.

L. piscoensis Rauh & Backbg. Triebe bis 1 m lang, niederliegend, bis 8 cm ∅, 10–12 Rippen, quergefurcht, bis 15 Randst., 1–1,5 cm lang, braun, 1–4 Mittelst., bis 5 cm lang, Blüten stark zygomorph, bis 9,5 cm lang und 3,5 cm ∅.

Maihuenia Phil.

Die Pflanzen bilden meist flache, runde Polster mit meist zylindrischen Trieben und länger haltenden Blättchen. Ca. 5 Arten. Heimat: Chile und Argentinien.
Die Pflanzen stammen aus extremen Höhenlagen der Kordilleren und der Anden, frostverträglich!

M. poeppigii (Otto) Web. non Speg. Bis 1 m breite, dichte Polster, Glieder ca. 6 cm lang und 1,5 cm ∅, Blättchen 4–6 mm lang, zylindrisch, 3 Stacheln, davon 2 kurz, einer bis 2 cm lang, Blüten gelb, endständig.

Mamillopsis (Morr.) Web.

Kugelige bis kurzzylindrische Pflanzen, häufig große Gruppen bildend. Axillen mit Haaren und Borsten, große, langröhrige Blüten, diese beschuppt. 2 Arten bekannt. Heimat: Mexiko. Im Winter absolut trocken und kühl halten!

M. diguetii (Web.) Br. & R. Polsterbildend, Einzelköpfe bis 25 cm ∅, zahlreiche, dunkelstrohfarbene Randstacheln, Blüten ca. 3 cm lang, 2 cm ∅, tiefrot.

M. senilis Web. Körper bis 6 cm ∅, bis 40 borstenförmige Randst., bis 15 mm lang, gelblich bis reinweiß, 5–6 Mittelst., hakig gebogene Spitze, Blüten bis 7 cm lang, bis 6 cm ∅, orangerot (Abb.).

Mammillaria Haw.

Sehr umfangreiche Gattung mit kugeligen bis länglichen Pflanzen, einzeln oder sprossend, mit und ohne Milchsaft, statt Rippen weisen die Pflanzen Warzen auf, die in überschneidenden Spiralen angeordnet sind, Blüten nie im Scheitel, sie erscheinen kranzförmig aus den Axillen des Vorjahrwuchses, Axillen teils kahl, teils mit dichter Wolle oder Filz. Rund 350 bekannte Arten, zahlreiche Neufunde! Heimat: USA (Südstaaten) über Mexiko bis Guatemala und Honduras bis Venezuela und nördl. Kolumbien. Prächtig bestachelte Pflanzen, die sich ausgezeichnet für die Pflege im Zimmer und Gewächshaus eignen. Sehr reichblühend, teils große Einzelblüten, überwiegend sehr sonniger Stand und kühle und trockene Überwinterung.

M. albicoma Böd. Sprossend und ziemlich klein, 30–40 haarartige Randst., bis 1 cm lang, weiß, Blüten grünlichgelb, ähnlich *M. bocasana*, doch ohne Hakenstacheln.

Mammillarien-Gruppe

Mammillaria bombycina Quehl

Mammillaria boolii Linds.

Mammillaria celsiana Lem.

Mammillaria centricirrha Lem.

M. albilanata Backbg. Bis 15 cm hoch, 8 cm ∅, ganz von weißen St. umsponnen, Areolen mit einem kurzen weißen Haarfilzpolstern, 2 Mittelst., bis 2 mm lang, reinweiß, Blüten tiefkarmin, ca. 7 mm lang, (Abb.).

M. amoena Hopff. Kugelig, bis 10 cm hoch, 12 cm ∅, bläulichgrün, 16–20 Randst. bis 5 mm lang, borstig weiß, 5 bis 7 Mittelst., bis 15 mm lang, Blüten 1,5 cm ∅, weiß mit rötlichbrauner Mitte.

M. aureilanata Backbg. Einzeln, 25–30 haarfeine Randst., bis 15 mm lang, goldgelb, Blüten 3 cm lang, bis 1,8 cm ∅, weiß; forma *alba* (Backbg.) Krainz mit reinweißem Körper.

M. aurihamata Böd. Einzeln und sprossend, bis 4 cm ∅, 15–20 haardünne Randst., 8 mm lang, gelblichweiß, dazu 4 Mittelst. bis 2,5 cm lang, der unterste hakig, die Blüten sind ca. 1,2 cm ∅, hell schwefelgelb.

M. bachmannii Böd. Kugelig, bis 18 cm ∅, Axillen stark weißwollig, 6–10 Randst., 5 mm lang, 4 Mittelst., 1 bis 2 cm lang, Blüten 2 cm ∅, tiefrosa.

M. bocasana Pos. Von 25–30 haarfeinen weißen Randst. dicht eingehüllt, 1–3 Mittelst., der unterste hakig, gelbbraun, Blüten 1,2 cm ∅, gelblichweiß mit rotbrauner Mittellinie, (Abb.).

M. bombycina Quehl Bis 20 cm hoch, sprossend, 30–40 weiße Randst., 1 cm lang, 2–4 Mittelst., unterste hakig, 2 cm lang, bräunlichrote Spitze, Blüten karmin, 1,5 cm ∅, dunklere Mitte, (Abb.).

M. boolii Linds. Bis 3,5 cm hoch, ca. 20 nadelige, weiße Randst., 1,5 cm lang, 1 Mittelst., bis 2 cm lang, hakig, gelblich, Blüten 2,4 cm ∅, rosa mit blaßgrünen Narben, (Abb.).

M. brauneana Böd. Einzeln, Axillen weißwollig, 25–30 haardünne, weiße Randst., ca. 5 mm lang, 2–4 Mittelst., bis 7 mm lang, rötlich, Blüten violettrot.

M. bravoae Craig Einzeln, bis 6,5 cm ∅, Axillen mit Wolle, 28–30 Randst., bis 7 mm lang, weiß, 2 Mittelst., bis 8 mm lang, bräunlich, Blüten 1 cm ∅, tiefrosa.

M. calacantha Tieg. Bis 30 cm hoch, 25–35 Randst., 7 mm lang, blaßgelb, 2–4 Mittelst., bis 1,5 cm lang, Blüten bis 1,4 cm breit, karminrosa.

M. canelensis Craig Einzeln, gelbgrün, weißwollige Axillen mit langen Borsten, 22–25 Randst., weiß, 2–4 Mittelst., orangegelb, Blüten 1,5 cm ∅, grünlichgelb.

M. carnea Zucc. Kugelig, bis 10 cm hoch, bis 2 Randst. als Borsten, 4–5 Mittelst., unterste bis 4 cm lang, fleischfarben, Blüten rosa, dunkle Spitzen.

M. casoi H. Bravo Kugelig, wollige Axillen, 5–8 kurze Randst., weiß, 3–4 Mittelst., bis 6 cm lang, rötlichbräunlich, später weiß, Blüten purpurn.

Mammillaria compressa DC.

Mammillaria crucigera Mart.

M. celsiana Lem. Zylindrisch bis 12 cm hoch, 24–30 feinnadelige Randst., 6–8 mm lang, 4–8 Mittelst., einer bis 3 cm lang, gelb, Blüten 11 mm lang, rosakarmin, (Abb.).

M. centricirrha Lem. Breitrund, bis 20 cm ∅, sprossend, Warzen vierkantig, meist 4–6 Randst., 1–2 Mittelst., Blüten 2,5 cm lang, karminrot, oft dunkle Mitte, (Abb.).

M. chionocephala J.A. Purp. Rund, blaugrün, bis 12 cm hoch und ∅, Axillen

△ *Mammillaria dodsonii* H. Bravo

△ *Mammillaria elegans* DC.

▽ *Mammillaria geminispina* Haw. non DC.

stark weißwollig, 22–24 Randst., borstig, weiß, bis 8 mm lang, 2–6 Mittelst., bis 6 mm lang, weiß bis bräunlich, Blüten 22 mm lang, weiß bis rosa.

M. collinsii (Br. & R.) Orc. Kugelig, bis über 6 cm ∅, rötlich, sprossend, weißwollige Axillen, 7 nadelige Randst., gelb, 1 Mittelst. bis 8 mm, Blüten rosa, gelblicher Rand.

M. columbiana SD. Zylindrisch sprossend, wollige Axillen, 18–24 Randst., weiß, 4–5 goldbraune Mittelst., Blüten rot.

M. compressa DC. Sprossend, Polster bildend, bläulich-graugrün, Köpfe bis 20 cm hoch, 5–8 cm ∅, weißwollig, 4–6 Randst., bis 7 cm lang, variierend von weiß bis rötlich, Blüten bis 1,5 cm lang, tiefpurpurn, (Abb.).

M. confusa (Br. & R.) Orc. Breitkugelig, einzeln oder dichotomisch geteilt, bis 15 cm hoch, Axillen wollig mit Borsten, 4–6 Randst., bis 3 cm lang, nadelig, bräunlich, Blüten 2 cm lang, grünlichweiß.

M. cowperae Shurly Kugelig, kräftiggrün, 40–50 nadelige Randst., weiß, 8–10 Mittelst., bis 2 cm lang, gehakt, gelb bis rotbraun, Blüten glockig, weiß.

M. crucigera Mart. Zylindrisch, dichotomisch geteilt, dichte, flockige Wolle in Axillen, ca. 24 Randst., 2 mm lang, steif, meist 4 Mittelst., kreuzförmig gestellt, Blüten klein, purpur, (Abb.).

M. densispina (Coult.) Vpl. Kugelig bis gestreckt, bis 10 cm ∅, 20–25 Randst., weiß bis gelb, ca. 13 mm lang, 5–6 Mittelst., Blüten schwefelgelb, 1 cm ∅.

M. dixanthocentron Backbg. Säulig, bis 20 cm hoch, grauwollige Axillen, 19–20 Randst., 4 mm lang, weiß, 2–4 Mittelst. ca. 25 mm lang, gelb, Blüten 1 cm ∅, hellrot.

M. dodsonii H. Bravo Kugelig, bis 6 cm ∅, stark sprossend. Bis 25 weißborstige, gebogene Randst., 3 kräftige Mittelst., bis 2 cm lang, fuchsrot, teils anliegend. Blüten bis 4 cm ∅, karminrot, (Abb.).

M. dumetorum J.A. Purp. Graugrün, bis 2,5 cm ∅, 40–60 Randst., bis 4 mm lang, weiß, borstig, mit feinen Haaren, Blüten 1,2 cm lang und ∅, weiß.

M. dyckiana Zucc. Bis ca. 6,5 cm hoch, wollige Axillen, 16–18 Randst., weiß, 2 Mittelst. auf- u. abwärts gestellt, hornfarben, Blüten hellkarmin.

M. egregia Backbg. Bis 5 cm hoch, wollige Axillen, bis ca. 50 Randst. verflochten, weiß, auch rosa, Blüten bis 9 mm ∅, olivbräunlichweiß.

M. eichlamii Quehl Kugelig, gelblichgrün, bis 25 cm lang, gelbwollige Axillen, bis 6 Randst., ca. 7 mm lang, 1 Mittelst., 1 cm lang, Blüten creme bis gelb.

M. elegans DC. Einzeln, kaum 5 cm hoch, Axillen kahl, 25–30 weiße Randst., 6 mm lang, meist 2 Mittelst., bis 1 cm lang, weiß, schwarzgespitzt, Blüten karmin, (Abb.).

M. esperanzaensis Böd. Kugelig, bis 8 cm ∅, bis 20 dünne Randst., hellgelb, 4–7 Mittelst., bernsteinfarben, Blüten 2,5 cm ∅, weiß mit rosa Rückenstreifen.

M. fittkaui Glass & Foster Sprossend, zylindrisch, bis 10 cm hoch, 5 cm ∅, 7–9 Randst., bis 7 mm lang, 3 Mittelst., dazu 1 aufgerichteter Hakenst., bis 1 cm lang, braun, Blüten 1 cm ∅, weißlich mit blaßrosa Saum.

M. flavicentra Backbg. Einzeln, bis 10 cm ∅, 22–24 dünnadelige Randst., bis 4 mm lang, glasigweiß, 4–6 Mittelst., gelblich, ca. 6 mm lang, Blüten karminrot, ca. 4 mm ∅.

M. formosa Gal. Kugelig bis gestreckt, 8 cm ∅, wollige Axillen, 20–25 Randst., bis 6 mm lang, weiß, 4–6 Mittelst., fleischfarb., 8 mm lang, Blüten 1,5 cm ∅, purpurrosa mit hellem Rand.

△ *Mammillaria goldii* Glass & Forster

△ *Mammillaria hahniana* Werd.

▽ *Mammillaria hamata* Lehm.

△ *Mammillaria herrerae* Werd.

△ *Mammillaria magnimamma* Haw. non O.

M. fraileana (Br. & R.) Böd. Zylindrisch, 11–12 Randst., dünnadelig, weiß, ca. 10 mm lang, 3–4 Mittelst., davon 1 gehakt, kräftiger, Blüten über 3 cm ∅, rosa.

M. fuauxiana Backbg. Bis 30 cm hoch, 8 cm ∅, filzige Axillen, 20–22 Randst., 2,5 mm lang, sehr dünn, weiß, 2 Mittelst., 5 mm lang, Blüten dunkelweinrot, 7 mm ∅.

M. gaumeri (Br. & R.) Orc. Kugelig bis verlängert, bis 15 cm hoch, wollige Axillen, 12–14 Randst., 5–7 mm lang, weiß, 1 Mittelst., bis 1 cm lang, purpurbraun, Blüten bis 1,4 cm lang, cremeweiß.

M. geminispina Haw. non DC. Kugelig oder zylindrisch, bis 18 cm lang, sprossend, breite Polster bildend, weißwollige Axillen, 16–20 Randst., bis 7 mm lang, 2–6 Mittelst., bis 4 cm lang, alle weiß, Blüten 1,9 cm lang, karminrot, (Abb.).

M. gigantea Hildm. Bis 17 cm ∅, bläulichgraugrün, wollige Axillen, ca. 12 Randst., bis 3 mm lang, 4–6 Mittelst., bis 2 cm lang, Blüten 1,5 cm ∅, rötlich.

M. glochidiata Mart. Zylindrisch, sprossend, hellgrün, über 12 Randst., bis 1,2 cm lang, borstig weiß, 3–4 Mittelst., ebenso lang, einer hakig, Blüten 1,2 cm ∅, rosa.

M. goldii Glass & Foster Bis 2,5 cm ∅, 35–45 winzige Randst., bis 3 mm lang, Blüten trichterförmig, bis 3,5 cm lang, bis 3 cm ∅, dunkel lavendelrosa, (Abb.).

M. gracilis Pfeiff. Kleinzylindrisch, bis 10 cm hoch, 4,5 cm ∅, 12–14 borstige Randst., bis 9 mm lg., weiß, 3–5 Mittelst., bis 25 mm lg., braun, Blüten gelblichweiß, 1,3 cm ∅; var. *pulchella* SD. non Hopff., nur bis 3 cm ∅, bräunl. Randst., kein Mittelst.

M. guerreronis (H. Bravo) Backbg. Zylindrisch, bis 60 cm lg., sprossend, borstige Randst., 20–30, ca. 1 cm lg., 2–5 Mittelst. bis 1,5 cm lg., weißrosa, Blüten rot.

M. haageana Pfeiff. Einzeln, länglich, bis 8 cm, 5 cm ∅, wollige Axillen, 18–20 Randst., 3 mm lg., weiß, dazu 2 Mittelst. bis 8 mm lg., dunkel, Blüten 1,2 cm lg., purpurrosa.

M. hahniana Werd. Breitkugelig, bis 10 cm ∅, Axillen weißwollig mit Borsten, 20–30 haarartige Randst., weiß, 1–5 Mittelst., bis 8 mm lg., Blüten purpurrot, 2 cm ∅, (Abb.).

M. hamata Lehm. Zylindrisch, 18–20 Randst., weiß bis creme, 4–6 Mittelst., bräunl., Blüten rot, glockig, (Abb.).

M. heidiae Krainz Einzeln, bis 5,5 cm Ø, 16–24 glasigfeine Randst., bis 11 mm lg., 1 hakiger Mittelst., ca. 12 mm lg., Blüten bis 3 cm lg., olivgrün, innen grünlichgelb mit smaragdgrünen Narben.

M. herrerae Werd. Flachkugelig, bis 3,5 cm Ø, ca. 100 feine, anliegende Randst., weiß, bis 5 mm lg., Blüten 2–3 cm Ø, blaßrosa bis violett, (Abb.).

M. heyderi Mühlpfrdt. Gedrückt-kugelig, 20–22 Randst., obere 4–6 mm lg., untere bis 12 mm, alle borstig, creme- bis reinweiß, 1 Mittelst., 4–8 mm lg., derb, Blüten 2–2,5 cm lg., bräunlichrosa.

M. huajuapensis H. Bravo Kugelig, wollige Axillen, 6–8 weiße Randst., 2 Mittelst., rötlichgelb, Blüten purpurn.

M. icamolensis Böd. Kurzzylindrisch, bis 6 cm hoch, 4 cm Ø, 16–20 haardünne Randst., bis 7 mm lg., weiß, 4 Mittelst., der unterste hakig, braun, Blüten 1,2 cm Ø, blaß rosaweiß.

M. insularis Gat. Breitkugelig, ca. 6 cm hoch und ebenso breit, sprossend, bläulichgrün, 20–30 dünnadelige Randst., 5 mm lg., 1 hakiger Mittelst., ca. 1 cm lg., Blüten glockig, bis 2,5 cm lg., weiß mit hellrosa Mittelstreifen.

M. johnstonii (Br. & R.) Orc. Kugelig, Warzen vierkantig, 10–15 Randst., bis 9 mm lg., nadelig, weiß, bis 2 Mittelst., 1 cm lg., Blüten 2 cm lg., rosa, bräunliche Mittellinie; dazu var. *sancarlensis* Craig mit einem bis 2,5 cm lg. Mittelst.

M. karwinskiana Mart. Kugelig bis zylindrisch, wollige Axillen mit borstigen Haaren, 4–6 Randst., 16 mm lg., obere bis 3 cm, Blüten 2 cm lg., 1,5 cm Ø, weißlich.

M. klissingiana Böd. Kugelig, dann länglich, bis 16 cm hoch, weißwollig, 30–35 feine, weiße Randst., 2–4 nadelige Mittelst., weiß mit brauner Spitze, Blüten zartrosa, 8 mm Ø.

M. kraehenbuehlii (Krainz) Krainz Reich sprossend, zylindrischer Körper, 3,5 cm Ø, 18–24 borstige Randst., kreideweiß, gelegentlich 1 Mittelst., Blüten glokkig, 18 mm lg., weißgeränderte, karminrote Blütenblätter.

▽ *Mammillaria marksiana* Krainz

▽ *Mammillaria matudae* H. Bravo var. *serpentiformis* Fittkau

Mammillaria melanocentra Pos.

M. kunthii Ehrenbg. Kugelig, ca. 20 kurze, weiße Randst., 4 kräftige Mittelst., dunkelrosa Blüten.

M. kunzeana Böd & Quehl Axillen mit borstigen Haaren, 20–25 borstenfeine Randst., weiß, 3–4 Mittelst., bis 2 cm, hakig und braun, Blüten 1,5 cm ∅, cremeweiß.

M. lanata (Br. & R.) Orcutt Einzeln, Axillen wollig, 12–20 Randst., 2 mm lg., weiß, Blüten 1 cm ∅, hellrosa.

M. lloydii (Br. & R.) Orcutt Breitkugelig, 3–4 Randst., bis 6 mm lg., braun, Mittelst. fehlt, Blüten 1,5 cm ∅, weiß mit rosa.

M. longicoma (Br. & R.) Berg. Kugelig, sprossend, bis über 25 Randst., 8 mm lg., haarig, weiß verflochten, 4 Mittelst., 1,2 cm lang, 1–2 hakig, braun, Blüten fast weiß, 1 cm ∅.

M. lousiae Linds. Rundlich, ca. 11 Randst., bis 7 mm lg., 4 Mittelst. über Kreuz, 1 cm lg., braun, Blüten bis über 4 cm

Ø, oliv- bis bräunlichgrün, rosa Rand, olivgrüne Narben.

M. macdougalii Rose Breitkugelig, bis 15 cm Ø, 10–12 Randst., 2 cm lg., nadelig, weiß, 1–2 Mittelst., ca. 1 cm lg., Blüten 4 cm Ø, blaß grünlich-creme.

M. magallanii Schmoll Kugelig, 4–5 cm Ø, 70–75 dünnadelige Randst., 5 mm lg., orangebräunlich, bis 1 Mittelst., Blüten 6 mm Ø, creme mit rosabräunlicher Mitte.

M. magnimamma Haw. non O. Breitrund, polsterbildend, weißwollige Axillen, 3–5 Randst., 2,5 cm lg., gebogen, hornfarbig, Blüten bis 2,5 cm Ø, schmutzig-creme, mit feiner, rötlicher Mittellinie, (Abb.).

M. mainae K. Brand. Bräunlichgraugrün, bis 10 cm hoch, 10–15 Randst., dünnadelig, 1 cm lg., bis 3 Mittelst., 2 cm lg., hakig, Blüten 2,5 cm Ø, weiß mit rotem Mittelstreifen.

M. marksiana Krainz Hellgrün, bis 8 cm Ø, schwach vierkantige Warzen, 8–10 dünne Randst., steif, 8 mm lg., 1 Mittelst., bis 8 mm lg., alle goldgelb, Blüten 1,5 cm lg., grünlichgelb, (Abb.).

M. marnierana Backbg. Bis 6,5 cm Ø, zylindrisch, bis 30 Randst., ca. 8 mm lg., 1 Mittelst., nur 2 mm lg., weiß, Blüten purpur-karminrosa, bis 3,5 cm Ø.

M. martinezii Backbg. Länglich, bis 14 cm hoch, ca. 20 dünne Randst., bis 13 mm lg., 2 Mittelst., alle glasigweiß, Blüten 11 mm Ø, karmin.

M. mathildae Krähenbühl & Krainz Bis 5 cm Ø, sprossend, 12–13 dünne Randst., borstenförmig, bis 14 mm lg., 1 kräft. Mittelst., bis 10 mm lg., rotbraun, Blüten weiß, 17 mm Ø.

M. matudae H. Bravo Schlankzylindrisch, bis 20 cm lang, 3 cm Ø, 18–20 nadelige Randst., 3 mm lg., 1 Mittelst., 5 mm lg., alle weißgelblich, Blüten purpurrot, 1,2 cm lg., dazu die beachtenswerten Varietäten: var. *serpentiformis* Fittkau f. *duocentralis* Fittkau wächst in der Heimat hängend, bis 150 cm lg., 2 Mittelst., var. *serpentiformis* Fittkau f. *serpentiformis* Fittkau ähnlich Typform, doch ebenfalls bis 150 cm Länge, (Abb.).

M. mazatlanensis (Reb.) K. Sch. & Gürke Kurzsäulig, reich sprossend, bis 12 cm lg., 12–15 Randst. 10 mm lg., weiß, 3–4 Mittelst., 15 mm lg., Blüten 4 cm lg., karmin.

M. melanocentra Pos. Kugelig, bis 11 cm Ø, bläulichgrün, 7–9 Randst., bis 2,5 cm lg., Mittelst. bis 5,5 cm lg., schwarz, Blüten 2,5 cm Ø, tiefrosa mit dunkler Mitte, (Abb.).

Mammillaria mystax Mart.

Mammillaria parkinsonii Ehrenbg.

△ *Mammillaria pennispinosa* Krainz

△ *Mammillaria plumosa* Web.

▽ *Mammillaria prolifera* (Mill.) Haw.

M. meyranii H. Bravo Langzylindrisch, bis 55 cm lg., 5 cm ∅, 17–19 nadelige Randst., gelbrot, 6 mm lg., 2 Mittelst., 1 cm lg., Blüten 1,8 cm lg., purpurn.

M. microcarpa Eng. Kugelig bis zylindrisch, 20–30 Randst., weiß bis gelb, 1–3 Mittelst., bis 1,8 cm lg., einer hakig, Blüten rosa mit dunklem Streifen, 4 cm ∅.

M. microthele Mühlpfrdt. non Monv. Kugelig, über 20 dicht anliegend. Randst., weiß, verflochten, Mittelst. derber, ca. 2 mm lg., Blüten 1,2 cm ∅, reinweiß.

M. miegiana Earle Rund, bis 10 cm ∅, 10–11 Randst., 9 mm lg., 2 Mittelst. aufrecht gerichtet, 7–8 mm lg., braun, Blüten 2,5 cm ∅, scharlachrot.

M. moelleriana Böd. Länglich, glänzend blattgrün, 35–40 Randst., bis 9 mm lg., nadelig, bis 9 Mittelst., 2 cm lg., davon 1 hakiger, Blüten gelblich-creme, 1,5 cm ∅, rosa Mittelstreifen.

M. monacistracantha Backbg. Einzeln, ca. 4 cm ∅, Axillen wollig, ca. 23 dünne Randst., verflochten, weiß, 1–2 Mittelst., einer hakig, 8 mm lg., Blüten 1,5 cm ∅, gelblich.

M. mystax Mart. Bis 10 cm ∅, kugelig, vierkantige Warzen, 5–6 weiße Randst., 8 mm lg., 3–4 Mittelst. bis 7 cm lg., Blüten purpurrosa, 2 cm ∅, (Abb.).

M. nana Backbg. Kugelig, 2,5 cm ∅, ca. 35 dünne, glasigweiße Randst. bis 2 Mittelst., davon 1 hakig, bräunlich, Blüten 1,5 cm ∅, kremweiß.

M. napina J.A. Purp. Halbkugelig, bis 6 cm ∅, 10–12 Randst., verflochten, weißlich bis gelb, Blüten violettrosa, 4 cm ∅.

M. neomystax Backbg. Kugelig, bis 8 cm ∅, Axillen mit Borsten, bis 5 Randst., ca. 6 mm lg., bis 1 Mittelst., 2 cm lg., gebogen, braun, Blüten hellrot, 1,2 cm ∅.

M. nunezii (Br. & R.) Orc. Länglich, bis 15 cm hoch, 25–30 weiße Randst., nadelig, 7 mm lg., bis 6 Mittelst., rötlichbraun, Blüten 15 mm lg., tiefpurpurrosa.

M. nivosa Link Kugelig, Axillen mit weißem Filz, 5–8 Randst., bis 3 cm lg., Mittelst. einzeln, alle St. honiggelb, Blüten bis 2 cm lg., cremefarben bis gelb.

M. oliviae Orcutt Bis 10 cm hoch, 7 cm ∅, 25–35 Randst., schneeweiß, nadelig, bis 6 mm lg., bis 4 Mittelst., 12 mm lg., gehakt, Blüten 3 cm ∅, magentarot.

M. parkinsonii Ehrenbg. Kugelig, durch dichotomische Teilung große Gruppen, weißwollige Axillen, 30–35 Randst., 7 mm lg., weiß, 2–4 Mittelst., bis 3,5 cm lg., rötlich, Blüten 1,5 cm lg., cremefarben, (Abb.).

M. patonii (H. Bravo) Werd. Säulig, bis 15 cm hoch, 5 cm ∅, 13–15 Randst., grau, 4 kräftige Mittelst., 12 mm lg. gehakt, Blüten 3 cm lg., purpurn. Dazu var. *sinalensis* (Craig) Backbg., mit nur 10–12 Randst., 1 Mittelst., Blüten 4 cm ∅.

M. pennispinosa Krainz Kugelig, 16–20 Randst. 8 mm lg., dünn, grauweiß, 1 hakiger Mittelst., gelb bis rotbraun, alle Stacheln haarig, Blüten 1,2 cm ∅, weiß, (Abb.).

M. pilispina J.A. Purp. Flachrund, Randst. mit einem Kranz feiner Haarst., dazu 4–6 derbere, gelblichweiß, 1 Mittelst. 7 mm lg., Blüten weißgelb, 1,5 cm ∅.

M. plumosa Web. Rundlich, bis 7 cm ∅, weißwollige Axillen, bis 40 Randst. 7 mm lg., weiß, gefiedert, flauschig weich, Blüten 1,5 cm ∅, weiß, Schlund grünlich, (Abb.).

M. pringlei (Coult.) Brand. Länglich, bis 16 cm hoch, 7 cm ∅, weißwollige Axillen, 15–20 gelbliche Randst., 8 mm lg., 6 Mittelst., 2,5 cm lg., gebogen, Blüten ca. 1 cm ∅, tiefrot, Narben bräunlich.

M. prolifera (Mill.) Haw. Länglich, bis 6 cm lg., 4 cm ∅, sprossend und Polster bil-

△ *Mammillaria pseudoperbella* Quehl

△ *Mammillaria rutila* Zucc.

▽ *Mammillaria sempervivi* DC. var. *caput-medusae* (O.) Backbg.

△ *Mammillaria sheldonii* (Br. & R.) Böd.

△ *Mammillaria solisioides* Backbg.

▽ *Mammillaria spinosissima* Lem.

dend, bis 40 borstenfeine Randst., weiß, 5–9 Mittelst. bis 9 mm lg., blaßgelb, Blüten 1,4 cm lg., bräunlichgelb, (Abb.). Dazu fa. *texana* (Engelmann) Krainz, dichtwollig eingehüllt, Stacheln alle weißlich; fa. *haitiensis* (K. Schumann) Krainz, kräftiger im Wuchs, steife Mittelst. erst gelb, dann weiß; var. *multiceps* (S. D.) Berger, 30–50 weiße Randst., flaumig, 10–12 Mittelst., stechend, rötlichbraun bis rötlichgelb.

M. pseudoperbella Quehl. Flachrund, bis 15 cm ∅, 20–30 reinweiße Randst., bis 3 mm lg., 2 Mittelst. 5 mm lg., Blüten 1,5 cm lg., karminrot, Mitte dunkler, (Abb.).

M. pullihamata Backbg. 6 cm ∅, breitrundlich, 22–26 trübweiße Randst., 6 Mittelst. rötlich- bis goldbraun, 15 mm lg., einer hakig.

M. rhodantha L. & O. Kugelig bis länglich, oft teilend, 16–20 dünnadelige Randst., 10 mm lg., 4–7 Mittelst. bis 25 mm lg., gelblich, Blüten 1,6 cm ∅, tief purpurrosa. Var. mit abweichender Stachelfärbung.

M. ritteriana Böd. Bis 6 cm ∅, weißwollige Axillen, 18–20 haarfeine Randst., 7 mm lg., 1–2 Mittelst. ebenso weiß, bis 1 cm lg., Blüten 1,5 cm ∅, weiß mit rosa Mittellinie.

M. rubida Backbg. Breitrund, bis 13 cm ∅, rötlich überlaufen, ca. 8 Randst., 1,5 cm lg., 1 Mittelst., bis 2 cm lg., Blüten 2,2 cm lg., grünlichweiß.

M. rutila Zucc. Bis 13 cm ∅, kegelige Warzen, 14–16 weiße Randst., 4–6 Mittelst., bis 13 mm lg., gespreizt, bräunlichrot, Blüten 1,5 cm lg., purpurrot, (Abb.).

M. saboae Glass Bis 3 cm hoch, 2 cm ∅, kleine halbrunde Warzen, 17–25 weiße Randst., 2 mm lg., Blüten ca. 2 cm lg., violettrosa, 4 cm ∅.

M. saint-pieana Backbg. Bis 7 cm ∅, 4–6 Randst., bis 6 mm lg., hornfarben bis weiß, 4 Mittelst. bis 1,2 cm lg., Blüten 1,2 cm ∅, weißlich mit rötlicher Mittellinie.

Mammillaria shurliana Gat.

M. sanluisensis Shurly Rundlich, 2,5 cm Ø, sprossend, ca. 40 Randst., 7 mm lg., weiß, 5–8 rotbraune Mittelst., 1 cm lg., Blüten 1,5 cm Ø, reinweiß.

M. schiedeana Ehrenbg. Bis 4 cm Ø, weiche Warzen, bis 75 Randst., haarartig verflochten, Blüten 1,5 cm Ø, weiß.

M. seideliana Quehl Kugelig bis länglich, 20 und mehr Randst., 8 mm lg., borstenfein, weiß, 3–4 Mittelst. hakig, bis 1,5 cm lg., Blüten 1,5 cm Ø, hellgelb.

M. seitziana Mart. Kugelig, sprossend, 4–6 Randst., bis 3 cm lg., fleischfarben, o. Mittelst., Blüten 2,5 cm lg., 1,5 cm Ø, blaß fleischrosa.

M. sempervivi DC. Kugelig, bis über 7 cm Ø, wollige Axillen, nur in der Jugend Randst., 2 Mittelst., 2 mm lg., reinweiß, Blüten 1 cm lg., schmutzigweiß. Dazu var. *caput-medusae* (O.) Backbg. 3–6 rosenrote St., 5 mm lg., Blüten weiß mit rotem Mittelstreifen, (Abb.).

Mammillaria theresae Cutak

M. sheldonii (Br. & R.) Böd. Säulig, bis 25 cm hoch, 10–15 Randst., 6 mm lg., 1–3 Mittelst. bis 12 mm lg. 1 hakig, Blüten hellrosa, weißer Rand, 3 cm ∅, (Abb.).

M. shurliana Gat. Bis 10 cm hoch, 16–20 Randst. 5 mm lg., nadelig, braun, 3 Mittelst., bis 1 cm lg., 1 hakig, Blüten karminrosa mit weißem Rand, 2 cm ∅, (Abb.).

M. sinistrohamata Böd. Breitrund, bis 5 cm ∅, 20 und mehr Randst., 4 Mittelst., gelb, Blüten 1,2 cm ∅, grünlichcreme.

M. solisioides Backbg. Hellgrün, bis 4 cm ∅, schwachfilzige Areolen, ca. 25 Randst., kammförmig stehend, weiß, Blüten bis 2,6 cm ∅, gelblichweiß, (Abb.).

M. spinosissima Lem. Säulig, bis 30 cm lg., 10 cm ∅, 20–30 Randst., bis 1 cm lg., borstenfein, meist weiß, 7–15 Mittelst., ca. 2 cm lg., weiß bis rubinrot, Blüten 1,5 cm ∅, rötlichrosa bis purpurn, (Abb.).

M. tetrancistra Engelmann Früher *Phellosperma*. Leicht zylindrisch, 40–60 Randst., bis 12 mm lg., weiß, 3–4 Mittelst., bis 9 mm lg., teils gehakt, blaßbraun bis schwarz, Blüten trichterig, fleischigrot, 3,5 cm ∅.

M. theresae Cutak Säulig, bis ca. 5 cm hoch, 2 cm ∅, sonnenseits dunkelrot gefärbt, Areolen von weißgefiederten Randst. umgeben, ca. 3 mm lg., langstielige Blüten, purpurviolett, 4 cm ∅, (Abb.).

M. tolimensis Craig Bis 10 cm ∅, breitkugelig, sprossend, weißwollige Axillen, 5–10 nadelige Randst., weiß, 5 mm lg., 5–7 Mittelst., Blüten rot, 1 cm ∅; var. *longispina* Craig, mit 6 Mittelst., diese bis 6,5 cm lg.

M. uncinata Zucc. Kugelig, bis 10 cm ∅, 4–7 Randst., 1–3 Mittelst., bis 1,2 cm lg., fleischfarben, Blüten bis 2 cm lg., rötlichweiß, 1,8 cm ∅.

M. vaupelii Tieg. Kugelig, 6 cm ∅, 16–21 Randst., 6 mm lg., glänzendweiß, 2–4 Mittelst., bis 15 mm lg., orangebraun, Blüten hellpurpurrosa, 1 cm ∅.

M. virginis Fittkau & Kladiwa Zylindrisch, bis 25 cm hoch, 15–21 Randst., bis 7 mm lg., weiß bis durchscheinend rot, 2–8 Mittelst., bis 12 mm lg., rötlich braun, 1 gehakt, Blüten glockig, 14 mm ∅, rosarot.

M. viereckii Böd. Rundlich, 4 cm ∅, weißwollige Axillen, 6–7 Randst., bis 5 mm lg., feinnadelig, weiß, 9–11 Mittelst. bis 12 mm lg., bernsteingelb, Blüten 1,2 cm ∅, cremeweiß.

M. viridiflora (Br. & R.) Böd. Länglich, bis 10 cm hoch, 20–30 borstenfeine Randst., bis 12 mm lg., weiß, Mittelst. kaum verschieden, bis 2 cm lg., teils hakig, Blüten engglockig, grünlich, 1,5 cm lg.

M. wilcoxii Toumey Dunkelgrün, bis 10 cm hoch, 14–22 Randst., bis 1,5 cm lg., borstendünn, weiß, 1–6 Mittelst., ca. 3 cm lg., Blüten 4 cm ∅, purpurrosa.

M. wildii Dietr. Bis 15 cm lg., 6 cm ∅, reich sprossend, 8–10 Randst., 8 mm lg., borstenfein, weiß, 3–4 Mittelst., 1 hakig, bernsteingelb, Blüten weiß, (Abb.).

M. woodsii Craig Breitrund, bis 8 cm ∅, dichte, weiße Wolle in Axillen, 25–30 Randst., bis 8 mm lg., weiß, 2 Mittelst., bis 16 mm lg., schwarzspitzig, Blüten bis 1,5 cm ∅, leuchtend karminrosa, (Abb.).

M. wrightii Eng. Einzeln, bis 8 cm ∅, 12–14 Randst., haarig, weiß, bis 12 mm lg., 2–4 Mittelst., bis 1,2 cm lg., 1 hakig, braun, Blüten 2,5 cm ∅, purpurn, (Abb.).

M. yaquensis Craig Sehr klein, länglich, bis 7 cm hoch, 1,5 cm ∅, stark sprossend, ca. 18 Randst., 6 mm lg., hellbraun, 1 Mittelst., nadelig, rotbraun, hakig, Blüten bis 2 cm ∅ und lang, weißlichrosa.

Mammillaria wildii Dietr.

Mammillaria woodsii Craig

Mammillaria wrightii Eng.

Mammillaria zeilmanniana Böd.

M. zacatecasensis Shurly Kugelig, bis 7 cm ∅, 20–24 Randst., 8 mm lg., gelblichgrün, 3–4 Mittelst., 1 cm lg., 1 bis 1,5 cm lg. und hakig, Blüten 1,4 cm ∅, weiß oder zartrosa.

M. zeilmanniana Böd. Später länglich, dunkelgrün, 15–18 weiße Randst., bis 1 cm lg., haarig, 4 Mittelst., 1 hakig, dunkelbraun, Blüten 2 cm ∅, violettrot, auch weiß, (Abb.).

M. zephyranthoides Scheidw. Kugelig, bis 10 cm ∅, 12–18 Randst., bis 12 mm lg., weiß, 1–2 Mittelst., hakig, Blüten bis 4 cm ∅, weiß bis gelb mit karminrotem Mittelstreifen.

M. zeyeriana Hge. jr. Säulig, bis 10 cm hoch, ca. 10 Randst. bis 10 mm lg., feinnadelig, weiß, 4 Mittelst. bis 2,5 cm lg., rubinrot bis braun, Blüten außen gelblich, innen rötlichorange.

M. zuccariana Mart. Bis 20 cm hoch, 3–4 Randst., borstig weiß, 1–2 Mittelst., bis 2,5 cm lg., Blüten 2,5 cm lg., weiß mit purpurnen Streifen.

Mammilloydia F. Buxbaum

Kleine, flachkugelige Pflanzen ähnlich *Mammillaria*. Die Warzen in Schrägzeilen. Blüten aus den Axillen. 2 Arten. Heimat: Mexiko.

M. candida (Scheidw.) F. Buxbaum Körper bis 7 cm ∅, blau- bis dunkelgrün, Scheitel dicht von weißen Stacheln eingehüllt, über 50 feine Borstenst., Blüten 1,5 cm ∅, trübrosenrot, (Abb.); var. *rosea* (S. D.) F. Buxbaum, mit doppelt so langem Mittelstachel, dieser rosenrote Spitze.

M. ortiz-rubiona (H. Bravo) F. Buxbaum Körper bis 10 cm ∅, 25–30 Randst., haarfein, weiß, 4–6 Mittelst., Blüten 2 cm ∅, grünlichweiß bis rosa.

Marniera Backbg.

Epiphytische Pflanzen ähnlich Phyllokakteen. Die großen, nächtlichen Blüten mit langer Röhre sind am Fruchtknoten mit steifen Haaren oder Borsten versehen. Bekannt sind 2 Arten. Wurden in die Gattung *Epiphyllum* einbezogen. Heimat: Südmexiko und Costa Rica.

M. chrysocardium (Alex.) Backbg. Triebe sehr breitlappig gesägt, bis zur Mittelrippe eingeschnitten, Blüten ca. 32 cm lg., außen purpurrosa, innen weiß, (Abb.).

Matucana Br. & R.

In diese Gattung werden nach neuen wissenschaftlichen Erkenntnissen die Gattungen *Seticereus* Backbg. und *Submatucana* Backbg. einbezogen, da die Blüten sich im inneren Bau völlig gleichen. Flachkugelige bis zylindrisch verlängerte, teils säulige Pflanzen, Blüten röhrig, oft gekrümmt. Heimat: Ekuador, Peru.

M. aurantiaca (Vaupel) Buxbaum Einzeln oder sprossend, bis 15 cm ∅, ca. 16 Rippen, höckrig zerteilt, ca. 25 Stacheln bis 4,5 cm lg., Blüten 5–7 cm ∅, dunkelrot, in der Mitte orange.

M. elongata Rauh & Backbg. Säulenförmig, bis 60 cm lg., 15 cm ∅, 25–30 Rippen, zahlreiche Randst., verflochten, weiß, bis 3 Mittelst., bis 5 cm lg., Blüten rot.

M. haynei (O.) Br. & R. Kugelig, später säulig, bis 30 cm hoch, 25–30 Rippen, borstenförmige Randst., weißlich, braune Mittelst., Blüten 6–7 cm lg., rot.

M. humboldtii (H. B. K.) Buxbaum Niederliegend, 10–12 Rippen, quergefurcht, zahlreiche, dünne Randst., ca. 6 Mittelst., alle braun, Blüten karminrot.

M. icosagonus (H. B. K.) Buxbaum Halb liegend, bis 60 cm lg., 6 cm ∅, ca. 18–20 Rippen, wenig höckrig, borstendünne, honiggelbe St., Blüten ca. 8 cm lg., rot.

M. multicolor Rauh & Backbg. Einzeln oder sprossend, erst kugelig, dann bis 40 cm lg., ca. 14 Rippen, zahlreiche Randst., meist weiß, dazu 2–4 derbe Mittelst., bis 7 cm lg., honigfarben, Blüten karmin.

M. paucicostata Ritter Bis 14 cm hoch, 7–11 Rippen, 4–8 Randst., 3 cm lg., 0–1 Mittelst., alle kastanienbraun, Blüten zygomorph, dunkelzinnober, violett gerandet.

M. ritteri Buin. Flach bis breitkugelig, bis 14 cm ∅, sprossend, 12–22 Rippen, in flache Höcker zerteilt, 7–14 Randst., bis 3 cm lg., bis 5 Mittelst., 4 cm lg., braun, Blüten bis 5 cm ∅, zinnoberkarmin.

M. yanganucensis Rauh & Backbg. Kugelig, bis 10 cm ∅, 27 Rippen, zahlreiche

△ *Mammilloydia candida* (Scheidw.) F. Buxbaum

▽ *Marniera chrysocardium* (Alex.) Backbg.

Matucana comacephala Ritt. am Standort Ostseite Cordillera
▽ Blanca/Peru (phot. F. Polz)

Matucana myriacantha (Vpl.) F. Buxbaum

Melocactus ernestii Vpl.

Randst., gelbbraun, dann weißlich, ca. 1,2 cm lg., 1–2 Mittelst. bis 2,5 cm lg., nadelig, Blüten bis 6 cm lg., bis 2,5 cm ∅, rotviolett; dazu einige Varietäten: var. *albispina* Rauh & Backbg. mit reinweiß. St.; var. *fuscispina* Rauh & Backbg. dunkelbraune St.; var. *longistyla* Rauh Blüten bis 4,5 cm lg.; var. *salmonea* Rauh & Backbg. ca. 30 Rippen und lachsfarbene Blüten; var. *suberecta* Rauh & Backbg. Randst. mehr borstenförmig abstehend, weißlich, bis 2 cm lg., Blüten bis 5 cm lg., rot.

Melocactus (Tourn.) Lk. & O.

Die Pflanzen dieser Gattung zählen zu den ältesten bekannten Kakteen. Kugelige Körper, teils länglich; besonders typisch ist das mächtige Cephalium an blühfähigen Pflanzen, an dem die kleinen, glockigen Blüten erscheinen. Rund 40 bekannte Arten. Heimat: Von Mexiko über Guatemala und Honduras bis Südamerika.
Selbst im Sommer nur vorsichtig gießen, dafür häufig nebeln. Im Winter völlig trocken, aber unbedingt gleichmäßig warm halten. Anzucht aus Samen ergibt hier besonders wüchsige Pflanzen.

M. acispinosa Buining & Brederoo Einzeln, bis 15 cm ∅, Ceph. bis 5 cm hoch mit weißer Wolle, 10 Rippen, 8 Randst., bis 2 cm lg., 1 Mittelst., alle St. rötlichbraun, später grau, Blüten bis 6 mm ∅, violett.

M. albicephalus Buining & Brederoo Einzeln bis 15 cm ∅, Ceph. ca. 4 cm hoch, dicht mit weißer Wolle und roten Borsten, 9–10 Rippen, bis 5 cm breit, meist 9 Randst., 44 mm lg., 1 Mittelst., 3 cm lg., alle hellbraun, Blüten 10 mm ∅, karminrot.

M. amstutziae Rauh & Backbg. Bis 11 cm hoch, graugrün, Ceph. 5–6 cm lg., rotborstig, ca. 13 Rippen, meist 3–4 Randst., bis 2,5 cm lg., Mittelst. 0–1, alle dunkelbraun, Blüten karminrot.

M. ernestii Vaupel Einzeln, etwa 10 Rippen, ca. 10 Randst., gelblich bis hellrot, bis 15 cm lg., Blüten 19 mm lg., violett, (Abb.).

M. macrodiscus Werd. Bis ca. 14 cm hoch, 18 cm ∅, Cephalium scheibenförmig, ca. 11 Rippen, bis 9 Randst., 2 cm lg., ca. 1 Mittelst., Blüten rosenrot.

M. zehntneri (Br. & R.) Werd. Bis 30 cm hoch, Cephalium dickzylindrisch, 12–16 Rippen, ca. 8 Randst., 20 mm lg., 1 Mittelst., bis 22 mm lg., bräunlich, Blüten röhrenförmig, ca. 18 mm lg., violettrot.

Melocactus concinnus Buin. & Brederoo ▷

△ *Micranthocereus densiflorus* spec. nov. HU 221

△ *Micropuntia gracilicylindrica* Wieg. & Backbg.

▽ *Mila caespitosa* Br. & R.

Micranthocereus Backbg.

Schlanktriebige Cereen. In der Blütenregion völlig von weißer Wolle eingehüllt, mit einem Pseudocephalium, erscheinen die kleinen Blüten (Abb.). Heimat: Brasilien.

M. flaviflorus Buining & Brederoo Äste bis 75 cm lg., 4 cm ∅, grün, teils blau bereift, ca. 16 Rippen, zahlreiche Randst., 5 mm lg., glasig, ca. 9 Mittelst., bis 2 cm lg., gelbbraun, Blüten röhrenförmig, gelb.

M. polyanthus (Werd.) Backbg. Bis 1,25 m hoch, ca. 15–20 Rippen, 20–30 Randst., bis 12 mm lg., meist 3–7 Mittelst., 3 cm lg., gelb oder bräunlich, Blüten rot.

M. violaciflorus Buining Bis 1 m hoch, 4 cm ∅, bis 25 Randst. und mehr, weiß bis hellbraun, 1 Mittelst. bis 2,5 cm lg., Blüten 23 mm lg., violettblau.

Micropuntia Datson

Wird heute wieder zu Opuntia einbezogen. Zwergige Pflanzen mit Rübenwurzeln, Blüten am Triebende, etwa 6 Arten. Heimat: USA (Arizona, Utah, Nevada).

M. gracilicylindrica Wiegand & Backbg. Lang-zylindrische Triebe, nicht keulig, bis 20 cm lg., ca. 6 mm ∅, 16–20 Randst., 1 Mittelst., Blüten rosarot, (Abb.).

M. pygmaea Wiegand & Backbg. Triebe länglich-kugelig, nur bis 2,5 cm lg., ca. 6 mm ∅, ca. 12–14 Randst., 2 mm lg., bis 1 Mittelst., ca. 1,4 cm lg., alle weiß.

Mila Br. & R.

Gruppenförmig wachsende Pflanzen mit weichfleischigen Trieben. Kleintrichterige Blüten in Scheitelnähe. Entwickeln an Röhre bzw. Fruchtknoten noch Filz und weiße Härchen. Rd. 12 Arten. Heimat: Peru.

M. caespitosa Br. & R. Bis 15 cm hoch, ca. 10 Rippen, 20 und mehr Randst., bis 1 cm lg., mehrere Mittelst. bis 3 cm lg., Blüten 1,5 cm lg., gelblich, (Abb.).

Mitrocereus (Backbg.) Backbg.

Große, stammbildende Cereen mit aufrechten, kräftigen Trieben. An blühfähigen Triebenden entstehen borstendurchsetzte Wollschöpfe mit nächtlichen, glockigen Blüten. Nur 2 Arten. Heimat: Mexiko.

M. fulviceps (Web.) Backbg. Bis 18 m hoch, 1 m ∅, 11–14 Rippen, ca. 12 dünne Randst., 3 Mittelst. und mehr, bis 13 cm lg., Blüten 8 cm lg., cremeweiß.

M. ruficeps (Web.) Backbg. Bis 15 m hoch, ca. 26 Rippen, 8–10 Randst., 1 cm lg., 1–2 Mittelst., 5 cm lg., alle rötlich, Blüten ca. 5 cm lg., rosaweiß.

△ *Monvillea haageana* Backbg.

▽ *Monvillea spegazzinii* (Web.) Br. & R.

Monvillea Br. & R.

Schlanke, teils liegende, teils aufrechte Triebe mit nächtlichen Blüten. Rund 20 bekannte Arten. Heimat: Südamerika.

M. haageana Backbg. Bis über 3 m hoch, verzweigend, bläulichgrün, ca. 5 Rippen, 5–8 kurze St., 2 mm lg., Blüten bis 12 cm lg., weiß bis grünlichweiß, (Abb.).

M. spegazzinii (Web.) Br. & R. Strauchig, herrlich bläulichgrün marmoriert, Triebe ca. 1,5 cm ∅, bis 5 Randst., 1 Mittelst. bis 1,5 cm lg., Blüten bis 13 cm lg., weißlich mit rötlichen Petalen, (Abb.).

▽ *Morawetzia doelziana* Backbg.

Morawetzia Backbg.

Niedrige, buschige Säulenkakteen. Unterscheiden sich von den nahe verwandten *Oreocereus* durch Cephalium am Triebende, daraus die schrägsaumigen Blüten. Nur 1 Art, die neuerdings zu *Oreocereus* gestellt wurde. Heimat: Mittelperu.

M. doelziana Backbg. Bis 1 m hoch, 8 cm ∅, keulig verdickte Triebenden, ca. 11 Rippen, bis ca. 20 St., ca. 3 cm lg., ca. 4 Mittelst., Blüten karminrot, (Abb.).

△ *Myrtillocactus geometrizans* (Mart.) Cons. var. *grandiareolatus* (H. Bravo) Backbg. am Standort südl. Tehuacán im Staate Puebla/Mexiko

△ *Navajoa peeblesiana* Croiz.

▽ *Neobesseya missouriensis* (Sweet) Br. & R.

Myrtillocactus Cons.

Großstrauchige Büsche mit aufwärts gekrümmten Zweigen, teilweise herrlich blau bereift. Blüten zu mehreren aus einer Areole. 4 Arten bekannt. Heimat: Mexiko. Beliebte Gattung, da bereits Jungpflanzen hübsch wirken!

M. geometrizans (Mart.) Cons. Bis 4 m hoch, Triebe 6–10 cm ∅, blau bereift, 5–9 Randst., 1 Mittelst., bis 7 cm lg., Blüten bis 3,5 cm ∅, grünlichweiß, (Abb.).

M. schenckii (J. A. Purp.) Br. & R. Baumförmig, bis 5 m hoch, kräftig grün, 7–8 Rippen, 5–7 Randst., 1,2 cm lg., Mittelst. bis 5 cm lg., Blüten weißlich.

Navajoa Croiz.

Kleine Pflanzen, häufig mit dem Körper tief im Boden verborgen. Typisch sind die eigenartig gekrümmten, korkigen Stacheln, teils mit feinen Härchen. Nur zwei Arten. Heimat: USA (Arizona). Pflege am besten gepfropft und kühle Überwinterung.

N. fickeisenii Backbg. Bis 5 cm ∅, blaugrün, konische Warzen, 5–7 Randst., bis 2 cm lang, 1 Mittelst., Blüten 3 cm ∅, gelb.

N. peeblesiana Croiz. Bis 2,5 cm ∅, 3–5 Randst., alle zum Körper gekrümmt, Blüten 1,7 cm lang, weißlich, (Abb.).

Neobesseya Br. & R.

Ähnlich Coryphantha, doch keine wäßrigen Früchte, sowie schwarze Samen. 6 Arten bekannt. Heimat: USA, Mexiko. Vertragen teils Kältegrade! Kultur am besten in mineralischen Substraten. Kühle und trockene Überwinterung!

N. missouriensis (Sweet) Br. & R. Polsterbildend, 9–20 Randst., bis 1 Mittelst., alle feinhaarig nadelig, Blüten ca. 2,5 cm ∅, grünlichgelb, (Abb.).

N. wissmannii (Hildm.) Br. & R. Bläulichgrün, 7–14 Randst., bis 2 cm lg., weißlich, bis 3 Mittelst., Blüten bis 5 cm lg., glänzend gelb.

Neobuxbaumia Backbg.

Große Säulenkakteen, teils reich verzweigt, Blüten erscheinen teils auch weit vom Scheitel entfernt. Rund 4 Arten. Heimat: Mexiko.

N. polylopha (DC.) Backbg. Bis 13 m hoch, einzeln, ca. 50 Rippen, 7–8 Randst., bis 2 cm lg., 1 Mittelst., alle honiggelb, Blüten rot.

N. tetetzo (Web.) Backbg. Bis 15 m hoch, ca. 30 cm ∅, grau, Triebe parallel aufsteigend, 8–13 Randst., ca. 15 mm lg., 3 Mittelst. bis 5 cm lg., Blüten 6 cm lg., weißlich, (Abb.).

Neolloydia Br. & R.

Nahe verwandt mit *Coryphantha*, auf den Warzen eine Furche bildend, Frucht papierartig auftrocknend, die meist großen Blüten aus den scheitelnahen Areolen. Heimat: USA, Mexiko.
Nach eingehenden Untersuchungen von Fittkau und Dr. Kladiwa sind Umgruppierungen erforderlich, die hier berücksichtigt wurden.

N. conoidea (DC.) Br. & R. Einzeln oder seitlich sprossend, bis 10 cm hoch, wollige Axillen, ca. 16 Randst., bis 1 cm lg., weiß, 4–5 Mittelst., bis 3 cm lg., Blüten bis 6 cm ∅, purpurviolett, (Abb.); var. *ceratites* (Quehl) Kladiwa & Fittkau Warzen in 10 spiraligen Reihen, Blüten 3–3,5 cm, purpurn; var. *texensis* (Br. & R.) Kladiwa & Fittkau Warzen in Schrägzeilen, bis 18 Randst., 4 kreuzständ. Mittelst., Blüten 3 cm lg.; var. *grandiflora* (Otto) Kladiwa & Fittkau ohne Mittelst., Blüten bis 38 mm lg.; var. *matehualensis* (Backbg.) Kladiwa & Fittkau ca. 10 Randst., 1 cm lg., 2 Mittelst.

△ *Neobuxbaumia tetetzo* (Web.) Backbg. bei Huajuapan de Leon im Staate Oaxaca/Mexiko

▽ *Neolloydia conoidea* (DC.) Br. & R.

Neolloydia smithii (Muehlenpfordt) Kladiwa & Fittkau var. *beguinii* (Weber) Kladiwa & Fittkau

Neoporteria atrispinosa (Backbg.) Backbg.

N. smithii (Muehlenpfordt) Kladiwa & Fittkau Kugeliger Körper, bis 10 cm ∅, 21 Rippen, durch scharfe Buchten gekerbt, 20–27 Randst., bis 18 mm lg., 3–4 Mittelst., alle weiß, Blüten bis 3,5 cm lg., rötlich; var. *beguinii* (Weber) Kladiwa & Fittkau (syn. *Gymnocactus beguinii* (Web.) Backbg.) Einzeln, bis 8 cm ∅, bis 15 cm hoch, 12–20 Randst., 3–17 mm lg., weiß, 1–2 Mittelstacheln, 3 cm lang, Blüten 18–36 mm lang, trichterig, violett bis bräunlich, (Abb.).

Neoporteria (Br. & R.
In diese Gattung werden neuerdings auch die Gattungen *Horridocactus* Backbg. und *Neochilenia* Backbg. einbezogen. Einzeln oder gruppenbildend, teils zwergig, Blüten einzeln und zu mehreren aus Areolen nahe dem Scheitel, lange Blütenröhre, oft wollig behaart. Heimat: Nördliches Chile.
Wegen der prächtigen Bestachelung und der meist im Spätherbst erscheinenden Blüten beliebte Pflanzen, bevorzugen mineralische Substrate.

N. atrispinosa (Backbg.) Backbg. Zylindrisch, ca. 15 Rippen, weichborstige St., anfangs zahlreich, dunkelbraun bis schwarz, bis 3,5 cm lg., Blüten rosenrot, (Abb.).

N. gerocephala Ito (syn. *N. senilis* Backbg.) Kugelig, später säulig, bis 15 cm hoch, 16–18 Rippen, 30 und mehr St., haarförmig gekrümmt, bis 5 cm lg., Blüten bis 5 cm lg., gelblich, ins Karminrot gehend.

N. napina (Phil.) Backbg. Graugrün, ca. 14 Rippen, kinnartige Höcker, 3–9 Randst., bis 3 mm lg., 1 Mittelst., alle schwarz, Blüten bis 3,5 cm lg., blaßgelb, (Abb.).

N. nigrihorrida (Backbg.) Backbg. Kugelig, später länglich, bis 18 Rippen, ca. 16 Randst., bis 1,5 cm lg., 6–7 Mittelst., schwarz, später grau, Blüten karmin.

N. rapifera Ritt. Kugelig, 10–20 Randst., mehrere Mittelst., fast alle gebogen, erst gelb, dann braun, Blüten rosenrot, (Abb.).

N. subgibbosa (Haw.) Br. & R. Bis 1 m lg. und länger, bis 10 cm ∅, bis 20 Rippen, ca. 24 derbe Randst., 4 Mittelst., alle bernsteingelb, Blüten 4 cm lg., karminrosa.

Neoraimondia Br. & R.

Mittelhohe bis sehr hohe, von unten verzweigende, kandelaberartig aufsteigende Cereen mit dicken, wenigkantigen Trieben. Blüten erscheinen an großen Exemplaren aus eigenartigen, dichtfilzigen Kurztrieben. Rund 4 Arten. Heimat: Nordperu und Nordchile.

N. gigantea (Werd. & Backbg.) Backbg. Bis 8 m hoch, Triebe dicht nebeneinander aufsteigend, meist 4 Rippen, Blüten purpurrot (Abb. Seite 21).

N. roseiflora (Werd. & Backbg.) Backbg. Körper nur bis 2 m hoch, dicke, unten meist gebogene Triebe, in der Regel 5 Rippen, hellrosenrote Blüten mit dunklem Mittelstreifen, (Abb.).

△ *Neoporteria napina* (Phil.) Backbg.

▽ *Neoporteria rapifera* Ritt.

▽ *Neoraimondia roseiflora* (Werd. & Backbg.) Backbg.

△ *Nopalxochia phyllanthoides* (DC.) Br. & R.

▽ *Normanbokea pseudopectinata* (Backbg.) Kladiwa & Buxbaum

▽ *Notocactus apricus* (Ar.) Berg.

Nopalxochia Br. & R.

Epiphytische Kakteen mit flachen, blattartigen Trieben, ziemlich große Tagblüten. 2 Arten bekannt. Heimat: Mexiko.
Leicht zu pflegen, über Sommer kann *N. phyllanthoides* auch halbschattig im Freien gehalten werden. Prächtiger Blüher!

N. ackermannii (Haw.) Knuth Buchtig gekerbte Triebe, reinrote Blüten.

N. phyllanthoides (DC.) Br. & R. Triebe überhängend, flachstufig gekerbt, Blüten ca. 10 cm lg., rosa, innen hellrosarot, auch häufig als »Deutsche Kaiserin« im Handel geführt, (Abb.).

Normanbokea Kladiwa & Buxbaum

Eine neu aufgestellte Gattung für 2 Arten, die bisher bei *Pelecyphora* geführt wurden. Neuere Untersuchungen von Dr. Kladiwa ergaben, daß sie nicht dorthin gehören. Heimat: Mexiko.
Prächtige Pflanzen. Verlangen viel Sonne und Wärme sowie mineralisches Substrat. Sehr empfindlich, am besten gepfropft!

N. pseudopectinata (Backbg.) Kladiwa & Buxbaum Einzeln, bis 5 cm ∅, sehr feine, kurze St. kammartig anliegend, weiß, 1,2 mm lg., Blüten 3 cm ∅, weiß bis hellrosa, (Abb.).

N. valdeziana (Möller) Kladiwa & Buxbaum Einfach, selten sprossend, locker abstehende Warzen, ca. 3 mm lg., haarförmige, weiße Stacheln kammförmig angeordnet, 1,5–2 mm lg., deutlich befiedert, Blüten zu 1–3 im Scheitel, bis 2 cm lg., violettrot.

Notocactus (K. Sch.) Berg.

Umfangreiche Gattung südamerikanischer Arten, in die nach neuesten Untersuchungen von Buxbaum die Gattungen *Brasilicactus* Backbg., *Eriocactus* Backbg., *Malacocarpus* SD. und *Wigginsia* D. M. Porter als Untergattungen miteinbezogen wurden.

Notocactus haselbergii (F. A. Hge. jun.) Berg.

Kugelige bis zylindrische Pflanzen mit meist sehr großen Blüten, die einige Tage halten. Heimat: Südamerika.
Anspruchslose Pflanzen, auch für Anfänger. Reichblühend, kühle und trockene Überwinterung. Zahlreiche Neufunde in den letzten Jahren!

N. apricus (Ar.) Berg. Breitkugelig, hellgrün, bis 20 Rippen, 18–20 Randst., borstenförmig, verflochten, 4 Mittelst., bis 1,5 cm lg., Blüten ca. 8 cm lg., gelb, (Abb.).

N. brevihamatus (W. Haage) F. Buxb. Kugelig, bis 6 cm ∅, ca. 16 Randst., 3 mm lg., 4–6 Mittelst., 4 mm lg., gelb, Blüten goldgelb.

N. concinnus (Monv.) Berg. Bis 10 cm ∅, flachrund, ca. 18 Rippen, 10–12 borstige Randst., 4 Mittelst., Blüten kanariengelb.

N. erinaceus (Haw.) Krainz Breitkugelig, 10–22 Rippen, wollige Areolen, 4–8 Randst., 1 cm lg., 1 Mittelst., etwas länger, Blüten bis 7 cm ∅, gelb, (Abb.).

Notocactus ottonis (Lehm.) Berg. var. *venclulanus* Schütz

N. graessneri (K. Sch.) Berg. Bis 60 Rippen, zahlreiche feine Randst., hellgelb, bis 6 Mittelst., ca. 2 cm lg., Blüten etwa 2,5 cm lg., blaßgrün.

N. haselbergii (F. A. Hge. jun.) Berg. Kugelig, ca. 30 Rippen und mehr, nadelförmige Randst., 20 und mehr, glasig weiß, Blüten 1,5 cm lg., orangerot, (Abb.).

N. herteri Werd. Kugelig, bis 15 cm ∅, ca. 8–11 Randst., 12 mm lg., 4–6 Mittelst., Blüten im Scheitel, 4 cm lg., purpurrot.

N. leninghausii (F. Hge. jun.) Berg. Säulenförmig, am Grunde sprossend, über 30 Rippen, 15–20 feine Randst., bis 1 cm lg., 3–4 Mittelst., kräftiger, alle honiggelb, Blüten bis 6 cm ∅, zitronengelb, (Abb.).

N. magnificus (Ritter) Krainz Bis 15 cm ∅, 11–15 Rippen, 12–15 Mittelst., goldgelb, dazu zahlreiche weiße Randborsten, Blüten 5,5 cm ∅, gelb.

N. mueller-melchersii Frič ex Backbg. Gestreckt, bis 8 cm hoch, weiße Wolle im

Scheitel, 22 Rippen, 15–18 Randst., 1 Mittelst., hornfarben, Blüten 5 cm ∅, gelb.

N. multicostatus Buining & Brederoo Kugelig, bis 7,5 cm ∅, bis 32 Rippen, ca. 9 Randst., bis 6 mm lg., 6 Mittelst., alle gebogen und braun, Blüten 2,5 cm ∅, gelb.

N. ottonis (Lehm.) Berg. Flachrund, bis 11 cm ∅, kräftig grün, 8–12 Rippen, 10–18 nadelige Randst., bis 4 Mittelst., Blüten bis 6 cm lg., gelb, Narben rot, dazu zahlreiche Varietäten, (Abb.).

N. rutilans Dän. & Krainz Bis 5 cm hoch, 18–24 Rippen, 14–16 Randst., bis 5 mm lg., 2 Mittelst., Blüten karmin, (Abb.).

N. scopa (Spreng.) Berg. Zylindrisch, bis 25 cm hoch, 30–35 Rippen, bis 40 Randst., dünn, weiß, 3–4 Mittelst., bräunlichrot, Blüten 4 cm ∅, gelb, dazu einige Varietäten.

N. submammulosus (Lem.) Backbg. Ca. 13 Rippen, 6 Randst., 2 Mittelst., bis 2 cm lg., Blüten ca. 4 cm ∅, gelb.

N. tabularis (Cels ex K. Sch.) Berg. Bis 8 cm ∅, 16–23 Rippen, 16–18 Randst., nadelig, 1 cm lg., 1 Mittelst., über Kreuz, Blüten 6 cm lg., glänzend gelb.

N. uebelmannianus Buining Flachkugelig, 12–16 Rippen, bis 17 cm ∅, ca. 6 Randst., davon 1 bis 3 cm lg., Blüten glänzend weinrot, bis 5 cm ∅.

△ *Notocactus erinaceus* (Haw.) Krainz

▽ *Notocactus leninghausii* (F. A. Hge. jun.) Berg.

▽ *Notocactus rutilans* Dän. & Krainz

▽ *Notocactus mammulosus* (Lem.) Berg.

△ *Nyctocereus serpentinus* (Lag. & Rodr.) Br. & R.

▽ *Obregonia denegrii* Frič

▽ *Oehmea nelsonii* (Br. & R.) F. Buxbaum

Nyctocereus (Berg.) Br. & R.

Dünntriebige Säulen, aufrecht, teils liegend. Überwiegend dünnadelige Bestachelung, große, nächtliche Blüten. Etwa 6 bekannte Arten. Heimat: Mexiko, Guatemala, Nikaragua. Etwas wärmeliebend, wächst gut im Gewächshaus frei ausgepflanzt!

N. guatemalensis Br. & R. Bis 1 m und länger, Triebe ca. 3–6 cm ∅, 8–12 Rippen, ca. 10 Randst., 3–6 Mittelst., bis 4 cm lg., Blüten 4–7 cm lg., weiß, stark duftend.

N. serpentinus (Lag. & Rodr.) Br. & R. Bis 3 m lg., Triebe 2–5 cm ∅, 10–13 Rippen, ca. 12 St., 1–3 cm lg., Blüten bis 20 cm lg., äußere Hüllblätter rotgrün, mittlere karminrosa, innen weiß, (Abb.).

Obregonia Frič

Monotypische Gattung, typisch sind die zu dicken, scharfkantigen Schuppen umgebildeten Warzen. Die Blüten erscheinen zentral im Scheitel. Blütenröhre trägt nur oben Hüllblattreste. Heimat: Mexiko.
Unbedingt mineralisches Substrat, vorsichtig gießen und im Sommer leicht schattigen Platz! Im Winter kühl, aber unbedingt völlig trocken.

O. denegrii Frič Graugrün, 10–12 cm ∅, fast dreieckige Warzen, Blüten ca. 2 cm ∅, weißlich bis blaßrosa, (Abb.).

Oehmea Buxb.

Mammillaria-ähnliche Pflanzen mit großen, gelben, trichterförmigen Blüten, deren Röhre mit dem Griffel auf ihrer ganzen Länge verwachsen ist. Heimat: Mexiko. Gedeiht am besten in mineralischem Substrat. Bei voller Sonne entwickelt sich prächtige Bestachelung.

O. nelsonii (Br. & R.) Buxb. Früher als *Mam. balsasoides* Craig bezeichnet. Sprossend, 6–7 cm ∅, 13–15 feine weiße Randst., bis 8 mm lg., dazu 4 Mittelst., diese bis zu 1 cm lg., Blüten 3–4 cm ∅, gelb, (Abb.).

Opuntia Mill.

Umfangreiche Gattung mit häufig breiten, scheibenartigen Trieben, teils recht groß werdend. Stacheln teils mit Widerhaken, dazu leicht lösende Kurzstacheln, sog. Glochiden. Neuerdings wurde auch die Gattung *Tephrocactus* in die Gattung *Opuntia* einbezogen. Der besseren Übersicht wegen wurde *Tephrocactus* noch getrennt behandelt.
Insgesamt rd. 250 bekannte Arten, von denen hier vor allem kleinbleibende und besonders herrlich bestachelte Vertreter erwähnt seien. Heimat: Von Kanada bis Argentinien.
Anspruchslose Pflanzen, teils winterhart, sonniger Standort, im Winter völlig trokken! Winterharte Opuntien siehe Seite 94.

O. azurea Rose Verzweigt, Triebe fahl blaugrün, bis 15 cm ∅, bereift, 0–4 St., gelb, bis 2 cm lg., Blüten 6 cm ∅, rosagelb.

O. basilaris Eng. & Big. Niedrig, aufrecht verzweigt, Triebe eiförmig, 12–20 cm lg., feine, rötlichbraune Glochiden, Blüten purpurrötlich, 5 cm ∅.

O. bergeriana Web. Bis 3,5 m hoch, schmal-ovale Triebe, 25 cm lg., St. bis 4 cm lg., Blüten bis 6 cm ∅, tiefrot, blüht im Gewächshaus ausgepflanzt sehr reich, (Abb.).

O. ficus-indica (L.) Mill. Hochstrauchig, breite Triebe, bis 50 cm lg., Stacheln fehlen, kurze Glochiden, Blüten 10 cm ∅, gelb oder orangerot, Früchte eßbar, daher allgemein angebaut und auch in Südeuropa verwildert!

O. gosseliniana Web. Bis 1 m, Triebe bis 20 cm breit, St. bis 10 cm lg., braun, Blüten gelb.

O. hystricina Eng. & Big. Triebe länglich bis kreisrund, bis 6 cm ∅, blaßbraun bis weiß bestachelt, St. bis 10 cm lg., Blüten 7 cm ∅, orange oder rosa, (Abb.).

O. leucotricha DC. Stammbildend, Triebe länglich, lange, borstenartige St., bis 8 cm lg., weiß, Blüten gelb, 6–8 cm ∅, (Abb.).

△ *Opuntia bergeriana* Web.

▽ *Opuntia humifusa* Raf.

▽ *Opuntia hystricina* Eng. & Big. var. *ursina* (Web.) Backbg.

△ *Opuntia leucotricha* DC.

△ *Opuntia pycnacantha* Eng. var. *margaritana* Coult.

▽ *Opuntia marnierana* Backbg.

▽ *Opuntia microdasys* (Lehm.) Pfeiff. var. *albispina* Fobe

O. marnierana Backbg. Niedrig, eiförmige Triebe, bis 14 cm Ø, St. gebogen oder gerollt, bis 3 cm lg., (Abb.).

O. microdasys (Lehm.) Pfeiff. Bis 80 cm hoch, rundliche Triebe, bis 15 cm lg., Areolen dicht mit Glochiden besetzt, gelb, Blüten 4–5 cm lg., reingelb; var. *albispina* Fobe, Glochiden weiß, (Abb.); var. *pallida* Hort., Glochiden blaßgelb; var. *rufida* K. Sch., Glochiden braun.

O. pycnacantha Eng. Triebe rund bis oval, bis 15 cm Ø, 3–7 blaßstrohfarbene St., bis 2,5 cm lg., Blüten grünlichgelb; var. *margaritana* Coult. mit bräunlich filzigen Areolen und rotbraunen Glochiden, dazu abwärts gerichtete St. Herrliche Art! (Abb.)

O. robusta Wendl. Kreisrunde Triebe, bis 25 cm Ø, bläulichgrün bereift, 8–12 kräft. St., bis 5 cm lg., Blüten 5 cm Ø, gelb.

O. scheeri Web. Triebe bläulichgrün, 15–30 cm lg., rund bis länglichrund, 10–12 nadeldünne St., 1 cm lg., mit weißen oder gelbl. Borstenhaaren sowie bräunlichgelben Glochiden, Blüten blaßgelb.

Oreocereus (Berg.) Ricc.

Niedrige, stark behaarte Cereen, sprossend und Kolonien bildend. Blüten erst an großen Pflanzen mit zylindrischen Röhren, schiefsaumige Blüten mit weit herausragendem Griffel. Rund 7 Arten. Heimat: Peru, Bolivien, Chile, Argentinien. Herrliche Pflanzen! Vollsonnig, im Sommer abends leicht nebeln, im Winter kühl und trocken.

O. fossulatus (Lab.) Backbg. Bis 8 cm ∅, 11–14 Ripp., bis 16 Randst., 1–4 Mittelst. bis 4 cm lg., gelblich.

O. hendriksenianus Backbg. Bis 10 cm ∅, dicht verwobene Haare, 8–9 Randst., bis 4 hornfarbene Mittelst., bis 7 cm lg., Blüten karminrot, 7 cm lg., (Abb.).

O. maximus Backbg. Bis 20 cm ∅, locker strähnige Haare, dicke St., teils gebogen, farbig, gelb bis braun.

O. neocelsianus Backbg. Niedriger, 8–12 cm ∅, 10–17 Rippen, 9 Randst., 1–4 Mittelst., bis 8 cm lg., (Abb.).

O. ritteri Cullm. Bis 10 cm ∅, dicht weiß behaart, Blüte bis 11 cm lg., karmin.

O. trollii (Kupp.) Backbg. Bis 60 cm hoch, 15–25 Rippen, bis 7 cm lg., weiße Haare, borstenfeine St., gelb bis rotbraun, Blüten ca. 4 cm lg.

Oroya Br. & R.

Kugelige Pflanzen bis 25 cm ∅, relativ kleine Blüten. Vorkommen auf Höhenlagen über 3500 m begrenzt. Etwa 5 Arten bekannt, (Abb.). Heimat: Peru (Hochanden).

O. borchersii (Böd.) Backbg. 20–30 cm hoch, bis 30 Rippen, 15–25 Randst., 1–3 Mittelst., bis 2,5 cm lg., Blüten 2 cm lg., 1 cm ∅, zitronengelb, (Abb. Seite 20).

O. laxiareolata Rauh & Backbg. Bis ca. 15 cm hoch, 24–30 Rippen, Stacheln kammförmig geteilt, gelblich, (Abb.).

O. peruviana (K. Sch.) Br. & R. Gedrückt-rund, bis ca. 21 Rippen, 15–16 Randst., kammartig geteilt, 4–5 Mittelst., Blüten 2,2 cm ∅, rötlich, innen gelb.

△ *Oreocereus hendriksenianus* Backbg.

▽ *Oreocereus hendriksenianus* Backbg. var. *densilanatus* Rauh & Backbg.

▽ *Oreocereus neocelsianus* Backbg.

△ *Oroya laxiareolata* Rauh & Backbg.

▽ *Ortegocactus macdougallii* Alex.

▽ *Pachycereus pringlei* (S. Wats.) Br. & R.

Ortegocactus Alex.

Zierliche Pflanzen, meist sprossend, ähnlich *Coryphantha*, aber ohne Furchen, nur 1 Art bekannt! Heimat: Mexiko.
Mineralisches Substrat, viel Wärme im Sommer, kühle, trockene Überwinterung!

O. macdougallii Alex. Hell graugrün, bis 4 cm ∅, Höckerwarzen rhomboidisch gedrückt-rund, 7–8 Randst., bis 10 mm lg., 1 Mittelst. 5 mm lg., alle schwarz, Blüten bis 2,5 cm ∅, reingelb, (Abb.).

Pachycereus (Berg.) Br. & R.

Diese Gattung wird neuerdings zu *Lemaireocereus* einbezogen. Die rd. 7 Arten im Handel meist noch unter altem Namen. Teils große Säulencereen mit kräftiger Bestachelung, als Jungpflanzen sehr hübsch! Heimat: Mexiko.

P. pecten-aboriginum (Eng.) Br. & R. 10–11 Rippen, Areolen meist durch Filzband verbunden, 8 St., bis 3 cm lg., dunkel, bald grau, Blüten reinweiß, bis 8,5 cm lg.

P. pringlei (S. Wats.) Br. & R. Ca. 13 Rippen, ca. 20 weiße St. mit schwarzen Spitzen, bis 2 cm lg., z. T. bis 12 cm, Blüten weiß, nur an riesigen Pflanzen! (Abb.)

Parodia Speg.

Umfangreiche Gattung mit zahlreichen Neufunden in den letzten Jahren, während noch vor 50 Jahren nur eine einzige Art bekannt war. Kleinbleibende Kugelkakteen mit herrlichen Blüten, die zahlreich erscheinen und einige Tage halten. Unterschiedliche Bestachelung, teils hakig. Heimat: Bolivien bis Nordargentinien, Brasilien und Paraguay.
Anspruchslos, leicht humose Substrate, kühle Überwinterung!

P. aureispina Backbg. Bis 6,5 cm ∅, ca. 40 borstenfeine Randst., weiß, dazu ca. 6 gold-

△ *Parodia aureispina* Backbg.

△ *Parodia ayopayana* Card.

▽ *Parodia catamarcensis* Backbg.

▽ *Parodia mairanana* Card.

gelbe Mittelst., 1 hakig, Blüten bis 3 cm ∅, goldgelb, (Abb.).

P. ayopayana Card. Bis 8 cm hoch, ca. 11 Rippen, 10–11 Randst., 2 cm lg., weiß, 4 hellbraune Mittelst., 3,5 cm lg., Blüten 3 cm lg., goldgelb, (Abb.).

P. catamarcensis Backbg. Kugelig, Rippen in Warzen aufgelöst, ca. 9 feine Randst., weiß, 4 derbe, dunkelrote Mittelst., Blüten hellgelb, (Abb.).

P. chrysacanthion (K. Sch.) Backbg. Breitkugelig, ca. 24 Rippen, aufgelöst, spiralig, borstenfeine Randst., bis 2 cm lg. Mittelst., alle goldgelb, Blüten gelb.

P. comarapana Card. Kugelig, bis 8 cm ∅, 18–20 Rippen, höckrig, 18–23 Randst., Mittelst. kaum unterschieden, bis 2 cm lg., gelb, Blüten 0,5 cm ∅, orange.

P. comosa Ritt. Bis 30 cm hoch, 8–12 Rippen, 14–18 Randst., dünn, weiß, 6–9 Mittelst., bis 2 cm lg., braun, Blüten 5–6 mm ∅, ockergelb.

P. maassii (Heese) Berg. Bis 25 cm ∅, 13–21 spiralige Rippen, 8–10 Randst., 4 kräftige Mittelst., bis 7 cm lg., hakig, Blüten kupfrig gelbrot.

P. mairanana Card. Breitrund, über 5 cm ∅, olivgraugrün, 13–14 Rippen, 9–14

Parodia sanguiniflora Frič ex Backbg.

Randst., 1 Mittelst. bis 2 cm lg., bräunlich, Blüten 3,5 cm ∅, orangegoldgelb, (Abb.).

P. microsperma (Web.) Speg. Kugelig, später bis 20 cm hoch, ca. 15–20 Rippen in Warzen geteilt, 11–25 Randst., weiß, 6 mm lg., 3–4 Mittelst. rot bis braun, Blüten gelb, bis 4 cm ∅.

P. mutabilis Backbg. Bis 8 cm ∅, ca. 50 borstenfeine Randst., weiß, 4 Mittelst., 1 hakig, braun, bis 12 mm lg., Blüten über 3 cm ∅, goldgelb bis hellgelb.

P. nivosa Frič ex Backbg. Bis 15 cm hoch, schneeweiße, borstenfeine Randst., 4 derbe Mittelst., Blüten feuerrot, bis 4 cm ∅, (Abb.).

P. rauschii Backbg. Bis 25 cm hoch, Scheitel weißwollig, ca. 13 Rippen, ca. 25 weißl. oder gelbl. Randst., 6 kräft. Mittelst., bis 10 cm lg., gebogen, gelb, Blüten orangerot bis rot.

P. sanguiniflora Frič ex Backbg. Rippen spiralig in Warzen aufgelöst, ca. 15 borstenf., weiße Randst., 4 Mittelst., 1 hakig, Blüten bis 4 cm ∅, blutrot, (Abb.).

P. schuetziana Jajó Bis 11 cm ∅, Rippen spiralig in W. aufgelöst, ca. 15 verflochtene Randst., kräft. Mittelst., Blüten ca. 2 cm lg., rot, (Abb.).

P. schwebsiana (Werd.) Backbg. Kugelig, bis 11 cm hoch, weißwolliger Scheitel, 13–20 Rippen, ca. 10 Randst., 1 hakig. Mittelst., Blüten 2 cm ∅, burgunder- bis rostrot.

P. setifera Backbg. Breitrund, ca. 17 Rippen, ca. 20 borstenfeine Randst., weiß, 3–4 Mittelst., schopfartig, rosa bis schwarz, Blüten bis 4 cm ∅, gelb.

P. stuemeri (Werd.) Backbg. Bis 20 cm hoch, ca. 15 cm ∅, ca. 20 Rippen, bis 25 nadelige Randst., meist 4 Mittelst., bis 2,5 cm lg., Blüten goldgelb bis orange, 4 cm lg.

P. tilcarensis (Werd. & Backbg.) Backbg. Bis 15 cm hoch, 9–15 Randst., fein, 4 Mittelst., bis 2,5 cm lg., Blüten 3 cm ∅, rot.

P. uhligiana Backbg. Bis 10 cm ∅, ca. 35 Randst., dünn, weißlich, 4–8 Mittelst., 1 bis 5 cm lg,. Blüten kupferrot.

Pediocactus Br. & R.

Interessante Gattung, in ihrer Heimat winterhart. Körper statt Rippen nur Warzen. Mäßig große Blüten. 2 Arten. Heimat: USA. Schwierig in Kultur, kalte Überwinterung.

P. bradyi L. Benson Kugelig, bis ca. 6 cm lg., bis 5 cm ∅, ca. 15 Randst. 3–6 mm lg., kein Mittelst.; var. *knowltonii* (L. Bens.) Backbg. nur bis 2 cm ∅, 18–23 Randst. weiß, feinhaarig, Blüten ca. 1 cm lg., rosa, (Abb.).

P. simpsonii (Eng.) Br. & R. Bis 15 cm ∅, ca. 25 cm hoch, 15–30 Randst., bis 1 cm lg., weiß, 5–11 Mittelst., bis 2,5 cm lg., Blüten bis ca. 3 cm ∅, gelblich, rosa oder weiß.

△ *Parodia nivosa* Frič ex Backbg.

▽ *Parodia schuetziana* Jajó

▽ *Pediocactus bradyi* var. *knowltonii* (L. Bens.) Backbg.

Pelecyphora aselliformis Ehrenbg.

Pelecyphora Ehrenbg.

Kleine, kugel- bis keulenförmige Pflanzen ohne erkennbare Rippen, nur Warzen mit kurzen St., die kammförmig sitzen, asselähnliches Aussehen! Heimat: Mexiko. Mineralisches Substrat, viel Sonne, trockene Überwinterung.

P. aselliformis Ehrenbg. Bis 6 cm Ø, teils sprossend, Blüten aus dem Scheitel, ca. 3 cm Ø, karminviolett, (Abb.).

P. valdeziana Möll. siehe *Normanbokea.*

Pereskia (Plum.) Mill.

Pflanzen weisen richtig entwickelte Laubblätter auf, die erhalten bleiben, dünne Triebe, meist weiße Blüten, etwa 8 Arten. Heimat: Von USA bis Südamerika.

P. aculeata (Plum.) Mill. Blätter bis 7 cm lg., Blüten in Büscheln, weiß, bis 4,5 cm Ø. Sehr ähnlich die Gattung *Peireskiopsis* Br. & R. Vor allem *P. spathulata* (O.) Br. & R. und *P. velutina* Rose dienen als Unterlage für Sämlingspfropfungen.

Peniocereus (Berg.) Br. & R.

Dünntriebige Cereen mit knolligen Wurzeln, z. T. über 50 kg schwer, nächtliche Blüten, rd. 10 Arten, Heimat: USA und Mexiko.

P. greggii (Eng.) Br. & R. Lockerstrauchig, bis 3 m hoch, Triebe ca. 2,5 cm ∅, drei- bis sechskantig, kurze St., ca. 2 mm lg., Blüten 15–20 cm lg., weiß oder gelblich, (Abb.).

P. tepalcatepecanus Sánchez-Mejorada Triebe 30–40 cm lg., bis 2 cm ∅, 9 Randst. anliegend, dazu 3 Mittelst.

Pfeiffera SD.

Kleine, epiphytisch wachsende Pflanzen, keine Luftwurzeln, Blüten nur mit kurzer Röhre, 4 bekannte Arten. Heimat: Bolivien bis Nordargentinien.
Pflege wie *Rhipsalis*, blühen sehr leicht!

P. erecta Ritt. Bis 30 cm hoch, wenig verzweigt, Triebe 6–12 mm ∅, 5–7 Rippen, 12–16 dünne, zartweiße St., 10 mm lg., Blüten 1,5 cm lg., weiß.

P. ianthothele (Monv.) Web. Aufrecht bis hängend, Triebe bis 50 cm lg., bis 2 cm ∅, 3–4 scharfkantige Rippen, borstenartige St., unter 5 mm lg., Blüten bis 1,5 cm ∅, purpurrot bis rosa, innen weiß, (Abb.).

Pilocopiapoa Ritt.

Nahe verwandt mit *Copiapoa*, auch ähnlich im Aussehen, doch Fruchtknoten, Röhre sowie Frucht sind behaart, nur 1 Art beschrieben! Heimat: Chile.
Pflege wie *Copiapoa*, geringe Wassergaben im Hochsommer, später reichlicher gießen! Trockene Überwinterung, nicht zu kühl!

P. solaris Ritt. Vielköpfig, polsterbildend, einzelne Köpfe bis 12 cm ∅, graugrün, flacher Wollscheitel, 7–10 Randst., bis 5 cm lg., 2–5 Mittelst., bräunlich, Blüten 3 cm ∅, rosagelb bis karmin, duftend, (Abb.).

△ *Peniocereus greggii* (Eng.) Br. & R.

△ *Pfeiffera ianthothele* (Monv.) Web.

▽ *Pilocopiapoa solaris* Ritt.

△ *Pseudomammillaria albescens* (Tieg.) F. Buxbaum

△ *Pseudomammillaria camptotricha* (Dams) Buxb.

▽ *Pseudomammillaria decipiens* (Scheidw.) F. Buxbaum

Polaskia Backbg.

Die Gattung mit nur einer Art wird von Buxbaum zu *Lemaireocereus* einbezogen. Große baumartige Cereen mit eigenartigen, cremeweißen Blüten, die Hüllblätter sind nach unten umgeschlagen. Heimat: Mexiko. Als Jungpflanzen hübsch blau bereift!

P. chichipe (Goss.) Backbg. Baumförmig, bis 5 m, Stamm bis 1 m ∅, verzweigt, Triebe mit gelblichem Fleisch, meist 9 Rippen, 6–9 Randst., 1 Mittelst., ca. 1 cm lg., kleine Blüten nur an ausgewachsenen Pflanzen.

Pseudomammillaria Buxb.

Früher zu *Dolichothele* gestellt, doch durch ihre kleinen Blüten abweichend, meist stark sprossend und rasenbildend. Heimat: Mexiko. Leichtwachsende Pflanzen, auch für Anfänger. Blühen willig. Pflege wie Mammilarien.

P. albescens (Tieg.) Buxb. Grüne Warzen bis 2 cm lg., zahlreiche Randst., erst gelb, dann weiß, grünlichweiße Blüten. Wird auch als Varietät zu *P. camptotricha* gehalten, (Abb.).

P. camptotricha (Dams) Buxb. Dicht von gelben Stacheln eingehüllt, bis 3 cm lg. Blüten, weiß, duftend! (Abb.)

P. decipiens (Scheidweiler) Buxb. Feinnadelige Stacheln, 1 Mittelst., bis 18 mm lg., stechend, kastanienbraun bis rötlich, im Alter vergrauend, Blüten bis 2 cm lg., trichterförmig, weiß, (Abb.).

Pseudorhipsalis Br. & R.

Flachtriebige Epiphyten ähnlich *Rhipsalis*, die Blüten entstehen einzeln, mit kurzer Röhre. 3 Arten bekannt. Heimat: Mexiko, Jamaika, Costarica.
Pflege wie *Rhipsalis*!

P. alata (Swartz) Br. & R. Strauchig, bis 5 m lg., Triebe 4–6 cm breit, ca. 40 cm lg., kräftige Mittelrippe, Blüten ca. 1,5 cm lg., gelblichweiß.

P. macrantha Alex. Triebe bis 90 cm lg., 4,5 cm breit, Blüten 3 cm Ø, zitronengelb.

Pseudopilocereus Buining & Brederoo

Säulenförmige Pflanzen mit teils dichter Wolle, baumartig verzweigt. 2 Arten bekannt. Heimat: Brasilien.
In der Kultur nicht schwierig, im Winter bei mindestens 10–12° C.

P. fulvilanatus Buining & Brederoo Bis 3 m, Äste 10–12 cm Ø, blau bereift, 5–6 Rippen, dicht mit goldbrauner Wolle überzogen, ca. 11 Randst., bis 25 mm lg., 1 Mittelst., bis 45 mm lg., Blüten 33 mm Ø, weiß.

P. werdermannianus Buining & Brederoo Sprossend, 5–6 cm Ø, ca. 14 Rippen, lange weiße Wollhaare, ca. 15 Randst., hellgelb, Blüten glockenförmig, weiß.

Pterocactus K. Sch.

Zierliche Pflanzen mit rübigen Wurzeln, dünne Triebe mit endständigen Blüten. Typisch ist auch der geflügelte Rand der Samen. 7 bekannte Arten. Heimat: Argentinien.

P. tuberosus (Pfeiff.) Br. & R. Rüben bis 12 cm lg., 8 cm Ø, rötlichbraune Triebe, bis 40 cm lg., 1 cm Ø, zahlreiche feine Stacheln, Blüten 3 cm lg., gelb, (Abb.).

Pygmaeocereus Johns. & Backbg.

Kleine, meist sprossende Cereen mit zylindrischem Wuchs, schlanktrichterige Nachtblüten. 3 bekannte Arten. Die Gattung wird neuerdings zu *Arthrocereus* einbezogen. Heimat: Peru.

P. bylesianus Andreae & Backbg. Kurztriebig, kaum 10 cm lg., 12–14 Rippen, zahlreiche St., anfangs dunkler, später grau, Blüten ca. 6 cm Ø und lg., weiß, (Abb.).

P. rowleyanus Backbg. Wuchs ähnlich vorigem, Stacheln zahlreicher, weich, alle weiß, die mittleren dunkelspitzig, Blüten nur ca. 4 cm breit und lang, weiß.

△ *Pseudopilocereus superfloccosus* spec. nov. HU 394

▽ *Pterocactus tuberosus* (Pfeiff.) Br. & R.

▽ *Pygmaeocereus bylesianus* Andreae & Backbg.

△ *Pyrrhocactus aspillagai* (Söhr.) Berg.

△ *Rapicactus subterraneus* (Backbg.) F. Buxb. & Oehme

▽ *Rauhocereus spec.*

Pyrrhocactus Berg.

Die Gattung wurde von Buxbaum zu *Neoporteria* einbezogen. Da vielfach noch unter altem Namen geführt, seien sie hier gesondert aufgeführt. Teils kugelige Pflanzen, glockige Blüten mit Borsten, rd. 15 bekannte Arten, (Abb.). Heimat: westliches Argentinien.

P. megliolii Rausch Einzeln, bis 45 cm hoch, bis 14 Rippen, Randst. zu 3–4 Paaren, 2–4 Mittelst., bis 25 mm lg., Blüten 2,5 cm ∅, goldfarbig.

P. umadeave (Frič) Backbg. Bis 10 cm hoch, 11 cm ∅, ca. 18 Rippen, bis 35 St., 3 cm lg., weiß bis bräunlich, gebogen, Blüten bis 3,5 cm lg., blaßgelblich.

Rapicactus Buxb. & Oehme

Von *Gymnocactus*, bzw. *Thelocactus* abgetrennte Arten. Der keulige Sproß ist durch einen dünnen, ca. 10 cm lg. Stiel mit der dikken Wurzelknolle verbunden. 2 Arten. Heimat: Mexiko.

R. mandragora (Frič) Buxb. & Oehme Einzeln, bis 6 cm ∅, vierkantige Warzen dicht gestellt, ca. 12 Randst., weiß, meist 2 Mittelst., ca. 2 cm lg., Blüten 2 cm lg., 2,5 cm ∅, weiß mit rosa Rückenstreifen.

R. subterraneus (Backbg.) Buxb. & Oehme 3–4 cm ∅, ca. 16 Randst., weiß, 2 Mittelst., schwärzlich, Blüten 3 cm ∅, rosaviolett, (Abb.).

Rauhocereus Backbg.

Nordperuanische Säulenkakteen, verzweigt, bis 4 m, Rippen durch Furchen in Höcker unterteilt, dicht beschuppte, weiße Blüten, (Abb.). Heimat: Peru.
Warm und volle Sonne, im Winter nicht unter 12 ° C!

R. riosaniensis Backbg. 8–15 cm ∅, 5–6 Rippen, bis 4 Randst., dazu 2–4 Mittelst., diese bis 5 cm lg., Blüten in Scheitelnähe, 8–10 cm lg., 5 cm ∅, weiß.

Rebutia calliantha Wessn.

Rebutia K. Sch.

Nach neueren wissenschaftlichen Untersuchungen werden in die Gattung *Rebutia* die nahe verwandten und eng verbundenen Gattungen *Aylostera*, *Digitorebutia* (= *Pygmaeolobivia*), *Cylindrorebutia* und *Mediolobivia* einbezogen. Der besseren Übersicht wegen werden die Untergattungen bzw. Sektionen in Klammern angeführt.
Durchwegs zwergige Pflanzen, Blüten aus alten Areolen, oft dicht über dem Boden. Heimat: Argentinien, Bolivien.

Anspruchslose, sehr leicht und reichblühende Kakteen, unbedingt kühle Überwinterung! Anzucht aus Samen und Vermehrung durch Sprosse ohne Schwierigkeiten.

R. (Ayl.) albiflora Ritt. & Buin. Bis 2,5 cm Ø, ca. 15 Randst. und 5 Mittelst., bräunlich, Blüten 2,5 cm Ø, weiß mit rosa.

R. (Mediolob.) aureiflora (Backbg.) Buin. & Donald 15–20 borstenfeine St., bis 1 cm lg., gelbbräunlich, Blüten 4 cm Ø, apfelsinengelb.

△ *Rebutia marsoneri* Werd.

△ *Rebutia pectinata* (Backbg.) Buin. & Donald

▽ *Rebutia minuscula* var. *grandiflora* (Backbg.) Krainz

▽ *Rebutia muscula* Ritt. & Thiele

R. (Ayl.) buiningiana Rausch Ca. 5 cm ∅, bis 20 Rippen, 14–16 Randst., 2–3 Mittelst., weiß, Blüten 3 cm ∅, orange.

R. (Digitoreb.) canacruzensis Rausch Bis 4 cm hoch, 2,5 cm ∅, 10–11 Rippen, 11 weiße Randst., Blüten 2,5 cm ∅, rosa.

R. (Reb.) chrysacantha Backbg. Bis 5 cm ∅, 25–30 borstenfeine St., gelblich, Blüten bis 5 cm lg., gelblichrot; var. *elegans* (Backbg.) Backbg. weiße St.

R. (Digitoreb.) cincinnata Rausch 2 cm ∅, 10–11 Rippen, 11 dünnborstige Randst., glasigweiß, 20 mm ∅, Blüten orangerot.

R. (Ayl.) deminuta (Weber) Berger Blattgrün, 10–12 weiße bis braune St., 6 mm lg., Blüten 3 cm ∅, dunkel orange; var. *pseudominuscula* (Speg.) Donald 7–14 St., 1–4 Mittelst., Blüten dunkelrot.

R. (Ayl.) fiebrigii Gürke Verlängert, 6 cm ∅, 30–40 weiße Borstenst., 1 cm lg., Blüten 3,5 cm lg., gelbrot.

R. (Reb.) glomeriseta Card. Kugelig, Warzen in 20 Spiralen, zahlreiche, borstenartige St., 2–3cm lg., verflochten, Blüten 2,5 cm lg., goldgelb.

R. (Ayl.) heliosa Rausch 2,5 cm ∅, bis 38 Rippen, spiralig, 24–26 anlieg. Randst., 1 mm lg., weiß, Blüten 45–55 mm lg., 40 mm ∅, orange.

R. (Reb.) *karusiana* Wessn. Kugelig, eingesenkter Scheitel, 8–10 Randst., 3–4 Mittelst., braun, Blüten 4 cm ∅, rosarot.

R. (Reb.) *krainziana* Kesselr. Bis 4 cm ∅, weiße Areolen, 8–12 borstige St., schneeweiß, 2 mm lg., Blüten 4 cm ∅, hochrot.

R. (Ayl.) *kupperiana* Böd. Ca. 15 Warzenreihen, 13–15 weiße Randst., 5 mm lg., 1–3 Mittelst., 1,5 cm lg., dunkelbraun, Blüten 3,5 cm ∅, feurig orangerot.

R. (Reb.) *margarethae* Rausch Bis 6 cm ∅, 15–17 Rippen, gedreht, 7–11 Randst., 2 cm lg., 1 Mittelst., braun, Blüten 3,5 cm ∅, rot, innen orange.

R. (Reb.) *marsoneri* Werd. Flachkugelig, 30–35 borstige St., teils weiß, teils fuchsbraun oder goldgelb, Blüten 3,5 cm ∅, goldgelb, (Abb.).

R. (Reb.) *minuscula* K. Sch. Scheitel eingesenkt, ca. 30 weiße St., 4–8 mm lg., auch gelblich, Blüten 3 cm ∅, inkarnatrot; var. *grandiflora* (Backbg.) Krainz bis 7,5 cm ∅, ca. 25 borstige Randst., weißlich, 4 Mittelst., abgebogen, Blüten bis 6,5 cm lg., leuchtend karminrot, (Abb.).

R. (Digitoreb.) *mudanensis* Rausch Kurzzylindrisch, 3 cm ∅, 13 Rippen, 12 Randst., glasigweiß, 1 Mittelst., 1 cm lg., Blüten 3,5 cm ∅, weißlichrosa, innen hellorange.

△ *Rebutia pseudodeminuta* Speg.

▽ *Rebutia senilis* Backbg.

▽ *Rebutia wessneriana* Bew.

▽ *Rebutia violaciflora* Backbg.

Rhipsalidopsis rosea (Lag.) Br. & R.

R. (Ayl.) muscula Ritt. & Thiele Bis 4 cm Ø, ca. 50 feine, weiße St., davon dicht eingehüllt, 2,4 mm lg., Blüten 2 cm Ø, orange, (Abb.).

R. (Ayl.) pseudodeminuta Speg. Glänzend dunkelgrün, 7–14 Randst., erst gelblich, dann weiß, 1–4 Mittelst., Blüten 2,5 cm lg., purpurn dunkelrot, (Abb.).

R. (Ayl.) pulvinosa Ritt. & Buin. Bis 3 cm Ø, 15–22 Randst., 3 mm lg., 6 Mittelst., bräunlich, Blüten 1,5 cm Ø, orangegelb.

R. (Reb.) senilis Backbg. Bis 7 cm Ø, sattgrün, feine, weiße St., alle abstehend, bis 3 cm lg., Blüten 3,5 cm Ø, karminrot, Schlund weiß, (Abb.). Zahlreiche Varietäten: var. *aurescens* Backbg. St. gelblich; var. *iseliana* Krainz, Blüten orangerot; var. *sieperdaiana* (Buin.) Backbg., Blüten 3,5 cm Ø, tiefgelb, außen rosagelb.

R. (Ayl.) spegazziniana Backbg. Säulig, bis 8 cm hoch, 12–15 Randst., kammartig gestellt, 5 mm lg., 2–3 Mittelst., braun, Blüten 4 cm Ø, dunkelrot.

R. (Ayl.) spinosissima Backbg. Bis 4 cm ∅, zahlreiche borstige Rand- u. Mittelst., weißlich, Blüten 3 cm ∅, hell backsteinrot.

R. (Ayl.) supthutiana Rausch Bis 3,5 cm ∅, ca. 15 Rippen, 11–13 Randst., 3–5 mm lg., glasigweiß, bis 1 Mittelst., 5 mm lg., Blüten 4 cm ∅, rot.

R. (Reb.) violaciflora Backbg. Gelblichgrün, eingesenkter Scheitel, ca. 20 borstige St., steif, tief goldbraun, bis 2,5 cm lg., Blüten 2,5–3 cm ∅, hellviolett, (Abb.).

R. (Reb.) wessneriana Bewerunge Kugelig, bis 8 cm ∅, etwa 25 Rand- u. Mittelst., ca. 2 cm lg., weiß, Blüten ca. 5,5 cm ∅, blutrot, (Abb.); var. *calliantha* (Bewerunge) Krainz bis 15 cm hoch, 6,5 cm ∅, 15–18 Rand- u. Mittelst., weiß, bis 1 cm lg., Blüten 4,5 cm ∅, feuerrot.

R. (Reb.) xanthocarpa Backbg. Bis 5 cm ∅, 15–20 glasig feine St., bis 7 mm lg., Blüten nur 2 cm ∅, karminrot, Frucht gelb; var. *coerulescens* Backbg. Blüten bläulichrot; var. *salmonea* Frič ex Backbg. Blüten lachsrosa; var. *violaciflora* (Backbg.) Backbg. Blüten leuchtend violett wie bei *R. violaciflora*, doch kleiner.

Reicheocactus Backbg.

Bei den unter der Bezeichnung *Reicheocactus pseudoreicheanus* Backbg. in den Sammlungen vertretenen Pflanzen dürfte es sich aufgrund von Untersuchungen und Vergleichen mit Neufunden um die bislang verschollene echte *Lobivia famatimensis* (Speg.) Br. & R. handeln, (Abb.).

Rhipsalidopsis Br. & R.

Rhipsalisähnliche Epiphyten. Vier- bis fünfkantige Triebe, daraus dann flachkeulige Glieder. Blüten erscheinen aus den breiten Endareolen. 2 Arten. Heimat: Brasilien. Hübsche, leicht blühende Pflanzen, Pflege wie *Rhipsalis*, doch kühle Überwinterung!

△ *Reicheocactus pseudoreicheanus* Backbg.

▽ *Rhipsalidopsis gaertneri* (Reg.) Lindgr.

▽ *Rhipsalis cassutha* Gärtn.

△ *Rhipsalis clavata* Web.

▽ *Rhipsalis houlletiana* Lem.

▽ *Rhipsalis pachyptera* Pfeiff.

R. gaertneri (Reg.) Lindgr. (syn. *Epiphyllopsis gaertneri* (Reg.) Berg.) Stark verzweigt, hängend, Glieder am Triebende bartig behaart, Blüten 4 cm lg., scharlachrot, (Abb.).

R. rosea (Lag.) Br. & R. Triebe leicht rötlich, bis 3,7 cm lg., bis 3 Blüten aus Areole, kurzröhrig, 3,7 cm ∅, rosa, (Abb.).

Rhipsalis Gärtn.

Epiphytische, meist hängend wachsende Pflanzen, sehr vielgestaltig, Triebe rund, kantig oder blattartig, Blüten meist einzeln. Hübsche Beerenfrüchte. Rund 60 bekannte Arten. Heimat: Florida, Mexiko bis Südamerika, sowie südliches Afrika und Madagaskar.

R. capilliformis Web. Triebe nur 2–3 mm dick, büschelig verzweigt, Blüten seitenständig, 6–8 mm ∅, weiß.

R. cassutha Gärtn. Triebe gablig, bis 50 cm lg., 2–3 mm ∅, grün, Blüten 5,5 mm lg., weißlich bis creme, (Abb.).

R. cereuscula Haw. Langtriebe 20–30 cm, Kurztriebe dicht, spiralig, 1–3 cm lg., 3–4 mm ∅, Blüten glockig, 2 cm ∅, weiß.

R. clavata Web. Gabelig oder wirtelig verzweigt, Triebe oben dünn-keulig, 3 mm, Blüten 1 cm ∅, weiß, (Abb.).

R. crispata (Haw.) Pfeiff. Triebe länglich oder elliptisch, am Rand wellig gebogen, 1–4 Blüten, 1,4 cm lg., cremegelb.

R. houlletiana Lem. Bis 2 m und länger, Triebe blattartig, 3–5 cm breit, tief gesägt, Blüten 2 cm lg., weiß, (Abb.).

R. mesembryanthemoides Haw. Bis 40 cm lg., Triebe stielrund und spindelförmig, borstig behaart, Blüten 1,5 cm ∅, weiß.

R. pachyptera Pfeiff. Bis 1 m, Triebe elliptisch oder kreisrund, gekerbt, purpurrot, Blüten 1,5 cm lg., gelb, (Abb.).

× *Rhipsaphyllopsis graeseri* Werd.

R. purpusii Wgt. Triebe anfangs rund, in blattartiges Ende verlaufend, bis 20 cm lg., 3 cm breit, Blüten seitlich, 11 mm lg., grünlichweiß.

R. rhombea (SD.) Pfeiff. Stamm rund oder flügelkantig, eiförmig bis rhombisch, bis 5 cm breit, Blüten 1 cm lg., gelb.

R. shaferi Br. & R. non Cast. Triebe rund, 4–5 mm ∅, Areolen über 1 cm entfernt, Blüten radförmig, klein, grünlichweiß.

× **Rhipsaphyllopsis** Werd.

Erwähnt sei hier noch eine gärtnerische Züchtung zwischen *Rhipsalidopsis gaertneri* (Mutterpflanze) und – *rosea,* die wegen der früheren Bezeichnung von *»Epiphyllopsis gaertneri«* als *x Rhipsaphyllopsis graeseri* Werd. beschrieben wurde. Sehr leichtwüchsig, blüht überreich in lack- bis karminroten Farben, (Abb.) Sehr beliebte Zimmerpflanze, die im Erwerbsgartenbau in großen Mengen herangezogen wird. Wegen der frühen Blütezeit als »Osterkaktus« bezeichnet.

△ *Rhipsalis saglionis* Lem.

▽ *Ritterocereus hystrix* (Haw.) Backbg.

Sclerocactus whipplei (Eng. & Big.) Br. & R. var. *spinosior* ▽ (Eng.) Boiss.

Ritterocereus Backbg.

Gattung mit rd. 9 Arten, die heute zu *Lemaireocereus* gezählt werden. Baumförmige Säulenkakteen, nachtblühend, trichterige Blüten noch am Tage offen, (Abb.). Heimat: Mexiko, Westindien, nördl. Südamerika.

R. pruinosus (O.) Backbg. Bis 7 m hoch, deutlicher Stamm, 5–6 Rippen, Triebe bläulichgrün mit weißem Reif, 5–7 Randst., 1 Mittelst., bis 3 cm lg.

Sclerocactus Br. & R.

Kugelig bis zylindrisch, teils verflochtene Stacheln, glockig-trichterige Blüten mit Filzspuren, basal öffnende Früchte. Rd. 6 Arten. Heimat: USA (südwestliche Wüstengebiete).
Schwierig in Kultur, mineralisches Substrat, im Winter nicht zu kühl, absolut trocken!

S. intermedius Peebl. Bis 20 cm hoch, 13 Rippen, spiralig, ca. 12 Randst., weiß, 4 Mittelst., 3–5 cm lg., weiß bis rötlich, oft hakig, Blüten bis 5 cm lg., purpurn.

S. whipplei (Eng. & Big.) Br. & R. Bis 15 cm lg., ca. 7,5 cm ∅, 13–15 Rippen, 7–11 Randst., weiß oder schwarz, 18 mm lg., später 4 Mittelst., braun bis schwarz, teils hakig, 3,5 cm lg., Blüten rosa bis purpurn, (Abb.).

Selenicereus (Berg.) Br. & R.

Schlanktriebige, kletternde oder klimmende Cereen mit Luftwurzeln. Kurze Stacheln, sehr große, nächtliche Blüten, dicht behaart oder beborstet. Rund 25 Arten. Heimat: Mittelamerika bis Südamerika.
Wachsen am besten im Gewächshaus frei ausgepflanzt, kühl und trocken überwintern. Beliebte Pflanzen in Sammlungen.

S. grandiflorus (L.) Br. & R. Triebe 2,5 cm ∅, 7–8 Rippen, auch weniger, 7–11 nadelförm. St., bis 1 cm lg., Blüten bis

Selenicereus grandiflorus (L.) Br. & R.

30 cm lg., 20 cm ∅, außen bronzeartig gelbbraun, innen weiß, »Königin der Nacht«, (Abb.). Reine Wildform kaum in Sammlungen.

S. hamatus (Scheidw.) Br. & R. Triebe vierkantig, 22 mm ∅, borstige St., Blüten 30–40 cm lg., rötlich, innen chromgelb.

S. macdonaldiae (Hook.) Br. & R. Triebe 1,5 cm ∅, 5 flache Rippen, winzige St., Blüten bis 35 cm lg., 25 cm ∅, weiß oder creme, außen purpurrötlich.

S. pteranthus (Lk. & O.) Br. & R. Triebe bis 5 cm ∅, 4–6 Rippen, 6–12 St., 6 mm lg., Blüten bis 30 cm lg., außen bräunlich, innen weiß, »Prinzessin der Nacht«.

S. spinulosus (DC.) Br. & R. Bis 13 mm ∅, 4–6 Rippen, 6–8 kurze Randst., borstig, 1 Mittelst., Blüten 15 cm ∅, weiß.

S. wercklei (Web.) Br. & R. Verzweigt, dünne Triebe, ca. 5–15 mm ∅, ohne St., Blüten 15 cm lang, hellrot.

△ *Setiechinopsis mirabilis* (Speg.) de Haas

▽ *Soehrensia formosa* (Pfeiff.) Backbg.

▽ *Stetsonia coryne* (SD.) Br. & R.

Setiechinopsis (Backbg.) de Haas

Zierliche, kleinzylindrische Pflanzen, dünnröhrige Blüten, nächtlich, sehr stark duftend. Nur 1 Art bekannt. Heimat: Argentinien.

S. mirabilis (Speg.) de Haas Bis 15 cm hoch, 2 cm Ø, dunkelbräunlich, 11–12 Rippen, 9–14 dünne Randst., 1 Mittelst., bis 1,5 cm lg., bräunlich-hornfarben, Blüten am Scheitel, ca. 12 cm lg., 4 cm Ø. Sehr schmale Petalen, spitz zulaufend, weiß, (Abb.).

Soehrensia Backbg.

Teils großkugelige bis dicksäulige Pflanzen, trichterige, behaarte Blüten, wollige Früchte. Rund 7 bekannte Arten. Heimat: Nordwest-Argentinien.

S. bruchii (Br. & R.) Backbg. Bis 50 cm Ø, kugelig, ca. 50 Rippen, 9–14 Randst., ca. 4 Mittelst., dunkler getönt, Blüten ca. 5 cm Ø, tiefrot.

S. formosa (Pfeiff.) Backbg. Dickkugelig, später gestreckt, bis über 50 cm hoch, 15–35 Rippen, 8–16 dünne Randst., bis 8 Mittelst., bis 7 cm lg., Blüten ca. 8 cm lg., hell- bis goldgelb, (Abb.).

Solisia Br. & R.

Die Gattung *Solisia* wird neuerdings als Untergattung zu *Mammillaria* einbezogen. Kleine Pflanzen mit zusammengedrückten Warzen. Weiße, kammartig gestellte Stacheln. Blüten seitlich aus älteren Axillen. Nur 1 Art. Heimat: Mexiko.
Kultur in mineralischem Substrat, vollsonniger Stand, nur vorsichtig gießen, im Winter kühl und absolut trocken halten.

S. pectinata (B. Stein) Br. & R. (syn. *Mammillaria pectinata* (B. Stein) Moran) Ca. 8 cm hoch, bis 6 cm Ø, bis 40 weiße St., 2 mm lg., reinweiß oder schwach rötlich, Blüten ca. 2 cm lg., 2,5 cm Ø, glockig-trichterig, gelblichgrün, (Abb.).

Solisia pectinata (B. Stein) Br. & R.

Stenocereus (Berg.) Ricc.

Buschig verzweigte Säulenkakteen, hierher gehören auch *Isolatocereus* (Backbg.) Backbg. und *Marginatocereus* (Backbg.) Backbg. Heimat: Mexiko, (Abb. Seite 17). Hübsch auch als Jungpflanzen für Sammlungen.

S. beneckei (Ehrenbg.) Berg. ex Buxbaum Säulig, bis 1,5 m, 6–9 cm Durchmesser, dick weiß bepudert, 5–10 Rippen, in Höcker aufgelöst.

S. marginatus (Backbg.) Buxbaum Bis 7 m hoch, 5–7 Rippen, Areolen braunfilzig zu einem Band zusammenfließend, bis 9 St.

S. stellatus (Pfeiff.) Ricc. Matt dunkelgrün, bis 3 m hoch, 8–12 Rippen, 8–12 Randst., 12 mm lg., 1–3 Mittelst., bis 2 cm, Blüten bis 6 cm lg., weiß, außen rosa.

Stetsonia Br. & R.

Große, baumartige Cereen. Schlankröhrige, nächtliche Blüten nur an ausgewachsenen

Strombocactus disciformis (DC.) Br. & R.

Pflänzen. Nur 1 Art bekannt. Heimat: Argentinien, Bolivien.

S. coryne (SD.) Br. & R. Bis 8 m, Stamm ca. 40 cm ∅, 8–9 Rippen, bläulichgrün, 7–9 St., bis 5 cm lg., weiß, (Abb.).

Strombocactus Br. & R.

Flachkugelige Pflanzen, rübige Wurzeln. Wächst vorzugsweise in Spalten steiler Tonschieferfelsen. Eigenartig vierkantig-verbogene Höcker, in die sich die Rippen auflösen. Nur 1 Art bekannt. Heimat: Mexiko. Wächst gut in mineralischem Substrat. Volle Sonne und vorsichtig gießen, Überwinterung kühl und absolut trocken! Blüht sehr reich.

S. disciformis (DC.) Br. & R. Körper einzeln, scheibenartig im Boden sitzend, graugrün, bis über 15 cm ∅, 4–5 St., borstenförmig und bald abfallend, meist nur in Scheitelnähe vorhanden, Blüten bis 3,5 cm lg. und bis 4 cm ∅, weiß bis gelblichweiß, (Abb.).

Sulcorebutia Backbg.

Interessante Gattung meist kleinbleibender, polsterbildender Pflanzen. Blüten ähnlich *Rebutia*, dazu eine teils sehr derbe Bestachelung, einheitlich strichförmige Areolen. Rund 25 bekannte Arten. Heimat: Bolivien. Pflege wie Rebutien, kühle und trockene Überwinterung ist wichtig.

S. candiae (Card.) Backbg. Breitkugelig, bis 5 cm ∅, 15–20 Rippen, dünne, randst. St., bis 7 mm lg., Blüten bis 3 cm lg., gelb, (Abb.).

S. cardenasiana Vasques Bis 8 cm ∅, 14 Rippen, Randst. kammförmig, braungelblich, Blüten 2,5 cm lg., gelb.

S. glomerispina (Card.) Backbg. Flach, bis 5 cm ∅, 20 Rippen, 10–14 St., 2 cm lg., Blüten 2 cm ∅, purpurn.

S. kruegeri (Card.) Ritt. Länglich, ca. 20 dünne Randst., 3 mm lg., weißlich, Blüten 2,5 cm lg., goldgelb bis orange.

S. losenickyana Rausch Bis 6 cm ∅, ca. 13 Rippen, 14–16 Randst., 2,5 cm lg., 1 Mittelst., gelb bis schwarz, Blüten 3 cm lg., 4 cm ∅, rot.

S. lepida Ritt. Wenig sprossend, ca. 16 Rippen, in Höcker aufgelöst, ca. 20 Randst., kammförmig, 7 mm lg., braun bis schwarz, Blüten zinnober bis karmin.

△ *Sulcorebutia arenacea* (Card.) Ritt.

▽ *Sulcorebutia candiae* (Card.) Backbg.

▽ *Sulcorebutia zavaletae* (Card.) Backbg.

▽ *Sulcorebutia mizquensis* Rausch

△ *Sulcorebutia totorensis* (Card.) Ritt.

△ *Tephrocactus alexanderi* (Br. & R.) Backbg.

S. menesesii (Card.) Backbg. Bis 2 cm hoch, 6 cm Ø, 14–18 Rippen, 10–12 St., kammförmig geteilt, bis 35 mm lg., Blüten 4 cm lg., 3,5 cm Ø, blaßgoldgelb.

S. mentosa Ritt. Bis 6 cm Ø, ca. 20 Rippen, 14–18 Randst., kammförmig, 2–4 Mittelst., ca. 8 mm lg., Blüten 3,5 cm Ø, purpurn.

S. pampagrandensis Rausch Bis 7 cm Ø, 18–26 Rippen, spiralig, 17–21 Randst., 1–4 Mittelst., Blüten 4,5 cm Ø, rosa.

S. polymorpha (Card.) Backbg. Bis 5 cm Ø, 10–15 Rippen, borstenförm. St., bis 2 cm lg., Blüten 3 cm Ø, magentarot.

S. taratensis (Card.) Backbg. Bis 3,5 cm Ø, ca. 16 Rippen, spiralig, 13–16 Randst., kammförmig, Blüten 3,5 cm Ø, 4 cm lg., Sepalen purpurn, Petalen magentarot.

S. tiraquensis (Card.) Backbg. Bis 12 cm Ø, 13–26 Rippen, bis über 30 St., bis 3 cm lg., Blüten 3 cm Ø, purpurn.

S. totorensis (Card.) Ritt. Gedrückt-rund, 19–21 Rippen, St. kammförmig geteilt, bis 2 cm lg., nadelig dünn, stechend, dunkelbraun, Blüten 3,5 cm lg., dunkelpurpurn, (Abb.).

S. tunariensis (Card.) Backbg. Bis 1,8 cm Ø, Rippen in ca. 10 beilförm. Höcker zerteilt, 10–12 St., kammförmig, borstig, weiß, bis 4 mm lg., Blüten 2,5 cm Ø, tiefrot, innen gelb.

S. verticillacantha Ritt. Bis 3 cm Ø, 13–21 Rippen, 12–14 St., bis 4 mm, kammförmig, Blüten violettpurpurn bis zinnober; var. *aureiflora* Rausch, nur 2,5 cm Ø, Blüten 4 cm Ø, orange.

Tephrocactus Lem.

Wird heute als Untergattung zu *Opuntia* betrachtet. Extreme Hochgebirgskakteen, die noch in Höhen um 4000 m vorkommen. Kurze, dick-zylindrische Glieder, reichlich Glochiden, teils kräftig bestachelt, Blüten bei uns selten. Rund 80 bekannte Arten. Heimat: Peru, Chile, Bolivien, Argentinien. Meist kleinbleibende Pflanzen, anspruchslos, kalte Überwinterung.

T. articulatus (Pfeiff. ex O.) Backbg. Längl. runde Triebe, kurze, braune Gloch.; var. *diadematus* (Lem.) Backbg., bastartige St., weiß oder braunrandig; var. *papyracanthus* (Phil.) Backbg., 5–6 St., bis 10 cm lg., 7 mm breit, papierartig, (Abb.).

T. floccosus (SD.) Backbg. Hochrunde Polster, bis 2 m Ø, Triebe ganz weiß behaart, 1–3 St., bis 3 cm lg., gelb.

T. glomeratus (Haw.) Backbg. Eiförmige Triebe, bis 3 cm lg., hellgelbe Gl., 3–5 weiße oder schwarze St., bis 1 cm lg.

T. pentlandii (SD.) Backbg. Kugelige Triebe, 4–6 zierl. St., bis 1 cm lg.

T. rauhii Backbg. Triebe bis 25 cm lg., 8 cm Ø, dicht weiß behaart, blaßgelbe St., kaum hervortretend.

Thelocactus (K. Sch.) Br. & R.

Umfangreiche Gattung, die derzeit von Dr. L. Kladiwa und H. W. Fittkau überarbeitet wird, so daß Umstellungen erforderlich wurden. Kugelige bis kurzzylindrische Pflanzen mit Rippen, die sich in große Warzen unterteilen. Die meist großen Blüten entstehen aus scheitelnahen Areolen, Fruchtknoten und Röhre tragen Schuppen, ohne Haare oder Stacheln. Rd. 25 Arten mit zahlreichen Varietäten. Heimat: USA (S.-Texas), Mexiko.

T. bicolor (Gal.) Br. & R. Kugelig bis länglich, bis 10 cm Ø, 8–13 Rippen, 9 18 Randst. bis 3 cm lg., meist 4 Mittelst., 5 cm lg., Blüten bis 6 cm Ø, tief purpurrosa; var. *tricolor* (K. Sch.) Knuth, rotgefärbte St. (Abb.); var. *wagnerianus* (Berg.) Krainz, bis 20 Randst., strahlig, im Neutrieb rot.

T. bueckii (Klein) Br. & R. Tiefgrün, 3–7 rötl. St., teils abwärts gebogen, Blüten dunkelrot, schmale Petalen.

T. conothele (Reg. & Klein) Knuth Bis 7,5 cm Ø, ca. 12 Rippen in Spiralen, 14–16 weiße Randst., 1,8 cm, bis 4 Mittelst., über 3,5 cm lg., Blüten 3,5 cm Ø, purpurviolett, (Abb.); var. *albiflorus* Kladiwa & Fittkau, weißblühend.

T. hexaedrophorus (Lem.) Br. & R. Bis 15 cm hoch u. breit, ca. 13 Rippen, 4–9 Randst., 1–2 Mittelst., bis 3 cm lg., Blüten bis 8 cm Ø, weiß, (Abb.).

T. horripilus (Lem.) Kladiwa (syn. *Gymnocactus horripilus* (Lem.) Backbg.) Bis 9 cm Ø, 9–12 Randst., bis 15 mm, 1 Mittelst., auch fehlend, gelblichweiß, Blüten 3 cm Ø, purpurn, (Abb.).

T. knuthianus (Böd.) Kladiwa (syn. *Gymnocactus knuthianus* (Böd.) Backbg.) Klein, bis 6 cm Ø, 18–20 weiße Randst., 8 mm, 1 Mittelst., Blüten 2,5 cm lg., hellilarosa.

T. lophothele (SD.) Br. & R. 15–20 Ripp., spiralig, 3–5 Randst., 3 cm lg., bis 1 Mittelst., Blüten 5 cm Ø, gelb.

Tephrocactus articulatus (Pfeiff. ex O.) Backbg. var. *papyracanthus* (Phil.) Backbg. ▽

▽ *Thelocactus bicolor* (Gal.) Br. & R. var. *tricolor* (K. Sch.) Knuth

△ *Thelocactus conothele* (Regel & Klein) var. *aurantiacus* Glass & Foster.

△ *Thrixanthocereus blossfeldiorum* (Werd.) Backbg.

△ *Thelocactus hexaedrophorus* (Lem.) Br. & R.

▽ *Thelocactus horripilus* (Lem.) Kladiwa

T. saueri (Böd.) Berg. Bis 6 cm Ø, Scheitel weißwollig, 11–14 Randst., weiß, 1 Mittelst., Blüten 2 cm Ø, weißrosa.

T. schottii (Eng.) Kladiwa & Fittkau (syn. *T. flavidispinus* (Backbg.) Backbg.) Ca. 13 frischgrüne Rippen, ca. 20 gelbliche Randst., verflochten, bis 2,4 cm lg., 1 Mittelst., Blüten ca. 5 cm Ø, purpurrosa.

T. schwarzii Backbg. Ca. 5,5 cm Ø, bläulichgrün, ca. 13 Rippen in Höcker aufgelöst, 13–14 Randst., bis 2,7 cm lg., gelblich, Blüten bis 8,5 cm Ø, purpurn, zur Mitte scharlach.

T. macdowellii (Reb.) Kladiwa & Fittkau (syn. *Echinomastus macdowellii* (Reb.) Br. & R.) Bis über 10 cm Ø, ca. 30 Rippen, ca. 22 weiße Randst., 3 cm lg., 4 Mittelst., bis 4,5 cm lg., Blüten trichterig, 4 cm lg., rot.

T. viereckii (Werd.) H. Bravo Bläulich mattgrün, Scheitel dichtwollig, 20 Randst., weiß, 1 cm, 4 Mittelst. über Kreuz, bis 2 cm, Blüten 2 cm lg., zart violettrosa.

Thrixanthocereus Backbg.

Von Buxbaum zur Gattung *Espostoa* einbezogen. Einzeln wachsende Säulenkakteen, Cephalium vom Scheitel herablaufend. 3 bekannte Arten. Heimat: Peru.

T. blossfeldiorum (Werd.) Backbg. Bis 4 m, 10 cm ∅, ca. 22 Rippen, 20–25 glasige, helle St., 8 mm lg., 4 Mittelst. bis 3 cm, (Abb.).

T. cullmannianus Ritter Bis 2 m, 18–24 Rippen, bis 120 feine St., weiß, bis 3 cm lg., vereinzelt rötlich.

T. senilis Ritter Schlanke Säulen ganz dicht von feinen, weißen Borsten eingehüllt, Blüten 4 cm ∅, purpurn.

Toumeya Br. & R.

In diese Gattung wurde von H. Bravo u. Marshall die Gattung *Turbinicarpus* einbezogen, von Kladiwa hier als Untergattung geführt. Kleine, warzentragende Kakteen, Blütenröhren ohne Schuppen, Haare oder Stacheln. Heimat: USA, Mexiko.
Kultur in mineralischen Substraten, vorsichtig gießen, im Winter absolut trocken und kühl.

T. macrochele (Werd.) Bravo & Marshall 3–4 cm ∅, 4–5 St., bis 4 cm lg., steif, verflochten, Blüten bis 3,5 cm ∅, weiß mit rosa; var. *schwarzii* (Shurley) Kladiwa, Rippen in 5–8 Spiralen, Blüten 4 cm ∅, weiß, rötl. Mittellinie; var. *schwarzii* fa. *polaskii* (Backbg.) Kladiwa, nur 1 St., bis 12 mm, gelblich, bald abfallend, Blüten 1,5 cm ∅, weiß, rosa Ton.

T. papyracantha (Eng.) Br. & R. Bis 3,5 cm lg., 1,5 cm ∅, 8–9 reinweiße Randst., Mittelst. papierartig biegsam, Blüten elfenbein, (Abb.).

T. pseudomacrochele (Backbg.) Bravo & Mars. Bis 3 cm ∅, ca. 8 weiche St., verflochten, Blüten 3,5 cm ∅, weiß mit rosa Mittelstreifen, (Abb.). var. *krainziana* (Frank) Kladiwa, 2–3 cm ∅; 6–8 drahtige St., Blüten cremegelb, 3,5 cm ∅.

T. schmiedickeana (Böd.) Bravo & Mars. Bis 4 cm ∅, Warzen bis 1 cm breit, 3 St., zwei meist abfallend, Blüten 18 mm ∅, rosa;

△ *Toumeya lophophoroides* (Werd.) Bravo & Marshall

△ *Toumeya papyracantha* (Eng.) Br. & R.

▽ *Toumeya pseudomacrochele* (Backbg.) Bravo & Marshall

△ *Trichocereus fulvilanus* Ritt.

▽ *Trichocereus strigosus* (SD.) Br. & R.

▽ *Uebelmannia pectinifera* Buin.

var. *klinkeriana* (Backbg. & Jacobs.) Krainz, Scheitel wollfilzig, Blüten ca. 14 mm ∅, reinweiß, außen dunkle Mittelstreifen.

Trichocereus (Berg.) Ricc.

Säulenkakteen unterschiedlicher Größe, teils baumförmig, teils niedrig und Kolonien bildend. Trichterige Nachtblüten. Rund 50 bekannte Arten, (Abb.). Heimat: von Ekuador, Chile bis Argentinien.
Derbstachelige Arten als Jungpflanzen sehr ansprechend, teils auch gute Pfropfunterlagen.

T. camarguensis Card. Bis 50 cm hoch, 14 Rippen, 12–13 Randst., 3 cm, 2–3 Mittelst., bis 5 cm, Blüten 20 cm lg., weiß.

T. candicans (Gill.) Br. & R. Bis 75 cm lg., mehrtriebig, 9–11 Rippen, 10–12 Randst., bis 4 cm, meist 4 Mittelst., bis 8 cm lg., Blüten bis 20 cm lg., weiß, stark duftend.

T. macrogonus (SD.) Ricc. Bläulichgrün, bis 7 cm ∅, meist 7 Rippen, 6–9 Randst., 1–3 Mittelst., gute Pfropfunterlage!

T. pachanoi Br. & R. 6–8 breitrunde Rippen, 3–7 St., oft völlig fehlend. Vorzügliche Pfropfunterlage!

T. schickendantzii (Web.) Br. & R. Reich sprossend, bis 25 cm hoch, 14–18 Rippen, 9 Randst. und 1 Mittelst., Blüten 22 cm, weiß.

T. spachianus (Lem.) Ricc. Bis über 2 m, 10–15 Rippen, 8–10 Randst., gelb, 1 Mittelst., Blüten 15 cm ∅, als Unterlage geeignet.

Uebelmannia Buin.

Neuere Gattung, Epidermis mit kleinen Grübchen, mit weißen Schüppchen bedeckt. Blüten schlank. Heimat: Brasilien.
Empfindlich, mineralisches Substrat, viel Wärme.

U. flavispina Buin. & Brederoo Bis 35 cm hoch, 11 cm ∅, bis 29 Rippen, 2–5 St., gelblich, Blüten 18 mm lg., gelblich.

U. meninensis Buin. Bis 50 cm lg., ca. 40 Ripp. in Höcker, 2 St., bis 2,5 cm lg., Blüten 3 cm ∅, gelb.

U. pectinifera Buin. Bis 75 cm lg., wachsartig weiß, 3 St., kammartig angeordnet, schwarz, Blüten 10 mm ∅, gelb, (Abb.).

△ *Utahia sileri* (Eng.) Br. & R.

▽ *Weberbauerocereus horridispinus* Rauh & Backbg.

Utahia Br. & R.

Breitrunde Pflanzen, deren Blüten im Scheitel erscheinen. Blütenröhre dicht mit trokkenen, gewimperten Schuppen. Nur 1 Art, die von Benson zu *Pediocactus* einbezogen wurde. Heimat: USA (Nordarizona). Kultur am besten gepfropft!

U. sileri (Eng.) Br. & R. Bis 12 cm ∅, 8–16 spiralige Rippen, überwiegend in Höcker aufgelöst, Blüten 2,5 cm ∅, gelblich, (Abb.).

Weberbauerocereus Backbg.

Strauchige Cereen mit eigenartigen Stachelmodifizierungen in der Blühzone, daraus zygomorphe Blüten. Rund 10 Arten, (Abb.). Heimat: Peru.

W. albus Ritt. Bis 5 m, ca. 6 cm ∅, 16–20 Rippen, 15–22 feine, weiße St., bis 3,5 cm, Blüten ca. 10 cm ∅, weiß.

W. rauhii Backbg. Baumartig, ca. 23 Rippen, borstige St., weißlichgrau, bis 6 Mittelst., ca. 7 cm lg., braun, Blüten bis 10 cm lg., cremebraun.

▽ *Weingartia vilcayensis* Card.

W. winterianus Ritt. Mehrtriebig, 5–8 cm ∅, 22–27 Rippen, bis 30 Randst., bis 1,5 cm, 12–15 Mittelst. derber, alle goldgelb, Blüten 7,5 cm, weiß.

Weingartia Werd.

Kugelkakteen mit kleinen, kurzröhrigen Blüten, Fruchtknoten und Röhre mit

△ *Wilcoxia albiflora* Backbg.

▽ *Wilcoxia tuberosa* (Poselg.) Berg.

Schuppen, weder Haare noch Stacheln. Rund 20 bekannte Arten, (Abb.). Heimat: Bolivien, Argentinien.

W. neocumingii Backbg. Bis 10 cm Ø, Rippen in 16–18 Reihen, ca. 16 Randst., bis 10 Mittelst., weißlichgelb, Blüten bis 2,5 cm lg., orange- bis goldgelb.

W. neumanniana (Backbg.) Werd. Bis 5 cm Ø, ca. 14 Rippen, 6 starre Randst., 1 Mittelst., bis 2,2 cm lg., Blüten 2,5 cm, gelb bis rotorange.

Wilcoxia Br. & R.

Kleine, zwergige Sträucher mit dünnen Trieben. Feine, kurze Haar- oder Borstenstacheln. Trichterige Blüten, teils an Triebenden. Rd. 10 bekannte Arten. Heimat: USA (Texas), Mexiko.

W. albiflora Backbg. Bis 15 cm lg., Triebe ca. 6 mm Ø, stielrund, 9–12 St., ca. 1 mm lg., Blüten als Triebverlängerung, ca. 2 cm lg., weiß bis zartrosa, (Abb.).

W. schmollii (Wgt.) Backbg. Bis 7 cm lg., Triebe von haarartigen St. eingehüllt, schwärzlich, Blüten 3,5 cm lg., purpurrosa.

W. tuberosa (Poselg.) Berg. (syn. *W. poselgeri* (Lem.) Br. & R.) 30–60 cm lg., bis 15 mm Ø, 8–10 Rippen, 9–12 Randst., 2 mm, 1 Mittelst. bis 1 cm lg., Blüten 4–5 cm lg., hellpurpurn, (Abb.).

▽ *Wilcoxia viperina* (Web.) Br. & R.

▽ Frucht von *Wilcoxia viperina* (Web.) Br. & R.

Winterocereus aureispinus (Ritt.) Backbg.

W. viperina (Web.) Br. & R. (syn. *Cullmannia viperina* Distef.) Die Stellung dieser Pflanze ist noch ungeklärt, scheint *Peniocereus* sehr nahe zu stehen. Holzige Triebe bis 3 m hoch, ca. 2 cm ∅, grauolivgrün, 8–10 Rippen, 8–9 Randst., 5 mm lg., 3–4 Mittelst., Blüten ca. 6 cm lg., 4 cm ∅, rot, (Abb.).

Winterocereus Backbg.

Eine monotypische Gattung, die neuerdings als Untergattung *Hildewintera* (Ritt.) F. Buxb. zu der Gattung *Loxanthocereus* Backbg. einbezogen wurde; unter der alten Bezeichnung noch weit verbreitet. Hängende Cereen, reichlich sprossend, mit dichter, gelber Bestachelung, leicht gebogene Blüten, die das ganze Jahr hindurch erscheinen. Sehr empfehlenswerte Art! Heimat: Bolivien.

W. aureispinus (Ritt.) Backbg. Bis 150 cm lg., ca. 2,5 cm ∅, ca. 30 Rand- und ca. 20 Mittelst., goldgelb, Blüten bis 6 cm lg., ca. 5 cm ∅, orangerot, (Abb.).

Zygocactus truncatus (Haw.) K. Sch. – Hybride –

Zygocactus K. Sch.

Epiphytische Pflanzen mit gegliederten Flachtrieben. Kräftig zygomorphe Blüten, oberhalb des Fruchtknotens meist abgeknickt. Heimat: Brasilien. Zahlreiche gärtnerische Züchtungen, die sehr reich blühen und als die bekannten »Weihnachtskakteen« allgemein sehr beliebt sind. Sie werden meist unter Sortenbezeichnungen geführt. Im Sommer leicht halbschattiger Standort im Freien, im Winter etwa bei 12–15° C halten. Pflege sonst wie die übrigen epiphytischen Kakteen. Bis zur Blütenbildung sind Nachttemperaturen von 20° C etwa ab September vorteilhaft.

Z. truncatus (Haw.) K. Sch. Buschigkleinstrauchiger Wuchs, Triebe mehrgliedrig, einzelne Glieder bis 4,5 cm lang, bis 2,5 cm breit, mit 2–4 teils scharfen Zähnen an beiden Seiten, schwachfilzige Areolen mit 1–3 kurzen, feinen Borstenstacheln, Blüten einzeln oder zu zweit aus dem Triebende, bis 8 cm lang, rosa bis tiefviolettrot, (Abb.).

Andere Sukkulenten

Agavaceae – Agavengewächse

Agave L.

Umfangreiche Gattung mit zahlreichen bekannten Arten, die zum Teil den Sommer über im Freien gehalten werden können. Für die Pflege im Zimmer eignen sich vorzugsweise die kleiner bleibenden Vertreter. Sie wachsen durchwegs alle recht gut und bevorzugen leicht lehmhaltiges Erdreich. Vermehrung teils durch Ausläufer möglich, Anzucht aus Samen ergibt ebenfalls rasch hübsche Pflanzen. Heimat: Mexiko und Südstaaten der USA, die in den Mittelmeerländern verbreiteten Pflanzen sind dort ehemals angepflanzt worden und dann verwildert.

A. americana L. Wohl die verbreitetste Art mit dunkelblau bereiften Blättern, Rosetten bis 3 m ∅, größere Exemplare als Kübelpflanzen für Terrassen beliebt; var. *marginata* Trel., Abart mit gelblichweißen bis tief goldgelben Blatträndern; var. *medio-picta* Trel., Abart, deren Blätter in der Mitte gelblich gestreift sind.

A. attenuata Salm. Im Alter stammbildend, 6- bis 15blättrige Rosette, hellgraue Blätter bis etwa 25 cm breit mit weicher Spitze.

A. celsii Hook. Weichfleischige, apfelgrüne Blätter, grau bereift, im Alter bis 60 cm lang, hübsche Art!

A. echinoides Jacobi Rosette nur bis etwa 30 cm ∅, kurzstämmig, steife, lineale Blätter, 12–15 cm lang, drei- bis vierkantige Spitze. Kleinbleibende, sehr empfehlenswerte Art, Anzucht nur aus Samen.

A. ferdinandi-regis Bgr. Ähnlich *A. victoriae reginae*, dreikantige, oberseits tief gewölbte Blätter mit weißen Hornbändern, Endstachel bis 2 cm lang, (Abb. Seite 261).

A. filifera Salm. Schmale, 3 cm breite Blätter in kugeliger Rosette, bis 65 cm ∅, Hornränder splittern in weiße Fäden auf, sproßt reichlich, (Abb. Seite 261).

A. horrida Lem. Rosette ohne Ausläufer, bis 60 cm ∅, hornrandige Blätter mit kräftigen, gebogenen Randstacheln.

A. kerchovei Lem. Schmale Blätter, oberseits flachrinnig, Ränder mit horniger, brauner Kante.

A. lophantha Schiede Ähnlich voriger Art, doch Blätter mit kräftigen, dreikantigen Randstacheln, diese abwärts gebogen.

A. macroacantha Zucc. Kugelige Rosetten bis ca. 40 cm ∅, polsterbildend, Blätter graugrün bis weißgrau, hübsch bereift, kräftiger Endstachel, (Abb. Seite 261).

A. parrasana Bgr. Kugelige, kleinbleibende Art, Blätter 11–16 cm breit, blaugrau bereift, Ränder buchtig gezähnt. Herrliche Art, sehr selten!

A. parviflora Torr. Rosette nur bis 15 cm ∅, schmale, steife Blätter, oberseits mit weißer Strichzeichnung, Ränder mit kurzen, weißen Fäden. Vermehrung durch Samen. Sehr empfehlenswerte, prächtige Art! (Abb. Seite 261).

A. potatorum Zucc. Rosetten 20–25 cm ∅, bis 11 cm breite Blätter, graugrün bereift, abwärts gerichtete Zähne; dazu var. *verschaffeltii* Bgr., mit hübschen, weißgrauen Blättern und roten oder gelbbraunen Stacheln, (Abb. Seite 261).

A. schottii Engelm. Ähnlich *A. parviflora,* doch lockere Rosette mit schmalen, aufgerichteten Blättern, Ränder mit weißen, absplitternden Fäden, ausläufertreibend.

A. striata Zucc. Kurzstämmige Rosette aus langen, steif abstehenden Blättern, nur ca. 7 mm breit, erst dreikantig, graugrün mit langem, braunem Endstachel versehen, (Abb. Seite 154).

A. stricta Salm. Ähnlich voriger Art, doch im Alter vielköpfig. Dichte, vielblättrige Rosette, Blätter ca. 35 cm lang, am Grund breit, dann schmal zulaufend, Endstachel bis 2,5 cm lang, drei- bis vierkantig und sehr spitz, (Abb. Seite 261).

A. utahensis Engelm. Blätter nur bis etwa 17 cm lang, oberseits hohl, graugrün, Zähne 10–12 mm entfernt, hakig, fast winterharte Art.

A. victoriae-reginae T. Moore Rosetten ohne Ausläufer, Blätter nur ca. 15 cm lang, bilden eine dichte Rosette, Ränder mit einem weißen Hornband, dazu mit schrägen, weißen Linien gezeichnet. Eine der schönsten Arten! Dazu f. *stolonifera* Jacobs., mit zahlreichen, unterirdischen Ausläufern und daher polsterbildend.

Agave americana var. *marginata aurea* mit goldgelben Blatträndern wirkt auch als Kübelpflanze dekorativ.

Amaryllidaceae – Amaryllisgewächse

Haemanthus L.

Aus der zusammengedrückten Zwiebel erscheinen zwei bis vier fleischige Blätter. Im Sommer entwickelt sich der Blütenstand mit dichtblütiger Dolde. Aus dieser Gattung auch einige wenige Arten als ausgesprochene Sukkulenten. Kultur in leicht lehmigen Substraten. Im Winter Ruhezeit und trocken halten. Vollsonniger Standort erforderlich. Heimat: Südafrika.

H. albiflos Jacq. Die tiefgrünen Blätter werden bis 12 cm breit und sind am Rande gewimpert. Nur weiße Staubfäden mit gelben Pollenbeuteln ragen aus dem gedrungenen Blütenschaft. Sehr robuste Art.

H. coccineus L. Zungenförmige Blätter, bis 60 cm lang, leuchtendrote Blüten in einer dichten Dolde.

Apocynaceae – Hundsgiftgewächse

Adenium Roem. & Schult.

Stammsukkulenten mit knollenartig verdickten Körpern, daraus dicke Äste mit spiralig gestellten Blättern, die zur winterlichen Ruhezeit abfallen. Blüten in gedrängten Trugdolden, groß und trichterförmig, rot oder rosa. Bislang schwer zu kultivieren. Werden neuerdings auf Unterlagen von Oleander gepfropft, wo sie ausgezeichnet wachsen. Kultur warm im Gewächshaus. Heimat: Tropisches Afrika.

A. obesum (Forsk.) Roem. & Schult. Bis 2 m hoch, fleischige Stämme und Äste, glänzend dunkelgrüne Blätter, bis 10 cm lang, rosa Blüten bis zu 10 in Trugdolden, (Abb. Seite 262).

Pachypodium Ldl.

Eigenartige Sukkulenten mit keulig verdicktem Stamm und knollenartigen Wurzeln. Teils kurze Äste mit sitzenden Blättern. Große Blüten, weiß oder rosa. Rund 18 Arten mit zahlreichen Varietäten, (Abb. Seite 265). Pflege im warmen Haus, nicht unter 15 °C in sandigen, mineralischen Substraten. Vermehrung nur durch Aussaat möglich. Heimat: Südafrika, Madagaskar.

P. baroni Cost. & Bois. Kleine Pflanze mit kugeligem Stamm, ovalen Blättern und roten Blüten, dazu var. *windsori* (H. Poiss.) M. Pichon mit unterseits filzigen Blättern, Blütenkrone bis 5,5 cm ∅, gelblich, außen leuchtend rot.

P. brevicaule Bak. Klumpige Sproßknolle, daraus erscheinen die nur 1–3 cm lg. Blätter, Blütenröhre bis 1,5 cm, zitronengelb.

P. densiflorum Bak. Variiert in der Blütengröße, von kleinblütig bis 3 cm ∅, länglich-ovale Blätter, Blüten leuchtend gelb.

P. geayi Cost. & Bois In der Heimat baumförmig, bis 8 m hoch, dornige Astkronen, lange, linealische Blätter, rückseits silbergrau behaart, Blüten bis 7 cm groß, weiß, fein duftend.

P. lameri Drake Tonnenförmiger Stamm bis 60 cm ∅, bis 6 m hoch, Blätter fast 40 cm lang, bis 11 cm breit, unterseits teils behaart, weiße Blüten.

Asclepiadaceae – Schwalbenwurzgewächse

Caralluma R. Br.

Sukkulente Stauden ähnlich *Stapelia,* vier- bis sechskantige Stämmchen. Häufig ausläuferartig am Boden kriechend, Blüten einzeln oder zu mehreren, glockig oder radförmig, tief fünflappig, mit ring- oder becherförmigen Nebenkronen, teils auch fehlend. Meist unangenehmer, stinkender Geruch zum Anlocken von Fliegen zur Bestäubung der Blüten. Leichtwachsende Pflanzen. Pflege wie Stapelien, am besten in flachen Gefäßen. Umfangreiche Gattung mit rund 120 bekannten Arten, (Abb. Seite 262). Heimat: Nord- und Südafrika, SW-Mittelmeergebiet.

C. dummeri (N. E. Br.) W. & S. Niederliegende Stämmchen, bis 9 cm lang, undeutlich vierkantig oder rund, leicht gezähnt, Blüten nahe am Grund, 4–6 beisammensitzend, ca. 4 cm ∅, olivgrün.

C. europaea (Guss.) N. E. Br. Aufrechte Stämmchen und Äste, graugrün, rötlich gefleckt, Blüten zu 10–13 in sitzenden Dolden, ca. 15 mm ∅, grünlichgelb mit dicht stehenden Querstreifen, braunroten Spitzen und schwarzbrauner Nebenkrone.

Ceropegia L.

Sukkulente Halbsträucher oder Stauden. Fleischige Stengel, teils windend. Verschieden geformte Blätter. Hübsche, röhrenförmige Blüten, am Grunde kugelig erweitert, die fünf Kronenzipfel meist an den Spitzen zusammenhängend. Interessante Pflanzen, im Sommer mäßig feucht, im Winter trocken halten. Vermehrung leicht durch Aussaat oder Stecklinge. Rund 45 bekannte Arten, (Abb. Seite 262). Heimat: Afrika, Kanarische Inseln und Ostindien.

C. debilis N. E. Br. Staude mit knolligen Wurzeln, dünne, hängende Stengel mit schmalen Blättchen, ca. 3 cm lang und 3 mm breit, Blüten bis 2,5 cm lang, grünlich, innen dunkelbraun.

C. dichotoma Haw. Aufrechte Stämme, bis 1 m hoch, etwa fingerstark, gablig verzweigt, grauweiß, gliederartige Einschnürungen, Blüten bis 4 cm lang, zitronengelb, (Abb. Seite 263).

C. fusca C. Bolle Ähnlich voriger Art, Blüten ca. 3,5 cm lang in Büscheln aus vorjährigen Trieben, braun, innen gelb.

C. haygarthii N. E. Br. Schlingende Triebe, Stengel 4–6 mm dick, lang-herzförmige Blätter, Blüten 2,5 cm ∅, blaßrosa, purpurn gefleckt.

C. sandersonii Decne. Grüne, schlingende Stengel mit fleischigen, herzförmigen Blättchen, Blütenkrone grün, bis 7 cm lang, oben breit trichterartig erweitert, bis 5 cm ∅.

C. woodii Schlecht. Staude mit kriechenden oder hängenden, fadenförmigen Trieben, an den Knoten kleine Knöllchen ähnlich der dicken Wurzelknolle, herzförmige Blättchen, dunkelgrün, oberseits weiß marmoriert, Blüten ca. 2 cm lang, trüb fleischfarben.

Decabelone Decne.

Umbenennung der früheren Gattung *Tavaresia* Welw. Sprosse vom Grunde aus verästelt, 6 bis 12 Rippen, diese durch scharfe Furchen getrennt. Gezähnte Kanten, Zähnchen mit drei feinen borstenartigen Stacheln. Die Blüten erscheinen zu mehreren am Grunde junger Sprosse, glockig-trichterige Krone, fünfteilig mit doppelter Corona. Kultur am besten warm im Gewächshaus. Vermehrung durch Aussaat oder Pfropfung von Sprossen auf *Stapelia* oder Knollen von

Ceropegia woodii. Rund vier Arten aus Angola, Südwest-Afrika, Rhodesien.

D. barklyi T. Dyer Rasenbildend, Sprosse 10- bis 12kantig, bis 12 cm hoch, ca. 2 cm ∅, dicht gezähnt. Blüten 5 bis 7 cm lang, innen blaß gelblich, fein rot gefleckt, dicht papillös.

D. grandiflora K. Schum. Tiefgrüne Sprosse bis 20 cm hoch, 10- bis 14kantig, Kanten dicht warzig, Warzen mit drei weißen Borsten. Blüten 9 bis 14 cm lang, am Schlund 4,5 cm ∅, hellgelb, braunrot gefleckt.

Echidnopsis Hook. f.

Sparrig verzweigte Stämmchen, sechs- bis zehnkantig, die Rippen in längliche Höcker zerlegt. Kleine Blättchen, die bald abfallen. Zierliche Blüten. Kultur wie Stapelien. Rund 15 bekannte Arten. Heimat: S-Arabien, Tropisch- und Südafrika.

E. cereiformis Hook. f. Stämmchen 15–25 mm ∅, teils niederliegend, Rippen fein papillös-warzig, weiß punktiert, Blüten ca. 1 cm ∅, tief fünfspaltig, weiß.

Hoodia Sweet.

Sukkulente Stauden ähnlich Stapelien, Stämmchen in der Heimat teils bis 80 cm hoch, Kanten mit vielen dornähnlichen spitzen Zähnen versehen. Blüten 1–5 aus den Furchen der Stämme gegen die Spitze zu, sehr groß und glockig. Sehr empfindlich in der Kultur, junge Pflanzen pfropft man zweckmäßig auf Wurzelknollen von *Ceropegia woodii.* Volle Sonne und reichlich Wasser im Sommer, im Winter nur vorsichtig gießen, am besten nicht unter 18°C. Heimat: Angola, SW-Afrika, Kapland.

Hoya R. Br.

Unsere bekannten Wachsblumen. Kletternde oder hängende Sträucher, die meist an den Stengeln wurzeln. Gegenständige, fleischige Blätter. Blüten in achselständigen Trugdolden, weiß, gelblich, rosa oder rot. Leicht wachsende Pflanzen, die regelmäßig und reich blühen. Überwinterung bei 12–15° C, Vermehrung aus Stecklingen in einem Torf-Sand-Gemisch. Davon einige sukkulente Vertreter. Heimat: China, Indien, Malaiischer Archipel, Australien.

H. australis R. Br. Kurzgestielte, eirunde Blätter, 5–8 cm lang, Blüten in einfachen Dolden, ca. 10 cm ∅, weiß, in der Mitte rot.

H. bella Hook. Strauchig, nicht windend, hängende Stengel, ästig verzweigt, kleine, lanzettliche Blättchen, zugespitzt, zierliche Blüten, ca. 1,5 cm ∅, weiß, hübsche Ampelpflanze, (Abb. Seite 264).

H. carnosa (L.) R. Br. Windende Triebe, dicke und fleischige Blätter, bis 8 cm lang, Blüten in einfachen Dolden auf kurzem Blütenstiel, ca. 1,5 cm ∅, weiß oder blaßfleischfarben, in der Mitte rot gefleckt. Die weit verbreitete Wachsblume, (Abb. Seite 264).

H. imperialis Lindl. Starkwüchsiger Schlingstrauch, Stengel, Blattstiele und Blütenstiele filzig, längliche, lederartige Blätter, hängende Blütendolden, Blüten 5–7 cm ∅, dunkelpurpurrot.

Huernia R. Br.

Der Gattungsname müßte eigentlich richtig *Heurnia* lauten. Benannt zu Ehren von Justus Heurnius, doch die erste Veröffentlichung erfolgte seinerzeit versehentlich als *Huernia* und erlangte damit nomenklatorische Gültigkeit.
Die Gattung umfaßt Stauden mit niedrigen, 4–7 kantigen Stämmchen. Dazu erhabene Kanten mit großen Zähnchen versehen. Vom Grunde aus verzweigt, rasenbildend. Die Blüten erscheinen am Grunde der jungen Stämmchen in kurzgestielten Dolden. Glockige Kronen, am Rande fünfeckig oder

fünfspaltig, in der Mitte eine ringförmige Nebenkrone. Blüten meist 2–3 cm ∅, fleischig. Rund 50 Arten in Süd- und Ostafrika, Abessinien beheimatet, (Abb. Seite 265). In der Pflege wie Stapelia, doch im Winter nur sehr vorsichtig gießen. Wachsen am besten in flachen Schalen. Vermehrung durch Stecklinge nicht schwierig.

H. aspera N. E. Br. Stämmchen 10–15 cm lang, hellgrün, breitglockige Blüten, außen rötlichbraun, innen tief purpurbraun.

H. hystrix (Hook. f.) N. E. Br. Äste aufrecht, 10–12 cm hoch, fünfkantig, Kanten stumpf gezähnt, Zähnchen kräftig, abstehend, Blütenkrone außen blaßgrün, innen gelb mit roten Querlinien.

H. schneideriana Bgr. Schlanke Stämmchen, bis 20 cm hoch, fünf- bis siebenkantig, Blüten ca. 3 cm ∅, außen bräunlich, innen samtartig schwarz mit rötlich-fleischfarbenen Rändern.

Stapelia L.

Aufrecht wachsende Stämmchen, vierkantig, grob gezähnte Kanten. Große fünfzipfelige Blüten mit starkem Aasgeruch zur Anlockung der Fliegen. Die Täuschung ist so vollendet, daß Schmeißfliegen nicht selten Eier auf den Blüten ablegen. Die Pflanzen sind auch unter der Bezeichnung „Ordensstern" bekannt. Leichtwachsend und auch für Zimmerpflege sehr geeignet. Wegen der flach verlaufenden Wurzeln am besten in Halbtöpfen oder Schalen mit leicht lehmigem Substrat. Überwinterung bei 10–12°C und nur ganz wenig Wasser. Die Vermehrung erfolgt am besten durch Stecklinge, die sich in einem Torf-Sand-Gemisch sehr rasch bewurzeln. Rund 100 Arten in Süd- und Südwestafrika, Kenia, Tansania und selbst in Ostindien.

S. gigantea N. E. Br. Bis 20 cm hoch, Stämmchen bis 3 cm dick, Kanten flügelartig zusammengedrückt, Blüten lang gestielt, 25–30 cm ∅, hellgelb mit zahlreichen, feinen, roten Querlinien.

S. grandiflora Mass. Samtig behaarte Stämmchen, Blüten zu 3–10 am Grunde der jungen Sprosse, ca. 15 cm ∅, braunrot, (Abb. Seite 265).

S. nobilis N. E. Br. Rasenbildend, bis 15 cm hoch, Stämmchen hellgrün, etwas behaart, Blüten außen trübrot, innen ockergelb mit feinen, blutroten Querlinien, 20–25 cm ∅.

S. pillansii N. E. Br. Dicht stehende Stämmchen, 8–12 cm hoch, Blüten dunkelpurpurbraun, sternförmig ausgebreitet, ca. 10–13 cm ∅.

S. variegata L. Rasenbildend, Stämmchen aufsteigend, 5–10 cm hoch, stumpfe Kanten mit abstehenden, spitzen Zähnchen, Blüten zu 1–5 aus dem Grunde der jungen Sprosse, flach ausgebreitet, außen blaßgrün, innen gelb mit dunkelbraunen, in Längsreihen angeordneten Flecken und Querlinien. Wie der Name schon sagt: eine sehr variable Art – hinsichtlich der Blütenzeichnung, (Abb. Seite 266).

Trichocaulon N. E. Br.

Hochsukkulente Stauden mit stark verdickten Stämmchen, oft kugelig oder mehr zylindrisch, dicht mit Warzen bedeckt. Die kleinen Blüten erscheinen meist zu mehreren zwischen den Warzen gegen Triebende zu. Wichtig ist die Ruhezeit von Januar bis Juni, während dieser Zeit völlig trocken halten. Im Sommer volle Sonne, viel Luft und nur mäßige Wassergaben. Substrat ähnlich Stapelien, doch reichlich Zusatz von Sand und grobem Kies. Rund 30 Arten in der Kapprovinz, Südwestafrika, Somalia und Madagaskar beheimatet.

T. dinteri Bgr. Stämmchen vom Grund aus verzweigt, kugelig, nur 4–6 cm lang, ca. 3,5 cm ∅, mattgrün, Blüten 7–8 mm ∅, am Grunde hell, nach oben mit rotbraunen Flecken verwaschen.

Bromeliaceae – Bromeliengewächse

Pflanzenfamilie mit überwiegend epiphytisch wachsenden Vertretern, enthält auch einige Gattungen mit ausgesprochen sukkulentem Charakter. Es sind dies erdbewohnende Bromelien, die in Trockengebieten Mexikos und Südamerikas meist zusammen mit Kakteen und anderen Sukkulenten vorkommen. Pflege daher wie Kakteen mit kühler und trockener Überwinterung!

Abromeitiella Mez.

Niedrige, rasenbildende Stauden, Blätter in kleinen, dichten Rosetten. Drei Arten aus Argentinien, Bolivien.

A. brevifolia (Grissb.) Castell Dichte Polster, Blätter nur ca. 3 cm lang, grünliche Blüten, 3 cm lang, 6–7 mm breit.

Dyckia Schult.

Stammlose Pflanzen mit dornig gesägten Blättern, die in einer dichten Rosette beisammensitzen. Seitenständig erscheinende Blütenstände, bis über 1 m hoch. Rund 7 Arten, (Abb. Seite 266).

D. breviflora Bak. Blätter bis 20 cm lang, unterseits weiße Linien, Randstacheln ca. 2 mm lang, unverzweigter Blutenschaft mit gelben, röhrenförmigen Blüten.

D. remontiflora Otto & Diels Blätter ca. 25 cm lang, am Rande stark bewehrt, mehlig bestäubte Hochblätter, bis 1 cm lang, Blüten tief orangegelb.

Hechtia Klotzsch

Zweihäusige Pflanzen, Blätter in dichter, stammloser Rosette, gezähnt und stark bewehrt. Blütenstand endständig. Rund 7 Arten in Texas und Mexiko bekannt.

H. argentea Bak. Blätter prächtig silbrig weiß, bis 7 mm lange Randstacheln, Blütenschaft ca. 20 cm hoch, Blüten grünlichweiß.

H. ghiesbreghtii Lem. Blätter ca. 15 cm lang, dicht silberschuppig, oberseits in voller Sonne prächtig braunrot gefärbt.

H. glomerata Zucc. Blätter gedreht, bis 30 cm lang, unterseits silberschuppig, starke Stacheln.

H. marnieri-lapostollii L. B. Smith Klein, lockere Polster bildend, Blätter bis 13 cm lang, beiderseits dicht grauweiß beschuppt, Blüten weiß, (Abb. Seite 266).

Puya Molina

In der Wuchsform sehr vielgestaltig. Niedrige, polsterbildende Zwergformen und Riesen mit Blütenständen bis zu 10 m Höhe. Häufig felsbewohnende Arten der Anden mit rund 15 Vertretern.

P. alpestris (Poepp. & Endl.) Gay Blätter in dichter Rosette, bis über 1 m ∅, am Rande mit ca. 5 mm langen Stacheln, unterseits dicht weiß beschuppt, locker-rispiger Blütenstand, Blüten tief dunkelblau.

P. laxa L. B. Smith Blätter locker spiralig an dünnen Stämmchen, im oberen Teil bestachelt, Blüten grün bis blaßrötlich.

Commelinaceae – Commelinengewächse

Tradescantia L.
Bekannte Gattung mit zahlreichen Vertretern beliebter Zimmerpflanzen. Hiervon auch eine sukkulente Art aus Peru, die besonders eigenartig wirkt und leicht zu pflegen ist. Wegen der zahlreichen Ausläufer auch als Ampelpflanze geeignet:

T. navicularis Ortg. Niedriger, rasenbildender Wuchs, kriechende, kurzgegliederte Stengel, an denen die Blätter dachziegelartig übereinander sitzen, diese sind fleischig, graugrün und leicht gewimpert; hübsche violettrote Blütchen in kleinen Trugdolden, (Abb. Seite 267).

Compositae – Körbchenblütler

Othonna L.

Kleine sukkulente Stauden oder Halbsträucher. Stielrunde oder flache Blätter, meist fleischig verdickt. Lang gestielte Blüten einzeln oder in rispiger Trugdolde, meist gelb. Etwa 28 sukkulente Arten aus Süd- und Südwestafrika.

O. crassifolia Harv. Dünne, bis 1 m lange Triebe, dem Boden aufliegend oder hängend, stielrunde Blätter, 2–3 cm lang, ca. 5–7 mm dick, hellgrün, Blüten in endständigen Doldentrauben, gelb. Sehr leichtwachsende Art, die sich vorzüglich als Ampelpflanze eignet!

Senecio (Tourn.) L.

Die Gattung umfaßt etwa 1300 verschiedene Arten, die über die ganze Welt verbreitet sind. Davon rund 100 sukkulente Vertreter aus Süd- und Nordafrika, Kanarische Inseln, Madagaskar, Vorderindien und Mexiko. Fleischige Stämme und Äste, ebenso die Blätter, teils filzig behaart. Blüten gelb, weiß oder rot, in meist endständigen Blütenkörbchen.

Während bislang in der Gattung *Senecio* auch die Arten der Gattung *Kleinia* miteinbezogen wurden, werden letztere teils wieder allein geführt. Leichtwachsende Arten, einige können den Sommer über auch im Freien stehen. Kühle und helle Überwinterung bei geringen Wassergaben.

S. articulatus (L. f.) Sch. Bip. Stämmchen 1–2 cm stark, rund, gefiederte Blättchen, gelbliche Blüten in Doldentrauben.

S. haworthii (Haw.) Sch. Bip. Niedrige Stämmchen, die stielrunden Blättchen sind dicht mit weißem Filz überzogen, Blüten gelb.

S. kleinia (L.) Less. Früher als *Kleinia neriifolia* Haw. bezeichnet. Triebe weiß bereift, zum Teil verzweigt, schmale, bis 12 cm lange Blätter, an den Triebenden rosettenartig angeordnet, werden während der sommerlichen Ruhezeit völlig abgeworfen!

S. medley-woodii Hutchins. Flache, fleischige Blätter, Ränder leicht gewellt, dicht weißfilzig, Blütenstand mit 10–13 großen, gelben Strahlenblüten.

△ *Agave macroacantha* Zucc.

△ *Agave stricta* Salm am heimatlichen Standort Tehuacan im Staate Puebla/Mexiko.

△ *Agave ferdinandi-regis* Bgr.

△ *Agave parviflora* Torr.

▽ *Agave filifera* Salm

▽ *Agave potatorum* var. *verschaffeltii* (Lem.) Bgr.

△ *Adenium obesum* ssp. *multiflorum* (Klotzsch) Codd.

Ceropegia dichotoma Haw. ▷

▽ *Caralluma hesperidum* Maire (phot. F. Polz)

▽ *Ceropegia hybrida* N. E. Br.

△ *Hoya bella* Hook.

▽ *Hoya carnosa* (L.) R. Br.

△ *Huernia pillansii* N. E. Br.

△ *Stapelia grandiflora* Mass.

△ *Pachypodium horombense* H. Poiss.

▽ *Piaranthus punctatus* (Mass.) R. Br. (phot. F. Polz)

△ *Stapelia rufa* Mass. (phot. F. Polz)

▽ *Stapelia wilmanniae* Luckh. (phot. F. Polz)

△ *Stapelia variegata* L.

▽ *Dyckia hebdingii* L. B. Smith (phot. F. Polz)

▽ *Hechtia marnieri-lapostollei L. B. Smith*

△ *Adromischus poellnitzianus* Werd.

△ *Aeonium arboreum* (L.) Webb. et Berth. cv. »Atropurpureum«

△ *Tradescantia navicularis* Ortg.

△ *Aeonium tabulaeforme* (Haw.) Webb. et Berth.

▽ *Senecio radicans* (L. f.) Sch. Bip.

▽ *Aeonium urbicum* (C. Sm.) Webb. et Berth.

△ *Crassula columnaris* Thunbg.

▽ *Crassula barbata* Thunbg. (phot. F. Polz)

▽ *Cotyledon undulata* Haw.

△ *Crassula* cv. »Morgan's Beauty«

▽ *Crassula portulacea* Lam.

▽ *Crassula rosularis* Haw.

△ *Crassula rupestris* Thunbg.

▽ *Crassula schmidtii* Rgl.

▽ *Dudleya farinosa* (Lindl.) Br. & R.

△ *Echeveria elegans* Rose

△ *Echeveria potosina* E. Walth.

▽ *Echeveria gigantea* Rose et Purp. (phot. F. Polz)

▽ *Echeveria setosa* Rose et Purp.

▽ *Echeveria leucotricha* J. A. Purp.

▽ *Greenovia aurea* (C. Sm.) Webb et Berth.

△ *Kalanchoe millotii* Hamet et Perr.

▽ *Kalanchoe blossfeldiana* v. Poelln. Zuchtform

▽ *Kalanchoe beharensis* Drake et Castillo

△ *Kalanchoe orygalis* Bak.

▽ *Kalanchoe porphyrocalyx* (Bak.) Baill.

△ *Kalanchoe tomentosa* Bak.

▽ *Kalanchoe tubiflora* (Harv.) Hamet

▽ *Kalanchoe scapigera* Welw.

▽ *Kalanchoe uniflora* (Stapf) Hamet

S. radicans (L. f.) Sch. Bip. Niedrige, kriechende Sprosse mit kleinen, kugeligen Blättern, bis 2,5 cm lang, 4–6 mm dick, am Ende zugespitzt, oberseits mit breiteren „Längsfenstern" versehen, Blüten weiß, (Abb. Seite 267).

S. rowleyanus Jacobs. Voriger Art sehr ähnlich, jedoch strahlenlose Blüten.

S. scaposus DC. Stammlos oder nur sehr kurzstämmig, Blätter rosettig gestellt, anfangs von weißem, spinnwebartigem Filz eingehüllt, Blüten gelb.

S. stapeliaeformis Phillips Aufrechte, vom Grunde aus verästelte Sprosse, 20 cm und länger, fünf- bis siebenkantig, verdornte Blättchen nur 5 mm lang, Blüten rot.

Crassulaceae – Dickblattgewächse

Umfangreiche Pflanzenfamilie mit zahlreichen Gattungen ausgesprochener Blattsukkulenten. In der Pflege durchwegs nicht schwierig. Teils hübsche Blüher mit winterlichen Blütezeiten.

Adromischus Lem.

Stauden oder kleine Sträucher. An den Stämmchen häufig Luftwurzeln. Blätter meist wechselständig, flach, rund oder keulenförmig. Endständiger Blütenstengel mit kleinen Blütchen. Rund 50 Arten in Süd- und in Südwestafrika, (Abb. Seite 267).

A. cristatus (Haw.) Lem. Kurzer Stamm mit roten Luftwurzeln umgeben, keilförmige Blätter, wellig gerandet, dicht weichhaarig, Blüten grünlich.

A. rhombifolius (Haw.) Lem. Blätter breit-verkehrt-eispatelig, 5–9 cm lang, bis 4,5 cm breit, knorpeliger Rand, nach oben mit winzigen Flecken, Blüten blaßrosa.

Aeonium Webb & Berth.

Sukkulente Sträucher oder Halbsträucher, Blätter meist rosettenartig angeordnet. Vermehrung leicht durch Stecklinge und Aussaat. Rund 35 Arten auf den Kanarischen Inseln, Nordafrika, Mittelmeergebiet.

A. arboreum (L.) Webb & Berth. Bis 1 m hoch, wenig verzweigt, Rosetten dicht beblättert, ca. 20 cm ∅, Blüten in 25–30 cm hoher Traube, goldgelb, (Abb. Seite 267).

A. canariense (L.) Webb & Berth. Blattrosette bis 50 cm ∅, dicht auf dem Boden aufsitzend, Blätter dicht weich behaart, etwas klebrig, Blüten blaßgrün.

A. haworthii (SD.) Webb & Berth. Große Büsche bildend, bis 60 cm hoch, einzelne Rosetten nur 6–8 cm ∅, Blätter gleichmäßig breit, dann plötzlich zugespitzt, Blüten weiß.

A. tabulaeforme (Haw.) Webb & Berth. Tellerförmige Rosette bis 50 cm ∅, in der Heimat an senkrechten Felswänden, Blätter dachziegelartig übereinanderliegend, am Rande fein bewimpert, bis 60 cm hoher Blütenstand, Blüten gelb. Pflanzen sterben nach Blüte ab, Anzucht aus Samen oder Blattstecklingen! (Abb. Seite 267).

Aichryson Webb & Berth.

Ein- bis zweijährige, sukkulente Pflanzen, die nach der Blüte absterben. Aufrechte, gabelästige Stengel, locker beblättert. Blätter an den Triebenden mehr rosettenartig gestellt. Leichtwachsende Arten. Anzucht aus Samen. Rund 10 schwer zu unterscheidende Arten. Heimat: Kanarische Inseln, Madeira, Azoren.

A. dichotomum (DC.) Webb & Berth. Stengel zweiteilig gegabelt, Blätter breit-eiförmig, dicht weichhaarig, meist purpurn gefärbt, wie die Stengel, Blüten in rispigen Trugdolden, gelb.

Cotyledon L.

Sukkulente Sträucher oder Halbsträucher. Gedrungen wachsend und häufig klumpenbildend. Blätter kreuzgegenständig bis wechselständig, spiralig gedrängt stehend, dickfleischig. Blütenschaft endständig, verästelt. Blüten häufig glockig oder röhrenförmig, meist hängend. Empfehlenswerte und interessante Sukkulenten, die auch im Zimmer leicht wachsen. Bevorzugen nahrhafte, sandige Erde. Im Winter kühl, nicht über 10°C halten. Anzucht aus Samen und Stecklingen nicht schwierig. Rund 45 bekannte Arten. Heimat: Afrika.

C. *orbiculata* L. Strauch 50–100 cm hoch, dicker Stamm mit aufrechten oder niederliegenden Ästen, verkehrt-eirunde Blätter, stark hellgrau oder weißgrau mehlig bereift, gelblichrote Blüten in lockerer Trugdolde, hiervon zahlreiche Varietäten.

C. *reticulata* Thunb. Dicker, kurzer Stamm, der sich dicht über dem Boden verästelt, Äste weich und schwammig, später eine Halbkugel bildend, Blätter an den walzigen Kurztrieben, Blütenstände später verholzend und dornig. Im Sommer absolute Trockenruhe geben!

C. *undulata* Haw. Bis 50 cm hoch, strauchig, Blätter waagrecht abstehend, mit eigenartig welligem Rand, beiderseits gewölbt, herrlich dicht weiß bereift, orangegelbe Blüten auf 30–40 cm hohem Blütenstand, (Abb. Seite 268).

Crassula L.

Umfangreiche Gattung mit verschiedenartigen Wuchsformen, oft mit knolligem Wurzelstock. Auch Halbsträucher mit sukkulenten Ästen und Zweigen. Blätter gegenständig, oft rosettenartig gestellt. Blüten ziemlich klein, meist in reichblütigen Dolden. Von einigen seltenen Arten abgesehen, handelt es sich um leichtwachsende Pflanzen, die sich ohne Schwierigkeiten aus Samen und Stecklingen heranziehen lassen. Kultur in nahrhaften, sandigen Erden. Meist kühle Überwinterung! Über 200 bekannte Arten in Südafrika.

C. *alstonii* Marl. Hochsukkulente Art, deren Blätter fest dachziegelartig übereinanderliegen, ca. 2 cm breit, unterseits rund, graugrün, kleine, weiße Blüten in gestielter Trugdolde.

C. *arborescens* (Mill.) Willd. In der Heimat 3–4 m hoch, stielrunder Stamm mit am Grunde fest verwachsenen Blättern, rundlich verkehrt-eiförmig, bis 7 cm lang, graugrün, oft rot gerandet, Blüten weiß bis rosa.

C. *arta* Schoenl. Die dicht beblätterten Stengel bilden kleine, gedrungene Säulen, hellgrün mit grauer Zeichnung, winzige Blütchen.

C. *barbata* Thbg. Rasenbildende Staude, Blätter in dichter, grundständiger Rosette mit 3–4 cm ∅, gewölbt und einwärts gekrümmt, Blätter am Rande mit abstehenden, langen, weißen Haaren besetzt, Blütenstand straußartig, Blüten reinweiß, stark duftend! Sehr sandige Erde verwenden, (Abb. Seite 268).

C. *brevifolia* Harv. Verzweigter Halbstrauch mit verholzenden Stämmchen und Ästen, kleine, stumpf-eiförmige Blättchen den Stengel umfassend und am Grunde verwachsen, bis 10 mm lang und 4–8 mm dick, hellgrün, oberseits rot punktiert.

C. *cephalophora* Thunbg. Blätter halbeiförmig-spatelig, bis 7 cm lang in dichter Rosette, die Ränder mit weißen Wimpern dicht besetzt, die ganze Pflanze dicht weißlich behaart, Blüten gelblich.

C. *columnaris* L. Stengel bis 5 cm hoch, dicht vierreihig beblättert, Blätter am Grunde verwachsen, bilden eine kugelige Rosette mit 2–3 cm ∅, aus deren Mitte ein kopfiges Blütenpolster, Blüten gelblichorange, auch weiß. Pflanzen sterben nach Blüte meist ab. (Abb. Seite 268).

C. cooperi Rg. Rasenbildend, Blätter stets dicht gedrängt und kreuzgegenständig, 10–15 mm lang, an den Rändern gewimpert, oberseits grubig punktiert, rosa Blütchen.

C. corallina Thunbg. Zierliche, rasenbildende Staude, Stengel niederliegend, kugelige Blättchen nur 5 mm lang, warzig rauh, im oberen Teil mehlig-weiß bestäubt, kleine, gelbe Blütchen.

C. corymbulosa Link & Otto Lang dreieckige Blätter in vier, leicht gebogenen Reihen angeordnet, bis 3,5 cm lang, 2 cm breit, graugrün, dicht mit dunkelgrünen Flecken, Ränder fein behaart, winzige, weiße Blütchen.

C. deceptrix Schoenl. Niedrige, am Grunde wenig verzweigte Staude, bis etwa 5 cm hoch, dicht vierreihig beblättert, Blätter dicht dachziegelartig gestellt, dick fleischig, ca. 15 mm lang, weißgrau mit erhabener, würfelnetziger Zeichnung, weiße Blütchen. Im Sommer Trockenruhe!

C. falcata Wendl. Früher auch als *Rochea falcata* DC., fleischiger Stamm mit dickfleischigen Blättern, schief-sichelförmig, 7–10 cm lang, 3–4 cm breit, graugrün, Blüten in reich verzweigter Trugdolde, lebhaft scharlachrot. Prächtige, leicht wachsende Zimmerpflanze!

C. justi-corderoyi Jacobs. & v. Poelln. Rasenbildend, Blätter ca. 22 mm lang, bis 10 mm breit, oberseits flach, rückseits rundlich, dunkelgrün, rot gefleckt, die ganze Oberfläche mit kurzen, weißen Haaren besetzt, Blüten rötlich.

C. lactea Soland Stengel niederliegend mit kurzen Ästchen, schmal-eirunde Blätter, am Grunde verwachsen, flach und ganzrandig, am Rande weiß punktiert, Blüten zahlreich, weiß und duftend!

C. lycopodioides Lam. Schlanke, aufrechte Stengel, unregelmäßig verästelt, kleine, schuppenartige Blättchen, die dachziegelartig übereinander angeordnet sind, winzige Blütchen aus den Blattachseln, gelblich; dazu einige Varietäten, wie – var. *monstrosa* Hort., mit kürzerem Stengel, dieser oben kammartig verbreitert, – var. *variegata* H. Hall, mit silbrigweiß schimmernden Blättchen.

C. marnieriana Huber & Jacobs. Aufrechtwachsende Stengel, wenig verzweigt, kreisrunde, gegenständige Blätter dicht am Stengel anliegend, bläulich, Blüten weiß.

C. mesembryanthemopsis Dtr. Rasenbildende Staude mit rübenförmigen Wurzeln, kurzes Stämmchen mit einer dichten Rosette aus 4–5 Blattpaaren, die zur Mitte hin immer kleiner werden, Blätter weißlich-graugrün, kantig mit stumpfer Spitze, Blüten kopfig gedrängt, weiß. Im Sommer Trockenruhe, im Winter nicht unter 15° C!

C. cv. ‚Morgan's Beauty' Kreuzung zwischen *C. falcata* x *C. mesembryanthemopsis*. Kompakte Pflanze bis 20 cm ∅, Blätter in 4 spiraligen Reihen in fast gegenständigen Paaren, ca. 3 cm lang, grün mit weißen Papillen bedeckt, dunkelkarmine Blüten, duftend! (Abb. Seite 269).

C. orbicularis L. Rundliche Blätter in flacher Rosette sitzend, daraus zahlreiche Ausläufer, weiße Blütchen.

C. perforata Thunbg. Holzige Stengel, meist niederliegend, wenig verzweigt, Blätter breit-eiförmig, stengelumfassend, hellgraugrün, Ränder rot punktiert, fein knorpelig gewimpert, winzige, weiße Blütchen.

C. portulacea Lam. Stammbildend, reich verzweigt, rundliche, glänzend grüne Blätter, paarweise gegenständig, rot gerandet, hübsche, weiße Blüten im Winter nur an großen Pflanzen! (Abb. Seite 269).

C. pyramidalis Thunbg. Ähnlich wie *C. lycopodioides*, in ganzer Gestalt viel kräftiger, bis 7 cm hoch, flache Blätter, 1 cm breit, Blüten in breiter Trugdolde, weiß.

C. rosularis Haw. Am Boden aufsitzende Rosetten, Blätter bis 8 cm lang, glänzend grün, fein knorpelig weiß gewimpert, Blüten weiß, (Abb. Seite 269).

C. rupestris Thunbg. Niederliegende Stengel, gabelig verzweigt, Blätter durchwachsen-stengelumfassend, bis 2,5 cm lang, 1–2 cm breit, oberseits gewölbt, punktiert und braun gerändert, gelbliche Blüten. Als Ampelpflanze geeignet! (Abb. Seite 269).

C. schmidtii Rgl. Rasenbildend, 7–10 cm hoch, Blätter am Grunde gedrängt, verwachsen, lineal-lanzettlich, 3–4 cm lang, 4–5 mm breit, grubig punktiert, am Rand weißhaarig gewimpert, dunkelkarminrote Blüten in lockeren, kurzgestielten Trugdolden. Hübscher Blüher! (Abb. Seite 269).

C. socialis Schoenl. Sehr niedrig, rasenbildend, Blättchen dicht gedrängt in kleinen Rosetten, diese nur 12–15 mm ∅, Blättchen eiförmig-dreieckig, Blütenstände 3–4 cm hoch, weiß.

C. teres Marl. Eine kurze, schlanke Säule bildend, Blätter mit wasserhellem Rand. Sandiges Erdreich!

C. tetragona L. Schlanke Äste, bis fingerstark, Blätter ziemlich dichtstehend, bis 3 cm lang, 5 mm dick, fast stielrund, zugespitzt, grün, Blüten klein, weiß.

Dudleya Britt. & Rose

Sukkulente Stauden. Im Aussehen den Echeverien sehr ähnlich. Blätter meist in Rosetten. Häufig mit dichtem, weißem Wachsüberzug. Blütenstengel mit pfeilförmigen Brakteen. Blüten weiß, gelb, orange oder rot. Rund 80 Arten, (Abb. Seite 269). Heimat: Kalifornien, Arizona.
Kultur und Pflege wie *Echeveria,* jedoch wärmeliebender!

D. pulverulenta var. *typica* Moran Pflanze dicht beblättert, wachsig weiß bereift, große Rosetten aus 40–60 Blättern, Blütenstengel 30–80 cm hoch, Blüten dunkelrot, auch gelblich.

Echeveria DC.

Rasenbildende Pflanzen. Blätter meist in spiralig gestellten Rosetten, ganzrandig, in der Regel mit kurzen Spitzen. Blütenstände aus den Blattachseln, oft verästelt. Glockenförmige Blüten, weiß, gelb oder rot. Rund 100 Arten, überwiegend in Mexiko und Mittelamerika beheimatet. Empfehlenswerte und leicht wachsende Sukkulenten. Auch für Zimmerkultur. Im Sommer können die meisten Arten im Freien in voller Sonne gehalten werden. Im Winter kühl, nicht über 10°C und nur geringe Wassergaben! Vermehrung leicht aus Blattstecklingen. Bevorzugen sandiges Erdreich. Gärtnerische Züchtungen sind als beliebte Topfpflanzen verbreitet.

E. agavoides Lem. Stammlos, vom Grunde aus sprossend, Blätter in fester, dichter Rosette, braungespitzt, bis 9 cm lang, dick und bis 5 cm breit, Trugdolde mit 4–8 rötlichen Blüten.

E. derenbergii J. A. Purp. Blattrosetten kugelig, Blätter breit-spatelig, oben gerundet, rot gespitzt, hellgrün, stark weißgrau bereift, Blütenstengel ca. 8 mm lang, rötlichgelbe Blüten.

E. elegans Rose Rasenbildend, Tochterrosetten an verlängerten Ausläufern, verkehrteiförmige Blätter in dichter Rosette, bis 6 cm lang, alabasterweiß, dicht bereift, Ränder bei sonnigem Stand rötlich, gelbe Blüten in einseitsweniger Traube erscheinend, (Abb. Seite 270).

E. gibbiflora DC. Mächtige Rosette aus 12–20 Blättern, herzförmig, oberseits hohl, bis 30 cm lang, 7–14 cm breit, Blütenstengel ober 60 cm lang mit 30–60 hellroten Blüten, dazu var. *metallica* (Lem.) Bak., Blätter stärker bereift, bronzefarben, an den Rändern weiß oder rötlich.

E. glauca Bak. Rosetten aus 40–50 Blättern, ca. 10 cm ∅, bläulich bereift, ältere Blätter rötlich, hochrote Blüten.

E. leucotricha J. A. Purp. Aufrechtwachsender Halbstrauch, verzweigt, lockere Rosetten, 10–15 cm ∅, lanzettliche Blätter bis 10 cm lang, dicht mit weißen Haaren besetzt, die Spitzen braun behaart, zinnoberrote Blüten, (Abb. Seite 270).

E. peacockii Croucher Stammlos oder kurzstämmig, Blätter in dichter Rosette, eiförmig, auffallend blauweiß bereift, Ränder und Spitze rötlich, reichblütig, Blüten hochrot, außen bereift.

E. pilosa J. A. Purp. Dicht abstehend behaart, kurze Stämmchen, rotbraun filzig, Blätter länglich-spatelig, 7–8 cm lang, 3 cm breit, dicht weißhaarig, mennigrote Blüten.

E. pulvinata Rose Silbrig, später bräunlich filzig, wenig verzweigt, lockere Rosetten aus 4–5 cm langen Blättern, verkehrt-eiförmig, oben stumpf mit kurzer Spitze, wie die Zweige weich und weiß behaart, rote bis gelbrote Blüten.

E. setosa Rose & Purp. Stammlos, reich sprossend, flache bis kugelige Rosette aus keulig-spateligen Blättern, diese 7–8 cm lang, beiderseits gewölbt mit stumpfer Spitze, dicht weiß borstig behaart, zahlreiche, rotgelbe Blüten, (Abb. Seite 270).

Greenovia Webb & Berth.

Ausdauernde Pflanzen ähnlich *Aeonium,* jedoch nicht hochstämmig. Ausläufertreibend. Blätter in kugeligen oder becherförmigen Rosetten zusammenstehend. Sie sterben nach der Blüte ab. Breite, spatelförmige Blätter. Nur 4 Arten auf den Kanarischen Inseln. Kultur wie *Aeonium.* Im Sommer im Freien, kühle Überwinterung!

G. aurea (C. Sm.) Webb & Berth. Rosetten in der Heimat bis 40 cm ∅, dicht am Boden aufliegend, Blätter blaugrün bereift, dunkelgoldgelbe Blüten, (Abb. Seite 270).

Kalanchoe Adans.

Kahle oder behaarte, sukkulente Pflanzen, Halbsträucher, Sträucher oder Stauden. Blätter zu dreien quirlig oder kreuzgegenständig, teils mit Brutknospen. Stengel gehen direkt in den Blütenstand über. Auch achselständige Blütenstände, rispige Trugdolden mit meist zahlreichen Einzelblüten. Blumenkrone meist zu einer vierkantigen Röhre verwachsen. Über 130 Arten, die in einzelne Sektionen aufgegliedert werden. In diese Gattung wurde auch *Bryophyllum* Salisb. mit sämtlichen Arten einbezogen. Heimat: Trop. Afrika, Südafrika, Madagaskar, Asien und trop. Amerika.
Recht interessante Pflanzengattung. Arten überwiegend leicht wachsend, manche im Sommer auch im Freien zu halten, kühle Überwinterung! Pflege sonst wie *Crassula.* Vermehrung durch Aussaat und Stecklinge.

K. beauverdii Hamet (syn. *Bryophyllum scandens* (Perr.) Berg.) Kletternde Pflanze, bis 3 m lang, zierliche, 2–3 mm starke Triebe, lineal-lanzettliche Blätter, 3–8 cm lang, bogig zurückgekrümmt, mit Brutknospen tragenden Zähnen, schwarzviolette, gefleckte Blüten.

K. beharensis Drake del Castillo Schlanke Stämmchen bis 2 m hoch, oben wollig behaart, dreieckig-lanzettliche Blätter, kreuzgegenständig, bis 30 cm lang, beiderseits dicht wollig braun behaart, Blüten klein, weißlich, (Abb. Seite 271).

K. blossfeldiana v. Poelln. Gedrungener Wuchs, kahle, grüne Blätter, Blüten bis zu 60 in kopfigen Ständen, leuchtend rot. Beliebte Zimmerpflanze mit zahlreichen gärtnerischen Züchtungen, (Abb. Seite 271).

K. daigremontiana R. Hamet Bis 1 m hoch, meist stengelumfassende Blätter, bis 20 cm lang, braunrot gefleckt, in den Blattkerben erscheinen zahlreiche Brutknospen, die zu kleinen Pflänzchen heranwachsen, glockige, grauviolette Blüten. Auch als Brutblatt bekannt.

K. fedtschenkoi Hamet & Perr. Dichte Büsche bildend, ovale bis längliche Blätter, leicht gekerbt, bläulich, in den Kerben bräunlich gefärbt, Blüten braunrosa.

K. manginii Hamet & Perr. Zierlicher Wuchs, oval-spatelige Blätter, bis 3 cm lang, anfangs fein behaart, Blütenzweige bis 30 cm lang, Blüten erscheinen endständig, bis 25 mm lang, glänzend rot.

K. marmorata Bak. Aufrechte Stämmchen, verkehrt-eiförmige Blätter mit buchtig gezähnten Rändern, beiderseits mit großen, braunen Flecken, Blüten weiß.

K. miniata Hilsenb. & Bojer Bis 80 cm hoch, Blätter lang-dreieckig, gezähnt und stengelumfassend, oberseits leicht rot gefleckt, glockige Blüten, bis 2,5 cm lang, dazu zahlreiche Varietäten.

K. pinnata (Lam.) Perr. Aufrechte, fleischige Stämme, eiförmige Blätter, gekerbtgesägt, spätere Blätter gefiedert, in den Buchten junger Pflanzen erscheinend, glokkige Blüten, rötlich. Das berühmte Brutblatt. Goethe sandte mehrfach Blätter dieser Pflanze an seine Freunde mit folgenden Worten: „Wie aus einem Blatt unzählig frische Lebenszweige sprießen, mögst, in einer Liebe selig, tausendfaches Glück genießen."

K. prolifera (Bowie) Hamet Bis 3 m hoch, Blätter ungeteilt oder gefiedert, bis ca. 5 cm lang, Brutknospen in den Kerben der ungeteilten Blätter oder an den Mittelrippen der Fiederblätter, gelbe Blüten.

K. pumila Bak. Bis 20 cm hoch, Blätter bis 25 mm lang, eirund, spitzig, sehr fein mehlig weiß bereift, zahlreiche rotviolette Blüten in endständiger, traubiger Rispe.

K. scapigera Welw. Bis 40 cm hoch, kahl, Blätter verkehrt-eirund, ganzrandig, stark wachsig bereift, leuchtend rote Blüten, (Abb. Seite 272).

K. serrata Mann. & Boit. Kahler Strauch, dichte Büsche bildend, elliptische bis ovale Blätter, bis 6 cm lang, Ränder gesägt-gezähnt, weißlich bereift, teils mit rötlichen Flecken, röhrenförmige Blüten, orange.

K. thyrsiflora Harv. Dicht beblättert, Blätter 10–15 cm lang, 5–7 cm breit, oben stumpf gerundet, wie Stengel dicht weiß bereift, Ränder oft rötlich, rispiger Blütenstand mit gelben Blüten.

K. tomentosa Bak. Verzweigt, dichtblättrig, lang-ovale Blätter, bis 7 cm lang, oberseits rinnig-hohl, Blätter, wie die ganze Pflanze mit dichtem, weißem Haarfilz überzogen, die Blattenden tiefbraun punktiert, (Abb. Seite 272).

K. tubiflora (Harv.) Hamet Bis 1 m hoch, Blätter fast zylindrisch, kreuzgegenständig, an den Spitzen 6–8 Kerben mit Brutknospen, rötlichbraun geflecht, glockige Blüten, orange, (Abb. Seite 272).

K. uniflora (Stapf) Hamet Epiphytisch wachsend, niederliegende, kriechende Triebe, länglich-ovale Blätter, bis 3 cm groß, gekerbt; die großen, hängenden, roten Blüten erscheinen meist einzeln, auch bis zu dreien, (Abb. Seite 272).

Monanthes Haw.

Meist kleine Stauden oder niedrige Sträucher mit sparrigem Wuchs. Blätter an den Zweigenden rosettenartig gehäuft, meist eirund und fleischig, warzig. Zierliche Blüten auf dünnen Stielen, oft in kleinen Trauben. Rund 12 Arten auf den Kanarischen Inseln und Madeira. Pflege ähnlich *Crassula*, im Sommer im Freien leicht schattig, kühle Überwinterung!

M. polyphylla Haw. Dichte, zarte Polster an feuchten Felsen, fadenförmige Stämmchen, mit vielblättrigen Rosetten, rötliche Blüten.

Pachyphytum Link, Klotzsch & Otto

Kleine sukkulente Stauden oder Halbsträucher, meist verzweigt, fleischige, wechselständige Blätter, graugrün oder weiß bereift, Blüten in Wickeltrauben, glockig. Rund 10 Arten in Mexiko beheimatet. Hübsche Pflanzen, Pflege wie *Crassula!*

P. compactum Rose Stämmchen etwa 10 cm hoch, Blätter dicht gedrängt, abstehend, zylindrisch, kurz zugespitzt, 2–3 cm lang, grauweiß bereift, Blüten rötlich mit grünen Spitzen.

P. oviferum J. A. Purp. Kurze Stämmchen, weiß bereift, Blätter dicht, rosettenartig angeordnet, dickfleischig, verkehrt-eiförmig, 2–4 cm lang, rötlich oder weiß bereift, glockige, hochrote Blüten.

Rochea DC.

Sukkulente Stauden oder Halbsträucher mit gegenständigen Blättern, am Grunde paarweise verwachsen, Ränder behaart, Blüten in kopfigen Trugdolden. Vier Arten in Südafrika. Pflege und Vermehrung wie *Crassula*. Die gültige Bezeichnung für die frühere *Rochea falcata* DC. lautet nun *Crassula falcata* Wendl., siehe dort!

R. coccinea (L.) DC. Oft fälschlich als *Crassula rubicunda* bezeichnet. Niedriger Halbstrauch, bis 60 cm hoch, Stengel dicht kreuzgegenständig beblättert, Blätter dabei dachziegelartig gestellt, verkehrt-eirund, spitz, grün, bis 25 mm breit, Blüten zahlreich in Trugdolden, scharlach.

Sedum L.

Vielgestaltige Pflanzen mit meist wechselständigen Blättern; diese wie auch die Stengel meist fleischig verdickt. Über 500 Arten mit Hauptverbreitungsgebiet auf der nördlichen Halbkugel. Erwähnt seien hier nur die nicht winterharten Arten, die überwiegend in Mexiko heimisch sind. In der Pflege anspruchslos, im Sommer auch im Freien bei voller Sonne zu halten. Im Winter hell und kühl, nur geringe Wassergaben zur Ruhezeit. Vermehrung am besten durch Stecklinge, aber auch durch Aussaat möglich.

S. allantoides Rose Aufrechte Äste, bis 40 cm hoch, locker beblättert, Blätter waagrecht abstehend, 2–3 cm lang, fast stielrund, weißgrau bereift, grünlich-weiße Blüten in Trugdolden.

S. bellum Rose Rasenbildende Staude, kurze Äste rosettenartig beblättert, abstehende, gerundete Blätter, bis 3,5 cm lang, hellgrün, mehlig weiß bereift, zahlreiche, weiße Blüten in flacher Trugdolde.

S. humifusum Rose Zierliche, rasenbildende Staude, Stämmchen anfangs kugelig, zuletzt kätzchenartig, bis 25 mm lang, flache Blättchen, dachziegelartig gestellt, nur 2–3 mm lang, Ränder und Spitze gewimpert, Blüten gelb.

S. morganianum E. Walth. Immergrüner Halbstrauch mit niederliegenden Ästen, kriechend, vom Grunde aus sprossend, zahlreiche, dickfleischige Blätter, länglich-lanzettlich, ca. 2cm lang, bläulich bereift, endständig erscheinende Blüten, ca. 2cm ∅, dunkelrot. Herrliche Ampelpflanze! (Abb. Seite 282).

S. nussbaumerianum Bitter Sprosse niederliegend, verkehrt-lanzettliche Blätter, 22–38 mm lang, oberseits flach, gelblichgrün, bei hellem Stand orangefarbig, Blüten weiß, (Abb. Seite 281).

S. pachyphyllum Rose Aufrechter Halbstrauch, Blätter dicht in fünf Spiralreihen gestellt, 4 cm lang, schwach keulig, stielrund, grauweiß bereift, Spitzen rot gefärbt, gelbe Blüten in flachem Blütenstand.

S. palmeri S. Wats. Niedriger Halbstrauch, Blätter in lockeren Rosetten, 25 mm lang, 15 mm breit, graugrün, seitlicher Blütenstand als Trugdolde mit gabeligen Ästen und gelben Einzelblüten.

S. rubrotinctum R. T. Clausen Nur 15–20 cm hoch, vom Grunde aus verästelt, Äste anfangs fleischig, später verholzend, 2–3 mm ∅, niederliegend, später aufsteigend, Blätter wechselständig, stielrund, bis

20 mm lang, bei sonnigem Stand das ganze Blatt prächtig rotbraun getönt, (Abb. Seite 282).

S. stahlii Solms Sparriger, niedriger Strauch, rasenbildend, eirunde, gegenständige Blätter, bis 12 mm lang, 6 mm breit, kräftig rot gefärbt, leicht abfallend, gelbe Blüten.

S. treleasei Rose Sukkulente, später holzige Äste, wenig verzweigt, länglich-eiförmige Blätter, ca. 30 mm lang, 15 mm breit, blaugrün, grau bereift, kugeliger Blütenstand mit hellgelben Blüten.

S. weinbergii Rose Dicke Stengel, Blätter in lockerer Rosette, an den Enden der Äste etwas gedrängt, 5–7 cm lang, verkehrt-eilanzettlich mit kurzer, stumpfer Spitze, oberseits flach, weißgrau bereift, weiße Blüten, (Abb. Seite 282).

Sinocrassula Bgr.

Rosettenbildende Stauden, teils auch nur zweijährig. Stumpfe, dickliche Blätter, aufrechter Blütenstengel mit lockergestellten Hochblättern. Fünf Arten. Himalaya bis Westchina. Leicht zu pflegen, im Sommer im Freien, kühle Überwinterung.

S. yunnanensis (Franch.) Bgr. Dichte Rasen bildend, Blätter in Rosetten, zugespitzt, am Ende mit kleinen Stachelspitzen, dunkelblaugrün, fein papillös weißhaarig, Blütenstengel bis 10 cm hoch, fein behaart, Blüten rot.

Euphorbiaceae – Wolfsmilchgewächse

Euphorbia L.

Sukkulente Vertreter sehen den Kakteen oft sehr ähnlich. Typisch ist der weiße Milchsaft, bei einigen Arten sehr giftig! Teilweise anfänglich noch Laubblätter, die später abfallen. Manche Arten zweihäusig, männliche und weibliche Blüten also auf zwei verschiedenen Pflanzen.
Von den über 2000 Arten sind einige Hundert sukkulent, in Afrika, Madagaskar und auf den Kanarischen Inseln beheimatet.
Überwiegend sehr harte Arten, die sich leicht pflegen lassen. Sie bevorzugen leicht lehmhaltige Substrate mit Sandzusatz, im Sommer durchwegs reichlich Wasser, kühl überwintern und nur wenig gießen. Vermehrung durch Samen oder Stecklinge. Möglichst vollsonniger Stand!

E. aggregata Bgr. Niedrig und dornig, kurzer Stamm, quirlig verästelt, Äste acht- bis neunkantig, bis 3,5 cm dick, Kanten durch scharfe Furchen gesondert, verdornte Blütenstände, (Abb. Seite 283).

E. ammak Schweinf. Im Alter mächtige Säulen mit kandelaberartigen Verzweigungen, Äste vier- bis fünfkantig, flügelartig zusammengedrückt, an den Kanten je zwei dunkelbraune Dornen, zierliche gelbe Blüten.

E. aphylla Brouss. Niedrig, reich verästelt, Äste gegliedert, stielrund, gabelig oder quirlig verzweigt, bogig aufwärts gekrümmt, 5–8 cm lang, nur 5–6 mm dick.

E. bupleurifolia Jacq. Dornenlos, Stamm einfach, bis 12 cm hoch, 7–8 cm dick, Blattpolster viereckig, braun schuppenartig, Blätter im Sommer an der Spitze der Sprosse, 10–15 cm lang, lanzettlich. Leicht schattiger Standort und wärmer halten!

Sedum nussbaumerianum Bitter ▷

△ *Sedum weinbergii* Rose

▽ *Sedum rubrotinctum* R. T. Clausen

▽ *Sedum morganianum* W. Walth.

△ *Euphorbia aggregata* Bgr.

▽ *Euphorbia grandicornis* Goebel

▽ *Euphorbia heptagona* L.

△ *Euphorbia mammillaris* L.

▽ *Euphorbia meloformis* Ait.

▽ *Euphorbia millotii* Ursch et Leandri (phot. F. Polz)

△ *Euphorbia milii* var. *hislopii* (N. E. Br.) Ursch et Leandri

▽ *Euphorbia pseudocactus* Bgr.

▽ *Euphorbia neohumbertii* P. Boit. (phot. F. Polz)

△ *Euphorbia obesa* Hook. f.

▽ *Euphorbia pugniformis* Boiss.

▽ *Euphorbia suzannae* Marl.

△ *Euphorbia trigona* Haw.

▽ *Euphorbia viguieri* M. Denis (phot. F. Polz)

△ *Pelargonium ferulaceum* (Bur. f.) Willd.

▽ *Sarcocaulum spinosum* (Burm.) O. Ktze. (phot. F. Polz)

▽ *Monadenium coccineum* Pax

▽ *Aloe albiflora* Guill.

△ *Aloe aristata* Haw.

△ *Aloe humilis* (L.) Mill.

▽ *Aloe bakeri* Scott Elliot

▽ *Aloe jucunda* Reyn.

▽ *Aloe haworthioides* Bak.

▽ *Aloe variegata* L.

△ *Gasteria liliputana* v. Poelln.

△ *Haworthia setata* Haw.

▽ *Haworthia truncata* Schoenl.

△ *Haworthia papillosa* (Salm) Haw.

▽ *Haworthia retusa* (L.) Haw.

Sansevieria trifasciata var. *laurentii* (de Wild.) N. E. Br. cv.
▽ »Golden Hahnii«

E. canariensis L. Vom Boden aus dicht verzweigt, meist fünfkantig, scharfe Kanten mit paarweisen Dornen, bis 5 mm lang.

E. candelabrum Trem. Baumartig, kandelaberartig verästelt, 6–10 m hoch, Äste vierkantig mit eingeschnürten Teilen, Kanten buchtig gezähnt, Dornen 2–4 mm lang, soll mit *E. ammak* Schweinf. identisch sein.

E. caput-medusae L. Kurzer Stamm, nach oben verdickt, bis 20 cm ∅, Äste strahlenartig abstehend, schlangenförmig, 3–5 cm dick, graugrün, Blätter 15–25 mm lang, später abfallend.

E. echinus Hook. f. & Coss. Bis 30 cm hoch, reichverzweigt, Stamm 4–5 cm stark, Äste aufsteigend, sechs- bis siebenkantig, Kanten kaum gezähnt, Dornen paarweise, bis 120 mm lang, rötlich, später grau.

E. ferox Marl. Ca. 15 cm hoch, verzweigt und stark sprossend, dadurch Klumpen bis 60 cm ∅, Zweige neun- bis zwölfkantig, hellgrün, Blütenstiele bis 3 cm lang, verholzend und abstehend.

E. globosa (Haw.) Sims. Kugelige, teils längliche Triebe, aus den Kopfstücken erscheinen die gabelig geteilten Blütenstiele.

E. grandicornis Goebel Aufrechte Stämme mit drei- bis vierkantigen, übereinander gesetzten Ästen, tief zusammengeschnürt, wellige Kanten mit breitem, braunem Hornband, darauf kräftige Dornenpaare, (Abb. Seite 283).

E. horrida Boiss. Dickstämmig, 12–15 tiefgefurchte Rippen, stark mit 1–2 cm langen, trockenen Blütenstielen besetzt, die wie mächtige Dornen wirken.

E. lactea Haw. Drei- bis vierkantige Stämme, dunkelgrün mit weißer Bandzeichnung, dicke, braune Dornen, bis 5 mm lang.

E. lophogona Lam. Bis 50 cm hoch, Stamm und Äste nach oben verdickt, rötliche Kanten mit kammartigen Nebenblättern besetzt, Blätter an den Enden der Triebe, 12 cm lang, 5 cm breit, in den langen rötlichen Stiel verschmälert, smaragdgrün mit weißen Fiedernerven.

E. mammillaris L. Kaum 20 cm hoch, stark sprossend und dichte Gruppen bildend, Äste aufrecht, 4–6 cm dick, 7- bis 17kantig, Kanten warzig, verdornende Blütenstiele, (Abb. Seite 283).

E. meloformis Ait. Kugelförmige Körper, meist einzeln, 8–10 cm breit, 8–10 Rippen, zum Teil tief gefurcht, eingesenkter Scheitel, die Seiten der Kanten mit hellen oder rötlichen Querbändern, (Abb. Seite 283).

E. milii Des Moulin Dorniger Trockenstrauch, sehr verschieden gestaltet, verholzende Äste, die beiden Hauptdornen sind zuweilen von schwächeren Dornen begleitet, leuchtend rote Blütenstände, teils auch gelb. Früher als *E. splendens* Boj. bezeichnet, zahlreiche Varietäten: var. *bojeri* Cost. & Galland, Äste 8–10 mm dick, an der Basis verdickte Dornen, Blütenhochblätter leuchtendrot, auch gelb; var. *splendens,* Blatter bis 5 cm lang; var. *hislopii* Ursch & Leandri, Blätter bis 18 cm lang, Blütenhochblätter bis 1 cm breit, leuchtend rot, (Abb. Seite 284).

E. obesa Hook. f. Kugeliger Körper, 8–12 cm ∅, 8–10 Rippen, zum Teil tief gefurcht, Körper hellgraugrün mit rötlichbraunen Längs- und Querstreifen gezeichnet. Im Sommer nur vorsichtig gießen, im Winter mäßig warm und völlig trocken. Prächtige Art! (Abb. Seite 285).

E. pseudocactus Bgr. Zahlreiche, aufrechte Äste, selten verzweigt, an der Basis meist dreikantig, nach oben vier-, auch fünfkantig, gegliedert, bis 5 cm dick, Kanten grob gezähnt, kräftige Dornenpaare, bis 12 mm lang, (Abb. Seite 284).

E. pugniformis Boiss. Dornenlos, niedrig, Hauptsproß in die dicke Hauptwurzel übergehend, zusammen einen knolligen Körper bildend, oben mit einer Krone von rundgestellten Zweigen, spreizend, bis 3 cm lang, mit vielen Warzen bedeckt, (Abb. Seite 285).

E. ramipressa L. Croiz. Im Alter baumartig, Stamm bis 7 cm dick, Äste am Grund stielrund, dann dreikantig, nach oben flach und zweikantig, buchtig gezähnt, mit 2–3 mm langen, braunen Dornen.

E. resinifera Bgr. Bis ca. 50 cm hoch, vom Grunde aus verästelt, hellgraugrüne Äste, vierkantig, Kanten seicht gezähnt, Dornen paarweise, 5–6 mm lang, bräunlich, Lieferant der Droge „Euphorbium".

E. squarrosa Haw. Dornige, niedrige Sukkulente, aus dem eiförmig-länglichen Körper erscheinen die zahlreichen, niederliegenden Äste, 4–15 cm lang, dreikantig, oft auch zwei- bis fünfkantig, Kanten in Warzen zerteilt, an der Spitze mit einem Paar 1–6 mm langer, rötlicher, später braungrauer Dornen besetzt.

E. stellaespina Haw. Zylindrische Stämme, meist einen abgestumpften Kegel bildend, vom Grunde aus verästelt, so dichte Klumpen bildend, 5–7 cm ∅, 10–16, wenig hohe Rippen, die Kanten quer gekerbt, bis 1 cm lange Blätter, abfallend, verdornte Blütenstandstiele, meist vielfach verästelt und sehr dekorativ!

E. stenoclada H. Bn. 50–100 cm hoher Strauch mit flachen und dornigen Zweigen, oft auch ohne Dornen, blattlos.

E. suzannae Marl. Kurzer, plattkugeliger Stamm, bis 7 cm ∅, rübenförmige Wurzel, 16 Rippen, diese senkrecht verlaufend, durch deutliche Furchen getrennt, Blattpolster vorgezogen, bis 1 cm lang, dick-hakenförmig und abwärts gebogen, ganze Pflanze bläulichgrün, (Abb. Seite 285).

E. trigona Haw. Im Alter strauch- bis baumartig, drei- bis vierkantige, aufrechte Äste, 4–6 cm ∅, in Gliedern von 15–25 cm zusammengeschnürt, Kanten fast flügelartig zusammengedrückt, kurz buchtig gezähnt, dunkelgrün, unregelmäßig weiß marmoriert, rötlichbraune Dornen, 4–5 mm lang, Blätter 3–5 cm lang, lange haltbar, (Abb. Seite 286).

E. valida N. E. Br. In der Jugend kugelig, später zylindrisch, bis 30 cm hoch und bis 12 cm ∅, einfach oder wenig verzweigt, grün mit deutlicher Zeichnung aus blaugrünen Bändern, im unteren Teil rötlich, Kanten oft spiralig gedreht, Blütenstandstiele verholzend und einige Jahre an den Pflanzen verbleibend.

E. virosa Willd. Fast baumartig, vier- bis fünfkantige Stämme, Kanten mit breitem Hornband, kräftige, abstehende Dornen, 11–13 mm lang.

Geraniaceae

Pelargonium L'Hér.

Die bekannte Gattung mit verschiedenen Zimmer- und Balkonpflanzen enthält eine Reihe von sukkulenten Vertretern, die sich meist leicht pflegen lassen. Die in der Regel gabelig verzweigten Sträucher weisen verdickte Stämme auf, dazu gestielte, herzförmige, gelappte Blätter, die zur Ruhezeit abgeworfen werden. Rund 20 Arten in Süd- und Südwestafrika beheimatet, (Abb. Seite 286).

Anzucht aus Samen oder Stecklingen. Kühle Überwinterung bei etwa 12°C. Viele Arten verlangen eine sommerliche Trockenruhe!

P. carnosum Sol. Kurzer Stamm, 4–5 cm dick, daraus aufrechtwachsende Äste mit leierförmigen Blättern, gefiedert und fein behaart, weißrosa Blüten.

P. echinatum Curt. Wenig verzweigt, Stamm und Äste aufrecht, mit fleischigen, stachelähnlichen Nebenblättern besetzt, Blätter herzförmig-oval, drei- bis fünflappig, weiß behaart, Blüten auf langem, verzweigtem Stiel, purpurlila.

P. tetragonum (L. f.) L'Hér. Aufrechter Strauch, Äste drei- bis vierkantig, ca. 7 mm dick, blaßgrün, breit-herzförmige Blätter, fünflappig, Blüten meist zu dreien, lang gestielt, rosa und purpurn geadert.

Sarcocaulon Sweet

Meist niedrige, sparrige Sträucher, teilweise bedornt. Stamm und Äste von einem Harzmantel umhüllt, verschieden große Blätter, meist bald abfallend. Blüten einzeln, weiß oder rosa. Rund 12 Arten in den südlichen Küstenwüsten von Südwestafrika bis Kl. Namakwaland.
Eigenartige Pflanzen mit nur kurzer Wachstumsperiode im Winter, in der übrigen Zeit nur ganz geringe Wassergaben. Vollsonniger Stand in sehr sandigem Erdreich. Vermehrung durch Aussaat, (Abb. Seite 286).

S. herrei L. Bol. Wenig verzweigt, nur bis etwa 10 cm hoch, Äste grau-gelbbraun, bedornt und dicht beblättert, Dornen 25 mm lang, krautige Teile seidenartig, rund-dreieckige Blätter, zwei- bis dreifach geschlitzt, Blüten 22 mm ∅, weiß, am Grunde zitronengelb.

S. inerme Rehm. Dornenlos, Blätter am Rand filzig, violette Blüten.

Liliaceae – Liliengewächse

Auch diese sehr umfangreiche Pflanzenfamilie enthält zahlreiche sukkulente Vertreter, die für Sammlungen außerordentlich interessant sind. Durchwegs unempfindliche Arten ohne besondere Pflegeansprüche. Nahrhaftes Erdreich, Vermehrung durch Aussaat und Stecklinge.

Aloe L.

Im Aussehen den Agaven sehr ähnlich, unterscheiden sich von diesen aber durch seitlich erscheinende Blütenstände. Die neu entwickelten Blätter sind nicht miteinander verwachsen, wie dies bei Agaven der Fall ist. Rund 380 Arten von Südafrika durch das tropische Afrika bis Arabien verbreitet, viele Arten auch auf Madagaskar heimisch.

A. albiflora Guill. Ca. 10 Blätter, spiralig angeordnet, breit-lineal, zugespitzt, etwa 12 cm lang, mit weißen, kurzen Warzen bedeckt, hornig, weiße Randstacheln, zierlicher Blütenstand mit weißen Blüten, (Abb. Seite 286).

A. arborescens Mill. Einfacher Stamm, 1–4 m hoch, ca. 5 cm ∅, Blätter in dichten Rosetten, bis 60 cm lang, schwertförmig, Ränder buchtig gezähnt, Blüten 40–45 mm lang, rot. Die bekannte Heilaloe!

A. aristata Haw. Stammlose Rosette, meist in dichten Gruppen, Blätter 8–10 cm lang, in eine trockene, durchscheinende Granne auslaufend, unterseits weiße Hökkerstacheln, Blattränder mit hornigen Kanten, Äste mit 20–30 Blüten, orangerot, (Abb. Seite 287).

A. bakeri Scott Elliot Meist stammlos, Blätter in dichter Rosette, 7–9 cm lang, ca. 1 cm breit, lang zugespitzt, grün, weiß gefleckt, Blüten 23 mm lang, orangerot, (Abb. Seite 287).

A. bellatula Reyn. Im Aussehen *Aloe albiflora* sehr ähnlich, unterscheidet sich aber durch leuchtend korallenrote Blüten, die glockig hängen. Blüht als kleine Pflanze!

A. brevifolia Mill. Stark sprossend, runde Rasen bildend, Rosetten 10–12 cm ∅, Blätter dreieckig-länglich, 7–18 cm lang, nach oben stachelig, gekielt, graugrün, Blüten 15 mm lang, rot.

A. ciliaris Haw. Lange, kletternde Stämmchen, bis 5 m und länger, 10–15 mm ∅, lineal-lanzettliche Blätter, 5–15 cm lang, Ränder mit weißen, hornigen Zähnchen, breit-zylindrische Blütentrauben, scharlachrote Blüten.

A. distans Haw. Von der Basis aus verzweigt, locker beblättert, Blätter breit-eiförmig, 8–9 cm lang, Ränder hornig gezähnt, Blüten schopfig gedrängt, rötlich.

A. eru Bgr. Stamm von der Basis aus verästelt, 40–50 cm lang, schwertförmige Blätter in dichter Rosette, beiderseits mit weißen, länglichen Flecken, Ränder mit kräftigen, rötlichen, 4–5 mm langen Zähnchen, Blüten ca. 15 mm lang, orangegelb.

A. ferox Mill. Stamm im Alter 2–3 m hoch, Blätter in dichter Rosette, lanzettlich-schwertförmig, bis 1 m lang, unregelmäßig stachelig, buchtig gezähnte Ränder, aufrechte Blütentrauben, Blüten scharlach-orange.

A. glauca Mill. Fast stammlos, 30–40 dicht rosettig gestellte Blätter, stark blau, dunkel liniert, bis 40 cm lang, Ränder mit rotbraunen Zähnchen, Blüten blaßrot.

A. haworthioides Baker Zierliche, stammlose Pflanze, dichte Blattrosette aus 3–4 cm langen Blättern, Kanten mit weißen Randstacheln, ähnlich Wimpern, Blattflächen mit weißen Pusteln, rote Blüten. Prächtige Art! (Abb. Seite 287).

A. humilis (L.) Mill. Reich sprossend, Blattrosetten 6–8 cm ∅, Blätter 5–10 cm lang, lineal-lanzettlich, oberseits mit warzigen, weißlichen Zähnchen besetzt, unterseits dicke, weißgrüne Warzen in Querbändern, 3 cm lange, korallenrote Blüten, (Abb. Seite 287).

A. marlothii Bgr. Einfacher Stamm, im Alter 2–4 m hoch, Blätter in dichter Rosette, blaßblau oder grünlich, dicht bestachelt, Blütentraube bis 50 cm lang, orangegelbe Blüten.

A. mitriformis Mill. Vom Grund aus sprossend, dichte Gruppen von Rosetten bildend, ei-lanzettliche Blätter, nach oben zu leicht hohl, Ränder mit dreieckigen Zähnchen, scharlachrote Blüten.

A. parvula Bgr. Kleine, stammlose Pflanzen, 5–7 schwärzliche Blätter, gefleckt, 8–15 cm lang, warzig, mit stacheligen, rauhen Borstenhaaren versehen, korallenrote Blüten, ca. 24 mm lang.

A. striata Haw. Fast stammlos, Blätter 45–50 cm lang, dichte Rosette bildend, Blätter mit 2 mm breitem, weißem Knorpelrand, orangerote Blüten.

A. variegata L. Aufrecht abstehende Blätter, 12 cm und länger, dunkelgrün mit länglichen, weißen Flecken in unregelmäßigen Querbändern, knorpelige Ränder, weiß gezähnt, Blütentraube mit 20–30 Blüten, scharlachrot. Bevorzugt trockene Luft! (Abb. Seite 287).

A. zebrina Bak. Stammlos oder kurzstämmig, Blätter in gedrängter Rosette, 15–30 cm lang, ca. 6–7 cm breit, mit zahlreichen weißen, zusammenlaufenden Flekken, Ränder braun gezähnt, rote Blüten.

Gasteria Duval

Meist stammlose Pflanzen, Blätter in der Regel zweizeilig angeordnet, weißfleckig oder warzig, Blüten in lockerer Rispe oder Traube, röhrenförmig, am Grunde bauchig, meist hängend, rot, oft mit grünen Spitzen. Rund 60 Arten, vom Kapland bis Südwestafrika beheimatet. Durchwegs leicht wachsend, bevorzugen leicht halbschattigen Standort. Kühle Überwinterung.

G. liliputana v. Poelln. Rasenbildend, Rosetten mit spiralig gestellten Blättern, Blätter 3,5 bis 6 cm lang, ca. 1 cm breit, dunkelgrün, gefleckt, randartiger Kiel, gesägt. Die kleinste aller Gasterienarten! (Abb. Seite 288).

G. maculata (Thunbg.) Haw. Von der Basis aus sprossend, zungenförmige Blätter, 16–20 cm lang, am Grund scheidig-rosa, mit großen, weißen Flecken, an den Blattenden zu Bändern zusammenfließend.

G. pulchra (Ait.) Haw. Stämmchen 15–30 cm hoch, schwertförmige Blätter, oberseits hohl, 20–30 cm lang, zahlreiche, weiße Flecken, diese in Querbändern, weißhornige Ränder.

G. trigona Haw. Blätter vielzeilig gestellt, schwertförmig, an der Spitze lanzettlichspitz, 15–20 cm lang, unterseits gekielt, in Bändern stehende, weiße Flecken, oberseits in breiten Querbändern, Ränder und Kiel hornig-warzig gesägt.

G. verrucosa (Mill.) Duv. Von der Basis aus sprossend, rasenbildend, Blätter zweizeilig, 10–15 cm lang, schmutziggrün, mit zahlreichen unregelmäßigen, zusammenfließenden, weißen Warzen besetzt, Ränder warzig, an der Spitze hornig-glatt.

Haworthia Duval

Mit den Gasterien nahe verwandt, Blätter jedoch in der Regel rosettenartig angeordnet, Blattflächen meist dicht beperlt, daher hübsches Aussehen. Kleine, weiße Blütenglöckchen in lockeren Trauben. Rund 130 Arten mit zahlreichen Varitäten aus Süd- und Südwestafrika.
Anspruchslose, leicht wachsende Pflanzen. Vor zu starker Sonne schützen, im Winter kühl und nur mäßig gießen. Vermehrung durch Aussaat, Sprosse oder Blattstecklinge.

H. attenuata Haw. Länglich-dreieckige Blätter, zugespitzt, 6–7 cm lang, rückseits mit weißen Warzen, meist in Querbändern zusammenfließend, oberseits Mittellinie von weißen, deutlichen Warzen.

H. bolusii Baker Rosette 5–7 cm ∅, mit zahlreichen, einwärts gebogenen Blättern, Ränder und Kiel mit faserigen Zähnchen dicht besetzt, so daß die Pflanze fast völlig von den weißen Borsten eingehüllt erscheint. Sehr empfindlich gegen stagnierende Nässe!

H. coarctata Haw. Rosette bis 20 cm stammartig verlängert, am Grunde sprossend, Blätter in dichter Spirale, nach innen gebogen, 4–6 cm lang, oberseits glatt oder mit einzelnen Höckern, rückseits die grünlichweißen Höcker in Längsreihen und etwas in Querreihen stehend.

H. cuspidata Haw. Rasenbildende Rosette mit eiförmig-lanzettlichen Blättern, nach der Spitze zu zurückgebogen, mit kleinem Spitzchen, blaßgrün, zur Spitze durchscheinend und mit verästelnden Linien gezeichnet, Ränder und Kiel fein gesägt-gezähnt.

H. cymbiformis var. *typica* Triebn. & v. Poelln. Stammlose Rosette, reich sprossend, Blätter 3–4 cm lang, 2–2,5 cm breit, verkehrt-eiförmig, graugrün, glatt, an der Spitze durchscheinend, hier mit etwas deutlichen Längslinien.

H. fasciata (Willd.) Haw. Rosetten stammlos, 5–7 cm ∅, zahlreiche Blätter, 3–4 cm lang, dreieckig-lanzettlich, zugespitzt, rückseits sehr gewölbt, mit großen, weißen, fast völlig in Querbändern zusammenlaufenden Warzen besetzt.

H. glabrata (Salm.) Haw. Rosette 35–45blättrig, 18 cm ∅, Blätter aufrecht abstehend, die Spitze etwas eingebogen, dreikantig zugespitzt, rückseits gewölbt und mit locker stehenden Warzen bedeckt.

H. limifolia Marl. Die unteren Blätter fast waagrecht, am Grunde breit eiförmig-dreieckig, oberseits hohl, beiderseits mit 15–20 querlaufenden Schwielen.

H. obtusa Haw. Vielreihig beblättert, Blätter rosettig gestellt, länglich, an der Spitze etwas verdickt, plötzlich abgestumpft und lang zugespitzt, schmutziggrün mit einer Anzahl dunkler Längslinien, am Ende eine 5 mm lange Borstenspitze.

H. papillosa (Salm.) Haw. Stammlos, wenig Ausläufer bildend, Rosette 8–10 cm ∅, eiförmig-lanzettliche Blätter, lang zugespitzt, 7–8 mm breit, oberseits mit wenigen, rückseits mit mehr großen, runden, weißen Warzen besetzt, Ränder und Kiel mit gleichen Warzen, (Abb. Seite 288).

H. planifolia var. *typica* Triebn. & v. Poelln. Stammlose Rosette mit spiralig angeordneten Blättern, eiförmig oder etwas ei-länglich, kurz zugespitzt, oben etwas eingebogen, oberseits flach mit meist ein bis zwei deutlichen Längsfurchen, matt hellgrün.

H. reinwardtii (SD.) Haw. Rosette stammartig verlängert, 10–15 cm hoch, 4–5 cm breit, lanzettliche Blätter, 3–4 cm lang, oberseits flach gewölbt und glatt, rückseits stark gewölbt und mit 9–11 Längslinien und zahlreichen, regelmäßig quergestellten, weißen Warzen.

H. setata Haw. Stammlose Rosette, ca. 5 cm ∅, Blätter 2–2,5 cm lang, länglich-lanzettlich, in eine lange, durchscheinende Borste zugespitzt, sattgrün, Ränder und Kiele mit langen, schneeweißen Borsten besetzt, (Abb. Seite 288).

H. tessellata Haw. Stammlos, Rosetten 6–10 cm ∅, Blätter bis 5 cm lang, eiförmig-dreieckig, oberseits meist flach, mit 5–7 Längslinien, diese meist netzartig verästelt, Ränder mit kleinen, weißen Zähnen.

H. truncata Schoenl. Blätter zweizeilig gestellt, aufrechtstehend, ca. 2 cm lang, oben scharf gestutzt, wie abgeschnitten aussehend, beiderseits warzig rauh. Am natürlichen Standort ist die Pflanze bis auf die hellen Blattenden völlig im Boden verborgen, (Abb. Seite 288).

Sansevieria Thunbg.

Stammlose Pflanzen mit kriechendem Wurzelstock. Fleischige, ledrige Blätter, flach, halbrund, aber auch zylindrisch, oft mit helleren Flecken oder Querbändern. Langgestreckter Blütenstand mit meist kleinen, weißlichen Blüten. Rund 15 Arten im tropischen Afrika und in Ostindien beheimatet. Vor allem *S. trifasciata* Prain als sehr robuste Zimmerpflanze recht verbreitet. Im Winter auch bei warmem Stand nur vorsichtig gießen, sonst in lehmigem Substrat leicht wachsend.

S. cylindrica Bojer Blätter walzenförmig rund, fingerdick, scharf zugespitzt, oft bis über 1 m lang, dunkelgrün mit helleren Streifen.

S. trifasciata Prain Schwertförmige Blätter, bis 6 cm breit, grauweiße Querbänder und breiter grüner Saum, Blütenschaft mit Hochblättern; var. *laurentii* (de Wild.) N.E.Br., Blattränder mit breiten, weißlichen oder gelblichen Längsstreifen; cv. ‚Golden Hahnii' mit rosettig gestellten Blättern, bis 15 cm lang, ca. 8 cm breit, prächtig goldgelb gezeichnet, (Abb. Seite 288).

Mesembryanthemaceae – Mittagsblumengewächse

Eine recht interessante Pflanzenfamilie sukkulenter Arten, die teils strauchig wachsen, teils nur sehr kleine, kugelige Körper ausbilden. Vielfach bestehen sie nur aus einem einzigen verwachsenen Blattpaar, bekannt als »Lebende Steine«. Viele Mimikryformen, die runden Steinen und eckigen Felsbrocken täuschend ähnlich sehen. Durchwegs herrliche, große Blüten. Alle Arten bevorzugen sehr sonnigen Stand. Für Sammler sehr zu empfehlen, da viele Arten im Spätsommer und lange in den Herbst hinein blühen.

Argyroderma N.E.Br.

Stammlose, hochsukkulente Pflanzen, rasenförmiger Wuchs oder nur aus einem Sproß bestehend, 2–4 kreuzgegenständige Blätter, vom Grunde aus oft bis zur Hälfte verwachsen, Blüten einzeln, purpurrot, rosa oder gelb, selten weiß. Etwa 40 Arten aus Kapland. Sommerliche Wachstumsperiode, doch auch da nur vorsichtig gießen! Leichte, humose Substrate mit reichlich Quarzsandzugabe. Anzucht aus Samen.

A. aureum L.Bol. Länglich-eiförmige Blätter, 1/3 der Länge miteinander verwachsen, ca. 4 cm lang, abgerundet und gekielt, Blüten 3–4 cm ∅, gelb.

A. carinatum L.Bol. Körper einzeln, Blätter oberseits rundlich, rückseits deutlich gekielt, am Ende leicht zusammengedrückt, Blüten 2 cm ∅, rosapurpurn.

A. patens L.Bol. Rasenbildend, Blätter oberseits breit-oval, deutliche Ränder, 25 bis 30 mm lang, scheidig verwachsen, graublau, Blüten bis 3 cm ∅, zitronengelb.

A. schlechteri Schwant. Sprosse meist einzeln, zweiblättrig, Blätter bis zur Hälfte scheidig verwachsen, oberseits etwas muldig, weißbläulichgrün, rosarote Blüten, 3 cm ∅.

Astridia Dtr. & Schwant.

Strauchartig 25–30 cm hoch, rutenförmige Äste, krautig, abstehende Blätter, fast sichelförmig. Blüten meist einzeln, bis 7,5 cm ∅, Samen papillös behaart. Rund 15 bekannte Arten. Heimat: Südafrika.

A. ruschii L.Bol. Krautige Teile blaßgrau, spitze Blätter, bis 6 cm lang, 8–14 mm breit, Blüten ca. 6 cm ∅, weiß.

Cheiridopsis N.E.Br.

Hochsukkulente Pflanzen von rasen- bis polsterförmigem Wuchs, kurze Sproßachsen mit 1–3 Blattpaaren, wobei die aufeinanderfolgenden Paare sich häufig in Form und Größe voneinander unterscheiden. Rund 90 Arten in Namaqualand. Wachstumsperiode im Sommer, sonniger Stand und mäßige Wassergaben. Trockene und nicht zu kühle Überwinterung.

C. acuminata L.Bol. Ein bis zwei Blattpaare, Blätter 5–7 cm lang, fein papillös, Blüten bis 6 cm ∅, blaßgelb.

C. candidissima (Haw.) N.E.Br. Triebe in kompakten Polstern, lange, bootförmige Blätter, bis 10 cm lang, rückseits halbrund bis gekielt, Blüten 5–6 cm ∅, weiß bis blaßrosa, (Abb. Seite 297).

C. luckhoffii L.Bol. Zwei- bis vierblättrig, Blätter verschieden geformt, untere zierlich, in 1 cm langen Scheiden, obere Blätter blaßblau, fein samtig, Blüten 3 cm ∅, zitronengelb.

C. purpurata L.Bol. Zahlreiche, zweiblättrige Äste, Blätter oberseits flach, Blüten 3,5 cm ∅, purpurrosa.

Conophytum N.E.Br.

Beliebte Gattung bei Sammlern. Zwergige, im Alter reich verzweigte Pflanzen von ra-

sen- oder polsterförmigem Wuchs. Der Trieb entwickelt in jedem Jahr nur zwei hochsukkulente Blätter, die bei den kugeligen Formen bis auf einen winzigen Spalt verwachsen sind. Bei den biloben Formen stehen die Blattspitzen als sog. »Loben« frei. Durch den Spalt schiebt sich die gestielte Blüte. Rund 300 Arten im Kapland und in Südwestafrika.
Bevorzugen leicht halbschattigen Standort in sandigen Erden. Wachstumszeit bei einigen Arten schon Mai und Juni, bei der Mehrzahl erst im Herbst, die bis Winter andauert. Während dieser Zeit mäßig feucht und hell halten. Im Frühjahr ist das Gießen einzustellen, wenn die Körper zu schrumpfen beginnen und das Blattpaar zu einer papierartigen Hülle eintrocknet. Vermehrung durch Aussaat und Stecklinge.

C. bilobum (Marl.) N. E. Br. Körper flachgedrückt, herzförmig, stumpfe Lobenspitzen, Spitzen und Kiel rot gerandet, Blüten bis 3 cm Ø, gelb.

C. elishae (N. E. Br.) N. E. Br. Verkehrt kegelig, fast keilförmig, Spalt 5–6 mm tief, dadurch deutliche Loben, Oberfläche grün, dunkel punktiert, Blüten goldgelb, 2 cm Ø, (Abb. Seite 297).

C. fulleri L. Bol. Körper aus alten, weißen Scheiden herausragend, fast zylindrisch, ca. 9 mm hoch, oben warzig, Blüten 15 mm Ø, rosa.

C. minutum (Haw.) N. E. Br. Rundliche Rasen bildend, Körper birnförmig, oberseits kreisrund, etwas eingedrückt, bläulichgraugrün, Blüten 12–15 mm Ø, rosalila.

C. mundum N. E. Br. Körper verkehrtkegelig, 10–12 mm hoch, wenig eingesenkt, graugrün, erhaben punktiert, Blüten weißlich-cremefarbig.

C. obtusum N. E. Br. Rasenbildend, Körper länglich-eiförmig, Loben ca. 2 mm lang, Kiele und Lobenspitzen rot, Oberfläche sehr fein rauh, Blüten 2 cm Ø, gelb.

C. pearsonii N. E. Br. Kompakte Polster, verkehrt-kegelige Körper, 8–16 mm hoch, 10–18 mm Ø, kreisrund, flach gewölbt, dunkel blaugrün, Blüten 16–22 mm Ø, lilarosa.

C. pillansii Lavis Einzeln oder zu 2–3, Körper verkehrt-eiförmig, hell gelbgrün, seitlich gerötet, oben mit großen, grünen Punkten, Blüten purpurrot, 25 mm Ø.

C. truncatum (Thunbg.) N. E. Br. Verkehrt-kegelig, Spaltränder teils etwas gewulstet, zahlreich gepunktet, Blüten hell strohfarbig, (Abb. Seite 298).

C. velutinum N. E. Br. Länglich-eiförmiger Körper, ca. 12 mm hoch, oben gewölbt, Spalt kaum eingedrückt, Oberfläche olivgrün, fein samtig papillös, Blüten 2 cm Ø, purpurrosa, (Abb. Seite 298).

Delosperma N. E. Br.

Kompakte oder locker verästelte Pflanzen, krautig oder strauchig, stielrunde Blätter, teils auch flach, Blüten einzeln oder in lockeren Trugdolden. Rund 150 Arten, die alle leicht wachsen, im Sommer auch im Freien, kühle Überwinterung. Prächtige Blüher!

D. brunnthaleri (Bgr.) Schwant. Äste 20–40 cm hoch, Blätter ca. 4 cm lang, oberseits flach, saftig grün, papillös, Blütenstand dreiteilig, violettrosa Blüten, 2 cm Ø.

D. cooperi (Hook f.) L. Bol. Niederliegender Halbstrauch, stielrunde Blätter, Papillen in Längsreihen stehend, bis 55 mm lang, Blüten bis 5 cm Ø, purpurrot.

D. echinatum (Ait.) Schwant. Dichtbuschiger Strauch, Äste gabelig verzweigt, weiß und spitz papillös, eiförmige, halbkugelige Blätter, Blüten einzeln, 12–15 mm Ø, weißlich.

D. lehmannii (Eckl. & Zeyh.) Schwant. Äste zweikantig, dreikantige Blätter, Seiten gewölbt, stachelspitzig, graugrün, Blüten 4 cm Ø, blaßgelb.

△ *Carruanthus ringens* (L.) Boom

△ *Conophytum approximatum* Lavis

△ *Cheiridopsis candidissima* (Haw.) N. E. Br.

△ *Conophytum elishae* (N. E. Br.) N. E. Br.

▽ *Cheiridopsis peculiaris* N. E. Br. (phot. F. Polz)

▽ *Conophytum intrepidum* L. Bol. (phot. F. Polz)

△ *Conophytum velutinum* (Schwant.) Schwant.

▽ *Conophytum spec.* (phot. F. Polz)

▽ *Conophytum truncatum* var. *brevitubum* (Lavis) Tisch.

△ *Conophytum wettsteinii* (Bgr.) N. E. Br. (phot. F. Polz)

△ *Faucaria tigrina* (Haw.) Schwant. (phot. F. Polz)

▽ *Dorotheanthus bellidiformis* (Burm. f.) N. E. Br.

▽ *Fenestraria aurantiaca* N. E. Br.

▽ *Faucaria longidens* L. Bol.

▽ *Gibbaeum dispar* N. E. Br. (phot. F. Polz)

△ *Lithops dorothea* Nel.

▽ *Lithops helmutii* L. Bol.

△ *Lithops lesliei* (N. E. Br.) N. E. Br.

▽ *Lithops turbiniformis* (Haw.) N. E. Br.

▽ *Lithops karasmontana* (Dtr. et Schwant.) N. E. Br.

▽ *Lithops marmorata* (N. E. Br.) N. E. Br.

△ *Lithops pseudotruncatella* var. *mundtii* (Tisch.) Tisch. ex Jacobs.

Lithops karasmontana var. *mickbergensis* (Dtr.) De Boer et Boom ▽

△ *Lithops salicola* L. Bol.

▽ *Ophthalmophyllum spec.*

△ *Odontophorus primulinus* L. Bol. (phot. F. Polz)

△ *Pleiospilos simulans* (Marl.) N. E. Br. (phot. F. Polz)

▽ *Pleiospilos peersii* L. Bol.

▽ *Schwantesia loeschiana* Tisch

▽ *Pleiospilos nobilis* (Haw.) Schwant.

▽ *Stomatium fulleri* L. Bol. (phot. F. Polz)

△ *Titanopsis calcarea* (Marl.) Schwant.

△ *Peperomia dolabriformis* Kunth.

△ *Trichodiadema densum* (Haw.) Schwant.

△ *Anacampseros filamentosa* (Haw.) Sims.

▽ *Oxalis succulenta* Barn.

▽ *Cissus juttae* Dtr. & Gilg.

Dorotheanthus Schwant.

Vielästige, einjährige Pflanzen mit grund- oder wechselständigen Blättern, glitzernd papillös, lang gestielte Blüten in vielen Farben. Rund 14 Arten. Beliebte Sommerblumen für das Freiland, Vermehrung durch Aussaat im zeitigen Frühjahr unter Glas. Sämlinge zu 3–5 in kleine Töpfe pikieren und mit Topfballen auspflanzen.

D. bellidiformis (Burm. f.) N. E. Br. Blätter grundständig und wechselständig, verkehrt eiförmig, Blüten 3–4 cm ∅, weiß, blaßrosa, rot, orange, (Abb. Seite 299).

D. oculatus N. E. Br. Blätter bis 4,5 cm lang, spatelförmig-lanzettlich, Blütenblätter meist hellgelb mit dunkelrotem Fleck am Grunde, Staubgefäße und Narben rot.

Faucaria Schwant.

Kurzstämmige, hochsukkulente Pflanzen. Vier bis sechs Blätter je Sproß, kreuzgegenständig, gedrängt stehend, Ränder meist mit kräftigen und lang begrannten Zähnen. Sitzende, große, gelbe Blüten, die beliebten »Tigerrachen«. Etwa 30 Arten im Kapland heimisch. Vermehrung aus Samen ohne Schwierigkeiten, auch durch Stecklinge möglich. Sandiges Erdreich und vollsonniger Stand!

F. felina (Haw.) Schwant. Länglichrhombische Blätter, fast dreieckig lang zugespitzt, undeutlich weiß punktiert, Ränder mit 3–5 fein gespitzten, fleischigen Zähnen, Blüten ca. 5 cm ∅, goldgelb.

F. tigrina (Haw.) Schwant. Blätter oberseits rhombisch-eiförmig, die Spitze kinnartig vorgezogen, Ränder mit 9–10 kräftigen, zurückgebogenen Zähnen, goldgelbe Blüten, 5 cm ∅, (Abb. Seite 299).

F. tuberculosa (Rolfe) Schwant. Rhombisch-dreieckige Blätter, dunkelgrün, oberseits mit zahlreichen zahnartigen Warzen, Ränder mit 3 kräftigen und einigen wenig entwickelten Zähnen, gelbe Blüten, 4 cm ∅.

Fenestraria N. E. Br.

Hochsukkulente Pflanzen mit keuligen, an der Spitze durchscheinenden Blättern. In der Heimat ragen nur die Blattenden aus dem Boden, daher die Ausbildung sog. »Fenster«, damit Licht zur Assimilation in das tiefer sitzende Blattgewebe eindringen kann. Zwei Arten im Kapland und Südwestafrika. Wachstumsperiode im Sommer, doch auch da nur soviel gießen, daß Blätter nicht schrumpfen. Pflanzen wegen der hohen Lichtansprüche nur bis Wurzelansatz einsetzen, sonst auch leicht Fäulnis. Im Winter völlig trocken halten! Aussaat oder auch Vermehrung durch Stecklinge möglich.

F. aurantiaca N. E. Br. Rasenförmiger Wuchs, aufrecht abstehende Blätter, 2–3 cm lang, nach oben keulig verdickt, glatte, durchscheinende Oberfläche, Blüten 4–5 cm lang gestielt, 3–7 cm ∅, goldgelb, (Abb. Seite 299).

F. rhopalophylla (Schltr. & Diels) N. E. Br. Der vorigen Art sehr ähnlich, doch Blätter kürzer und mehr keulig, Blüten bis 3 cm ∅, weiß.

Frithia N. E. Br.

Stammlos und sprossend, der vorigen Gattung *Fenestraria* sehr ähnlich. Blätter nur ca. 2 cm lang, am Ende gestutzt und rauh, fensterartig durchscheinend, graugrün, Blüten einzeln und sitzend. Nur eine einzige Art aus Transvaal. Pflege wie *Fenestraria*! Wächst im Winter, daher im Sommer trokkener halten!

F. pulchra N. E. Br. Im Alter kleine Rasen bildend, Blätter zu 6–8 rosettig gestellt, Blüten 9–23 mm ∅, karminrot, in der Mitte weiß oder ganz reinweiß.

Gibbaeum Haw.

Ausdauernde, rasenbildende Pflanzen. Sprosse mit eiförmigen oder fast kugeligen zu einem Körper verwachsenem Blattpaar.

Die Körper oben leicht geteilt oder ungleich in Zipfel, sog. »Loben« zerteilt, Oberfläche glatt oder leicht behaart. Gestielte Blüten, der Stiel ohne Hochblätter. Blütezeit fast immer am Beginn der Vegetationszeit von Herbst bis Frühjahr. Rund 20 Arten vorwiegend in der Kleinen Karroo, (Abb. Seite 299). Vor allem die weißen Arten sehr hell und sonnig halten, zur Ruhezeit im Sommer kein Wasser!

G. album N.E.Br. Blätter ungleich groß, dicht weißfilzig, schief eiförmiger Körper, Blüten 25 mm Ø, weiß.

G. pilosulum (N.E.Br.) N.E.Br. Verkehrt-eiförmiger Körper, 25 mm hoch, Oberfläche matt glänzend hellgrün, sehr fein und locker weiß behaart, Blüten lilarot, 6–7 mm Ø.

G. pubescens (Haw.) N.E.Br. Kurzer, holziger und verästelter Stamm, Äste mit 2–3 Blattpaaren, Blätter abwechselnd ungleich, 3 cm lang, rundlich, nach oben etwas seitlich zusammengedrückt, Spitze meist hakig aufgerichtet, Körper weißgrau, fein filzig weiß behaart, Blüten violettrot, 15 mm Ø.

G. velutinum (L.Bol.) Schwant. Rasenbildend, die Äste am Boden aufliegend, Blätter am Grunde verwachsen, breit spreizend, 5–6 cm lang, die Spitze hakig nach innen gebogen, hellgrau-blaugrün, sehr fein weißlich behaart, Blüten 4–5 cm Ø, rosa.

Glottiphyllum N.E.Br.

Dickfleischige, zungenförmige Blätter, die in mehreren Paaren, zweizeilig oder kreuzgegenständig an den Stämmchen sitzen. Große, gelbe Blüten, ähnlich Löwenzahn. Ca. 60 Arten im Kapland heimisch. Leichtwachsende und reichblühende Pflanzen, die sich bei zu nahrhafter Erde sehr üppig entwickeln. Im Sommer reichlich Wasser. Kühle und trockene Überwinterung. Vermehrung durch Aussaat. Blühen sehr willig und überreich im Sommer und Herbst.

G. linguiforme (L.) N.E.Br. Blätter zweizeilig gestellt, 5–6 cm lang, 3–4 cm breit, nach oben leicht aufwärts gekrümmt, frischgrün, Blüten 7 cm Ø, gelb.

G. oligocarpum L.Bol. Äste kriechend und niederliegend, Blätter zweizeilig, bis 4,5 cm lang, am Ende stumpf oder breit gerundet, undeutlich fein samtig, Blüten 5–6 cm Ø, gelb.

G. parvifolium L.Bol. Blätter aufrecht, etwas schief-halbwalzenrund, 3–4 cm lang, Ende stachelspitzig, glänzend goldgelbe Blüten, 8 cm Ø.

Juttadinteria Schwant.

Halbsträucher oder Klumpen bildende, hochsukkulente Gewächse. Kreuzgegenständige, sehr dicke Blätter, teils halbeiförmig oder dreieckig, auch rhombisch-spatelig, am Grunde verwachsen und dort oft blasig aufgetrieben. Ränder und Kiel ziemlich scharf oder gerundet und oft gehöckert oder gezähnt. Mittelgroße bis große Blüten, weiß, lilarot oder violett. Rund 12 Arten im Kapland und in Südwestafrika heimisch. Sommerliche Wachstumsperiode, im Winter unbedingt trocken halten!

J. albata L.Bol. Kurze, aufrechte Äste, Blätter 20–25 mm lang, oberseits kaum gewölbt, Oberfläche glatt, weißlich-graugrün, zerstreut punktiert, Kiel und Ränder fein rötlich, Blüten ca. 3,5 cm Ø, weiß.

J. longipetala L.Bol. Äste dichtstehend, kurz vierblättrig, dicke, rundliche Blätter, 4 cm lang, an der Spitze bis 2 cm breit, blaugrünrosa, Blüte 47 mm Ø, blaßrosa.

Lampranthus N.E.Br.

Halbsträucher mit aufrechten, ausgebreiteten oder niederliegenden Ästen, Blätter am Grunde kurz verwachsen, stielrund oder dreikantig. Blüten einzeln oder zu mehreren, end- oder achselständig, groß bis mittelgroß, weiß, rosa, rot, purpurrosa, orange oder gelb, Blütezeit im Sommer. Über 200 Arten in Südafrika beheimatet. Herrliche Blüher, die während des Sommers im Freien gehalten werden können. Vermehrung durch Stecklinge oder durch Aussaat, leicht wachsend!

L. aurantiacus (DC.) Schwant. Spärlich verzweigt, Blätter 2–3 cm lang, 4 mm breit, etwas zugespitzt, grün, grau bereift, fein rauh punktiert, Blüten 4–5 cm ∅, orangefarbig.

L. blandus (Haw.) Schwant. Hochrote Rinde, dreikantige Blätter, 3–4 cm lang, kurz zugespitzt, fein durchscheinend punktiert, Blüten blaß rosenrot, 6 cm ∅.

L. conspicuus (Haw.) N.E.Br. Blätter einwärts gebogen, 6–7 cm lang, halbstielrund, mit rotem Spitzchen, grün, oft punktiert, purpurrote Blüten, 5 cm ∅.

L. haworthii (Don.) N.E.Br. Bis 60 cm hoch, halbstielrunde, zugespitzte Blätter, 2,5–4 cm lang, dicht hellgrau bereift, Blüten bis 7 cm ∅, hell purpurn.

Lapidaria Schwant.

Stammlose, im Alter rasenförmig wachsende Sukkulenten. Triebe mit 3–4, am Grunde verwachsenen Blattpaaren, oberseits flach, unterseits stark gewölbt, am Rücken scharf gekielt, rötlich oder weiß. Große, goldgelbe Blüten, nach dem Verblühen rötlich. Nur eine einzige Art! Heimat: Südwestafrika.

L. margaretae (Schwant.) Dtr. & Schwant. Blätter 10–15 mm lang, etwa 10 mm breit, gegen die Spitze etwas stumpf-dreikantig, Blüten auf 5–6 cm langem, breitgedrücktem Stiel.

Lithops N.E.Br.

Umfangreiche Gattung meist rasenbildender Pflanzen. Die einjährigen Sprosse bilden einen kegeligen Körper, der aus je einem Blattpaar besteht, wobei die Blätter in ihrer Länge halb oder völlig miteinander verwachsen sind. Halbrunde Spitzen der Blätter, teils flach oder gewölbt, oft völlig durchscheinend. Vielfach mit verschiedenen Zeichnungen oder Fleckungen. Endständige Blüten mit zusammengepreßten Blütenstielen. Rund 80 Arten aus Süd- und Südwestafrika. Besonders beliebte Sukkulenten in den Sammlungen, dort als »Lebende Steine« bezeichnet. Kultur am besten in Substrat aus ²/₃ Sand und ¹/₃ Lehm, mit einer sommerlichen Wachstumsperiode. Auch in dieser Zeit sind zu hohe Wassergaben zu vermeiden. Wichtig sind dagegen sonniger Stand und reichlich Luft. Im Winter bei etwa 15° trocken halten. Vermehrung durch Aussaat ergibt schon nach zwei bis drei Jahren blühfähige Pflanzen.

L. aucampiae L.Bol. Klumpenbilde, grosse Art, ca. 2 cm hoch, sienabraun bis mattbraun mit fensterartigen Zeichnungen, Blüten 2,5 cm ∅, gelb.

L. bella N.E.Br. Endfläche stark gewölbt, bräunlichgelb-ockerfarbig, dunkle Zeichnung, reinweiße Blüten, duftend.

L. comtonii L.Bol. Körper bis 4 cm ∅, tiefer Spalt, Endfläche mit großem Fenster, purpurgrün oder purpurrot, gelbe Blüten, 2,5 cm ∅.

L. fulleri N.E.Br. Körper nur 12–14 mm hoch, Endfläche stark gewölbt, taubengrau, teils opal- bis ockerfarbig, grünliche Zeichnung mit Inseln und rotbraunen Punkten, Blüten 2–3 cm ∅, weiß.

L. karasmontana (Dtr. & Schwant.) N.E.Br. Körper 3–4 cm hoch, kreisrunde Endfläche, eben oder flach gewölbt, 10–15 mm ∅, perlgrau, blaß bläulichgelb, grubig-runzlig, Blüten 25–35 mm ∅, glänzend weiß, (Abb. Seite 300).

L. lesliei (N.E.Br.) N.E.Br. Meist ein- bis zwei-, selten mehrköpfig, bis 4,5 cm hoch, flach oder schwach gewölbt, graugelbe Oberfläche, oft auch kaffeebraun bis rostbraun, auch hellbraun bis grün, grubige Endfläche, netzartige Zeichnung, grünbraune Zeichnung, Blüten ca. 3 cm ∅, goldgelb, (Abb. Seite 300).

L. olivacea L. Bol. Körper ca. 2 cm hoch, oben 2–2,5 cm breit, Endfläche rundlich, dunkelolivgrün bis bräunlich, Blüten gelb.

L. pseudotruncatella (Bgr.) N. E. Br. Nur 1–4 cm hoch, Endfläche gewölbt, glatt oder fein rauh, bräunlichgrau bis blaßgrau mit verästelter Zeichnung und Punkten, Blüten 3–3,5 cm ∅, goldgelb, (Abb. Seite 301).

L. salicola L. Bol. Einzeln oder zu mehreren in Klumpen, 2–2,5 cm hoch, Seiten grau, Endfläche mit großen, durchscheinenden Fenstern, olivgrün, dunkelgrün bis rötlich, in kleine Inseln aufgeteilt, Blüten ca. 2,5 cm ∅, weiß, (Abb. Seite 302).

L. schwantesi Dtr. Rasenbildend, 2–4 cm hoch, Endfläche 2–2,5 cm ∅, glatt oder stark runzelig, rötlichbräunlich, dunkelorange, lederfarbig oder auch hellgrün, Zeichnung aus blutroten Punkten und kurzen Linien, Blüten 2,5 cm ∅, gelb.

Mesembryanthemum L.

Ein- oder zweijährige Kräuter, aufrechte Stengel mit niederliegenden Ästen und Zweigen. Die ganzen Pflanzen oder auch Teile stark papillös. Rund 50 Arten aus Südafrika.

M. crystallinum L. Äste ausgebreitet, stark papillös, wie auch die eiförmigen Blätter, 3–5 Blüten, 2–3 cm ∅, weiß, kann im Freien gehalten werden!

Mitrophyllum Schwant.

Die Blätter treten in drei Formen auf, das erste Paar bildet eine Mütze, sog. »Mitra« oder Kegel, das zweite Paar viel kleiner, ist ca. 1/4 bis zur völligen Länge miteinander verwachsen und bildet die Scheide, in der die Kegelblätter für die folgende Vegetationsperiode eingeschlossen sind, das letzte Blattpaar erscheint nur zur Blütezeit an einem Blütenast; kurzgestielte Blüten. Rund 30 Arten aus dem Kapland.
Nur kurze Vegetationszeit von etwa August bis September. In der Ruhezeit völlig trokken halten!

M. angustifolium (L. Bol.) de Boer Äste ca. 30 cm lang, Blätter rückseits gerundet, bis 9 cm lang, Kegelblätter bis 7 cm, Blüten 10–15 mm ∅, weißlich, später zitronengelb.

M. compactum (L. Bol.) de Boer Kompakte Büsche, Äste 2 cm ∅, Blätter bis 5 cm lang, ebenso die Kegelblätter, 2,5 cm lang verwachsen, Blüten 4 cm ∅, gelb.

Ophthalmophyllum Dtr. & Schwant.

Zwergige, stammlose Sukkulenten, deren Körper aus einem in der Länge fast völlig verwachsenen Blattpaar besteht. Am Ende gekerbt oder durch einen Spalt in zwei runde Loben geteilt. Die Loben durchscheinend gefenstert, im Aussehen ähnlich den »Lebenden Steinen«. Rund 25 Arten im Kapland beheimatet, (Abb. Seite 302).
Vegetationszeit von September bis Dezember. Auch da nur vorsichtig gießen, in der übrigen Zeit ziemlich trocken halten!

O. dinteri Schwant. & Jacobs. Einzelne, fast zylindrische Körper, glänzend dunkelgrün, kupfrig gerötet, Blüten bis 3 cm ∅, lilarot.

O. fulleri Lavis. Körper breit verkehrt kegelig, grün bis gelblich, gewölbte Loben, die Enden papillös, Blüten 26 mm ∅, rosapurpurn, duftend.

O. verrucosum Lavis. Einzeln, zylindrisch, Lobenspitzen deutlich warzig, zahlreiche durchscheinende Punkte, rotbraune

Oberfläche, glänzend weiße Blüten, 3 cm ∅.

Oscularia Schwant.

Aufrechte oder ausgebreitete Äste, Blätter am Grunde etwas verwachsen, kurz, dreikantig, nach oben verbreitert, teils ganzrandig, aber auch an den Rändern oder am Kiel gezähnelt, graugrün. Blüten zu dreien, kurz gestielt. Drei Arten im Kapland verbreitet. Leicht wachsende, strauchige Pflanzen, die den Sommer über im Freien gehalten werden können. Vermehrung durch Stecklinge.

O. caulescens (Mill.) Schwant. Zahlreiche Kurztriebe, Blätter 2 cm lang, dreieckig-dreikantig, ganzrandig oder die Ränder der Spitzen mit 2–3 Zähnen, Blüten 12 mm ∅, rosa, duftend.

O. deltoides (L.) Schwant. Kurze, dreieckige Blätter, dicht hellgrau bereift, Ränder und Spitzen mit zahlreichen rötlichen Zähnchen besetzt, angenehm duftende, rosa Blüten, die reichlich erscheinen.

Pleiospilos N. E. Br.

Stammlose, rasenbildende, hochsukkulente Pflanzen. Blätter meist zu 1–2, aber auch zu 3–4 Paaren, kreuzgegenständig, sehr dick, oberseits flach, sehr stumpf oder spitz. Große, sitzende Blüten. Etwa 33 Arten im Kapland beheimatet.
Groteske Pflanzen, die in Färbung und Form häufig Gesteinsbrocken ähnlich sehen, daher auch die Bezeichnung »Lebender Granit«. Leichtwachsend, bevorzugen sandige Lehmerde, reichliche Wassergaben während der Wachstumsperiode von Mai bis Juli, dann ziemlich trocken halten. Vermehrung durch Aussaat nicht schwierig.

P. bolusii (Hook. f.) N. E. Br. Blätter paarweise, breit bis rund, 4–7 cm lang, Unterseite 2–3 cm kinnartig über die Oberseite vorgezogen, rötlich-braungrün, zahlreiche Punkte, Blüten 6–8 cm ∅, goldgelb.

P. nelii Schwant. Blätteroberseite völlig eben, rückseits stark gerundet, die Blätter dadurch halbkugelig, Spalten tief und weit klaffend, dunkelgraugrün, Blüten ca. 7 cm ∅, lachsrosa-gelb, fast orangefarbig.

P. nobilis (Haw.) Schwant. Blätter zu 3–4 Paaren, 5–6 cm lang, breit linealisch, dreikantig, Kiel stark ausgebuchtet, Blüten 5–6 cm ∅, gelb, (Abb. Seite 303).

P. simulans (Marl.) N. E. Br. Blätter meist zu zweien, 6–8 cm lang, 5–7 cm breit, eiförmig dreieckig, oberseits flach oder muldenförmig vertieft, stark punktiert, schwach wellig und höckrig, Blüten zu 1–4, gelb, hellgelb oder auch orangefarbig, fein duftend, (Abb. Seite 303).

Rhombophyllum Schwant.

Kleine Sträucher, teils rasenförmig, Blätter dicht gedrängt, kreuzgegenständig, am Grunde etwas miteinander verwachsen, halbstielrund, zur Mitte hin verbreitert. 3 Arten im Kapland.
Wachstumszeit von Juni bis November. Im Sommer sonnig an frischer Luft, mäßige Feuchtigkeit. Helle und kühle Überwinterung, fast trocken. Vermehrung durch Aussaat.

R. nelii Schwant. Blätter nur bis 2 cm lang, am Ende schaufelartig verbreitert, gekerbt und seitlich wie zusammengedrückt, graugrün, schwach punktiert, Blüten 2 cm ∅, gelb, das beliebte »Elchgeweih«.

R. rhomboideum (S.D.) Schwant. Blätter in einer Rosette am Boden aufliegend, rhombisch geformt, die Rückseite kinnartig vorgezogen, Kanten weißlich, weißliche Punkte, Blüten goldgelb, 3 cm ∅.

Ruschia Schwant.

Zwergige bis große Sträucher, die Blätter mit einer sehr langen Scheide stengelumfassend,

Blätter oft kurz verwachsen. Achsel- oder endständige Blüten. Die wohl umfangreichste Gattung dieser Pflanzenfamilie, mit rund 350 Arten. Für den Liebhaber nur wenige interessant. Pflege den Sommer über im Freien.

R. uncinata (L.) Schwant. Äste 4–5 mm dick, Blätter die Äste ganz umhüllend, etwas dreikantig, in einem kurzen Stachelspitzchen endend, graugrün, rosenrote Blüten.

Schwantesia Dtr.

Vielköpfige, rasenbildende Pflanzen. Blätter paarweise ungleich, oberseits flach, bläulich, oft marmoriert. Einzelne, gestielte Blüten. 11 Arten im Kapland heimisch, (Abb. Seite 303). Wachstumsperiode von April bis Oktober. Unter Glas mäßig feucht, im Winter bei etwa 15°C trocken halten.

S. pillansii L. Bol. Blätter spitz bis zugespitzt, schiefe Spitze, rückseits schief gekielt, bläulichgrün, Kiel mit roter Linie, Blüten 3 cm ∅, gelb.

S. triebneri L. Bol. Sprosse mit drei Blattpaaren, Blätter ca. 5 cm lang, 1 cm breit, dem Ende zu stark verbreitert, rote Kanten, rot punktiert, gelbe Blüten, 4–5 cm ∅.

Stomatium Schwant.

Verzweigte, kahle, sehr kurzstämmige Sukkulenten. Blätter eines Paares oft ungleich lang, kreuzgegenständig, am Grunde verwachsen und dort blasig aufgetrieben, kurz dreieckig. Ränder mit Zähnen versehen, Oberhaut matt, warzig. Sitzende Blüten, die nachts geöffnet sind, sehr stark duftend! Etwa 40 Arten im Kapland. Leichtwachsende Pflanzen, Pflege wie *Schwantesia*, Vermehrung durch Samen und Stecklinge.

S. fulleri L. Bol. Äste sechs- bis achtblättrig, Blätter ca. 3 cm lang, am Ende verbreitert, besonders rückseits rauh von hellgrauen Punkten, gelblichweiße Blüten, ca. 2 cm ∅, (Abb. Seite 303).

S. niveum L. Bol. Blätter ungleich, ca. 2 cm lang, blaugrün erhaben und weiß punktiert, weiße Blüten, 18 mm ∅.

S. patulum Jacobs. Blätter nach oben ein Dreieck bildend, rückseits anfangs halbrund, graugrün, rauh punktiert, Kanten am oberen Teil mit 2–9 gespitzten Höckern.

Titanopsis Schwant.

Dichte Rasen oder Klumpen bildend. Sprosse mit Rosetten von 6–8 und mehr kreuzgegenständigen, dicht gedrängten Blättern. Blätter schmal bis breitspatelig, die Spitze dreieckig verbreitert. Die Oberfläche mit fast viereckigen Warzen bedeckt. Blüten einzeln, mittelgroß, gelb oder orangefarbig. 6 Arten aus Südwestafrika. Sommerliche Wachstumszeit, nur mäßig gießen. Sandiges Substrat mit Kalkmörtelzusatz.

T. calcarea (Marl.) Schwant. Rosetten 6–8 cm ∅, Blätter bis 25 mm lang, spatelig, Spitze dreieckig gestutzt, Warzen rötlichgrauweiß, goldgelbe Blüten, 2 cm ∅, (Abb. Seite 304).

T. fulleri Tisch. Rosetten mit 5–6 Blattpaaren, Blätter rückseits rundlich gekielt, prächtig blaugrün-rötlich, am Rande mit graubraunen Warzen, Blüten dunkelgelb, ca. 16 mm ∅.

Trichodiadema Schwant.

Äste lang oder kurzästig, dann rasenförmig. Blätter am Grunde wenig verwachsen, halbstielrund bis stielrund, glitzernd von Papillen, die Spitzen mit einem Schopf von strahlig abstehenden Borsten. Blüten einzeln, kurz gestielt, groß bis klein, weiß, gelb oder rot. Rund 30 Arten im Kapland, Südwestafrika und Äthiopien.

T. densum (Haw.) Schwant. Rasenbildend, Blätter 15–20 mm lang, 4–5 mm dick, grün mit spitzen, weißen Papillen, am Ende mit einem dichten Schopf von Borsten, Blüten 4–5 cm ∅, karminrot, (Abb. Seite 304).

Moraceae – Feigenbaumgewächse

Dorstenia Plum.

Die Gattung Dorstenia umfaßt etwa 30 verschiedene Arten, wovon nur einige wenige sukkulenten Charakter aufweisen. Diese besitzen einen fleischigen, oft unförmigen Stamm mit kurzen Ästen. Die Blätter fallen in der Trockenruhe ab. Kleine, unscheinbare Blüten, die auf einem gemeinsamen Blütenboden beisammensitzen. Heimat: Ostafrika, Insel Sokotra. Vermehrung durch Samen. Kultur warm im Gewächshaus, kaum verbreitet.

D. crispa Engl. 30–40 cm hoch, zylindrischer Stamm, oben verzweigt, glänzende Rinde, dicht bedeckt mit rundlichen, warzenähnlichen Blattbasen, Blätter zu wenigen an den Enden der Ästchen, länglich, fleischig mit gekrausten Rändern.

Oxalidaceae – Sauerkleegewächse

Oxalis L.

Allgemein einjährige oder ausdauernde Stauden, einige sukkulente Sträucher, die in Südamerika beheimatet sind. Etwa fünf Arten. Kultur wie Pelargonium mit winterlicher Trockenruhe. Vermehrung durch Aussaat und Stecklinge.

O. succulenta Barn. Kurzer, wenig verästelter Stamm, beschuppt, fleischiger, sukkulenter Blattstiel mit dreiteiligen, herzförmigen Teilblättchen, am Ende gegabelter Blütenstand, gelbe Blüten, (Abb. Seite 304).

Interessante Art.

Piperaceae – Pfeffergewächse

Peperomia Ruiz. & Pav.

Meist ausdauernde Pflanzen mit teilweise fleischigen Blättern. Diese sitzen wechselständig oder in Quirlen. Blüten in achsel- oder endständigen Quirlen, sehr klein und unscheinbar. Über 500 bekannte Arten, doch nur rund 15 sukkulente Vertreter, die in Südamerika beheimatet sind. Pflege im Gewächshaus, kühle Überwinterung bei nur sehr geringen Wassergaben.

P. dolabriformis Kunth. Wenig verästelt, Blätter wechselständig, teils quirlig gestellt, beilförmig, ca. 6 cm lang, am Grunde in den keulenförmigen Stiel verschmälert; die schmale, 6 mm dicke Kante ist die transparente Oberseite des Blattes, die breiten Seiten die Rückseite; lange, verästelte Blütenähren, (Abb. Seite 304).

P. rotundifolia (L.) H.B. & K. Kriechend, oft epiphytisch wachsend, fadenförmige Sprosse, kurze, aufrechte Äste, runde, fleischige Blätter, ca. 5 mm ∅, auch rundelliptisch und bis 12 mm lang, gewimpert, dreinervig, Blütenähren einzeln.

Portulacaceae – Portulakgewächse

Anacampseros L.

Niedrige, sukkulente Stauden, häufig mit knolligen Wurzeln, sehr kleine, rundliche Blätter. Blüten einzeln oder in Blütenständen. Rund 60 Arten in Afrika und Südaustralien heimisch. Während die hochsukkulenten Arten sehr empfindlich sind und nur im Gewächshaus mit Erfolg zu pflegen sind, wachsen die krautigeren Vertreter ohne Schwierigkeiten. Im Winter kühl und trokken halten. Vermehrung durch Aussaat und Stecklinge möglich.

A. alstonii Schoenl. Rübenförmiger, oben abgeplatteter Wurzelstock, oft bis 6 cm ∅, daraus zahlreiche Ästchen, nur 2–3 cm lang, Blätter in fünf geraden Reihen, von silbrigen, 2 mm langen Nebenblättern verdeckt, Blüten einzeln, ca. 3 cm ∅, weiß.

A. filamentosa (Haw.) Sims. Stämmchen ca. 5 cm lang, dicht beblättert, eiförmige bis kugelige Blätter, mit feinen, weißen Haaren überzogen, dazu lange, weißliche Borstenhaare, 3–5 Blüten an ca. 8 cm hohem Blütenstand, Einzelblüten 3 cm ∅, rosa, (Abb. Seite 304).

A. papyracea E.Mey. Kurzer, vielästiger Stamm, Äste meist niederliegend, 5–6 cm lang, 8–10 mm dick, kleine Blätter, von den fest anliegenden, breit-eiförmigen, weißen Nebenblättern verdeckt, Blüten grünlichweiß.

A. telephiastrum DC. Im Alter rasenförmig, Blätter rosettenartig dicht gedrängt, eiförmig oder rundlich, kurz gespitzt, ca. 18 mm lang und breit, glatt, grün oder bräunlich, nur wenige, kurze Borstenhaare, 1–4 Blüten, 30–35 mm ∅, rosakarmin.

A. tomentosa Bgr. Stämmchen oft zu mehreren aus dicker Wurzel. Blätter dachziegelartig dicht übereinanderstehend, verkehrt-eiförmig, 10 mm lang, 8 mm breit, braungrün, dicht weißfilzig. Wenige Borstenhaare, so lang wie die Blätter. Wenigblütig, Blüten 3 cm ∅, rosa.

Portulaca L.

Niedrige, sukkulente Stauden oder einjährige, sukkulente Pflanzen. Dünne Stengel mit meist stielrunden Blättern, oft auffallend große Blüten. Rund 30 Arten aus Südamerika, Südafrika und Australien. Selten in Kultur, am häufigsten wohl unser bekanntes Portulakröschen als beliebte Einjahrsblume. Anzucht aus Samen sehr leicht, im Sommer im Freien an vollsonniger Stelle!

P. grandiflora Hook. Einjährig, Stengel niederliegend, fleischige, stielrunde Blätter, ca. 2 cm lang, Blüten endständig, 2–4 cm ∅, karmin- oder purpurrot, in der Mitte weiß; dazu zahlreiche Gartenformen des Portulakröschens, einfach und gefüllt blühend, weiß, rosa, rot, gelb, orange u.a.

Portulacaria Jacq.

Sukkulente Sträucher, ästig verzweigt, Äste fast waagrecht abstehend, fleischige Blätter, nur eine einzige Art in Südafrika heimisch. Im Sommer im Freien bei vollsonnigem Stand, kühle Überwinterung, Pflege wie *Crassula*, Vermehrung durch Stecklinge.

P. afra Jacq. Gegenständige, eirunde Blätter, ca. 12 mm ∅, glänzend grün, nur winzige, unscheinbare Blüten.

Vitaceae – Weingewächse

Cissus L.

Hochsukkulente Pflanzen mit oft keuligem, dickem Stamm, wenig, schopfartig beblättert, fünffingerige oder einfache Blätter, die in der Ruhezeit abgeworfen werden. Kleine Blüten in doldigen Trauben. Rund 15 Arten in Südafrika, tropisch Afrika und auf Madagaskar verbreitet, die teilweise unter der neuen Gattung *Cyphostemma* (Plansch) Alston geführt werden.
Pflege im warmen Gewächshaus mit sommerlicher Wachstumsperiode. Im Winter kühl und völlig trocken halten! Vermehrung durch Samen.

C. bainesii Gilg. & Brandt Kugeliger bis flaschenförmiger Stamm, oben meist in zwei dicke Äste geteilt, Rinde im Alter papierartig abblätternd, kurz gestielte, meist dreiteilige Blätter, bis 12 cm lang, ca. 5 cm breit, grob gesägt, beiderseits wollig behaart.

C. cactiformis Gilg. Kletternde, sukkulente Staude mit fleischigem Stamm, dieser bis ca. 5 cm ∅, vierkantig, geflügelt, an den Internodien zusammengeschnürt, wellige Kanten mit scharfem, hornigem Rand, Blätter an den Internodien, abfallend.

C. juttae Dtr. & Gilg. Stamm im Alter 1–2 m hoch, spitzkegelig, oben in wenige, dicke Äste geteilt, gelbgrün berindet, später abblätternd, oval-spitze Blätter, sitzend, glänzend grün, oft rötlich, wachsig bereift, (Abb. Seite 304).

Anhang

Wie die Autorennamen zu lesen sind

Der Leser dieses Buches stößt bei den wissenschaftlichen Pflanzennamen regelmäßig auf Abkürzungen wie Br.&R., DC., L. oder Haw. oder auf ausgeschriebene Namen, wie BUXBAUM, KLADIWA oder RAUH. Nicht wenige Leser werden vermutlich fragen: Sind das nicht störende, das Lesen nur erschwerende Zusätze, die allenfalls in wissenschaftlichen Werken unentbehrlich sind? In Fachzeitschriften werden sie tatsächlich oftmals nicht verwendet, und nur in wenigen gärtnerischen Katalogen sind sie zu finden. Immerhin gibt es einige Pflanzenkataloge, die Autorennamen bringen. Das zeigt, wie wichtig diesen Firmen diese Zusätze sind: sie möchten ihre Kunden zuverlässig über die Identität der angebotenen Planzen unterrichten, um Irrtümern und damit Enttäuschungen und Reklamationen vorzubeugen. Genügt aber der wissenschaftliche Name nicht, um die Identität einer Pflanze, d. h. einer bestimmten Art, Unterart oder Sorte, zu gewährleisten? Folgender Vergleich mag übertrieben erscheinen, macht den Sachverhalt aber deutlich. In der Einwohnerkartei einer Großstadt gibt es bestimmt mehrere Schulz, Friedrich. Damit keine Personenverwechslungen vorkommen, werden Geburtsort und -tag hinzugesetzt. Wahrscheinlich gibt es in einer Millionenstadt nur einen Schulz, Friedrich, geb. am 14. 3. 1926. Das ist aber nicht sicher. Ganz bestimmt gibt es aber nur einen Schulz, Friedrich, geb. am 14. 3. 1926, Sohn des Schulz, Walter und der Schmidt, Anna. Um Personenverwechslungen mit Sicherheit auszuschließen, werden deshalb bei standesamtlichen Urkunden auch Vater und Mutter angegeben.

Sinngemäß unterscheidet die wissenschaftliche Botanik Pflanzenarten bzw. -varietäten und -sorten, indem sie den Gattungs- und Artnamen durch den Namen desjenigen Botanikers ergänzt, der die Pflanze erstmals »wirksam und gültig« beschrieben hat. An Hand zweier bekannter botanischer Wörterbücher kann sich jeder Pflanzenfreund leicht über die »Autoren«, also die Botaniker, die die Pflanze erstmals beschrieben haben, unterrichten. Unternehmen wir also einen kleinen Streifzug durch die entsprechenden Verzeichnisse im »Zander«, dem »Handwörterbuch der Pflanzennamen« (10. Auflage 1972) und im »Taschenwörterbuch der botanischen Pflanzennamen« von Boerner (2. Auflage 1966).

Bei den Kakteen finden wir in diesem Buch immer wieder die Abkürzungen Br. & R. oder auch Britt. & Rose, Backbg., Böd., DC., Haw., Lem., Werd., Web., Zucc. u. v. a. m. oder auch ausgeschriebene Namen, wie H. Bravo, Craig, Fittkau, Kladiwa, Krainz oder Rauh – um nur ein paar häufig vorkommende zu nennen. Manche Namen tauchen bei den Beschreibungen von Pflanzenarten mehrerer Familien auf, einige wenige sogar bei mehr oder weniger allen in diesem Buch behandelten.

Hinter der Abkürzung Br. & R. oder auch Britt. & Rose verbergen sich die beiden Nordamerikaner NATHANIEL LORD BRITTON (1859 bis 1934) und JOSEPH NELSON ROSE (1862 bis 1928). BRITTON war Botaniker und Geologe, Direktor des Botanischen Gartens von New York. Er hat mehrere Werke veröffentlicht, u. a. eines über die Pflanzenwelt der Bermudas (1918), und zusammen mit seinem Kollegen ROSE, der am National Herbarium der USA tätig war, das Werk »Cactaceae«.

Immer wieder stoßen wir auf Backbg. Diese Abkürzung steht für den deutschen Kakteenforscher CURT BACKEBERG (1894 bis 1966).

Böd. (in anderen Werken auch Boed. geschrieben) bedeutet F. BÖDECKER. Dieser Liebhaberbotaniker aus Köln (1867 bis 1937) war von Beruf Maler oder Malermeister, denn in »Zander« heißt es, er sei Handwerker gewesen.

Das Heimatland der Kakteen, Mexiko, sei in unserer kurzen Auswahl von Autorennamen berühmter Sukkulentenforscher durch die Kakteenspezialistin HELIA BRAVO-HOLLIS vertreten (geb. 1903). Ihr Name wird durch H. Bravo oder auch nur Bravo wiedergegeben. BACKEBERG hat nach ihr die Gattung *Heliabravoa* Backbg. benannt.

Bei den Mittagsblumengewächsen, aber auch bei den Wolfsmilch- und Schwalbenwurzgewächsen kommt der durch die Anfangsbuchstaben N. E. Br. angedeutete Name NICHOLAS EDWARD BROWN (1894 bis 1934) vor. Dieser englische Sukkulentenforscher hat sich vor allem mit den *Mesembryanthemaceae* befaßt und das Ergebnis seiner lebenslangen Forschungen in dem 1931, zusammen mit anderen Forschern, herausgegebenen Werk »Mesembryanthema« niedergelegt.

Der Name Brown ist in England häufig. Wir finden in diesem Buch (bei den Schwalbenwurzgewächsen) noch einen BROWN: ROBERT, abgekürzt also R. Br. Er lebte von 1773 bis 1858, hat Forschungsreisen nach Australien unternommen und die Ergebnisse in mehreren Werken über die Pflanzenwelt Neuhollands niedergelegt. Später war er Kustos am Britischen Museum in London.

Häufig stoßen wir auch auf die Abkürzung Bgr. Der Gärtner und Botaniker ALWIN BERGER (1871 bis 1931) stammte aus Thüringen, war von 1897 bis 1914 Leiter des Hanbury-Gartens in La Mortola in Ventemiglio und von 1915 bis 1926 Leiter der staatlichen Gärten Württembergs. 1915 veröffentlichte er ein Werk über die Gattung *Cereus*, 1914 eins über die Agaven, 1918 über die Mittagsblumen- und Portulakgewächse, 1907 über sukkulente Wolfsmilchgewächse. Für das »Pflanzenreich« von Engler hat er die *Crassulaceae* bearbeitet. Br. & R. (also Britton und Rose) haben nach ihm die Gattung *Bergerocactus* benannt. Die Südafrikanerin H. M. LOUISA BOLUS (L. Bol.), Kurator des Bolus-Herbariums Kapstadt, hat von 1927 bis 1958 über Mittagsblumengewächse und verwandte Gattungen veröffentlicht.

ALBERT FREDERIK HENDRIK BUINING ist ein holländischer Sukkulentenforscher (1901–1976). Ebenfalls Zeitgenosse ist der nordamerikanische Kakteenspezialist ROBERT T. CRAIG. Von ihm stammt ein 1945 erschienenes Handbuch über die Gattung *Mammillaria*.

PROF. DR. FRANZ BUXBAUM, abgekürzt Buxb., ist Österreicher, Autor vieler Arbeiten über Kakteen, wie »Grundlagen und Methoden einer Erneuerung der Systematik der Höheren Pflanzen«, 1951, wissenschaftlicher Werke wie »Morphology of Cacti« (1951 bis 1955), aber auch eines volkstümlichen Buches: »Kakteenpflege biologisch richtig«, 1959. Die Gattung *Neobuxbaumia* Backbg. emend. Daws. et Buxb. wurde nach ihm benannt.

Bei den Kakteen, den Mittagsblumengewächsen und einigen anderen Familien tauchen die beiden Großbuchstaben DC. auf. Sie stehen für den Schweizer Botaniker AUGUSTIN PYRAMUS DE CANDOLLE aus Genf (1778 bis 1841). Er hat viele Werke veröffentlicht, darunter ein siebzehnbändiges Werk, das nach seinem Tod von seinem Sohn und anderen Botanikern fortgeführt wurde.

Auch die Abkürzung Haw. kommt bei Namen mehrerer Familien vor. Der Engländer ADRIAN HARDY HAWORTH (1768 bis 1833) war Botaniker und Gärtner in den Gärten von Chelsea, heute ein Stadtteil Londons. Er hat in den Jahren 1812 und 1819 Werke über Sukkulenten veröffentlicht. Die Gattung *Haworthia* Duval ist nach ihm benannt.

Eine immer wieder vorkommende Abkürzung ist auch Hook., manchmal mit dem Zusatz f., also Hook. filius. Sir WILLIAM JACKSON HOOKER (1785 bis 1865) war ab 1841 Direktor des Londoner Botanischen Gartens Kew. Sein Sohn (Hook. f.), Sir JOSEPH DALTON HOOKER (1817 bis 1911), folgte ihm 1865 im Amt des Direktors von Kew. Mit Kapitän Ross nahm er 1839 als Arzt und Naturforscher an der Südpolexpedition teil, 1848 unternahm er eine Himalajareise. Natürlich hat auch er Forschungsergebnisse in vielen Werken niedergelegt, nicht zuletzt war er lange Zeit Herausgeber und Mitarbeiter der berühmten englischen Fachzeitschrift »Botanical Magazine«.

HERMANN JACOBSEN, abgekürzt Jacobs., Sukkulentenforscher und Autor verschiedener Werke, geb. 1898.

LEO KLADIWA (geb. 1920) ist Österreicher, Arzt, der sich mit der Anatomie und Systematik der Kakteen, speziell der nordamerikanischen Arten, befaßt. Mit ihm arbeitet eng zusammen HANS W. FITTKAU, der seit vielen Jahrzehnten in Mexiko lebt und mit als bester Kenner der mexikanischen Kakteenflora gilt.

Der Schweizer Kakteenforscher HANS KRAINZ (geb. 1906) war viele Jahre Leiter der Städt. Sukkulentensammlung Zürich. Sein Werk »Die Kakteen« erschien 1956. Nach ihm wurde die Gattung *Krainzia* Backbg. benannt.

Auf den abgekürzten Autorennamen Lem. stoßen wir bei Kakteen, Agaven, Bromelien und Korbblütlern. Dahinter steckt CHARLES ANTONINE LEMAIRE (1801 bis 1871), ein belgischer Gärtner und Botaniker. Zu seinen Arbeiten gehört ein in den Jahren 1841 bis 1847 veröffentlichtes umfangreiches Werk über die Kakteen.

Zu den Forschern der »Frühzeit« der Botanik gehört PHILIP MILLER (Mill.). Der Gärtner und Botaniker lebte von 1691 bis 1771. Ab 1722 war er Leiter des Apothekergartens Chelsea. Zu seinen Werken gehört ein in vielen Auflagen erschienenes gärtnerisches Wörterbuch.

Amerikaner, Belgier, Deutsche, Engländer, Mexikaner, Schweizer und Südafrikaner haben wir jetzt als Autoren von Pflanzennamen schon ein wenig kennengelernt. Der »Nestor«, den Schweden CARL VON LINNÉ (1707 bis 1778), Arzt und Naturforscher, haben wir noch nicht genannt. Er ist der Begründer der noch heute gültigen binären Nomenklatur. Nach der Regel werden mehrsilbige Autorennamen so abgekürzt, daß die erste Silbe vollständig erscheint. Der große LINNÉ wird aber nur durch L. wiedergegeben. Das L. finden wir in allen Familien des Tier- und Pflanzenreiches. (Eine weitere Ausnahme von der Regel war das DC. für DE CANDOLLE.)

Da wir bei den Schweden und bei LINNÉ sind, weichen wir von der alphabetischen Folge unseres Streifzuges durch die Autorennamen einmal ab. Thunbg. steht für CARL PEHR THUNBERG, den Schüler und Nachfolger von LINNÉ Vater und Sohn. Er hat Südafrika, Java, Ceylon und Japan bereist. In diesem Buch finden wir seinen Namen bei Pflanzen der *Mesembryanthemaceae, Crassulaceae* und *Liliaceae.*

WERNER RAUH, Professor am Institut für Systematische Botanik der Universität Heidelberg, hat zahlreiche Forschungsreisen unternommen und ist Autor verschiedener botanischer Werke.

Der Name des französischen Sukkulentenforschers FREDERIC ALBERT CONSTANT WEBER (1830 bis 1903) wird mit Web. wiedergegeben. 1865/66 hat er an einer Expedition nach Mexiko teilgenommen. Die Gattung *Weberocereus* Britt. et Rose wurde nach ihm benannt. (Wir wissen jetzt nach der Angabe »Britt. et Rose« sofort, daß die Amerikaner BRITTON und ROSE diese Gattung aufgestellt haben.)

Werd. (oder auch Werderm.) steht für ERICH WERDERMANN, Kakteenspezialist, Direktor des Botanischen Gartens Berlin. Sein Werk »Blühende Kakteen u. a. sukkulente Pflanzen« erschien 1930 bis 1939.

Auch die Abkürzung Zucc. ist nicht selten: JOSEPH GERHARD ZUCCARINI war ein Münchener Botaniker (1797 bis 1848). Nach ihm wurde die Gattung *Zuccarinia* Bl. benannt.

So könnten wir noch viele Namen erläutern. Das Verzeichnis der »Autoren der Pflanzennamen« im »Zander« wird zur unterhaltsamen Lektüre, wenn wir erst ein paar feste Vorstellungen gewonnen haben. Diese können sich auf die Forschungsstätten beziehen, auf die Pflanzenfamilien oder auch auf die Geschichte der Forschung. Was die Forschungsstätten angeht, so können wir schon aus den kurzen Hinweisen entnehmen, daß der Botanische Garten Kew bei London eine Hauptstätte der Sukkulentenforschung ist, weiterhin der Botanische Garten New York, der Botanische Garten Berlin-Dahlem und die Sammlungen in Heimatländern der Sukkulenten in Mexiko und Südafrika.

Ein weiterer interessanter Gesichtspunkt mag für viele Pflanzenfreunde der Lebensweg der Forscher sein. Natürlich sind vorwiegend Wissenschaftler vertreten, aber auch Gärtner werden zu berühmten Sukkulentenforschern, und nicht zuletzt auch Liebhaber, denken wir an den Handwerker BOEDECKER. Das Beispiel zeigt, wie ein Liebhaber Anerkennung finden kann, wenn er sich gründlich mit einer Pflanzenart befaßt, systematisch arbeitet und seine Forschungen niederlegt. Nicht jeder wird gleich weltberühmt. Aber auch die Anerkennung im Kreise von Pflanzenfreunden verschafft Befriedigung.

Erläuterung der gebräuchlichsten Fachausdrücke

Areolen	Borsten, Haare oder Stacheln tragende Endpunkte der im Körper verlaufenden Seitensprosse
Axillen	Vertiefungen zwischen den Warzen als Endpunkte von Seitensproßabzweigungen, aus denen häufig auch die Blüten erscheinen
Cephalium	Haarschopfbildungen, die am Scheitelvegetationspunkt angelegt werden und die Blüten hervorbringen
Cristata	Kammform, eine unnatürliche Wuchsform, wobei der sonst punktförmig wachsende Vegetationsscheitel der Pflanze linien- oder bandförmig verbreitert ist
Epidermis	Oberhaut des Pflanzenkörpers
Epiphyten	Nicht parasitisch lebende Pflanzen auf Bäumen, deren Wurzeln nur Halt auf der Unterlage suchen
Glochiden	Winzig feine Stacheln mit Widerhaken, die meist in dichten Polstern beisammensitzen, vor allem an Opuntien
Petalen	Innere Blütenblätter
Pseudocephalium	Schopfbildungen aus normalen, unveränderten Areolen durch nachträgliche Entwicklung von reichlich langen Haaren. Im Aussehen einem echten Cephalium sehr ähnlich
Sepalen	Äußere Blütenblätter
Sukkulenten	Wasserspeichernde Pflanzen aus verschiedenen Pflanzenfamilien
Vegetationspunkt	Triebspitze einer Pflanze
Zygomorphe Blüte	Schräg (einseitig symmetrisch) gestaltete Blüte, wie von einzelnen Arten des Weihnachtskaktus bekannt

Pflanzen- und Sachverzeichnis

Dieses Verzeichnis enthält Sachbegriffe und die botanischen Gattungsnamen. Die kursiv gedruckten Seitenzahlen verweisen auf Abbildungen.

L

M

N

O

P

Q

R

S

T

U

V

W

Y

Z